Joachim Detjen

Demokratie in Deutschland und Europa

Sozialwissenschaftliche
STUDIEN
für die Sekundarstufe II

Schroedel

Sozialwissenschaftliche Studien SII

Demokratie in Deutschland und Europa

bearbeitet von
Prof. Dr. Joachim Detjen

© 2006 Bildungshaus Schulbuchverlage
Westermann Schroedel Diesterweg
Schöningh Winklers GmbH, Braunschweig
www.schroedel.de

Das Werk und seine Teile sind urheberrechtlich geschützt. Jede Nutzung in anderen als den gesetzlich zugelassenen Fällen bedarf der vorherigen schriftlichen Einwilligung des Verlages. Hinweis zu § 52a UrhG: Weder das Werk noch seine Teile dürfen ohne eine solche Einwilligung gescannt und in ein Netzwerk eingestellt werden. Dies gilt auch für Intranets von Schulen und sonstigen Bildungseinrichtungen.
Auf verschiedenen Seiten dieses Buches befinden sich Verweise (Links) auf Internet-Adressen. Haftungshinweis: Trotz sorgfältiger inhaltlicher Kontrolle wird die Haftung für die Inhalte der externen Seiten ausgeschlossen. Für den Inhalt dieser externen Seiten sind ausschließlich deren Betreiber verantwortlich. Sollten Sie bei dem angegebenen Inhalt des Anbieters dieser Seite auf kostenpflichtige, illegale oder anstößige Inhalte treffen, so bedauern wir dies ausdrücklich und bitten Sie, uns umgehend per E-Mail davon in Kenntnis zu setzen, damit beim Nachdruck der Verweis gelöscht wird.

Druck A [1] / Jahr 2006

Alle Drucke der Serie A sind im Unterricht parallel verwendbar.

Redaktion: Andreas Hoffmann, Bayreuth; Dr. Mathias Wiards
Herstellung: Sabine Schmidt, Hannover
Umschlag und Lay-out: Janssen & Kahlert, Hannover
Grafik: Janssen & Kahlert, Hannover
Satz: UMP Utesch Media Processing GmbH, Hamburg
Druck und Bindung: Appl, Wemding

ISBN 978-3-507-10816-5
alt: 3-507-10816-X

Vorwort 6

1.0 Sind die Deutschen gute Demokraten? 7
1.1 Einstellungen zur Demokratie –
Das politische Denken der Deutschen im Spiegel der Demoskopie 8
METHODEN Umfrage 12
1.2 Politische Passivität – Krisensymptom oder Ausdruck rationalen Verhaltens? 15
1.3 Schwierige Bürger – Auswirkungen des Wertewandels auf das politische Verhalten 21
WEITERFÜHRENDE INFORMATIONEN Informationen zu Demoskopie und Wertewandel 26

2.0 Welche Prinzipien bilden das Fundament des Grundgesetzes? 27
2.1 „Freiheitliche demokratische Grundordnung" – Verfassungskern des Grundgesetzes 28
2.2 „Streitbare Demokratie" –
Die richtige Lehre aus dem Scheitern der Weimarer Republik? 34
2.3 Das Rechtsstaatsprinzip –
Garant der Freiheitlichkeit der staatlichen Herrschaftsordnung 38
2.3.1 Grundrechte und Grundrechtsschutz 39
2.3.2 Justizielle Grundrechte 42
2.3.3 Gewaltenteilung 44
2.3.4 Verfassungsstaatlichkeit 48
2.3.5 Gesetzmäßigkeit der Verwaltung 51
2.4 Das Sozialstaatsprinzip – Grundlegende Zielvorgabe für den Staat 52
METHODEN Sozialstudie 57
2.5 Das Bundesstaatsprinzip – Macht verteilendes Staatsstrukturprinzip 58
WEITERFÜHRENDE INFORMATIONEN Informationen zu den Verfassungsprinzipien des Grundgesetzes 62

3.0 Welche Akteure bestimmen den demokratischen Willensbildungsprozess? 63
3.1 Im Zentrum des politischen Prozesses: Die Parteien 64
3.1.1 Begriff und Typologie der Parteien 65
3.1.2 Die Stellung der Parteien in der grundgesetzlichen Ordnung 68
3.1.3 Innerparteiliche Demokratie 70
3.1.4 Politische Profile der Parteien 73
METHODEN Auswertung von Wahl- und Parteiprogrammen 75
3.1.5 Grundsätze der Parteienfinanzierung 76
3.1.6 Parteienwirklichkeit und Parteienreform 78
METHODEN Parteien – eine Erkundung vor Ort 81
3.2 Politische Einflussmöglichkeiten der Interessenverbände 82
3.3 Die Medien zwischen kommunikativer Mittlertätigkeit und politischer Parteinahme 89
3.4 Die Wählerschaft als Macht zuteilende und Macht entziehende Instanz 98
METHODEN Wahlkampfanalyse 105
WEITERFÜHRENDE INFORMATIONEN Informationen zu den Akteuren des demokratischen Willensbildungsprozesses ... 106

4.0	**Welche Institutionen gestalten den staatlichen Entscheidungsprozess?**	107
4.1	Die Bundesrepublik Deutschland – Ein parlamentarisch-föderatives Regierungssystem	108
4.2	Gesetzgebung im parlamentarisch-föderativen Regierungssystem – Ein komplizierter politischer Entscheidungsprozess	112
4.2.1	Ablauf des Gesetzgebungsprozesses	112
4.2.2	Ein Fall zum Gesetzgebungsprozess: Der Streit um die Reform des Staatsbürgerschaftsrechts	115
4.3	Der Bundestag – Institutioneller Mittelpunkt des politischen Lebens	123
4.4	Der Bundesrat – Mitwirkungsorgan der Gliedstaaten an der Politik des Gesamtstaates	130
4.5	Die Bundesregierung – Politisches Entscheidungszentrum	132
4.6	Der Bundespräsident – Staatsoberhaupt und Nothelfer in parlamentarischen Krisen	134
4.7	Das Bundesverfassungsgericht – Interpret und Hüter der Verfassung	137
WEITERFÜHRENDE INFORMATIONEN Informationen zum staatlichen Entscheidungsprozess		140

5.0	**Wie ist der politische Prozess in der Europäischen Union organisiert?**	141
5.1	Die Europäische Union – Eine supranationale Föderation eigener Art	142
5.2	Das Gefüge der europäischen Institutionen – Ausgleich gemeinschaftlicher und mitgliedstaatlicher Interessen	145
5.3	Politische Entscheidungsprozesse in der Europäischen Union – Politisches Gestalten im verflochtenen Mehrebenensystem	148
5.4	Demokratiedefizit oder eine eigene Form der Demokratie? – Legitimationsprobleme der Europäischen Union	151
5.5	Eine Verfassung für Europa – Ein Erfolg versprechender Weg zu mehr Akzeptanz der Europäischen Union bei den Europäern?	153
5.6	Die Europäisierung des deutschen Regierungssystems – Reaktionen der Institutionen auf den europäischen Anpassungsdruck	155
WEITERFÜHRENDE INFORMATIONEN Informationen zum politischen Prozess in der Europäischen Union		156

6.0	**Welche theoretischen Konzeptionen der Demokratie gibt es?**	157
6.1	Verfassungsdemokratie oder Souveränitätsdemokratie?	158
	METHODEN Hermeneutik: Anleitung zum Textverstehen	165
6.2	Identitätsdemokratie oder Konkurrenzdemokratie?	169
	METHODEN Hinweise für die Durchführung von Referaten	174
6.3	Repräsentative oder plebiszitäre Demokratie?	178
WEITERFÜHRENDE INFORMATIONEN Informationen zu den theoretischen Konzeptionen der Oligarchie		184

7.0	**Wie soll die Demokratie der Zukunft aussehen?**	185
	METHODEN Zukunftswerkstatt: Die Zukunft der Demokratie	186
7.1	Vorschläge zur Optimierung der repräsentativen Demokratie	189
7.2	Demokratisierung des Wahlrechts durch Einführung des Kinderwahlrechts?	192
7.3	Internet – Neue Chancen für die Demokratie?	196
	METHODEN Praxistest Internet: Hinweise für eine arbeitsteilige Recherche	201
	METHODEN Facharbeit: Tipps zur Recherche im Internet	201
7.4	Direkte Demokratie – Ein geeigneter Weg zur Verbesserung der Demokratie?	202
	METHODEN Pro-und-Kontra-Debatte/Parlamentarische Debatte: Volksentscheide ins Grundgesetz?	208
7.5	Bürgergesellschaft, Nichtregierungsorganisationen und „starke Demokratie" – Neue Ideen zur Stärkung der Beteiligung der Bürger an den öffentlichen Angelegenheiten	212
WEITERFÜHRENDE INFORMATIONEN Informationen zur Zukunft der Demokratie		218

Literaturverzeichnis	219
Glossar	220
Stichwortverzeichnis / Bildquellen	224

VORWORT

Der Erklärungsbedarf für Entwicklungen in Politik, Gesellschaft und Wirtschaft ist in den letzten 15 Jahren weiter gestiegen und damit auch die Bedeutung des Faches Politik/Sozialwissenschaften als grundlegende Orientierungshilfe. Mit dem Band „Demokratie in Deutschland und Europa" in der Reihe „Sozialwissenschaftliche Studien" reagieren Verlag und Autor auf diese Veränderungen und auf neuere Entwicklungen in der fachwissenschaftlichen und fachdidaktischen Diskussion. Themenbereiche, die für die Schülerinnen und Schüler besondere Zukunftsbedeutung haben (z. B. Zukunft der Demokratie) oder die sich ihnen schwerer erschließen (z. B. Demokratietheorie) werden besonders ausführlich dargestellt.

Das Themen- und Materialangebot ist um folgende Leitfragen gruppiert:
— Wie ist es mit der Demokratie und dem politischen System aus der Sicht der Bürgerinnen und Bürger bestellt?
— Welche Grundentscheidungen des Verfassungsgebers sind für das politische System konstitutiv? Warum hat der Parlamentarische Rat diese Regelungen getroffen?
— Wie formieren sich Interessen im demokratischen Willensbildungsprozess? Wie durchschlagskräftig sind sie?
— Wie werden verbindliche Entscheidungen getroffen und Entscheidungsträger kontrolliert?
— Welche demokratietheoretischen Konzeptionen haben die Entwicklung politischer Systeme im Allgemeinen, des politischen Systems in Deutschland im Besonderen beeinflusst?
— Wie soll sich das demokratische System weiterentwickeln? Wie kann es „zukunftssicher" gemacht werden?

Das Themen- und Materialangebot gestattet es, den Vorgaben von Lehrplänen bzw. Rahmenrichtlinien gerecht zu werden, eigene Schwerpunkte zu setzen und dabei auf Wünsche der Schülerinnen und Schüler bei der Kursplanung ebenso einzugehen wie auf aktuelle Anlässe. Die Anordnung der einzelnen Kapitel ermöglicht den Einstieg an verschiedenen Stellen des Buches.
Das Schulbuch bietet Autorentexte, Materialien, Aufgabenstellungen und größere Methoden-Schwerpunkte, aufbereitet in unterrichtspraktischen „Portionen".
Die Autorentexte führen zum Thema hin, eröffnen den Problemhorizont des jeweiligen Kapitels, stellen zeitliche und sachliche Zusammenhänge her und liefern notwendige Informationen. Sie erleichtern den Schülerinnen und Schülern die Vorbereitung, Wiederholung und Vertiefung. Sie sind einspaltig gesetzt, damit optisch deutlich von den Materialien zu unterscheiden und so formuliert, dass sie den Materialien, die im Mittelpunkt des Unterrichtsgeschehens stehen, ihr Eigengewicht lassen.

Die Materialien enthalten Daten und Fakten, kontroverse Bewertungen und vor allem problematisierende Sekundärtexte. Die Vielfalt der Materialien gewährleistet eine abwechslungsreiche Arbeit mit sozialwissenschaftlichen Quellen. Bei der Auswahl und Komposition der Texte wurde besonderer Wert darauf gelegt, dass durchgängig Textarbeit auf dem Niveau der Oberstufe möglich ist.

Die Aufgaben leiten zur methodischen Erschließung der Materialien an, geben – wo es nötig ist – gezielte Einzelhinweise und führen über unterschiedliche Stufen der Komplexität zu vielgestaltigem methodischem Handeln der Schülerinnen und Schüler bis hin zu umfassenden Strategien für ein Projekt der gesamten Lerngruppe. Jedes Kapitel enthält mindestens einen besonderen methodischen Schwerpunkt. Methoden werden dabei immer eng mit den Inhalten verknüpft, weil methodisches Handeln am besten an konkreten Inhalten gelernt werden kann. Zum methodenbewussten Arbeiten mit dem Schulbuch gehört auch die Erkenntnis, dass tagesaktuelle Probleme und Fragestellungen nur begrenzt aufgegriffen werden können. Demokratie in Deutschland geht mit dieser Einschränkung des Lernens bewusst um:
— Das vorliegende Buch ist auf „strukturelle Aktualität" hin angelegt, fokussiert auf das Wiederkehrende, auf dauerhafte Strukturen, Abläufe und Verhaltensweisen.
— Das Schulbuch fordert an verschiedenen Stellen dazu auf, eigene Recherchen anzustellen. Als Anregung dazu dienen nicht nur die methodischen Hinweise auf S. 81, 174 und 201, sondern auch eine Informationsseite am Ende eines jeden Kapitels mit gezielten Hinweisen auf Fachliteratur und die Möglichkeiten des Internets.

Im Literaturverzeichnis werden aus der Fachliteratur diejenigen Titel aufgelistet, die für alle oder mehrere Schulbuchkapitel eine gezielte Vertiefung der Lerninhalte erlauben; auf den Informationsseiten sind solche Titel genannt, mit deren Hilfe thematische Aspekte vertieft werden können. „Demokratie in Deutschland und Europa" ist Teil eines Service-Pakets für das Fach Politik/Sozialwissenschaften, das im Internet unter www.schroedel.de/gymnasium/politik.xtp ergänzende Unterrichtseinheiten enthält.
Für Anregungen und Kritik sind Verlag und Autor dankbar. Bitte richten Sie diese an:

Bildungshaus Schulbuchverlage
Westermann Schroedel Diesterweg
Schöningh Winklers GmbH, Braunschweig
Redaktion Gesellschaftswissenschaften
Georg-Westermann-Allee 66
38104 Braunschweig

Sind die Deutschen gute Demokraten? 1.0

Das System der repräsentativen Demokratie gründet auf Vertr[auen]. Wenn das Vertrauen der Bevölkerung in die schwindet, die ihr[en] politischen Willen repräsentieren, erodiert das Fundament di[eser] Demokratie. Es wird zerfressen von Zweifeln an der Integrität [und] Mo[ral ...] [zer]stört von der Überzeugun[g ...] [...eig]ene Interessen ungleich w[...] [...] V[...]e[...]

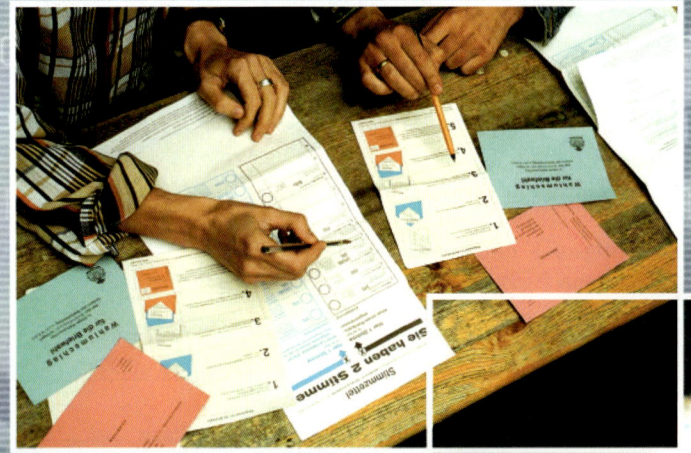

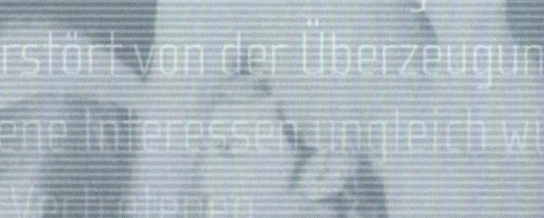

1.1 Einstellung zur Demokratie – Das politische Denken der Deutschen im Spiegel der Demoskopie

Jede politische Ordnung ist darauf angewiesen, dass die Gesellschaftsmitglieder die Prinzipien der Ordnung als legitim anerkennen und sich diesen Prinzipien entsprechend politisch verhalten. Nur dann ist der Bestand der Ordnung gewährleistet. Für einen demokratischen Staat bedeutet das, dass seine Bürger Demokraten sind und sich demokratisch verhalten.

Die Gesamtheit der in der Bevölkerung verbreiteten politisch bedeutsamen Persönlichkeitsmerkmale, Einstellungen zur politischen Ordnung und Wertorientierungen nennt man politische Kultur. Die politische Kulturforschung arbeitet vorrangig mit den Mitteln der empirischen Sozialforschung. Dabei wendet sie in erster Linie die Methode der Meinungsbefragung, der Demoskopie, an. Die Meinungsforschungsinstitute tragen eine große Verantwortung nicht nur für die Zuverlässigkeit ihrer Ergebnisse, sondern auch für die Entwicklung der politischen Kultur selbst. Denn ihre Resultate werden aufmerksam registriert, nicht selten in der politischen Argumentation verwendet und wirken so auf die politische Kultur zurück.

Da als Ausdruck einer Einstellung nur erscheint, was als Antwort auf eine oder mehrere Fragen abgerufen wird, kommt es entscheidend auf die Verlässlichkeit der Fragestellung an. Die Demoskopie ist mit zwei zentralen methodischen Fragestellungen konfrontiert, wenn sie Aussagen über die Verankerung der Demokratie im Bewusstsein der Bevölkerung machen will. Zum einen muss sie Demokratie operationalisieren, d. h. den komplexen und abstrakten Begriff Demokratie so konkretisieren und ggf. in einzelne Aspekte zerlegen, dass die Befragten eine präzise Vorstellung gewinnen. Zum anderen muss sie über Maßstäbe verfügen, um bei der Auswertung angeben zu können, ob ein Demokratiebewusstsein vorhanden ist.

M 1 Was macht die Demokratie aus? – Zahlen des Allensbach-Instituts

● Frage: „Was ist Ihrer Meinung nach das Wichtigste an der Demokratie, was von dieser Liste gehört unbedingt dazu, dass man von einem Land sagen kann: Das ist eine Demokratie?" (Zahlen in Prozent)

November 2000	Bevölk. insg.	West 1978	West 1990	West 2000	Ost 1990	Ost 2000
Presse und Meinungsfreiheit, dass jeder seine politischen Ansichten frei äußern kann	84	85	91	87	93	72
Dass man zwischen mehreren Parteien wählen kann	76	79	87	80	81	62
Dass regelmäßig freie und geheime Wahlen stattfinden	70	74	83	73	76	60
Dass man überall im Land frei herumreisen kann	66	79	78	70	73	53
Dass ein geordneter Machtwechsel möglich ist, dass also eine andere Regierung ohne Gewalt an die Macht kommen kann	66	–	–	70	–	52
Dass jeder seine Religion frei ausüben kann	64	78	79	67	73	54
Unabhängige Gerichte, die nur nach den Gesetzen urteilen	63	68	74	66	76	51
Dass jeder den Beruf wählen kann, den er möchte	60	78	75	66	58	40
Dass die Bürger über wichtige Fragen in Volksabstimmungen selbst entscheiden können	56	56	52	56	64	55
Eine starke Opposition, die die Regierung kontrolliert	53	67	65	55	68	43
Dass die Bürger an vielen Entscheidungen des Staates mitwirken können	53	51	55	54	54	47
Das Recht, für Lohnerhöhungen und für Arbeitsplätze zu streiken	52	–	–	54	–	44
Dass die gewählten Politiker ihre Politik weitgehend nach den Wünschen der Bürger richten	50	63	60	52	60	43
Dass Firmen auch in Privatbesitz sein können	45	–	–	49	–	32
Dass niemand Not leiden muss	43	61	50	42	61	48

November 2000	Bevölk. insg.	West			Ost	
		1978	1990	2000	1990	2000
Dass die Arbeitnehmer in den Betrieben mitbestimmen können	43	54	60	44	68	38
Dass keiner benachteiligt wird, weil er Mitglied einer extremen Partei ist	23	36	41	24	41	20
Dass die Einkommensunterschiede nicht sehr groß sind	22	36	22	21	37	29

Aus: Allensbacher Jahrbuch der Demoskopie 1998–2002. Band 11. Hg. von Elisabeth Noelle-Neumann und Renate Köcher, München 2002, S. 597

M 2 Vertrauen in die Demokratie

● Frage: „Wenn jemand sagt: ‚Mit der Demokratie können wir die Probleme lösen, die wir in der Bundesrepublik haben.' Würden Sie dem zustimmen oder nicht?" (Zahlen in Prozent)

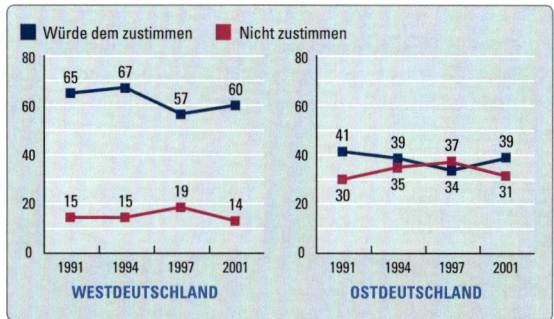

> Wem soll der Wähler Vertrauen entgegen bringen, wenn Politiker die Gesetze missachten? Wer jedoch meint, er kann mit Wahlverweigerung der Politik einen Denkzettel verpassen, der irrt, denn letztlich wählt sich der Klüngel selbst – wenn auch nur mit 30 Prozent.
>
> Aus: Magdeburger Volksstimme, 7.2.2000, Leserbrief von Otto Schönecker

Juli 2001	Bevölk. insg.	Altersgruppen			
		16–29	30–44	45–59	60 u. ä.
Würde dem zustimmen	55	45	57	61	56
Stimme nicht zu	18	15	21	18	16
Unentschieden	27	40	22	21	28

Aus: Allensbacher Jahrbuch der Demoskopie 1998–2002. Band 11. Hg. von Elisabeth Noelle-Neumann und Renate Köcher, München 2002, S. 596

AUFGABEN

1. Welche der in M 1 angeführten Merkmale sind politischer, welche rechtlicher und welche wirtschaftlicher Art?
2. Welche Merkmale müssen nach Ihrer Einschätzung auf jeden Fall gegeben sein, wenn man von einer Demokratie sprechen will? Welche Merkmale stehen in einer nur lockeren oder in keiner inneren Beziehung zur Demokratie? Welche Merkmale fehlen aus Ihrer Sicht?
3. Stimmen Sie der von den Befragten vorgenommenen Reihenfolge der Wichtigkeit zu?
4. Geben die Zahlen in M 2 zur Zufriedenheit oder zur Besorgnis Anlass?

M 3 Am besten ein Führer?

● Frage: „Zwei Männer unterhalten sich darüber, wie man ein Land regieren soll. Der eine sagt: ‚Mir gefällt es am besten, wenn das Volk den besten Politiker an die Spitze stellt und ihm die ganze Regierungsgewalt überträgt. Der kann dann mit ein paar ausgesuchten Fachleuten klar und schnell entscheiden. Es wird nicht viel geredet und es geschieht wirklich was.' Der andere sagt: ‚Mir ist es lieber, wenn mehrere Leute etwas im Staat zu bestimmen haben. Da geht es zwar manchmal hin und her, bis was getan wird, aber es kann nicht so leicht vorkommen, dass die Regierungsgewalt missbraucht wird.' Welche dieser Meinungen kommt Ihrer eigenen Ansicht am nächsten – die erste oder die zweite?" (Zahlen in Prozent)

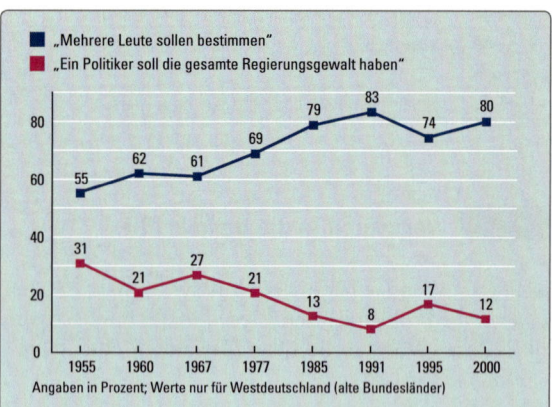

November 2000	Bevölk. insg.	West	Ost	Altersgruppen			
				16–29	30–44	45–59	60 u. ä.
Ein Politiker mit ganzer Regierungsgewalt an die Spitze	13	12	17	8	11	16	18
Besser, mehrere Leute bestimmen	77	80	62	77	78	77	73
Unentschieden	10	8	21	15	11	7	9

Aus: Allensbacher Jahrbuch der Demoskopie 1998–2002. Band 11. Hg. von Elisabeth Noelle-Neumann und Renate Köcher, München 2002, S. 598

M 4 Sehnsucht nach dem starken Mann?

● Frage: „Kürzlich sagte uns jemand: ‚Um die ganzen Probleme wie Arbeitslosigkeit, Kriminalität und anderes bei uns in den Griff zu kriegen, brauchen wir einen starken Politiker an der Spitze, der die Sachen anpackt und sich durchsetzt. Die endlosen Debatten und Streitereien der Parteien bringen uns nicht weiter.' Finden Sie, der Mann hat Recht oder würden Sie das nicht sagen?" (Zahlen in Prozent)

November 2001	Bevölk. insg.	Unter 30-jährige	Politischer Standort				
			Links	Mäßig links	Mitte	Mäßig rechts	Rechts
Hat Recht	53	43	40	42	57	55	76
Würde ich nicht sagen	33	35	48	42	30	30	12
Unentschieden	14	22	12	16	13	15	12

Aus: Allensbacher Jahrbuch der Demoskopie 1998–2002. Band 11. Hg. von Elisabeth Noelle-Neumann und Renate Köcher, München 2002, S. 599

Auf den Kanzler kommt es an!

Wahlkampfslogan bei mehreren Bundestagswahlen

AUFGABEN

1. Geben Sie mit eigenen Worten wieder, was die Materialien M 3 und M 4 inhaltlich jeweils aussagen.
2. Erörtern Sie unter Einbeziehung der Materialien M 1 bis M 4, ob die Deutschen gefestigte Demokraten sind. Recherchieren Sie mithilfe der auf S. 26 genannten (Internet-)Adressen, ob zu M 1 bis M 4 aktuelleres Datenmaterial vorliegt.
3. Versuchen Sie – z. B. mithilfe des Statistischen Amtes der EU (S. 26) – vergleichbare Daten für die EU- bzw. andere europäische Staaten zu ermitteln: Sind die Europäer gute Demokraten?

M 5 Direkte oder repräsentative Demokratie?

- Frage: „Hier unterhalten sich zwei über verschiedene Formen der Demokratie. Wer von beiden sagt eher das, was auch Sie denken?" (Zahlen in Prozent)

Oktober 2000	Bevölk. insg.	West	Ost
„Ich bin für eine repräsentative Demokratie, also dass das Volk das Parlament wählt und dann das Parlament die politischen Entscheidungen trifft und dafür auch die Verantwortung übernimmt. Die Abgeordneten sind doch meistens besser informiert."	33	37	17
„Ich bin für eine direkte Demokratie, also dass möglichst viele politische Entscheidungen in Volksabstimmungen getroffen werden. Dann geschieht wirklich das, was das Volk will."	55	52	68
Unentschieden	12	11	15

Aus: Allensbacher Jahrbuch der Demoskopie 1998–2002. Band 11. Hg. von Elisabeth Noelle-Neumann und Renate Köcher, München 2002, S. 600

M 6 Demokratieverständnis

- Frage: „Ich möchte Ihnen jetzt einen Fall erzählen: In einem kleinen Ort soll eine Fabrik gebaut werden. Der Gemeinderat hat den Bau der Fabrik genehmigt, die Bevölkerung ist aber dagegen. Ein Prozess vor Gericht hat ergeben, dass die Bevölkerung nichts dagegen unternehmen kann und die Fabrik gebaut werden muss. In einer öffentlichen Veranstaltung treten nun zwei Redner auf, die Folgendes sagen: Redner 1: ‚Der Gemeinderat und das Gericht haben beschlossen, dass die Fabrik gebaut wird. Wir haben den Gemeinderat gewählt, also müssen wir jetzt diese demokratische Entscheidung mittragen und dürfen uns nicht länger gegen den Bau wehren.' Redner 2: ‚Das sehe ich anders. Wir, die Bürger, sind gegen die Fabrik. Wenn der Gemeinderat das nicht sieht, die Bevölkerung kann das besser beurteilen. Wir müssen auf jeden Fall den Bau der Fabrik verhindern, auch wenn wir vielleicht Gewalt anwenden müssen.'
Wem würden Sie eher zustimmen?" (Zahlen in Prozent)

April 1997	Demokratische Entscheidung mittragen	Auf jeden Fall den Bau verhindern	Unentschieden	Summe
WESTDEUTSCHLAND				
1982	60	18	22	100
1995	55	31	14	100
1997	51	24	25	100
OSTDEUTSCHLAND				
1995	44	31	25	100
1997	50	24	26	100
INSGESAMT	**51**	**24**	**25**	**100**

Aus: Allensbacher Jahrbuch der Demoskopie 1993–1997, München 1997, S. 662 f.

AUFGABEN

1. Hinter jeder der beiden Antworten in M 5 steht eine Annahme: eine über die Abgeordneten, eine über das Volk. Vergegenwärtigen Sie sich diese Annahmen und erörtern Sie ihre Berechtigung.
2. Erörtern Sie, ob die zweite Alternative in M 6 die Demokratie zerstört oder – im Gegenteil – erst erfüllt.
3. Interpretieren Sie die Befragungsergebnisse von M 5 und M 6 unter der Fragestellung: „Findet die parlamentarisch-repräsentative Demokratie genügend Rückhalt in der Bevölkerung?"

Umfrage

Die in den Materialien auf S. 8–11 ausgebreiteten Daten sind die Ergebnisse von Umfragen, die von professionellen demoskopischen Instituten erstellt worden sind. Diese Institute wenden mit der Befragung eine klassische Methode empirischer Sozialforschung an. Solche Umfragen können Sie auch selber durchführen. Diese dürften zwar weniger professionell (und genau) sein, bei Befolgung der methodischen Regeln könnten sie aber durchaus ein zuverlässiges Bild über Meinungen, Bewertungen und Denkweisen liefern.

Allgemeines

In der Umfrageforschung unterscheidet man die Totalerhebung von der repräsentativen Umfrage. Bei einer Totalerhebung wird die Gesamtheit einer überschaubaren Personengruppe befragt, also beispielsweise alle Schülerinnen und Schüler der Kursstufe oder der Schule, alle Lehrerinnen und Lehrer oder alle Bewohner eines Stadtviertels. Bei der repräsentativen Umfrage wird eine Auswahl aus einer nicht mehr überschaubaren Personengesamtheit, eine so genannte Stichprobe, befragt. Es ist klar, dass eine repräsentative Umfrage nur dann zuverlässig ist, wenn die Stichprobe auch wirklich repräsentativ ist. Dies ist dann gewährleistet, wenn die Befragten nach dem Zufallsprinzip ausgesucht werden und wenn die Stichprobe im Verhältnis zur Grundgesamtheit groß genug ist.

Fragebogen

Eine entscheidende Voraussetzung für die Durchführbarkeit und den Erfolg einer Umfrage ist die Gestaltung des Fragebogens, insbesondere die Art der Fragen. Grundsätzlich sollte ein Fragebogen nicht überfrachtet werden. Bei mehr als zwanzig Fragen ist die Gefahr gegeben, dass der Befragte die Geduld verliert. Dann ist darauf zu achten, dass die ersten Fragen nicht das Antwortverhalten bei den späteren Fragen beeinflussen. Schließlich sollten nach Möglichkeit keine offenen, sondern geschlossene Fragen gestellt werden.

Offene Fragen enthalten keine vorgegebenen Antwortkategorien und bedeuten deshalb, dass der Befragte seine Antwort völlig selbstständig formulieren muss. Dies verlangt, dass er sich an etwas erinnern muss. Unter Umständen entdeckt der Betreffende auch seine Unwissenheit, was seine Bereitschaft, sich auf weitere Fragen einzulassen, in der Regel nicht erhöht. Offene Fragen bereiten auch Schwierigkeiten bei der Auswertung, da die Fülle der Antworten nach übergeordneten Gesichtspunkten geordnet werden muss. Hier können sich dann Interpretationsfehler einschleichen. Bei geschlossenen Fragen werden dem Befragten zugleich alle möglichen oder zumindest relevanten Antworten nach Kategorien geordnet vorgelegt. Der Befragte muss lediglich seine Antwort auswählen. Daraus ergibt sich eine Einheitlichkeit und somit eine Vergleichbarkeit der Antworten. Es leuchtet ein, dass Antworten auf geschlossene Fragen auch einfach auszuwerten sind.

Geschlossene Fragen sind meistens entweder Auswahlfragen oder Skalenfragen. Auswahlfragen bieten mehrere Antworten zur Auswahl an, wobei die verschiedenen Antworten keine quantitativen Aussagen sind, sondern lediglich sich gegenseitig ausschließende Sachverhalte bezeichnen. Eine typische Auswahlfrage ist die so genannte Sonntagsfrage: „Wenn am nächsten Sonntag Wahlen wären, welcher der auf folgender Liste verzeichneten Partei würden Sie Ihre Stimme geben?" Die Liste enthält dann eine feste Liste von Parteinamen, sodass der Befragte eine Partei nennen muss. Zu den Auswahlfragen gehören auch die Einstellungs- und die Bilanzfragen. Auf eine Einstellungsfrage antwortet man mit „stimme zu" oder „lehne ab". Beispiel: „Sollte jeder, der in Deutschland Steuern zahlt, hier auch wählen dürfen?" Eine Bilanzfrage will wissen, ob der Befragte mit einer bestimmten Politik zufrieden ist oder nicht. Skalenfragen erlauben die Messung der Intensität oder Häufigkeit von Werten, Meinungen, Gefühlen oder Handlungen. Beispiel: „Wie stark interessieren Sie sich für Politik?" Die Skala besteht dann aus den Elementen „sehr stark", „stark", „mittel", „wenig" und „überhaupt nicht".

Formulierung der Fragen

Bei der Frageformulierung sollten einige Faustregeln beachtet werden: 1. Fragen sollen einfache Wörter enthalten. 2. Fragen sollen kurz formuliert werden. 3. Fragen sollen konkret in dem Sinne sein, dass sie sich auf überschaubare, im Bereich der Lebenserfahrung der Befragten liegende Sachverhalte beziehen. 4. Fragen sollen keine bestimmte Beantwortung provozieren (so genannte Suggestivfragen). 5. Fragen sollen neutral formuliert sein, d.h., sie sollen keine „belasteten" Wörter enthalten, wie beispielsweise „Parteienfilz" oder „Bürokrat".

Fortsetzung auf Seite 14

Aus einem Fragebogen zur Bundestagswahl (telefonische Befragung)

Interviewer: …
Zeitpunkt Beginn: …
Guten Tag, mein Name ist … Ich bin Schüler/in der … (Schule). Wie Sie vielleicht in der Zeitung gelesen haben, führen wir im Rahmen des Politikunterrichts eine Wählerumfrage in … (Ort) durch. Wir haben Ihre Nummer zufällig aus dem Telefonbuch ausgewählt. Ich möchte Sie fragen, ob Sie so freundlich sind, an dieser Umfrage teilzunehmen. Ihre Angaben bleiben selbstverständlich anonym.

Wenn ja: Sind Sie oder jemand anders in Ihrem Haushalt in … (Ort) wahlberechtigt?

Wenn nein: … (Herr/Frau), dann kann ich Sie leider nicht weiter befragen. Vielen Dank! (Interview beenden.)

Wenn ja: … (Herr/Frau), kann ich die wahlberechtigte Person aus Ihrem Haushalt sprechen, die als Letzte Geburtstag hatte? Um eine Zufallsauswahl zu gewährleisten, ist diese Vorgehensweise für uns wichtig. (Evtl. neuen Telefontermin vereinbaren.) (Bei Nachfragen: „Das Interview wird nur wenige Minuten dauern. Rückfragen sind möglich bei meiner Schule, …" (Tel., z. B. Sekretariat angeben.))

1. Wie stark interessieren Sie sich für Politik?
   - 1 ❏ sehr stark
   - 2 ❏ stark
   - 3 ❏ mittel
   - 4 ❏ wenig
   - 5 ❏ überhaupt nicht

2. Wenn am nächsten Sonntag Bundestagswahl wäre, würden Sie zur Wahl gehen?
   (Wenn Antwort d, weiter mit Frage 4)
   - a ❏ ganz bestimmt
   - b ❏ wahrscheinlich
   - c ❏ wahrscheinlich nicht
   - d ❏ bestimmt nicht

3. Wenn am Sonntag Bundestagwahl wäre, welcher Partei würden Sie dann Ihre Stimme geben?
   - a ❏ SPD
   - b ❏ CDU/CSU
   - c ❏ FDP
   - d ❏ B90/Grüne
   - e ❏ Die Linke.PDS
   - f ❏ rechte Parteien (z. B. NPD, Republikaner, DVU)
   - g ❏ Andere

4. Falls bei der Bundestagswahl keine der Parteien die absolute Mehrheit gewinnt, welche Koalition würden Sie persönlich bevorzugen?
   (Antwortmöglichkeiten nicht vorlesen, sondern Nennungen abwarten und den Kategorien a–h zuordnen.)
   - a ❏ CDU/CSU + FDP
   - b ❏ Große Koalition (CDU/CSU + SPD)
   - c ❏ SPD + B90/Grüne
   - d ❏ SPD + FDP
   - e ❏ SPD + B90/Grüne + FDP
   - f ❏ SPD + B90/Grüne + Die Linke.PDS
   - g ❏ CDU/CSU + B90/Grüne
   - h ❏ Andere

[…]

Bei den folgenden Aussagen handelt es sich um Meinungen über Politik. Ich lese Ihnen zwei Aussagen vor. Bitte sagen Sie mir anhand eines Zahlenwertes von 1 (stimmt absolut) bis 5 (stimmt überhaupt nicht), was Sie davon halten.

14. „Leute wie ich haben so oder so keinen Einfluss darauf, was die Regierung tut."
    - 1 ❏ stimmt absolut
    - 2 ❏ stimmt im Großen und Ganzen
    - 3 ❏ teils/teils
    - 4 ❏ stimmt weniger
    - 5 ❏ stimmt überhaupt nicht

15. „Die Parteien sollten sich nicht wundern, wenn sie bald keiner mehr wählt."
    - 1 ❏ stimmt absolut
    - 2 ❏ stimmt im Großen und Ganzen
    - 3 ❏ teils/teils
    - 4 ❏ stimmt weniger
    - 5 ❏ stimmt überhaupt nicht

[…]

Wir möchten Sie bitten, uns noch einige Angaben zu Ihrer Person zu machen. Wir benötigen diese zu statistischen Zwecken.

19. Zu welcher Altersgruppe gehören Sie?
    - a ❏ 18–24
    - b ❏ 25–34
    - c ❏ 35–44
    - d ❏ 45–59
    - e ❏ 69 u. ä.

20. Welchen Schulabschluss haben Sie?
    - a ❏ keinen Abschluss
    - b ❏ Hauptschule
    - c ❏ Realschule
    - d ❏ Abitur, Fachabitur
    - e ❏ Studium

Schließlich wären wir dankbar, wenn Sie angeben, welche Konfession Sie haben.

21. Konfession
    - a ❏ evangelisch
    - b ❏ katholisch
    - c ❏ andere Religion
    - d ❏ keine religiöse Bindung

22. Geschlecht
    - a ❏ weiblich
    - b ❏ männlich

Aus: Bundeszentrale für politische Bildung (Hg.), Bundestagswahl im Unterricht. Wählerbefragung mit GrafStat, Bonn 2005, S. 70

METHODEN

Vorgehensweise

Eine Umfrage, die diesen Namen verdient, ist mehr als eine spontane Befragung auf dem Schulhof. Sie verlangt eine intensive Vorbereitung, eine sorgfältige Durchführung und eine ausführliche Auswertung und abschließende Reflexion. Die Umfrage trägt deshalb Projektcharakter und sollte am besten in einer Projektwoche durchgeführt werden.

1. Festlegung des Themas: Beispiele: Wahlabsichten für die nächste Wahl. Beurteilung der Leistung der Regierung. Bewertung bestimmter Gesetze. Einschätzung der wirtschaftlichen Lage.

2. Festlegung der Befragungsgesamtheit: Beispiele: Gesamtheit der Schülerinnen und Schüler der Schule. Alle Wahlberechtigten der Gemeinde. Alle Menschen über 65 Jahre in der Gemeinde. Alle 16- und 17-Jährigen in der Gemeinde. Alle Ausländer in der Gemeinde.

3. Entscheidung für eine Totalerhebung oder eine repräsentative Umfrage: In beiden Fällen muss man im Schulsekretariat bzw. beim Einwohnermeldeamt und/oder beim Statistischen Amt der Gemeinde die offiziellen Daten einholen, damit man über eine verlässliche Zahlenbasis verfügt. Bei einer großen Befragungsgesamtheit empfiehlt sich eine repräsentative Umfrage mithilfe einer Stichprobe. Der Umfang der Stichprobe richtet sich nach der zugrunde liegenden Gesamtheit. Als Anhalt können folgende Relationen dienen: Etwa 30 zu Befragende bei einer Gesamtheit von 300, etwa 70 bei 1000, etwa 400 bei 10000.

Die Stichprobe ist nur zuverlässig, wenn sie das Zufallsprinzip berücksichtigt. Das bedeutet, dass jeder aus der Befragungsgesamtheit die Chance haben muss, in die Stichprobe zu gelangen. Das einfachste Verfahren ist die Auswahl per Los. Denkbar ist auch, jede x-te Telefonnummer zu nehmen. Bei einer Wahlumfrage sind bei der Festlegung der Stichprobe Merkmale zu berücksichtigen, die das Wahlverhalten beeinflussen: Konfessionelle Bindung, berufliche Stellung und Alter müssen sich analog zu den Verhältnissen in der Gesamtheit in der Stichprobe wieder finden.

4. Entscheidung für eine Straßenbefragung oder eine telefonische Befragung: Die telefonische Befragung hat folgende Vorteile: größere Zufälligkeit und damit größere Genauigkeit (unter der Voraussetzung hoher Telefondichte), geringer Aufwand. Ihre Nachteile sind: Kosten, kein persönlicher Kontakt zu den Befragten. Der Vorteil der Straßenbefragung liegt in der „Öffnung der Schule". Ihre Nachteile sind der große organisatorische (Aufsicht!) und zeitliche Aufwand sowie Schwierigkeiten, das Zufallsprinzip zu gewährleisten.

5. Einholen der Genehmigung: Die Genehmigung der Schulleitung ist auf jeden Fall bei einer Umfrage in der Schule einzuholen.

6. Erstellen des Fragebogens: Es ist streng darauf zu achten, dass die Anonymität der Befragten gewährleistet ist. Daher darf auf den Fragebögen kein Name eingetragen werden. Die Qualität des Fragebogens lässt sich prüfen, indem man mit seiner Hilfe die Umfrage im Kursrahmen übt. Ein Musterfragebogen findet sich in der von der Bundeszentrale für politische Bildung herausgegebenen Arbeitshilfe für die politische Bildung „Bundestagswahl im Unterricht", S. 70, der auf der vorhergehenden Seite in Auszügen abgedruckt ist.

7. Information der Öffentlichkeit: Diese Information ist vor allem sinnvoll bei einer Befragung außerhalb der Schule. Die Akzeptanz der Umfrage in der lokalen Öffentlichkeit wird erhöht. Als Form bietet sich eine Mitteilung an die örtliche Presse an.

8. Durchführung der Umfrage: Die Anzahl der von jedem Interviewer durchzuführenden Befragungen sollte zwischen zwölf und fünfzehn liegen. Beim Interview ist darauf zu achten, dass man bei der Beantwortung der Fragen nur technisch helfen darf. Zum Inhalt des Fragebogens muss man sich strikt neutral verhalten. So darf man keine Antworten vorschlagen und auch keine eigene Meinung einfließen lassen. Ebenso darf man sich auf keinen Fall in Diskussionen über Politik verwickeln lassen. All dies würde nämlich das Antwortverhalten des Befragten beeinflussen und seine Antwort somit unbrauchbar machen.

9. Auswertung, Veröffentlichung und Präsentation der Ergebnisse: Die Umfrageergebnisse können Sie auch mithilfe einer Ausstellung der Schulöffentlichkeit bekannt machen. Dabei sollten Sie möglichst präzise auch den methodischen Zugriff erläutern. Vorbereitung, Durchführung und Ergebnisse der Umfrage können Sie in einem Projektordner dokumentieren, der ggf. später für andere Lerngruppen ein Anstoß zur Weiterarbeit sein kann.

1.2 Politische Passivität – Krisensymptom oder Ausdruck rationalen Verhaltens?

Es herrscht allgemeines Einvernehmen bei Politikern, Politikwissenschaftlern und Vertretern der politischen Bildung, dass die Demokratie der politischen Beteiligung ihrer Bürger bedarf. Denn die Demokratie ist ein politisches System, das sich nicht nur – pragmatisch – den Impulsen aus der Gesellschaft öffnet, sondern auch – prinzipiell – in seiner Legitimitätsgeltung davon abhängt, dass die Bürger sich ausdrücklich zu ihr bekennen, zumindest aber durch politische Aktivität und Engagement ihren Wert bestätigen.

Seit einer Reihe von Jahren lässt sich in Deutschland eine Abnahme der politischen Partizipation beobachten. So sinkt die Wahlbeteiligung, verlieren die großen Parteien an Mitgliedern sowie Stammwählern und nimmt auch das Vertrauen in staatliche Institutionen und politische Akteure ab. Besondere Sorge bereitet dabei die zunehmende Zahl der Nichtwähler, gilt doch die Wahl als demokratischer Urakt und Ausdruck des Minimums an politischer Identifikation mit dem Gemeinwesen. Insgesamt scheint sich die Demokratie in einer Akzeptanzkrise zu befinden.

Man ist sich unter den Fachleuten nicht einig, wie man diese Phänomene deuten soll. Die einen sprechen von einer generellen Politikverdrossenheit, die anderen sehen den Missmut auf eine Parteienverdrossenheit beschränkt.

In der Politikwissenschaft gibt es aber auch eine Richtung, die so genannte ökonomische Theorie der Politik, die nicht in das verbreitete Krisenszenario einstimmt. Diese Theorie überträgt bestimmte Modellannahmen aus dem Bereich der Wirtschaftswissenschaften auf die Politik, so vor allem die Vorstellung vom Kosten und Nutzen abwägenden rationalen Akteur. Rationales Handeln wird dabei verstanden als ein Handeln, dem primär eigennützige Absichten zugrunde liegen (Eigennutz-Axiom). Dieses der liberalen Wirtschaftstheorie entliehene Eigennutz-Axiom wird Wählern, Parteien und Regierungen unterstellt. Mithilfe dieser Annahmen kann die Theorie politische Verhaltensweisen, so auch die politische Passivität, als Ausdruck rationalen Verhaltens erklären.

M 1 Wahlbeteiligung bei den Bundestagswahlen 1949–2005 (in Prozent)

1949: 78,5	1961: 87,7	1972: 91,1	1983: 89,1	1994: 79,0	2005: 77,7
1953: 86,0	1965: 86,8	1976: 90,7	1987: 84,3	1998: 82,2	
1957: 87,8	1969: 86,7	1980: 88,6	1990: 77,8	2002: 79,1	

M 2 Nichtwähleranteile und Unzufriedenheit mit der Demokratie

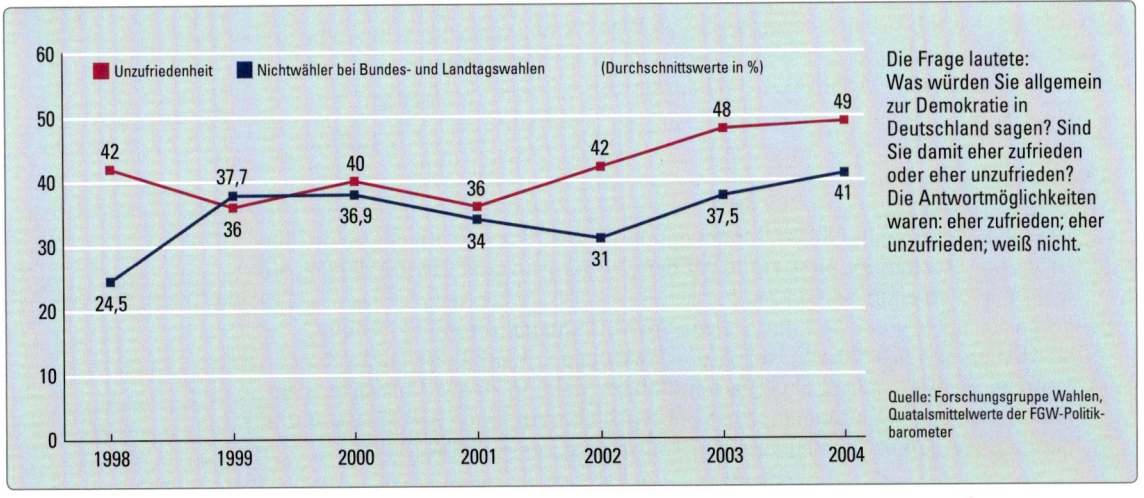

Die Frage lautete: Was würden Sie allgemein zur Demokratie in Deutschland sagen? Sind Sie damit eher zufrieden oder eher unzufrieden? Die Antwortmöglichkeiten waren: eher zufrieden; eher unzufrieden; weiß nicht.

Quelle: Forschungsgruppe Wahlen, Quatalsmittelwerte der FGW-Politikbarometer

M 3 Motive der Nichtwähler

(Je 1000 Befragte in Ost und West; Mehrfachnennungen möglich; Prozentangaben)

	Ost	West
Kein Interesse mehr an der Politik	25	38
Zu wenig vertrauenswürdige Politiker	33	35
Mangelnder Einfluss auf die Politik	31	34
Protest gegen schlechte Politik	32	32
Parteien gefallen nicht mehr	21	25
Zu viele Wahltermine, zu viele Wahlen	13	12
Überdruss an politischer Berichterstattung in den Medien	8	6

Aus: infas-Politogramm, Okt./Nov. 1994, zitiert in: Aus Politik und Zeitgeschichte, B 51–52/94, S. 44

M 4 Wer sind die Nichtwähler?

Frauen neigen eher zur Wahlenthaltung als Männer, junge Leute und Senioren eher als „Mittelalte", Protestanten eher als Katholiken. Die Stadt beteiligt sich in geringerem Maße als das Land, Menschen mit geringerem Sozialstatus und Randgruppen sind teilnahmsloser als angesehene, integrierte Bürger mit höherem Bildungs-, Einkommens- und Lebensniveau.

Aus: Michael Eilfort, Nichtwähler, in: Landeszentrale für politische Bildung, Der Bürger im Staat. Wahlverhalten, Stuttgart 1991, S. 239

M 5 Nichtwähler sind die besseren Demokraten – Kernthese eines Leserbriefes

Wenn Menschen nicht zur Wahl gehen, dann hängt das auch damit zusammen, dass sie keine akzeptablen Angebote finden bzw. von den Angeboten der etablierten Parteien maßlos enttäuscht sind und andererseits ihre Stimme auch nicht an Splitterparteien vergeben wollen, was wegen der Fünf-Prozent-Hürde nichts bringt. Viel zu lange haben die etablierten Parteien sich damit gerettet, dass die Menschen bei Wahlen nur „das kleinste Übel" gewählt haben. So wurde vor den Wahlen versprochen – und nach den Wahlen vieles nicht gehalten [...]. Inhaltsleere Wahlplakate und die berufsmäßige Wählerverdummung durch die Pressestellen der Regierungen, Parteien und Fraktionen sowie die wachsende Beliebigkeit der etablierten Parteien tun ein Übriges zum Frust der Wählerinnen und Wähler. So gesehen haben sich die bewussten Nichtwähler, die einen Denkzettel verpassen wollten, langfristig als die besseren Demokraten erwiesen.

Aus: Magdeburger Volksstimme, 13.9.1999, Leserbrief (Auszug) von Michael Rost. Der Autor war Sprecher der Landtagsfraktion von Bündnis 90/Die Grünen in Sachsen-Anhalt.

AUFGABEN

1. Welche Bedeutung hat die Wahlbeteiligung für die Akzeptanz einer politischen Ordnung? Erörtern Sie diese Frage vor dem Hintergrund der Trends, die sich aus M 1 bis M 3 ableiten lassen.
2. Listen Sie aus M 4 und M 5 auf, welche Vorwürfe gegen die Politik erhoben werden. Lassen sich diese Vorwürfe durch aktuelle Entwicklungen untermauern?
3. Nehmen Sie aus der Sicht eines Parteipolitikers Stellung zu den Vorwürfen. Wo müssten Sie Fehler einräumen? Wo könnten Sie darauf hinweisen, dass Vorurteile gepflegt werden bzw. eine pauschale Aburteilung der Politik vorliegt?

M 6 Nichtwählertypen – Profile der Wahlforschung

I Die technischen Nichtwähler
Dies sind Wahlberechtigte, die in der Regel wegen ihrer Mobilität nicht erreicht werden, die also z. B. keine Wahlbenachrichtigung bekommen, weil sie gerade umziehen oder umgezogen sind. Sie stehen in den Wählerlisten, müssten sich aber um eine Wahlberechtigung selbst bemühen, was ein besonderes Interesse an der Wahl voraussetzt und eben eine besondere Aktivität. In dieser Gruppe sind überproportional häufig jüngere Wähler vertreten. Sie ist aber kaum durch Verwaltungsmaßnahmen oder politische Ansprache zu verkleinern.

II Grundsätzliche Nichtwähler
Bei ihnen handelt es sich um Bürger, die politisch nicht interessiert sind und sehr oft gegenüber den politischen Einrichtungen eher distanziert sind. Sie sind häufig schlecht integriert und verfügen über wenig soziale Kontakte. Es sind Wahlberechtigte mit eher geringem Bildungs- und Berufsstatus; Frauen sind in dieser Gruppe überproportional vertreten. Diese Gruppe hat es schon immer gegeben, sie ist kaum zu mobilisieren. Darüber hinaus gehören zu den grundsätzlichen Nichtwählern Angehörige von Randgruppen, Sekten oder religiösen Minderheiten, die eine Beteiligung am politischen Prozess ablehnen, z. B. die Zeugen Jehovas.

III Die konjunkturellen Nichtwähler
Sie sind sowohl von der Gruppenstärke als auch von der Mobilisierbarkeit her interessant, weil sie das Ergebnis einer Wahl deutlich beeinflussen können. Die konjunkturellen Nichtwähler sind oft mit dem politischen System durchaus zufrieden. Für sie ist entscheidend, ob sie die Wahl für wichtig oder weniger wichtig einschätzen. Sie sehen das Wählen als einen Akt der staatsbürgerlichen Pflicht an und wägen diese mit ihren privaten Interessen am Wahltag ab. Sie haben in der Regel keine sehr enge Bindung an eine Partei, aber durchaus unterschiedlich ausgeprägte Sympathien. Sie sind über besondere politische Ereignisse mobilisierbar und tendieren eher zu wechselndem Wahlverhalten – im Gegensatz zu der Mehrheit aller anderen Wähler. Die Gruppe ist insgesamt in den letzten Jahren deutlich angewachsen. Konjunkturelle Nichtwähler beteiligen sich unterschiedlich häufig auf den verschiedenen Wahlebenen. Eine stärkere Beteiligung stellen wir bei Bundestagswahlen fest, die geringste bei Europawahlen.

IV Die bekennenden Nichtwähler
Dies ist eine neue Gruppe unter den Wahlabstinenten. Sie haben in der Regel eine klare Parteipräferenz und sind auch politisch interessiert, aber höchst unzufrieden mit „ihrer Partei" und sie strafen diese über die Nichtwahl. Es sind Nichtwähler aus Protest mit viel Kritik gegenüber dem Funktionieren unseres derzeitigen politischen Systems. Sie machen den halben Schritt, im Gegensatz zu den Protestwählern, die z. B. eine der extremen Parteien wählen und dabei den großen Schritt vollziehen.

Aus: Birgit Hoffmann-Jaberg/Dieter Roth, Die Nichtwähler. Politische Normalität oder wachsende Distanz zu den Parteien?, in: Wilhelm Bürklin/Dieter Roth (Hg.), Das Superwahljahr. Deutschland vor unkalkulierbaren Regierungsmehrheiten?, Köln 1994, S. 137 f.

AUFGABEN

1. Setzen Sie sich mit den Profilen der Nichtwähler in M 6 auseinander, indem Sie die Motive der Nichtwählergruppen politisch bewerten.
2. Welche Konsequenzen könnten Wahlkampfmanager der Parteien aus M 6 ziehen?
3. Welche Nichtwähler könnten sich von den Plakaten angesprochen (M 7, M 10) fühlen?
4. Entwerfen Sie in Ihrer Lerngruppe (in Zusammenarbeit mit dem Fach Kunst) Plakate, mit der die Wahlbeteiligung insbesondere der jüngeren Wähler bei der nächsten Wahlentscheidung erhöht werden könnte.

M 7 Plakat zur Wählermobilisierung, 2004

»Der kleine Mann kann ja doch nichts ändern.«

...wenn er nichts tut...

M 8 Ansehen der Politiker

Frage: „Hier unterhalten sich zwei über führende Politiker. Welcher von beiden sagt eher das, was auch Sie denken?" (Zahlen in Prozent)

August 1998	Bevölk. insg.	West 1987	West 1994	West 1998	Ost
„Den Politikern ist heutzutage jedes Mittel recht, um ihre Partei an der Macht zu halten oder an die Macht zu bringen. Sie scheuen sich nicht, Tatsachen zu verdrehen oder zu beschönigen, um dadurch die Wahlen zu gewinnen. Das zeigt, dass etwas faul ist in unserem Staat."	57	71	65	55	63
„Ich finde es ganz selbstverständlich, dass die Politiker mit allen Mitteln versuchen, möglichst viele Wählerstimmen für Ihre Partei zu gewinnen. Da darf man nicht so zimperlich sein und gleich das ganze System verurteilen."	27	16	23	27	25
Unentschieden	16	13	12	18	13

Aus: Allensbacher Jahrbuch der Demoskopie 1998–2002. Band 11. Hg. von Elisabeth Noelle-Neumann und Renate Köcher, München 2002, S. 749

M 9 Ein Politiker wehrt sich: Die Bürger verhalten sich ungerecht gegenüber den Politikern

Von Politikverdrossenheit ist viel die Rede, von Staatsverdrossenheit ebenso wie von der scheinbar unüberbrückbaren Kluft zwischen den Bürgern und der politischen Elite. […] Politische Elite? Was ist denn das? Da kann ein Volk nur noch lachen über die politischen Amateure, die Stümper, die uns in Berlin, in den Ländern und in den Städten und Gemeinden regieren wollen. […] Aber Politiker haben einen Anspruch auf faire und angemessene Beurteilung ihrer Leistung. Das Volk hat das Recht, andere zu wählen, berechtigterweise oder auch unberechtigterweise. Das Volk muss aber wissen, dass der mangelnde Respekt vor politischen Leistungen, die gedankenlose Herabsetzung von Politikern und die mangelnde Rücksicht vor dem Privaten dazu führen kann, dass immer mehr bewährte Frauen und Männer aus der Politik aussteigen. Es gibt mehr Bürger, die Politiker für ihre Ziele missbrauchen, als umgekehrt. […] Ein schlimmer Populismus greift um sich. Er macht die Politiker unfähig, schlüssige Konzepte zur Lösung von Zukunftsfragen unseres Volkes zu entwickeln. Der Politiker wird zum Freiwild der Ansprüche des Bürgers. Damit können aber keine Probleme eines modernen Staates gelöst werden. Politik ist nicht der Kampf um Macht, sondern der Kampf um bessere Lösungen. Das ist der tiefere Sinn der politischen Verantwortung in Parlament, Regierung und in den Gemeinden.

Aus: Joachim Becker, Eine Nation der Verdrossenen, in: PZ Nr. 70/1992, S. 4 f.
Joachim Becker (SPD) war von 1985 bis 2001 Oberbürgermeister von Pforzheim.

M 10 Erosion der Demokratie durch die Politiker oder die Bürger?

Das System der repräsentativen Demokratie gründet auf Vertrauen. Wenn das Vertrauen der Bevölkerung in die schwindet, die ihren politischen Willen repräsentieren, erodiert das Fundament dieser Demokratie. Es wird zerfressen von Zweifeln an der Integrität und den Motiven der politischen Akteure, zerstört von der Überzeugung, dass den Repräsentanten des Volkes eigene Interessen ungleich wichtiger sind als die Anliegen der von ihnen Vertretenen […]. 70 Prozent der Bevölkerung sind überzeugt, dass es Abgeordneten nicht in erster Linie um die Anliegen ihrer Wähler geht, sondern um andere, oft nur um eigene Interessen. Die Mehrheit bezweifelt, dass es großer Fähigkeiten bedarf, um Abgeordneter im Parlament zu werden. Epidemisch hat sich Misstrauen ausgebreitet […]. Die Skandale, die in den letzten Jahren Aufsehen erregten, sind für 41 Prozent der gesamten Bevölkerung nicht beklagenswerte Ausnahmefälle, sondern symptomatisch für die moralische Qualität der politische Klasse. […] Enttäuschung und Verachtung werden immer häufiger pauschal verallgemeinert und machen vor keiner Partei Halt. […]

Die kritische Bewertung der politischen Leistung hat keineswegs mehr Engagement zur Folge. Die Bevölkerung zieht sich zurück, nimmt immer weniger Anteil. Die Wahlbeteiligung ist in den letzten Jahren beträchtlich zurückgegangen […]. Sinkendes Interesse und Unmut zeigen sich nicht nur bei der Wahlbeteiligung, sondern auch bei der Stimmabgabe. Mehrere Regionalwahlen wurden zu ausgeprägten Denkzettelwahlen, bei denen die Volksparteien teilweise spektakuläre Verluste hinnehmen mussten und politische Randgruppierungen, die kaum das Etikett Partei verdienen, reüssierten. […] Während die Bereitschaft zu Experimenten an der Wahlurne wächst, sinkt die Neigung zum politischen Engagement. […] Die überwältigende Mehrheit der Bevölkerung schließt für sich persönlich ein parteipolitisches Engagement oder die Übernahme politischer Ämter, auch auf kommunaler Ebene, aus.

Die Symptome sind eindeutig, die Diagnose scheint einfach. Immer weniger wird die Politik den Erwartungen der Wähler gerecht. […] Es ist eigentümlich, wie rasch in der Diskussion beunruhigender Phänomene die Täter- und Opferrollen verteilt werden. So wird eine Frage in der erhitzten Debatte über Politikverdrossenheit kaum gestellt: Ob nicht eine Gesellschaft gestört ist, deren politische Gemütslage so von Verdrossenheit geprägt ist wie die der Deutschen.

Sicher sind Denkzettelwahlen ein Zeichen des ohnmächtigen Zorns, Ausdruck des Empfindens, mit den eigenen Anliegen nicht ausreichend ernst genommen zu werden. Aber sie sind auch ein Anzeichen für fehlende politische Reife, für eine Infantilisierung der Reaktionen auf politisches Handeln. […] Die Mehrheit der Wähler der Republikaner gibt dieser Partei nicht um ihrer selbst willen die Stimme, sondern als Strafaktion gegen die etablierten Parteien. […] Auch die sinkende Bereitschaft zu politischem Engagement spricht eher gegen die Entwicklung der Gesellschaft als gegen die Politik. Der gesellschaftliche Wertewandel hat die Perspektive der Bevölkerung verschoben, von der Berücksichtigung der Interessen anderer hin zum Eigeninteresse. […] Die Forderung, nicht nur zu fragen, was der Staat für den Einzelnen tut, sondern umgekehrt, was man selbst für den Staat tun kann, trifft heute bei der überwältigen-

19.1   Plakat zur Wählermobilisierung

den Mehrheit auf Verständnislosigkeit. […] Das individuelle, das eigene Interesse steuert heute das Handeln weitaus stärker als noch vor 20 oder 30 Jahren. Dies ist auch ein Grund für die sinkende Wahlbeteiligung, der bisher kaum Beachtung findet. Es sind keineswegs in erster Linie politisch interessierte, aber enttäuschte Wähler, die der Wahlurne fernbleiben; die Wahlbeteiligung der politisch Desinteressierten geht zurück. Die gesellschaftliche Norm, dass jeder seine Stimme abgeben sollte, unabhängig von der politischen Position und dem politischen Interesse, wird brüchig. […]

Auch die Entrüstung über die moralischen Verfehlungen der einzelnen Politiker wirkt schal, wenn nicht gleichzeitig der Verlust an moralischer Substanz in der Bevölkerung beklagt wird. […] Die Bereitschaft, feste Regeln zu akzeptieren, scharf zwischen richtig und falsch zu trennen, ist steil abgesunken. Ob Versicherungsbetrug, Steuerhinterziehung, die ungerechtfertigte Inanspruchnahme von Sozialleistungen – durchgängig werden diese Delikte heute nachsichtiger bewertet als vor 10 oder 20 Jahren.

Aus: Renate Köcher, Die Politik wird den Erwartungen der Bürger immer weniger gerecht, in: Das Parlament, 7. Januar 1994, S. 3

AUFGABEN

1. Setzen Sie sich mit dem Ansehen der Politiker in der Bevölkerung (M 8) auseinander. Können die Politiker angesichts der Entwicklungstendenz aufatmen? Sehen Sie Chancen für eine grundsätzliche Verbesserung des Ansehens der Politiker?
2. Arbeiten Sie aus M 9 die Passagen heraus, die Kritik an den Bürgern üben. Erörtern Sie die Überzeugungskraft der Argumente des Politikers.
3. Listen Sie in einer Gegenüberstellung auf, was die Bürger den Politikern vorwerfen und worin nach Auffassung der Autorin die Mängel der Bürger bestehen (M 10).
4. Erörtern Sie, ob der Demokratie eher von den Politikern oder eher von den Bürgern Gefahren für ihren Bestand drohen.

M 11 Nichtwählen (Stimmenthaltung) als rationales politisches Verhalten

Jeder Bürger in unserem Modell stimmt für die Partei, von der er glaubt, dass sie ihm während der kommenden Wahlperiode ein höheres Nutzeneinkommen [Ertrag – der Verf.] liefern wird als irgendeine andere Partei. […] Bisher haben wir angenommen, dass die Abgabe der Stimme ein Akt ist, der keine Kosten mit sich bringt, aber diese Annahme ist in sich widerspruchsvoll, da jeder Akt Zeit erfordert. Die Zeit ist sogar der Hauptkostenfaktor beim Wählen: […] Zeit, um festzustellen, welche Parteien kandidieren, Zeit zum Überlegen, Zeit, um das Wahllokal aufzusuchen, und Zeit, um auf dem Stimmzettel die gewünschte Partei anzukreuzen. Da die Zeit ein knappes Produktionsmittel ist, ist Wählen seinem Wesen nach kostspielig. […] Daher ist eine rationale Stimmenthaltung auch für Bürger möglich, die wollen, dass eine bestimmte Partei gewinnt. Da die Erträge aus der Wahlbeteiligung oft verschwindend klein sind, ist es sogar möglich, dass schon niedrige Kosten des Wählens viele Bürger, die Anhänger von Parteien sind, zur Stimmenthaltung veranlassen. […] Wenn Wählen kostenlos ist, dann macht jeder Ertrag, und sei er noch so klein, eine Stimmenthaltung irrational. Daher gibt jeder, der auch nur die geringste Parteipräferenz hat, seine Stimme ab. Andererseits schadet eine Stimmenthaltung den Indifferenten nicht, denn (1) funktioniert die Demokratie, auch wenn die Indifferenten nicht wählen, und (2) treten die Parteien auch für die Interessen der Indifferenten ein, um sich ihre Stimmen für das nächste Mal zu sichern. Daher gibt es keinen Ertrag aus der Stimmabgabe an sich und alle indifferenten Bürger enthalten sich der Stimme.

Wenn Wählen etwas kostet, können die Kosten die Erträge überwiegen; daher kann Stimmenthaltung auch für Bürger mit Parteipräferenzen rational sein. Die Erträge aus der Wahlbeteiligung sind sogar gewöhnlich so niedrig, dass schon geringe Kosten viele Wähler zur Stimmenthaltung veranlassen können; daher können geringfügige Änderungen in den Kosten zu sehr fühlbaren Umverteilungen der politischen Macht führen. Einer der Erträge, die eine Wahlbeteiligung einbringen, entspringt der Erkenntnis jedes Bürgers, dass die Demokratie nur dann funktionsfähig ist, wenn sich viele Leute an der Wahl beteiligen. Dieser Ertrag ist unabhängig von den kurzfristigen Gewinnen und Verlusten des Bürgers und verhindert damit […], dass eine allgemeine Nichtbeteiligung an der Wahl die Demokratie lahm legt.

Aus: Anthony Downs, Ökonomische Theorie der Demokratie, Tübingen 1968, S. 35, 37, 260, 268 f.

M 12 Rationale Gründe für den zurückhaltenden Gebrauch politischer Aktivitäten

Politik ist ein „starkes, langsames Bohren in harten Brettern" (Max Weber). Die Bürger können dieses dauerhafte „Bohren in harten Brettern" selbst nicht leisten, denn sie stehen vor den unüberwindbaren Hürden von: Zeit, Raum und Komplexität der Probleme. [Die repräsentative Demokratie] entlastet die souveränen Bürger durch repräsentative Institutionenbildung, ohne gleichzeitig den Zugang für die direkte politische Beteiligung zu verschließen. […] Jede politische Partizipation bedeutet 1. ein Opfer an sonst freier Zeit, erfordert 2. hohe Motivation und Einsatzbereitschaft und verlangt 3. einen bestimmten Grad an allgemeiner Informiertheit über das anstehende Sachproblem und über die Instanzen und Prozesse, in denen die Probleme politisch verarbeitet werden. Zeit, Energie und Sachverstand sind für den Bürger, der politische Partizipationschancen nutzen will und auch sollte, prinzipiell knappe Ressourcen. Ihr Einsatz erfordert eine bewusste Entscheidung, selbst schon beim Gang zur Wahlurne, bei der bloßen Beteiligung an einer Demonstration oder beim Schreiben eines Leserbriefes.

Aus: Gerhard Himmelmann, Chancen und Grenzen politischer Beteiligung und „Handlungsorientierung" in der Politischen Bildung, in: Peter Massing (Hg.), Das Demokratiemodell der Bundesrepublik Deutschland, Schwalbach/Taunus 1996, S. 85

AUFGABEN

1. Vollziehen Sie den Gedankengang von M 11 Satz für Satz mit eigenen Worten nach: Wie erklärt der Autor Wählen und Nichtwählen?
2. Worin bestehen nach M 11 und M 12 die Kosten der politischen Beteiligung?
3. Halten Sie die ökonomische Erklärung der politischen Passivität für einen plausiblen Erklärungsansatz?

1.3 Schwierige Bürger – Auswirkungen des Wertewandels auf das politische Verhalten

Eine Antwort auf die Frage, worin die Ursachen für das von vielen Zeitgenossen als unbefriedigend angesehene politische Engagement liegen könnten, lautet, dass hierfür der Wertewandel verantwortlich zeichnet, der in den westlichen Industriegesellschaften seit einigen Jahrzehnten nachzuweisen ist. Als Auslöser dieses Wandels werden die technologische Entwicklung, die Bildungsexpansion, die Prägung durch den Sozial- und Wohlfahrtsstaat sowie die von den Massenmedien ausgehenden Einflüsse genannt.

Der Kern des Wertewandels besteht in einer Gewichtsverlagerung: Während so genannte Pflicht- und Akzeptanzwerte deutlich geschrumpft sind, konnten Selbstentfaltungswerte kräftig expandieren. Zu den Ersteren zählen Werte wie Disziplin, Fleiß, Unterordnung, Gehorsam, Pflichterfüllung, Selbstbeherrschung, Selbstlosigkeit und Hinnahmebereitschaft. Letztere wirken sich im Verhältnis des Einzelnen zur Gesellschaft aus in der Bevorzugung von Werten wie Emanzipation, Gleichheit, Autonomie und Partizipation. Bezogen auf das individuelle Selbst haben Selbstentfaltungswerte entweder einen hedonistischen Grundzug (Genuss, Abenteuer, Spannung, Abwechslung, Ausleben emotionaler Bedürfnisse) oder tragen einen individualistischen Akzent (Kreativität, Spontaneität, Selbstverwirklichung, Ungebundenheit).

Der Wertewandel hat erhebliche Auswirkungen auf die politische Kultur in der Demokratie. Je nachdem, wie die Menschen die Werte kombinieren, ergeben sich nämlich bestimmte Persönlichkeitstypen. Es liegt auf der Hand, dass diese nicht gleich gut zu den Prinzipien, Verfahrensweisen und Institutionen der Demokratie passen müssen. Aus der Fülle der Befragungen hat die Wertewandelforschung fünf Typen herauskristallisiert: den perspektivenlosen Resignierten, den ordnungsliebenden Konventionalisten, den hedonistischen Materialisten, den aktiven Realisten und schließlich den nonkonformen Idealisten. Offensichtlich gedeiht die Demokratie dann am besten, wenn jene Persönlichkeits- oder Wertetypen zahlenmäßig dominieren, die demokratieförderliche Verhaltensweisen praktizieren.

M 1 Am Wertewandel beteiligte Wertegruppen

	Pflicht- und Akzeptanzwerte	Selbstentfaltungswerte
BEZUG AUF DIE GESELLSCHAFT	„Disziplin" „Gehorsam" „Pflichterfüllung" „Treue" „Unterordnung" „Fleiß" „Bescheidenheit"	**GESELLSCHAFTSBEZOGENER IDEALISMUS** „Emanzipation" (von Autoritäten) „Gleichbehandlung" „Gleichheit" „Demokratie" „Partizipation" „Autonomie" (des Einzelnen) …
BEZUG AUF DAS INDIVIDUELLE SELBST	„Selbstbeherrschung" „Selbstlosigkeit" „Hinnahmebereitschaft" „Fügsamkeit" „Enthaltsamkeit" …	**HEDONISMUS** „Genuss" „Abenteuer" „Spannung" „Abwechslung" „Ausleben emotionaler Bedürfnisse" **INDIVIDUALISMUS** „Kreativität" „Spontanität" „Selbstverwirklichung" „Eigenständigkeit" …

Aus: Helmut Klages, Wertorientierung im Wandel. Rückblick, Gegenwartsanalyse, Prognosen, Frankfurt a. M./New York, 2. Auflage 1985, S. 18 (Schema leicht verändert)

M 2   Fünf Persönlichkeitstypen und ihre gesellschaftlichen und politischen Verhaltensmuster

■ Die zentrale Leistung der Wertewandelforscher um Helmut Klages besteht wohl darin, dass sie die Existenz unterschiedlicher Werttypen nachgewiesen haben [...].

Beim Wertkonventionalisten oder Traditionalisten verbinden sich eine hohe Pflicht- und Akzeptanzbereitschaft mit einem schwach ausgeprägten Bedürfnis nach Selbstentfaltung und Engagement. [...] Der Konventionalist findet sich hauptsächlich unter älteren Menschen mit Volksschulbildung oder abgeschlossener Lehre. Inzwischen stellt der Sozialtyp der verwitweten Frau eine bedeutende Unterkategorie dieses Werttyps dar.

Der Typus des Resignierten ist dadurch gekennzeichnet, dass weder Pflicht- und Akzeptanzwerte noch Selbstentfaltungswerte für ihn eine hohe Bedeutung haben. [...] Resignierte entstammen zumeist dem Arbeitermilieu, haben die Volksschule oder eine Lehre absolviert und verfügen nur über ein geringes Einkommen. Überproportional ist ein solcher Wertverlust bei ganz jungen und bei älteren Menschen anzutreffen.

Als nonkonformer Idealist wird der Gegentypus des Konventionalisten bezeichnet, bei dem sich die Wertpräferenzen in Richtung der Selbstentfaltungswerte verschoben haben. [...] Der nonkonforme Idealist ist in erster Linie ein Produkt der unruhigen Sechzigerjahre. Besonders häufig tritt er in höheren sozialen Schichten und unter Gebildeten auf. Angestellte des öffentlichen Dienstes, insbesondere Lehrer, aber auch Studenten und Schüler kommen in dieser Kategorie besonders häufig vor.

Der aktive Realist steht für eine Wertsynthese, in der Pflicht- und Akzeptanzwerte sowie Selbstentfaltungswerte gleichermaßen stark ausgeprägt sind. [...] Realisten sind oft mittleren Alters, entstammen gehobenen sozialen Schichten, haben die Realschule absolviert und verfügen über ein hohes Einkommen. [...] Den aktiven Realisten beschreibt Klages als „einen auf institutionenbezogene Weise selbstentfaltungsorientierten Menschen aus der Mitte der Gesellschaft", der einerseits eine stark auf den Einsatz eigener Kreativität und Initiative abstellende Erfolgsorientierung aufweist, der andererseits aber auch weiß, dass ohne die Einhaltung von Regeln und ohne Selbstdisziplin kein Erfolg möglich ist. [...] Ihre idealistische Wertkomponente drücke sich in einem lebhaften Interesse am Gemeinwohl und an Reformen aus – allerdings nur an Reformen, die sich auf das Machbare richten. Im Unterschied zum nonkonformen Idealisten rebelliere der aktive Realist nicht, um sich dann bei Verfehlung eines zu hoch gesteckten Ziels frustriert abzuwenden, sondern findet Wege, auf denen sich sein Veränderungswillen konstruktiv umsetzen lässt. [...]

Der Typus des hedonistischen Materialisten tritt erst seit Ende der Achtzigerjahre in wissenschaftlich nachweisbarer Quantität auf. Indem sich bei ihm Teile der Selbstentfaltungswerte – nämlich die persönlichkeitsbezogenen Selbstentfaltungswerte hedonistischer Prägung wie Genuss, Abenteuer, Abwechslung und Ausleben – mit einzelnen Teilen der Pflicht- und Akzeptanzwerte wie Ordnung und Gehorsam verbinden, steht der Hedomat für eine reduzierte Wertsynthese. Dieser Typ ist stark am Lebensgenuss interessiert und lässt sich in seinem Verhalten von dem Gedanken leiten, dass eine Realisierung seiner hedonistischen Ziele nur auf der Basis eines hohen Lebensstandards möglich ist. [...] Besonders gut gedeiht der Hedomat im Milieu der unteren Mittelschicht. [...] Der Hedomat, dessen Lebensperspektive Klages als durch die Eckwerte „Bereitschaft zu ordentlicher Leistung ohne besonderen Einsatz" und „konsumfreudiger Lebensgenuss" bestimmt charakterisiert, stehe den Fragen des öffentlichen Lebens im Allgemeinen indifferent gegenüber und zeige nur ein geringes Interesse an gesellschaftlichen Problemstellungen. [...] Trotz dieser selbstbezogenen Orientierung verkörpere der Hedomat ein latentes Unzufriedenheits- und Unruhepotenzial, da er der Politik mit einer uniformierten, mit einem diffusen Misstrauen verbundenen Erwartungshaltung gegenübertrete, die leicht in Enttäuschung und Verdrossenheit oder bedingungslose Mitläuferschaft bei Protestaktionen unterschiedlichster Art umschlagen könne.

Aus: Olaf Winkel, Wertewandel und Politikwandel. Wertewandel als Ursache von Politikverdrossenheit und als Chance ihrer Überwindung, in: Aus Politik und Zeitgeschichte, B 52–53/96, S. 18 ff.

1.3 Wertewandel und politisches Verhalten

M 3 Wie stark sind die Wertetypen vertreten?

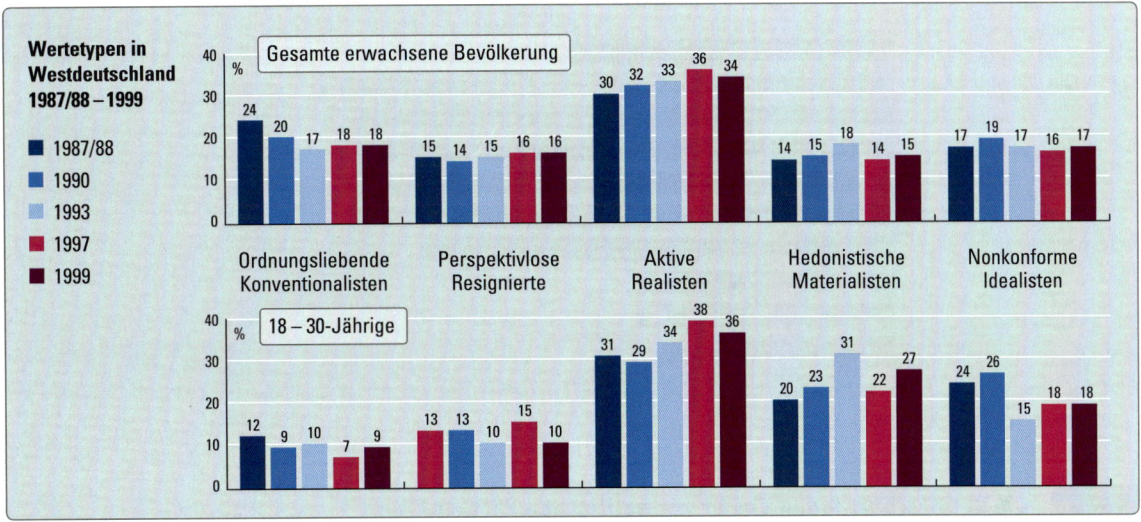

Wertetypen in Westdeutschland 1987/88 – 1999
■ 1987/88 ■ 1990 ■ 1993 ■ 1997 ■ 1999

Gesamte erwachsene Bevölkerung / 18–30-Jährige

Kategorien: Ordnungsliebende Konventionalisten, Perspektivlose Resignierte, Aktive Realisten, Hedonistische Materialisten, Nonkonforme Idealisten

Aus: Olaf Winkel, Wertewandel und Politikwandel. in: Aus Politik und Zeitgeschichte, B 52–53/96, S. 18 ff., akualisiert

M 4 Verpflichtungen gegenüber dem Land

- Frage: „Wenn jemand sagt: ‚Ich will nicht fragen: Was tut mein Land für mich, sondern: Was tue ich für mein Land?' Ist das Ihre Auffassung oder ist das nicht Ihre Auffassung?" (Zahlen in Prozent)

Oktober 2001	Bevölk. insg.	West	Ost	Altersgruppen			
				16–29	30–44	45–59	60 u. ä.
Ist meine Auffassung	34	35	27	23	36	32	40
Ist nicht meine Auffassung	30	29	33	34	31	33	23
Unentschieden	36	36	40	43	33	35	37

Aus: Allensbacher Jahrbuch der Demoskopie 1998–2002. Band 11. Hg. von Elisabeth Noelle-Neumann und Renate Köcher, München 2002, S. 617

AUFGABEN

1. Charakterisieren Sie die in M 2 vorgestellten Persönlichkeitstypen näher, indem Sie sie zu den in M 1 aufgelisteten Werten in Beziehung setzen.
2. Auf welche Persönlichkeitstypen kann sich die Demokratie stützen, auf welche nicht?
3. Liefert der Wertewandel eine Erklärung für die vielfach beklagte Politikverdrossenheit?
4. Lassen sich auch Politiker in das Schema der Persönlichkeitstypen einordnen? Wenn ja, welcher Persönlichkeitstyp zeigt sich Ihrer Einschätzung nach bei der Mehrheit der Politiker?
5. Vergleichen Sie die Entwicklung der Anteile der Persönlichkeitstypen in der Gesamtbevölkerung mit denen der 18- bis 30-Jährigen. Welche Tendenzen sind erkennbar? Wie lassen sich diese erklären?
6. Wie erklären Sie sich die Ergebnisse von M 4, insbesondere die Zahlen für die 16- bis 29-Jährigen?
7. Kann die Demokratie mit Zuversicht oder muss sie mit Sorge in die Zukunft sehen?

M 5 Was ist Jugendlichen wichtig?

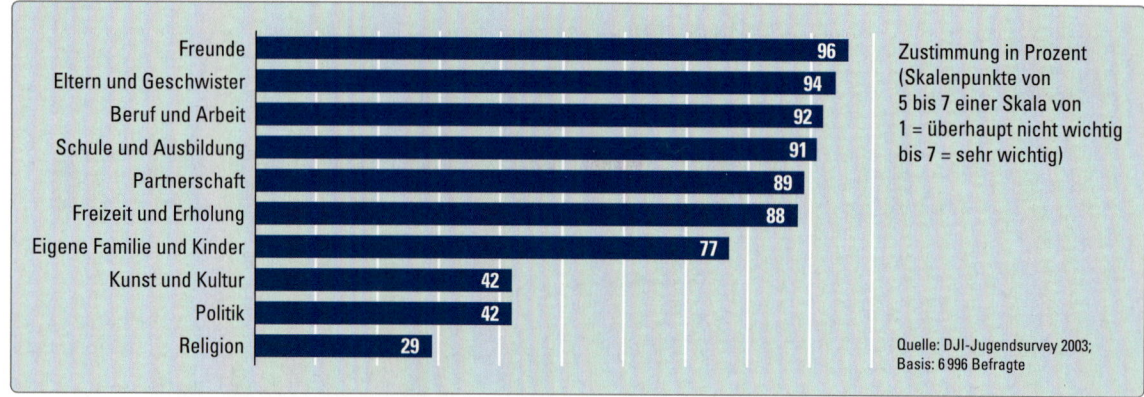

	Zustimmung in Prozent
Freunde	96
Eltern und Geschwister	94
Beruf und Arbeit	92
Schule und Ausbildung	91
Partnerschaft	89
Freizeit und Erholung	88
Eigene Familie und Kinder	77
Kunst und Kultur	42
Politik	42
Religion	29

Zustimmung in Prozent (Skalenpunkte von 5 bis 7 einer Skala von 1 = überhaupt nicht wichtig bis 7 = sehr wichtig)

Quelle: DJI-Jugendsurvey 2003; Basis: 6 996 Befragte

Aus: Das Parlament, 31.10.2005, S. 2

M 6 Die Bereitschaft Jugendlicher zur politischen Partizipation

16- bis 29-Jährige (in %)* Partizipationsbereitschaften	1992	1997	2003
HERKÖMMLICHE PARTIZIPATIONSFORMEN			
Beteiligung an Wahlen	93	92	94
Briefe an Politiker	28	31	31
Spenden für politische Zwecke	31	28	24
(Leser-)Briefe zu politischen Themen an Medien	35	39	31
EHER UNGEWÖHNLICHE PARTIZIPATIONSFORMEN			
Beteiligung an Unterschriftensammlung	79	79	81
Teilnahme an genehmigter Demonstration	65	62	61
Teilnahme an gewerkschaftlichem Streik	56	49	42
Teilnahme an nicht genehmigter Demonstration	29	27	21

* Die Frage lautete: „Angenommen, Sie möchten politisch in einer Sache, die Ihnen wichtig ist, Einfluss nehmen bzw. Ihren Standpunkt zur Geltung bringen. Welche der Möglichkeiten auf dieser Liste kommen für Sie in Frage, und welche nicht?" Basis: alle Befragten (deutsch)

Aus: DJI-Jugendsurvey 1992, 1997 und 2003, cgi.dji.de/cgi-bin/inklude.php?inklude=9_themen/thema0509/aufeinenblick.htm (leicht verändert)

M 7 Motive Jugendlicher zum Engagement nach Wichtigkeit

● Die Interviewfrage lautete: „In einer Voruntersuchung haben uns junge Leute Gründe genannt, warum sie sich engagieren würden, warum sie dort also mitmachen würden. Uns interessiert, ob diese Gründe auch für dich von Bedeutung sind. Sage mir bitte zu jedem Grund, ob er für dich persönlich sehr wichtig, wichtig, weniger wichtig oder unwichtig ist." Kennziffern: 4 = sehr wichtig, 3 = wichtig, 2 = weniger wichtig, 1 = unwichtig.

Motiv	Gesamt	Geschlecht	
		männlich	weiblich
1. muss Spaß machen	3,5	3,5	3,5
2. muss ich jederzeit wieder aussteigen können	3,3	3,2	3,3
3. muss ich mitbestimmen können, was ich genau tue	3,1	3,1	3,1
4. will ich meine besonderen Fähigkeiten einbringen können	3,0	3,0	3,0
5. muss das Ziel in angemessener Form erreicht werden	3,0	3,0	3,0
6. muss es Jugendlichen etwas bringen	2,9	2,9	2,9
7. will ich neue Freunde kennenlernen	2,9	2,9	2,9

Motiv	Gesamt	Geschlecht	
		männlich	weiblich
8. will ich dabei für mein weiteres Leben etwas lernen	2,9	2,9	2,9
9. müssen Freunde mitmachen	2,8	2,8	2,8
10. muss etwas ganz anderes sein, als ich in der Schule/im Betrieb mache	2,6	2,7	2,6
11. muss ich davon überzeugt sein, dass es wichtig für die Gesellschaft ist	2,6	2,6	2,6
12. darf mir keiner Vorschriften machen	2,6	2,6	2,6
13. muss ich schnell sehen, ob dieses Engagement etwas „bringt"	2,6	2,6	2,6
14. will ich nur mit anderen Jugendlichen zusammensein	2,5	2,5	2,4
15. müssen dies meine Freunde gut finden	2,3	2,3	2,3
16. müssen meine Eltern dafür sein	2,1	2,0	2,1
17. möchte ich dabei Geld verdienen	2,1	2,2	2,1
18. möchte ich für die Zeit durch Freistellung von der Arbeit/von der Schule entschädigt werden	2,1	2,1	2,0

Aus: Jugendwerk der Deutschen Shell (Hg.), Jugend '97. Zukunftsperspektiven, gesellschaftliches Engagement, politische Orientierungen, Opladen 1997, S. 325

M 8 „Wenn Politik das Träumen zuließe" – Gedanken eines jungen Menschen über die Politik

■ Politik, zumindest die der Parteien, ist dem Konsum verfallen: Die Programme sind voll vom pragmatischen Kleinklein. Ideale, die eine junge Generation eigentlich sucht, findet man darin nicht mehr. [...]

Die Skepsis gegenüber Institutionen ist groß: Eine Bekannte, die mich irgendwann diesen Sommer in einem Café um Rat fragte, wo sie etwas politisch machen könne, wollte in keine Partei, nicht zu Greenpeace oder irgendeiner anderen bekannten Organisation. Sie wollte wirklich etwas Eigenes entwickeln. Nur wusste sie nicht wo, wie und mit wem. Mir blieb ein Satz von ihr in Erinnerung: „Wenn Politik das Träumen zuließe, wäre ich sofort in irgendeiner Organisation!" Vielleicht ist dieser Satz naiv, aber er beschreibt ganz gut das Grundgefühl, das viele dazu bringt, sich als „unpolitisch" zu beschreiben.

Der Satz meiner Freundin zeigt genau diese Widersprüchlichkeit: Für viele von uns ist das Politikverständnis emotional. Es geht um Wunsch nach Veränderung – hin zu einer anderen Welt. Viele haben diesen kryptischen Traum von einer besseren Welt, wie auch immer sie dann aussehen mag. Demgegenüber steht der kühle, elitäre Parteienapparat, das große Jobcenter Politik, in dem Machtkämpfe, Druck, Eitelkeiten und eine große Egozentrik im Vordergrund stehen. [...]

Ich wollte mal in eine Partei und habe diesen Plan sehr schnell aufgegeben – aus eben diesen Gründen. Ich suche grundlegende Debatten – weit ab von den täglichen Diskussionen in den Parteien. Sie erreichen mich nicht mehr. Ich gehe wählen, aber mit ungutem Gefühl. Ich wünsche mir, dass auch meine Generation rebellischer wäre. Es würde unserer Gesellschaft gut tun, wenn wir Antworten und Gedanken entwickeln würden, die wirklich etwas Neues wären. Ob wir sie umsetzen könnten, ist eine andere Frage.

Aus: Das Parlament, 31. Oktober 2005, S. 1, Autor: Ric Graf

AUFGABEN

1. Gemäß M 5 spielt Politik für Jugendliche nur eine nachgeordnete Rolle. Wie erklären Sie sich diesen Sachverhalt? Ist das geringe Interesse für Politik ein Alarmzeichen? Welche Rolle spielt die Politik in Ihrem Leben?
2. Welche Tendenzen hinsichtlich der politischen Partizipationsbereitschaft Jugendlicher lassen sich in M 6 feststellen? Wie erklären Sie sich die Tendenzen? Welche Partizipationsformen kämen für Sie in Frage?
3. Ordnen Sie die in M 7 aufgeführten Motive zum Engagement den Wertegruppen (M 1) zu.
4. Wie bewerten Sie die Ausführungen des Autors von M 8? Welchem Persönlichkeitstypus gemäß M 2 würden Sie ihn zuordnen?

Weiterführende Informationen

Informationen zu Demoskopie und Wertewandel

Fachliteratur

Atteslander, Peter: Methoden der empirischen Sozialforschung, Berlin, 10. Auflage 2003
Bürklin, Wilhelm: Gesellschaftlicher Wandel, Wertewandel und politische Beteiligung, in: Starzacher, Karl u. a. (Hg.): Protestwähler und Wahlverweigerer. Krise der Demokratie, Köln 1992, S. 18–39
Bundeszentrale für politische Bildung (Hg.): Bundestagswahl im Unterricht. Wählerbefragung mit GrafStat, Bonn 2005
Gille, Martina u. a.: Das Verhältnis Jugendlicher und junger Erwachsener zur Politik: Normalisierung oder Krisenentwicklung?, in: Aus Politik und Zeitgeschichte B 19/1996, S. 3–17
Dies. u. a.: Politische Orientierungen, Werthaltungen und die Partizipation Jugendlicher: Veränderungen und Trends in den 90er-Jahren, in: Palentien, Chr. und Hurrelmann, Klaus: Jugend und Politik: Ein Handbuch für Forschung, Lehre und Praxis, Neuwied, 2. Auflage 1998, S. 148–177
Dies./Krüger Winfried (Hg.): Unzufriedene Demokraten. Politische Orientierung der 16–19-jährigen im vereinten Deutschland. DJI Jugendsurvey 2, Opladen 2000
Greiffenhagen, Martin und Sylvia: Ein schwieriges Vaterland. Zur politischen Kultur im vereinigten Deutschland, München 1993
Inglehart, Ronald: Kultureller Umbruch. Wertwandel in der westlichen Welt. Studienausgabe, Frankfurt a. M. 1995
Klages, Helmut: Wertedynamik. Über die Wandelbarkeit des Selbstverständlichen, Zürich 1988
Klages, Helmut: Wertorientierungen im Wandel. Rückblick, Gegenwartsanalyse, Prognosen, Frankfurt a. M. u. a., 2. Auflage 1985
Jugendwerk der Deutschen Shell (Hg.): Jugend 2000 bzw. Jugend 2002, Frankfurt a. M. 2000 bzw. 2002
Roth, Dieter: Empirische Wahlforschung. Ursprung, Theorien, Instrumente und Methoden, Opladen 1998
Winkel, Olaf: Wertewandel und Politikwandel. Wertewandel als Ursache von Politikverdrossenheit und als Chance ihrer Überwindung, in: Aus Politik und Zeitgeschichte B 52–53/96, S. 13–25

Internetadressen

EMNID	www.emnid.de
Institut für Demoskopie Allensbach	www.ifd-allensbach.de
INFAS	www.infas.de
ZUMA (Zentrum für Umfragen, Methoden und Analysen Mannheim)	www.gesis.org/ZUMA
DJI (Deutsches Jugendinstitut)	www.dji.de
Eurostat – Statistisches Amt der EU	epp.eurostat.cec.eu.int

Vorschläge für Referate und Facharbeiten

» Aufgaben und Ansätze der Wahlforschung
» Wahlbereitschaft und Wahlverweigerung bei ausgesuchten Gruppen – Empirische Untersuchungen bei ausgesuchten Gruppen im näheren Umfeld
» Vergleich der Wertewandeltheorien Ronald Ingleharts und Helmut Klages'
» Die Untersuchungsinstrumente der SHELL-Jugendstudie – Anwendungsmöglichkeiten für eigene Untersuchungen im Bereich der Schule oder der Gemeinde
» Das politische Interesse und Engagement der Jugendlichen – Eigene Erfahrungen im Vergleich mit den Ergebnissen der SHELL-Jugendstudie 2000 bzw. 2002

2.0 Welche Prinzipien bilden das Fundament der Demokratie des Grundgesetzes?

Achtung und Schutz der Menschenwürde gehören zu den Konsti[tutions]prinzipien des Grundgesetzes. Die freie menschliche Persönli[chkeit] und ihre Würde stellen den höchsten Rechtswert innerhalb d[er] verfassungsmäßigen Ordnung d[ar ...]

2.1 „Freiheitliche demokratische Grundordnung" – Verfassungskern des Grundgesetzes

Der Parlamentarische Rat, der auf Initiative der Westalliierten von September 1948 bis zum Mai 1949 das Grundgesetz ausarbeitete, zog verfassungspolitische Konsequenzen aus dem Scheitern der Weimarer Republik und den Erfahrungen aus 12 Jahren Menschen verachtender nationalsozialistischer Diktatur. Man wollte aber auch der damals aktuellen totalitären Herausforderung begegnen, die von der Sowjetunion ausging. Das Grundgesetz entstand so aus einer doppelten Konfrontation mit dem Nationalsozialismus der Vergangenheit und dem Kommunismus der Gegenwart.

Ein verhängnisvoller Strukturfehler der Weimarer Reichsverfassung war der ihr zugrunde liegende Rechtspositivismus gewesen. Dieser erkennt keine den Gesetzgeber absolut verpflichtenden unaufgebbaren Prinzipien an. Folglich ist der Gesetzgeber darin frei, inhaltlich zu beschließen, was er jeweils für richtig hält. Er muss sich nur an die von der Verfassung vorgeschriebenen formalen Vorschriften halten. Der Rechtspositivismus weist insofern eine besondere Nähe zur Demokratie auf, als er das Ideal der freien demokratischen Selbstbestimmung absolut setzt: Das, was eine demokratische Mehrheit als richtig ansieht, ist allein dadurch sachlich schon hinreichend gerechtfertigt. Die Weimarer Verfassung stellte sich mit ihrem positivistischen Grundverständnis aber selbst infrage, überließ sie doch jeden Verfassungsartikel der Disposition des Gesetzgebers, wenn dieser dabei auch an qualifizierte Mehrheiten gebunden wurde.

Der Parlamentarische Rat wollte der Strategie einen Riegel vorschieben, die demokratische Ordnung unter Beachtung formaler Legalität aus den Angeln zu heben, wie dies die Nationalsozialisten im März 1933 mit dem Ermächtigungsgesetz getan hatten: Dieses Demokratie und Rechtsstaat beseitigende Gesetz war mit der von der Weimarer Verfassung vorgeschriebenen verfassungsändernden Mehrheit zustande gekommen. Um eine solche legale Revolution unmöglich zu machen, schrieb der Parlamentarische Rat unabänderliche, d. h. durch keine Mehrheit aufhebbare Prinzipien fest, die folglich den Verfassungskern ausmachen. Diese Prinzipien sind die Menschenwürde und die daraus abgeleiteten Menschenrechte sowie das Demokratie-, das Rechtsstaats-, das Sozialstaats- und schließlich das Bundesstaatsprinzip. Die demokratischen und rechtsstaatlichen Komponenten dieses Verfassungskerns werden unter dem Begriff „freiheitliche demokratische Grundordnung" zusammengefasst. Dieser Begriff drückt die Wertgebundenheit des Grundgesetzes aus und stellt klar, dass die Verfassungsordnung mit autoritären, diktatorischen und totalitären Herrschaftssystemen unvereinbar ist.

> **Ermächtigungsgesetz vom 24.3.1933**
>
> Art. 1: Reichsgesetze können außer dem in der Reichsverfassung vorgesehenen Verfahren auch durch die Reichsregierung beschlossen werden.
>
> Art. 2: Die von der Reichsregierung beschlossenen Reichsgesetze können auch von der Reichsverfassung abweichen, soweit sie nicht die Einrichtung des Reichstags oder des Reichsrats als solche zum Gegenstand haben.

Das Grundgesetz beruft sich mit seinem Bekenntnis zur Menschenwürde und zu den Menschenrechten auf unaufgebbares Naturrecht sowie mit dem Konzept der freiheitlichen demokratischen Grundordnung auf ein mehrdimensionales Demokratieverständnis. Denn die politische Ordnung soll nicht bloß demokratisch sein, sondern auch freiheitlich. Das bedeutet, dass Demokratie sich keineswegs allein durch Volkssouveränität und Mehrheitsentscheid definiert, sondern auch durch rechtsstaatliche und menschenrechtliche Komponenten. Dies bedingt unvermeidlich Einschränkungen jeder Komponente um der anderen willen. Insgesamt dient die freiheitliche Komponente des grundgesetzlichen Demokratieverständnisses der Abgrenzung von totalitären Staaten rechter und linker Couleur, die ihre politischen Systeme ebenfalls als „demokratisch" deklarierten.

2.1 „Freiheitliche demokratische Grundordnung"

M 1 Forderungen an die künftige Verfassung – Rede von Carlo Schmid (SPD) im Parlamentarischen Rat am 8.9.1948

Meine Damen und Herren! Es ist uns aufgegeben worden, ein Grundgesetz zu machen, das demokratisch ist und ein Gemeinwesen des föderalistischen Typs errichtet. Was bedeutet das? Welche allgemeinen Inhalte muss danach das Grundgesetz haben, wenn diesen Auflagen Gerechtigkeit erwiesen werden soll? [...]

Das Erste [Merkmal einer demokratischen Verfassung, der Verf.] ist, dass das Gemeinwesen auf die allgemeine Gleichheit und Freiheit der Bürger gestellt und gegründet sein muss, was in zwei Dingen zum Ausdruck kommt. Einmal im rechtsstaatlichen Postulat, dass jedes Gebot und jedes Verbot eines Gesetzes bedarf und dass dieses Gesetz für alle gleich sein muss; und zweitens durch das volksstaatliche Postulat, das verlangt, dass jeder Bürger in gleicher Weise an dem Zustandekommen des Gesetzes teilhaben muss. [...] Das Zweite, was verwirklicht sein muss, [...] ist das Prinzip der Teilung der Gewalten. [...] Es bedeutet, dass die drei Staatsfunktionen – Gesetzgebung, ausführende Gewalt und Rechtsprechung – in den Händen gleichgeordneter, in sich verschiedener Organe liegen, [...] damit sie sich gegenseitig kontrollieren und die Waage halten können. Diese Lehre hat den Ursprung in der Erfahrung, dass, wo auch immer die gesamte Staatsgewalt sich in den Händen eines Organs nur vereinigt, dieses Organ die Macht missbrauchen wird. Freilich besteht auch die Möglichkeit, dass die einzelnen Gewalten oder dass eine von ihnen die Macht, die in ihrer Unabhängigkeit liegt, missbrauchen. [...] Als drittes Erfordernis für das Bestehen einer demokratischen Verfassung gilt im Allgemeinen die Garantie der Grundrechte. [...] Der Staat soll nicht alles tun, was ihm gerade bequem ist, wenn er nur einen willfährigen Gesetzgeber findet, sondern der Mensch soll Rechte haben, über die auch der Staat nicht soll verfügen können. Die Grundrechte müssen das Grundgesetz regieren; sie dürfen nicht nur ein Anhängsel des Grundgesetzes sein, wie der Grundrechtskatalog von Weimar ein Anhängsel der Verfassung gewesen ist. Diese Grundrechte sollen [...] unmittelbar geltendes Bundesrecht [sein], aufgrund dessen jeder einzelne Deutsche, jeder einzelne Bewohner unseres Landes vor den Gerichten soll Klage erheben können. [...]

Die Frage wird auch sein, ob diese Grundrechte betrachtet werden als Rechte, die der Staat verliehen hat, oder als vorstaatliche Rechte, [...] die der Staat [...] lediglich zu gewährleisten und zu beachten hat. Auch das ist [...] von eminent praktischer Bedeutung, insbesondere für die Entscheidung der Frage, ob diese Grundrechte [...] schlechthin absolut unberührbar sein [sollen]. Ich glaube, dass man bei den Grundrechten eine immanente Schranke wird anerkennen müssen: Es soll sich jener nicht auf die Grundrechte berufen dürfen, der von ihnen Gebrauch machen will zum Kampf gegen die Demokratie und die freiheitliche Grundordnung. [...]

Aus: Parlamentarischer Rat, Plenum, 2. Sitzung vom 8.9.1948, S. 13 f.

M 2 Im Zentrum der Verfassung: Artikel 1 und 20 GG

Artikel 1 GG (Menschenwürde; Grundrechtsbindung der staatlichen Gewalt)
(1) Die Würde des Menschen ist unantastbar. Sie zu achten und zu schützen ist Verpflichtung aller staatlichen Gewalt.
(2) Das Deutsche Volk bekennt sich darum zu unverletzlichen und unveräußerlichen Menschenrechten als Grundlage jeder menschlichen Gemeinschaft, des Friedens und der Gerechtigkeit in der Welt.
(3) Die nachfolgenden Grundrechte binden Gesetzgebung, vollziehende Gewalt und Rechtsprechung als unmittelbar geltendes Recht.

Artikel 20 GG (Staatsstrukturprinzipien)
(1) Die Bundesrepublik Deutschland ist ein demokratischer und sozialer Bundesstaat.
(2) Alle Staatsgewalt geht vom Volke aus. Sie wird vom Volke in Wahlen und Abstimmungen und durch besondere Organe der Gesetzgebung, der vollziehenden Gewalt und der Rechtsprechung ausgeübt.
(3) Die Gesetzgebung ist an die verfassungsmäßige Ordnung, die vollziehende Gewalt und die Rechtsprechung sind an Gesetz und Recht gebunden.

M 3 Das Bundesverfassungsgericht zum Demokratiebegriff des Grundgesetzes

Auszug aus dem Parteiverbotsurteil gegen die SRP (Sozialistische Reichspartei), 1952

So lässt sich die freiheitlich demokratische Grundordnung als eine Ordnung bestimmen, die unter Ausschluss jeglicher Gewalt- und Willkürherrschaft eine rechtsstaatliche Herrschaftsordnung auf der Grundlage der Selbstbestimmung des Volkes nach dem Willen der jeweiligen Mehrheit und der Freiheit und Gleichheit darstellt. Zu den grundlegenden Prinzipien dieser Ordnung sind mindestens zu rechnen: die Achtung vor den im Grundgesetz konkretisierten Menschenrechten, vor allem vor dem Recht der Persönlichkeit auf Leben und freie Entfaltung, die Volkssouveränität, die Gewaltenteilung, die Verantwortlichkeit der Regierung, die Gesetzmäßigkeit der Verwaltung, die Unabhängigkeit der Gerichte, das Mehrparteiensystem und die Chancengleichheit für alle politischen Parteien mit dem Recht auf verfassungsmäßige Bildung und Ausübung einer Opposition.

Aus dem Parteiverbotsurteil gegen die KPD (Kommunistische Partei Deutschlands), 1956

Die freiheitliche Demokratie lehnt die Auffassung ab, dass die geschichtliche Entwicklung durch ein wissenschaftlich anerkanntes Endziel determiniert sei und dass folglich auch die einzelnen Gemeinschaftsentscheidungen als Schritte zur Verwirklichung eines solchen Endzieles inhaltlich von diesem her bestimmt werden könnten. [...] Was jeweils praktisch zu geschehen hat, wird in ständiger Auseinandersetzung aller an der Gestaltung des sozialen Lebens beteiligten Menschen und Gruppen ermittelt. Dieses Ringen spitzt sich zu einem Kampf um die politische Macht im Staat zu. Aber es erschöpft sich nicht darin. Im Ringen um die Macht spielt sich gleichzeitig ein Prozess der Klärung und Wandlung dieser Vorstellungen ab. Die schließlich erreichten Entscheidungen werden gewiss stets mehr den Wünschen und Interessen der einen oder anderen Gruppe oder sozialen Schicht entsprechen; die Tendenz der Ordnung und die in ihr angelegte Möglichkeit der freien Auseinandersetzung zwischen allen realen und geistigen Kräften wirkt aber [...] in Richtung auf Ausgleich und Schonung der Interessen aller. [...]

Die staatliche Ordnung der freiheitlichen Demokratie muss demgemäß systematisch auf die Aufgabe der Anpassung und Verbesserung und des sozialen Kompromisses angelegt sein; sie muss insbesondere Missbräuche der Macht hemmen. Ihre Aufgabe besteht wesentlich darin, die Wege für alle denkbaren Lösungen offen zu halten, und zwar jeweils dem Willen der tatsächlichen Mehrheit des Volkes für die einzelnen Entscheidungen Geltung zu verschaffen. [...] Da die Mehrheit immer wechseln kann, haben auch Minderheitsmeinungen die reale Chance, zur Geltung zu kommen. So kann in weitem Maße [...] Unzufriedenheit mit Personen, Institutionen und konkreten Entscheidungen im Rahmen dieser Ordnung positiv verarbeitet werden. In die schließlich erreichte Mehrheitsentscheidung ist immer auch die geistige Arbeit und die Kritik der oppositionellen Minderheit eingegangen. [...]

Aus: BVerfGE 2, S. 12 f.; BVerfGE 5, S. 85 ff.

AUFGABEN

1. Versetzen Sie sich in die Lage eines Mitgliedes des Parlamentarischen Rates und formulieren Sie in Reaktion auf die Rede Carlo Schmids (M 1) Vorschläge, wie die angesprochenen „Merkmale einer demokratischen Verfassung" praktisch geregelt werden können.
2. Versuchen Sie, die Bestimmungen der Art. 1 und 20 GG grafisch so darzustellen, dass die jeweiligen Aussagen klar zum Ausdruck kommen (M 2).
3. Ordnen Sie die im SRP-Urteil (M 3) dargelegten Prinzipien dem Rechtsstaats- sowie dem Demokratiegedanken zu und weisen Sie deren Verankerung im Grundgesetz nach.
4. Rekonstruieren Sie aus dem KPD-Urteil (M 3), welches Bild von der Demokratie und welche Auffassung von den Regeln der politischen Willensbildung die KPD vermutlich gehabt hat. Recherchieren Sie mithilfe eines Lexikons, welche Folgen das KPD-Verbot gehabt hat.

M 4 Kurzdefinition der freiheitlichen Demokratie

Im Rahmen der freiheitlichen Ordnung des Grundgesetzes wird daher Herrschaft von Menschen über andere Menschen begründet und ausgeübt. Aber es handelt sich nicht um eine Herrschaft aus eigenem Recht. Die politische Herrschaft von Parlament und Regierung ist von der Mehrheit des Volkes anvertraute, verantwortliche, zeitlich und sachlich begrenzte Herrschaft, die der Kritik und Kontrolle unterliegt und die modifiziert und ergänzt wird durch Anteilnahme des Volkes an der politischen Willensbildung.

Aus: Konrad Hesse, Grundzüge des Verfassungsrechts der Bundesrepublik Deutschland, Heidelberg, 13. Auflage 1982, S. 53

M 5 Die Bedeutung der Opposition in der freiheitlichen Demokratie

Text A: In der parlamentarischen Demokratie ist [...] die Opposition [...] ein dauerhaft institutioneller Faktor, der bei der Bildung des Staatswillens ebenso beteiligt ist wie die Regierung und die Parteien, die sie tragen. Ebenso, das heißt nicht: in gleicher Weise, sondern es heißt: mit gleichen Chancen und mit gleichen Rechten. In der parlamentarischen Demokratie will die Opposition die Regierung und ihre Parteien zwar von der Macht bringen, aber sie lässt ihnen die Chance, morgen wieder an die Macht zu kommen. [...] Das Grundprinzip des Parlamentarismus ist, jeder Gruppe die Chance zu geben, an die Macht zu kommen [...]. Das politisch „Richtige" geht im Gegensatz zum wissenschaftlich Wahren nicht aus logischen Schlussfolgerungen – etwa eines Rates der Weisen – hervor, sondern bildet sich als die Resultante einander entgegengesetzter Kraftströme, also etwa in der Art der Diagonale im Parallelogramm der Kräfte. [...]

Die Opposition [...] hat zu verhindern, dass zu allem, was die Regierung will, untertanenhaft ja gesagt wird. Sie hat – neben ihrer Funktion, als der andere Partner bei der Diskussion der zu lösenden Aufgaben mitzuwirken, neben ihrer Funktion, die Regierung zu kontrollieren und so als Schranke gegenüber dem Missbrauch der Macht durch den jeweiligen Machthaber zu dienen – die Aufgabe, der andere Beweger der Politik zu sein.

Text B: Wir alle wissen, meine Damen und Herren, dass im Ursprung der parlamentarischen Demokratie die Oppositionsstellung des ganzen Parlaments gegenüber dem souveränen König stand. Der König berief sich sein Kabinett und die Vertreter der Stände im Parlament kontrollierten den König, bewilligten die Ausgaben. [...] Im Laufe der Zeiten hat das Parlament dem König aber die Bildung der Regierung abgerungen. [...] Nicht mehr der König, sondern Parlamentsmehrheiten bildeten die Regierung [...]. Der entscheidende Träger der Opposition ist nun nicht mehr das Parlament im Ganzen, sondern die Minderheit, die nicht an der Regierung beteiligt ist. Ihre Aufgabe sollte es sein, als Opposition eine ständige Alternative zur Regierung im Amte zu bilden, sie zu kontrollieren und dafür zu sorgen, dass die Spannung zwischen Herrschaft und Freiheit erhalten bleibt [...]. Diese [...] dialektische Spannung im Bereich der Herrschaft besteht heute nicht mehr eindeutig zwischen Regierung und Parlament [...], sondern zwischen Regierung plus den die Regierung tragenden Parteien und den an der Regierung nicht beteiligten Oppositionsparteien. [...] Daraus ergibt sich, dass sich Mehrheitsfraktion und Regierung als eines betrachten und die die Regierung tragende Partei nicht mehr die volle – ich sage ausdrücklich: die volle – parlamentarische Funktion der Kontrolle und der Kritik ausüben kann.

Aus: Text A: Carlo Schmid: Die Opposition als Staatseinrichtung (1955), in: Hans-Gerd Schumann (Hg.), Die Rolle der Opposition in der Bundesrepublik Deutschland, Darmstadt 1976, S. 54 und S. 60 f.; Text B: Aus einer Rede von Waldemar von Knoeringen (SPD), aus: Stenographischer Bericht des Bayerischen Landtages, 5. Wahlperiode, 5. Sitzung vom 15.1.1963, S. 48 ff. (Text leicht verändert)

AUFGABEN

1. Erläutern Sie den Bedeutungsgehalt der einzelnen Bestimmungen der Demokratiedefinition (M 4). Skizzieren Sie eine Herrschaftsordnung und deren Auswirkungen auf die Bürger, in der diese Bestimmungen fehlen.
2. Arbeiten Sie aus M 5 heraus, welche Funktion und welche Aufgaben die Opposition hat und wodurch sich die Stellung der Opposition früher und heute unterscheidet.

M 6 Antipoden der freiheitlichen Demokratie

a) Totalitäre Demokratie (Jacob L. Talmon)
Das vorliegende Buch versucht zu zeigen, dass sich im achtzehnten Jahrhundert – gleichzeitig mit dem liberalen Typ der Demokratie und aus denselben Prämissen – eine Tendenz in Richtung auf das anbahnte, was wir als totalitären Typ der Demokratie bezeichnen möchten. Beide Strömungen haben seit dieser Zeit ohne Unterbrechung nebeneinander bestanden. Die Spannung zwischen ihnen [...] ist zur entscheidenden Kernfrage unserer Zeit geworden. [...]

Der wesentliche Unterschied zwischen den beide heute bestehenden Schulen demokratischen Denkens liegt nicht etwa darin, [...] dass die eine Seite den Wert der Freiheit anerkennt, während die andere Seite diesen Wert verneint. Er liegt in der unterschiedlichen Einstellung zur Politik. Die liberale Auffassung geht von dem Standpunkt aus, dass Politik eine Sache des Experimentierens ist, immer aufs Neue „trial and error"; sie betrachtet politische Systeme als pragmatische Einrichtungen menschlicher Schöpfungskraft und Freiwilligkeit und gleichzeitig werden für persönliche und kollektive Bestrebungen vielerlei Ebenen anerkannt, die gänzlich außerhalb der politischen Sphäre liegen. Die Lehre der totalitären Demokratie hingegen basiert auf der Annahme einer alleinigen und ausschließlichen Wahrheit in der Politik. Man kann sie politischen Messianismus nennen in dem Sinne, dass sie eine vorausbestimmte harmonische und vollkommene Ordnung der Dinge postuliert, zu der die Menschen unwiderstehlich getrieben und zwangsläufig gelangen werden. Sie erkennt im Grunde als einzige Daseinsebene die politische an und sie erweitert den Umfang des Politischen derart, dass damit das ganze menschliche Dasein umfasst wird. [...] Ihre politischen Ideen sind [...] ein integraler Bestandteil einer allumfassenden, in sich geschlossenen Philosophie. [...]

Beide Schulen versichern, die Freiheit sei das höchste Gut. Während jedoch die eine das Wesen der Freiheit in Spontaneität und in dem Fehlen jeglichen Zwanges sieht, glaubt die andere, dass man die Freiheit nur dann verwirklichen kann, wenn ein absolutes kollektives Ziel angestrebt und verwirklicht wird.

b) Nationalsozialistischer Führerstaat (Wilhelm Stapel)
Die Grundsätze, auf denen der Hitler-Staat beruht, sind Totalität und Aktivismus des Staates, Hierarchie der Staatsträger, Angleichheit der Staatsbürger, Volksgemeinschaft. [...]

Es besteht kein freier Wettbewerb der Gedanken mehr im Staate, sondern es gibt Gedanken, die gelten. Gedanken, die nicht gelten und Gedanken, die ausgerottet werden. Eine bestimmte Weltanschauung und ein bestimmtes Staatsdenken hat das Vorrecht auf Geltung. [...]

Einst gehörte zum Wesen des Staates die Opposition. Aus dem Wechsel von Regierung und Opposition ergab sich in schwankendem Hin und Her der Weg des Staates durch die Weltgeschichte. In dem neuen Staat kann es keine Opposition mehr geben. Es gibt nur Zustimmung und Ablehnung. Wer gegen die Regierung ist, der ist, weil der Staat führerhaft geworden ist, zugleich gegen den Staat. Opposition ist Staatsfeindschaft. [...]

Die Geistesfreiheit im Sinne von Beliebigkeit und Willkürlichkeit hat ein Ende. Dieser Staat will in allen Äußerungen des Lebens das artgerechte Deutsche und nimmt das Fremdartige nicht in „gleichberechtigte" Pflege. [...] Diese Verweigerung der Geistesfreiheit ist das, was den liberalen Menschen am heftigsten erschreckt; aber er wird sich daran gewöhnen müssen, dass es keine Geistesfreiheit im liberalen Sinne mehr gibt. [...]

Die Staatsführung ist nicht frei schwebend über dem Volke. Der Führer ist nicht Führer kraft seiner „freien Persönlichkeit". Er ist Führer, weil er das Volk für sich gewonnen hat und weil er sein Führertum durch das Plebiszit vom 5. März bestätigt erhalten hat. Nicht auf Willkür, List, Kraft und Gewalt der einzelnen politischen Persönlichkeit steht der Staat, sondern auf der inneren Entsprechung von Führer und Volk, von Führertum und Volkstum. Der Führer ist deshalb Führer, weil er der ist, den das Volk will, und weil er will, was das Volk erhofft und sehnt. [...]

Das Volk weiß nicht, was es will, es hat nur den Instinkt. Der Führer aber weiß, was das Volk will. Das macht ihn zum Führer.

Aus: a) Jacob L. Talmon, Die Ursprünge der totalitären Demokratie, Köln und Opladen 1961, S. 1 f.; b) Wilhelm Stapel, Die Kirche Christi und der Staat Hitlers (1933), in: Léon Poliakov/Joseph Wulf, Das Dritte Reich und seine Denker, Wiesbaden 1989, S. 65 f.

M 7 Konsequenzen des Rechtspositivismus für das Selbstverständnis der Demokratie – Positionen zweier Rechtsgelehrter der Weimarer Republik

● **Richard Thoma**

Unmöglich [...] kann das, was die entschiedene und unzweifelhafte Mehrheit des Volkes auf legalem Wege will und beschließt (und stürzte es selbst die Grundsäu-
5 len der gegenwärtigen Verfassung um), als Staatsstreich oder Rebellion gewertet werden!

Gustav Radbruch

Der Relativismus ist die gedankliche Voraussetzung der Demokratie: Sie lehnt es ab, sich mit einer bestimmten
10 politischen Auffassung zu identifizieren, ist vielmehr bereit, jeder politischen Auffassung, die sich die Mehrheit verschaffen konnte, die Führung im Staate zu überlassen, weil sie ein eindeutiges Kriterium für die Richtigkeit politischer Anschauungen nicht kennt, die
15 Möglichkeit eines Standpunktes über den Parteien nicht anerkennt.

Aus: Richard Thoma, Das Reich als Demokratie, in: Gerhard Anschütz/Richard Thoma (Hg.), Handbuch des deutschen Staatsrechts, Tübingen 1930, S. 193 f.; Gustav Radbruch, Rechtsphilosophie, Stuttgart 1932, 4. Auflage 1950, S. 84

 M 8 Änderung der Verfassung – Vergleich der Regelungen in der Weimarer Reichsverfassung (WRV) und im Grundgesetz (GG)

● **Art. 76 WRV**

Die Verfassung kann im Wege der Gesetzgebung geändert werden. Jedoch kommen Beschlüsse des Reichstages auf Abänderung der Verfassung nur zustande,
5 wenn zwei Drittel der gesetzlichen Mitgliederzahl anwesend sind und wenigstens zwei Drittel der Anwesenden zustimmen. Auch Beschlüsse des Reichsrates auf Abänderung der Verfassung bedürfen einer Mehrheit von zwei Dritteln der abgegebenen Stimmen. Soll
10 auf Volksbegehren durch Volksentscheid eine Verfassungsänderung beschlossen werden, so ist die Zustimmung der Mehrheit der Stimmberechtigten erforderlich. [...]

Artikel 79 GG

(1) Das Grundgesetz kann nur durch ein Gesetz geän-
15 dert werden, das den Wortlaut des Grundgesetzes ausdrücklich ändert oder ergänzt. [...]
(2) Ein solches Gesetz bedarf der Zustimmung von zwei Dritteln der Mitglieder des Bundestages und zwei Dritteln der Stimmen des Bundesrates.
20
(3) Eine Änderung dieses Grundgesetzes, durch welche die Gliederung des Bundes in Länder, die grundsätzliche Mitwirkung der Länder bei der Gesetzgebung oder die in den Artikeln 1 und 20 niedergelegten Grundsätze berührt werden, ist unzulässig.
25

AUFGABEN

1. Bestimmen Sie aus M 6 diejenigen Merkmale, die im Gegensatz zur freiheitlichen demokratischen Grundordnung stehen.
2. Erörtern Sie, ob man die ehemalige DDR und die frühere Sowjetunion als totalitäre Demokratien bezeichnen könnte.
3. Der Text „Nationalsozialistischer Führerstaat" (M 6) drückt das Selbstverständnis des Hitler-Staates aus. Wie charakterisiert der Autor die Demokratie der überwundenen Weimarer Republik? Er reklamiert für den Hitler-Staat ebenfalls eine demokratische Legitimation. Zeichnen Sie seine Argumentation nach. Was könnte man dem Autor entgegenhalten?
4. Die Weimarer Reichsverfassung galt zu ihrer Zeit als die demokratischste Verfassung der Welt. Inwieweit spiegelt sich das uneingeschränkte Bekenntnis zur Demokratie in M 7 wider?
5. Vergleichen Sie Art. 76 WRV mit Art. 79 GG (M 8): Versuchen Sie zu erklären, welche Gründe den Parlamentarischen Rat bewogen haben, von den Vorgaben der WRV abzuweichen.

2.2 „Streitbare Demokratie" – Die richtige Lehre aus dem Scheitern der Weimarer Republik?

Eine Verfassung, die wie das Grundgesetz sich ausdrücklich zu einer Bindung an bestimmte Werte bekennt, verlangt Vorkehrungen zu ihrem Schutz gegen diejenigen, die aus politischen Gründen diese Wertordnung bekämpfen. Im Parlamentarischen Rat herrschte angesichts des Scheiterns der Weimarer Republik weitgehend Einigkeit darüber, dass der demokratische Staat entschlossen seinen Gegnern Einhalt zu gebieten und einem Missbrauch der Freiheitsrechte vorzubeugen habe („streitbare Demokratie"). In den Beratungen kam es zu keinen grundlegenden Auseinandersetzungen über die dabei anzuwendenden Instrumente.

34.1 Streitbare Demokratie (Zeichnung von Stefanie Weiger)

Das Grundgesetz räumt daher den Feinden der freiheitlichen demokratischen Grundordnung nicht die Freiheit ein, diese zu zerstören. Ihnen gegenüber bietet es eine Reihe rechtlich-administrativer Handhaben, wie die Verwirkung von Grundrechten, das Verbot verfassungswidriger Vereinigungen und Parteien, der Einsatz der bewaffneten Macht der Polizei und schließlich das Recht zum Widerstand für jedermann (Art. 20 Abs. 4 GG).

Das Arsenal der Instrumente der streitbaren Demokratie hat seine Wirksamkeit in einer Stunde akuter Gefahr bisher nicht erweisen müssen. Ungewiss ist daher, wie viel die Instrumente gegenüber einer bereits zu einer Mehrheit angewachsenen antidemokratischen Massenbewegung auszurichten vermöchten. Sicher ist aber wohl, dass sie in Verbindung mit dem Verfassungskern (gemäß Art. 79 Abs. 3 GG) die Kräfte des Umsturzes zwingen könnten, „offen Revolution zu machen" und auf diese Weise dem demokratischen Widerstand eine eindeutige Rechtfertigung zu verschaffen.

Das Konzept der streitbaren Demokratie muss sich mit einem zentralen Legitimationsproblem auseinander setzen: Stellt es nicht einen im Grunde prinzipienwidrigen Versuch dar, die Demokratie auch gegen den Volkswillen zu sichern? Das Konzept erscheint außerdem vielen Menschen nach über fünfzig Jahren ungefährdeter Demokratie bedenklich oder überflüssig. Vergessen darf man aber nicht, dass Verfassungen nicht nur für Schönwetterperioden gemacht sind. Ihre Bewährungsprobe legen sie in Situationen politisch-existenzieller Herausforderungen ab.

M 1 Auszug aus einer Rede von Joseph Goebbels[1] (1928)

• Was wollen wir im Reichstag? – Wir gehen in den Reichstag hinein, um uns im Waffenarsenal der Demokratie mit deren eigenen Waffen zu versorgen. Wir werden Reichstagsabgeordnete, um die Weimarer Gesinnung mit ihrer eigenen Unterstützung lahm zu legen. Wenn die Demokratie so dumm ist, uns für diesen Bärendienst Freifahrkarten und Diäten zu geben, so ist das ihre eigene Sache. Wir zerbrechen uns darüber nicht den Kopf. Uns ist jedes gesetzliche Mittel recht, den Zustand von heute zu revolutionieren. [...] Wenn es uns gelingt, bei diesen Wahlen sechzig bis siebzig Agitatoren und Organisatoren unserer Partei in die verschiedenen Parlamente hineinzustecken, so wird der Staat selbst in Zukunft unseren Kampfapparat ausstatten und besolden. Eine Angelegenheit, die reizvoll und neckisch genug ist, sie einmal auszuprobieren.

1 Joseph Goebbels (1897–1945) war zum Zeitpunkt der Rede Gauleiter der NSDAP von Berlin-Brandenburg. Er wurde 1928 Mitglied des Reichstages. Als Reichsminister für Volksaufklärung und Propaganda (1933–1945) leitete er die Gleichschaltung aller Massenmedien und des Kulturlebens.

Zitiert nach: Hermann Glaser, Das Dritte Reich. Anspruch und Wirklichkeit, Freiburg i. Br. 1961, S. 41

M 2 Wertrelativistisches Denken – Eine Ursache der Wehrlosigkeit der Weimarer Republik gegen ihre Feinde?

Die Demokratie […] ist diejenige Staatsform, die sich am wenigsten gegen ihre Gegner wehrt. […] Bleibt sie sich selbst treu, muss sie auch eine auf Vernichtung der Demokratie gerichtete Bewegung dulden, muss sie ihr wie jeder anderen politischen Überzeugung die gleiche Entwicklungsmöglichkeit gewähren. Und so sehen wir das seltsame Schauspiel, dass Demokratie in ihren ureigensten Formen aufgehoben werden soll, dass ein Volk die Forderung erhebt, ihm die Rechte wieder zu nehmen, die es sich selbst gegeben, weil man verstanden hat, dieses Volk glauben zu machen, dass sein größtes Übel sein eigenes Recht sei. Angesichts solcher Situation möchte man an das pessimistische Wort Rousseaus glauben: Eine so vollkommene Staatsformel sei zu gut für die Menschen, nur ein Volk von Göttern könnte sich auf die Dauer demokratisch regieren.

Aber angesichts dieser Situation erhebt sich auch die Frage, ob man es dabei sein Bewenden lassen solle, die Demokratie theoretisch zu verteidigen. Ob die Demokratie sich nicht selbst verteidigen soll, auch gegen das Volk, das sie nicht mehr will, auch gegen eine Majorität, die in nichts anderem einig ist als in dem Willen, die Demokratie zu zerstören. Diese Frage stellen heißt schon, sie zu verneinen. Eine Demokratie, die sich gegen den Willen der Mehrheit zu behaupten, gar mit Gewalt sich zu behaupten versucht, hat aufgehört, Demokratie zu sein. Eine Volksherrschaft kann nicht gegen das Volk bestehen bleiben. Und soll es auch gar nicht versuchen, das heißt, wer für die Demokratie ist, darf sich nicht in den verhängnisvollen Widerspruch verstricken lassen und zur Diktatur greifen, um die Demokratie zu retten. Man muss seiner Fahne treu bleiben, auch wenn das Schiff sinkt; und kann in die Tiefe nur die Hoffnung mitnehmen, dass das Ideal der Freiheit unzerstörbar ist und dass es, je tiefer es gesunken, um so leidenschaftlicher wieder aufleben wird.

Aus: Hans Kelsen, Verteidigung der Demokratie (1932), in: derselbe, Demokratie und Sozialismus. Ausgewählte Aufsätze, Wien 1967, S. 68

M 3 Das Konzept der streitbaren Demokratie

Das Geheimnis des Erfolges des Totalitarismus ist, dass er versucht, die Demokratie mit ihren eigenen Spielregeln zu schlagen. Solange in der westlichen Gesellschaftsordnung Einmütigkeit über die geistigen Grundlagen ihrer Existenz bestand, konnte der Machtprozess im Wege des friedlichen Wettbewerbs zwischen den die Macht beanspruchenden sozialen Kräften im offenen Stromkreis der Ideologien geführt werden. Seither haben sich aber die Zielsetzungen und die zu ihrer Verwirklichung angewendeten Techniken von Grund auf geändert: Die totalitären Angreifer wollen die demokratischen Einrichtungen nur solange gelten lassen, bis sie mit ihrer Hilfe zur Macht gelangt sind; danach soll der offene Stromkreis für immer geschlossen werden. Bei dem Versuch, der totalitären Bedrohung ihrer eigenen Werte und ihrer Existenz schlechthin zu begegnen, sieht sich der konstitutionell-demokratische Staat vor das größte Dilemma seit seiner Entstehung gestellt. Entschließt er sich, Feuer mit Feuer zu bekämpfen und den totalitären Angreifern den Gebrauch der demokratischen Freiheiten zur letzlichen Zerstörung aller Freiheit zu verwehren, handelt er gerade den Grundsätzen der Freiheit und Gleichheit zuwider, auf denen er selbst beruht. Hält er aber an den demokratischen Grundwahrheiten auch zugunsten ihrer geschworenen Feinde fest, setzt er seine eigene Existenz aufs Spiel.

Aus: Karl Loewenstein, Verfassungslehre, Tübingen, 2. Auflage 1969, S. 348.

AUFGABEN

1. Verdeutlichen Sie den zeitgeschichtlichen Hintergrund von M 1 und M 2.
2. Verfassen Sie arbeitsteilig aus der Sichtweise jeweils eines Autors von M 1 bis M 3 Kommentierungen der Auffassungen der jeweils anderen Verfasser.
3. Worin genau besteht das politische Dilemma der streitbaren Demokratie? Halten Sie dieses Dilemma für auflösbar?

M 4 Im Verfassungsschutzbericht veröffentlichte Auszüge extremistischer Aussagen

• „Wir wollen aber eine Volksfront, um dereinst eine nationale Volksgemeinschaft zu errichten."

„Eine befreite Gesellschaft lässt sich nur jenseits der kapitalistischen Produktionsverhältnisse und jenseits von Patriarchat, Rassismus und des bürgerlichen Staates errichten."

„Die Siegermächte des Zweiten Weltkrieges holten sich eine Handvoll williger Kollaborateure zusammen, die den Deutschen die als Grundgesetz bezeichnete ‚Verfassung' von oben aufdrückten."

„Und wenn wir es geschafft haben, wirklich alle in der nationalen Opposition zu vereinigen, unter welchen Vorzeichen auch immer, dann wird es dereinst einen Sternmarsch nach Berlin geben, und da wird uns keiner der Hochverräter mehr entkommen. Da wird jede Ausfallstraße gesperrt sein. Barrikaden werden stehen. Dann ist Deutschland wieder erwacht."

„Unsere Herrschaftskritik hat die Beendigung jeder Form von Ausbeutung und Unterdrückung zum Ziel. Das beinhaltet die Überzeugung, dass die Überwindung dieser Verhältnisse nicht im Parlament und nicht am Verhandlungstisch zu erreichen ist. Wir glauben an keinen Sozialstaat, an keine Religion und keinen Dialog mit den Herrschenden. Wir wollen Widerstand zeigen, entwickeln und vorantreiben. Wir wollen aneignen, enteignen und rebellieren. Was danach kommt – wir werden sehen."

„Für sozialistische Politik nach unserem Verständnis bilden Widerstand und Protest, der Anspruch auf Mit- und Umgestaltung sowie über den Kapitalismus hinausweisende Alternativen ein unauflösbares strategisches Dreieck."

„Ein Aufstand der Deutschen ist überfällig. Aber ich verstehe unter einem solchen Aufstand keine Revolution, die mit Waffen und Barrikaden gefochten wird. Gewalt sollte da keine Rolle spielen. Wenn aus der Bewegung heraus jedoch etwas entsteht, was wir nicht kontrollieren können, dann ist das eine vollkommen andere Geschichte."

Aus: Bundesministerium des Innern (Hg.), Verfassungsschutzbericht 2004, Berlin 2005

M 5 Das Personenpotenzial linksextremistischer und rechtsextremistischer Parteien

Rechtsextremismuspotenzial 2004

	GRUPPEN	PERSONEN
Gewaltbereite Rechtsextremisten	2	10 000
Neonazis	87	3 800
Parteien (REP, DVU, NPD)	3	23 800
Sonstige	76	4 300

Die Polizei registrierte 1999 15 628 politisch motivierte Straftaten, zwei Drittel davon mit rechtsextremistischem oder fremdenfeindlichem Hintergrund.

Aus: DIE WELT, 14. 3. 2000, S. 4

Linksextremismuspotenzial 2004

	GRUPPEN	PERSONEN
Gewaltbereite Linksextremisten	61	5 500
Marxisten-Leninisten und andere revolutionäre Marxisten (einschl. beeinflusster Organisationen)	79	43 700
Partei des Demokratischen Sozialismus (PDS)		ca. 65 800

Aus: Zusammenstellung nach Angaben im Verfassungsschutzbericht 2004, Berlin 2005, S. 37 und 125; aktuelle Zahlen zum Personenpotenzial und zu den verfassungsfeindlichen Handlungen von Rechts- und Linksextremisten erhalten Sie mithilfe der Homepage des Verfassungsschutzes (www.verfassungsschutz.de).

AUFGABEN

1. Ordnen Sie die Aussagen in M 4 links- bzw. rechtsextremistischen Organisationen zu. An welchen Signalwörtern sind die Extremisten zu erkennen?
2. Diskutieren Sie, ob angesichts der Zahl der Anhänger links- und rechtsextremistischer Organisationen von einer realen Gefahr für die verfassungsmäßige Ordnung der Bundesrepublik Deutschland gesprochen werden kann (M 5).
3. Erörtern Sie unter Rückgriff auf M 6 und M 7, ob die Aussagen in M 4 ausreichen, die dahinter stehenden Organisationen zu verbieten.

M 6 Das Instrumentarium der Verfassung zum Schutze der freiheitlichen demokratischen Grundordnung

Artikel 9 Abs. 2 GG (Verbot von Vereinigungen)
Vereinigungen, deren Zwecke oder deren Tätigkeit den Strafgesetzen zuwider laufen oder die sich gegen die verfassungsmäßige Ordnung oder gegen den Gedanken der Völkerverständigung richten, sind verboten.

Artikel 18 GG (Verwirkung von Grundrechten für einzelne Personen)
Wer die Freiheit der Meinungsäußerung, insbesondere die Pressefreiheit (Art. 5 Abs. 1), die Lehrfreiheit (Art. 5 Abs. 3), die Versammlungsfreiheit (Art. 8), die Vereinigungsfreiheit (Art. 9), das Brief-, Post- und Fernmeldegeheimnis (Art. 10), das Eigentum (Art. 14) oder das Asylrecht (Art. 16a) zum Kampfe gegen die freiheitliche demokratische Grundordnung missbraucht, verwirkt diese Grundrechte. Die Verwirkung und ihr Ausmaß werden durch das Bundesverfassungsgericht ausgesprochen.

Artikel 20 Abs. 4 GG (Widerstandsrecht)
Gegen jeden, der es unternimmt, diese Ordnung zu beseitigen, haben alle Deutschen das Recht zum Widerstand, wenn andere Abhilfe nicht möglich ist.

Artikel 21 Abs. 2 GG (Verbot von Parteien)
Parteien, die nach ihren Zielen oder nach dem Verhalten ihrer Anhänger darauf ausgehen, die freiheitliche demokratische Grundordnung zu beeinträchtigen oder zu beseitigen oder den Bestand der Bundesrepublik Deutschland gefährden, sind verfassungswidrig. Über die Frage der Verfassungswidrigkeit entscheidet das Bundesverfassungsgericht.

§ 43 Abs. 1 Bundesverfassungsgerichtsgesetz (Antragsrecht auf Verbot einer Partei)
Der Antrag auf Entscheidung, ob eine Partei verfassungswidrig ist (Art. 21 Abs. 2 GG), kann von dem Bundestag, dem Bundesrat oder von der Bundesregierung gestellt werden.

M 7 Schwierigkeiten des Parteiverbotes

Bei dem Verbot politischer Parteien bestehen ähnliche Schwierigkeiten und Gefahren wie bei der Verwirkung von Grundrechten. Ihnen kommt umso größeres Gewicht zu, als es sich bei den Parteien um die bestimmenden Kräfte des politischen Prozesses handelt. […] Soll freilich das Verbot einer Partei politische Freiheit nicht mehr als notwendig beeinträchtigen, so darf es nicht schon dann ausgesprochen werden, wenn der politische Kurs der Partei „dauernd tendenziell auf die Bekämpfung der freiheitlichen demokratischen Grundordnung gerichtet ist" und in Handlungen so weit Ausdruck gefunden hat, dass dieser Kampf als „planvoll verfolgtes politisches Vorgehen […] erkennbar wird." Vielmehr bedarf es einer konkreten Gefahr der „Beeinträchtigung" oder „Beseitigung" der freiheitlichen demokratischen Grundordnung. Die Bestrebungen der Partei müssen sich gegen die elementaren Verfassungsgrundlagen richten, über die mindestens sich alle Parteien einig sein müssen, wenn der vom Grundgesetz konstituierte Typus der Demokratie überhaupt sinnvoll funktionieren soll, während die Ablehnung einzelner Bestimmungen oder ganzer Institutionen des Grundgesetzes die Verfassungswidrigkeit einer Partei noch nicht begründen kann.

Aus: Konrad Hesse, Grundzüge des Verfassungsrechts der Bundesrepublik Deutschland, Heidelberg, 20. Auflage 1999, S. 298 f.

AUFGABEN

1. Arbeiten Sie aus M 6 und M 7 heraus, welche Gesichtspunkte beim Parteiverbotsverfahren zu berücksichtigen sind. Wie beurteilen Sie angesichts der Vorgaben die Chancen eines Parteiverbotes?
2. Diskutieren Sie andere Möglichkeiten eines Verbotsverfahrens.
3. Recherchieren Sie mithilfe des Internets (www.verfassungsschutz.de), welche Kompetenzen das Bundesamt für Verfassungsschutz hat und welcher Kontrolle es unterliegt. Erörtern Sie, ob Kompetenzen und Kontrollen ausreichend sind.

2.3 Das Rechtsstaatsprinzip – Garant der Freiheitlichkeit der staatlichen Herrschaftsordnung

Die Erfahrung der nationalsozialistischen Willkürherrschaft sowie das Miterleben der Sowjetisierung der russischen Besatzungszone bewog den Parlamentarischen Rat, rechtsstaatliche Prinzipien in besonders starkem Maße im Grundgesetz zu verankern. Er konnte dabei auf rechtsstaatliche Elemente aufbauen, die bereits im Kaiserreich und in der Weimarer Republik angewendet worden waren. Der Parlamentarische Rat wollte jedoch das Rechtsstaatsprinzip weiterentwickeln und perfektionieren. Deshalb kann man sagen, dass die Rechtsstaatlichkeit das Rückgrat im Staatskörper der Bundesrepublik Deutschland bildet. Die Bedeutsamkeit des Rechtsstaates für das Leben der Bürger hatte der Rechtsphilosoph und zeitweilige Reichsjustizminister Gustav Radbruch in folgendem Satz treffend zum Ausdruck gebracht: „Demokratie ist gewiss ein preisenswertes Gut, Rechtsstaat aber ist wie das tägliche Brot, wie Wasser zum Trinken und wie Luft zum Atmen."

Aufklärungsphilosophen wie John Locke, Charles de Montesquieu und Immanuel Kant haben den modernen Rechtsstaat ideengeschichtlich fundiert. Sie verstanden sich als Anwälte der Freiheit des Individuums gegen die Omnipotenz (schrankenlose Allgewalt) des Monarchen. Zwar gehört die absolutistische Monarchie der Vergangenheit an, gleichwohl bleibt der rechtsstaatliche Grundgedanke der eben genannten Denker aktuell, dass nämlich der Rechtsstaat den Schutz der persönlichen und politischen Freiheit und die Mäßigung und rechtliche Bindung aller öffentlichen Machtausübung verkörpert.

Wenn im Grundgesetz auch nirgendwo eine exakte Definition des Rechtsstaates zu finden ist, so lässt sich doch mit Artikel 1 Absatz 3 und Artikel 20 Absatz 3 GG (vgl. S. 29) der Kerngehalt des Rechtsstaatsprinzips hinreichend deutlich zum Ausdruck bringen. Folgende Prinzipien sind in den beiden Bestimmungen enthalten: Erstens – ganz grundsätzlich – das Primat des Rechts vor der Politik, denn staatliches Handeln, welcher Art auch immer, ist an Gesetz und Recht, letztlich an die Verfassung gebunden. Zweitens der Grundsatz der Gewaltenteilung mit seiner Macht verteilenden und Macht mäßigenden Wirkung. Drittens die Geltung der Grundrechte als unmittelbar anzuwendendes und gegebenenfalls einzuklagendes Recht. Weil die Verfassung die höchstrangige Norm darstellt, die selbst den Gesetzgeber bindet, kann man als weiteres Prinzip die Verfassungsstaatlichkeit feststellen. Aus dieser lässt sich unter anderem die Einrichtung der Verfassungsgerichtsbarkeit ableiten, die die Übereinstimmung der Gesetze mit der Verfassung zu überprüfen befugt ist. Weitere Elemente sind die Gesetzmäßigkeit der Verwaltung, die Unabhängigkeit der Richter, der gerichtliche Rechtsschutz gegen die öffentliche Gewalt, besondere Schutzbestimmungen im Strafverfahren (so genannte justizielle Grundrechte), die Gleichheit vor dem Gesetz, die Freiheitssicherung durch eine Vielzahl von Freiheitsrechten und schließlich einige Zielbestimmungen, die dem Staat, d. h. in erster Linie dem Gesetzgeber, im Namen der Gerechtigkeit aufgetragen sind.

Die aufgezählten Prinzipien und Elemente lassen sich sachlich zum einen dem formellen und zum anderen dem materiellen Rechtsstaatsbegriff zuordnen. Der formelle Rechtsstaat bedeutet Vorrang des Rechts vor der Politik sowie Beschränkung der Macht durch das Recht. Durch ihn gewinnen die Lebensverhältnisse der Bürger an Sicherheit und Orientierungsgewissheit. Der materielle Rechtsstaat geht weit darüber hinaus. Sein Bezugspunkt sind politisch-ethische Grundnormen, die dem Staat Ziel und Richtung vorgeben. Der materielle Rechtsstaat hat sein Fundament im Grundrechtsteil der Verfassung, insbesondere in Artikel 1 Abs. 1 GG: Die Menschenwürde zu achten und zu schützen bedeutet, den Bürgerinnen und Bürgern nicht nur individuelle Freiheit zu gewährleisten, sondern auch unterstützend und ausgleichend tätig zu werden sowie für die Verwirklichung des Gemeinwohls zu sorgen, in dem das Wohl der Einzelnen enthalten ist. Der materielle Rechtsstaat verweist damit auf das Sozialstaatsprinzip.

2.3.1 Grundrechte und Grundrechtsschutz

M 1 Wenn die Volksseele kocht

„An die Wand stellen" ist noch eine milde Forderung. „Jeden Tag etwas abschneiden, bis er ganz langsam krepiert", meint eine weißhaarige Dame. Die Volksseele kocht – ein Kind ist missbraucht und umgebracht worden. Nicht um Strafe geht es dem Volkszorn, sondern um Rache. Auge um Auge – Zahn um Zahn. Die Verfechter der Todesstrafe hätten in solchen Tagen leichtes Spiel. Doch das Grundgesetz verbietet die Todesstrafe. Recht auf Leben, Menschenwürde kann niemand verwirken, auch der schlimmste Verbrecher nicht.

Aus: PZ, Nr. 96/1998, S. 11, Autor: Michael Bechtel

M 2 Verstößt die lebenslange Freiheitsstrafe gegen die Würde des Menschen? – Aus dem Urteil des Bundesverfassungsgerichtes vom 21. Juni 1977

1. Die lebenslange Freiheitsstrafe für Mord (§ 211 Abs. 1 StGB) ist nach Maßgabe der folgenden Leitsätze mit dem Grundgesetz vereinbar.

2. Nach dem gegenwärtigen Stand der Erkenntnisse kann nicht festgestellt werden, dass der Vollzug der lebenslangen Freiheitsstrafe gemäß den Vorschriften des Strafvollzugsgesetzes und unter Berücksichtigung der gegenwärtigen Gnadenpraxis zwangsläufig zu irreparablen Schäden psychischer oder physischer Art führt, welche die Würde des Menschen (Art. 1 Abs. 1 GG) verletzen.

3. Zu den Voraussetzungen eines menschenwürdigen Strafvollzugs gehört, dass dem zu lebenslanger Freiheitsstrafe Verurteilten grundsätzlich eine Chance verbleibt, je wieder der Freiheit teilhaftig zu werden.

Aus: BVerfGE 45, 187

M 3 Die Würde des Menschen in der Sicht des Bundesverfassungsgerichtes

Achtung und Schutz der Menschenwürde gehören zu den Konstitutionsprinzipien des Grundgesetzes. Die freie menschliche Persönlichkeit und ihre Würde stellen den höchsten Rechtswert innerhalb der verfassungsmäßigen Ordnung dar. Der Staatsgewalt ist in allen ihren Erscheinungsformen die Verpflichtung auferlegt, die Würde des Menschen zu achten und sie zu schützen. Dem liegt die Vorstellung vom Menschen als einem geistig-sittlichen Wesen zugrunde, das darauf angelegt ist, in Freiheit sich selbst zu bestimmen und sich zu entfalten. [...] Es widerspricht daher der menschlichen Würde, den Menschen zum bloßen Objekt im Staate zu machen. Der Satz „der Mensch muss immer Zweck an sich selbst bleiben" gilt uneingeschränkt für alle Rechtsgebiete; denn die unverlierbare Würde des Menschen als Person besteht gerade darin, dass er als selbstverantwortliche Persönlichkeit anerkannt bleibt. [...]

Das Gebot zur Achtung der Menschenwürde bedeutet insbesondere, dass grausame, unmenschliche und erniedrigende Strafen verboten sind. Der Täter darf nicht zum bloßen Objekt der Verbrechensbekämpfung unter Verletzung seines verfassungsrechtlich geschützten sozialen Wert- und Achtungsanspruchs gemacht werden. Die grundlegenden Voraussetzungen individueller und sozialer Existenz des Menschen müssen erhalten bleiben. Aus Art. 1 Abs. 1 GG in Verbindung mit dem Sozialstaatsprinzip ist daher – und das gilt insbesondere für den Strafvollzug – die Verpflichtung des Staates herzuleiten, jenes Existenzminimum zu gewähren, das ein menschenwürdiges Dasein überhaupt erst ausmacht.

Aus: BVerfGE 45, 227 ff.

M 4 Die Würde des Menschen in der Sicht eines jungen Menschen

■ **Die Würde des Menschen ist unantastbar.**
Das gilt für Menschen, die
— genug Geld haben,
— sich nicht allzu sehr von anderen abheben (Kleidung,
5 Benehmen, Vorlieben),
— die richtige Herkunft haben (vor allem die richtige Staatsangehörigkeit),
— sich selber helfen können.

Die Würde ist kein Thema mehr, wenn
— im Job mit harten Bandagen um die weniger werdende Arbeit gekämpft wird,
— einer deutlich sichtbar gegen den Strom schwimmt,
— die Pflegeversicherung die Pflegestufe festlegt,
— im Altenheim möglichst wenig Personal möglichst viele Leute versorgen soll,
— kinderreiche Familien Wohnung oder Arbeit suchen,
— Bedürftige zum Sozialamt gehen.

Aus: PZ Extra, Nr. 96/1998, S. 40, Autorin: Inge Näveke

M 5 Systematiken der Grundrechte

■ **Jedermannrechte – Bürgerrechte**
Menschenrechte sind dem Menschen – aus christlicher Sicht von Gott, aus humanistischer Sicht von Natur aus – seit dem Beginn seiner Existenz an mitgegeben. Sie gehen deshalb dem so genannten „positiven" – also vom Staat gesetzten – und dem „subjektiven" – also dem „persönlichen" – Recht voraus. Ausgangspunkt ist die menschliche Würde. Sie ist unantastbar.

Grundrechte sind die in eine Verfassung übersetzten Menschenrechte: Wenn das Grundgesetz etwa das Recht auf Leben oder die freie Meinungsäußerung festschreibt, wird damit kein „neues", bis dahin nicht vorhandenes Recht geschaffen.

Bürgerrechte sind die Grundrechte, die nur Staatsbürgern im Sinne des Grundgesetzes, also nur „allen Deutschen", zustehen.

Jedermannrechte sind die Grundrechte, die allen Menschen im Geltungsbereich des Grundgesetzes zustehen.

Aus: PZ extra Nr. 96/1998, S. 16, Autor: Michael Bechtel (mit Ausnahme des letzten Satzes)

Freiheitsrechte – Gleichheitsrechte

```
                    GRUNDRECHTE
            ┌───────────┴───────────┐
       Freiheitsrechte         Gleichheitsrechte
    ┌────────┼────────┐
Persönliche Wirtschaftliche Politische
  Freiheit    Freiheit      Mitwirkung
```

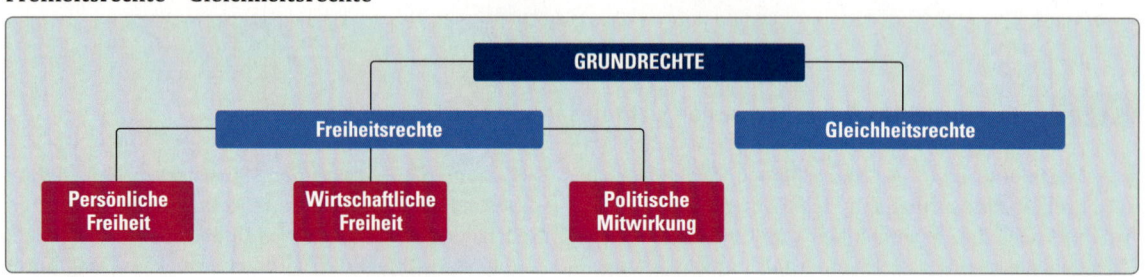

M 6 „Welche Grundrechte würden Sie einführen?"

■ „Dass jeder Mensch alles tun kann, was er will, ohne dafür benachteiligt zu werden."
Marc, 15, Rodalben

„Wenn jeder damit anfangen würde, Respekt vor anderen zu haben, wären wir schon ein ganzes Stück weiter."
Birthe, 16, Bad Iburg

„Dass jeder das Recht auf eine Lehrstelle hat, unabhängig von den Zeugnisnoten."
Marcel, 15, Wermsdorf

„Das Grundrecht, dass niemand zur Arbeit gezwungen werden darf, sollte teilweise aufgehoben werden. Meiner Meinung nach würde die Arbeitslosigkeit somit sinken."
Bettina, 18, Bad Iburg

„Frauen sollten so weit gleichberechtigt werden, dass sie ebenfalls zu einer sozialen Leistung verpflichtet werden, das heißt soziales Jahr, Zivildienst, Bundeswehr."
Franz-Josef, 18, Bad Iburg

Aus: PZ, Nr. 96/1998, S. 6 f.

M 7 Grundrechtsschranken

Die Grundrechte gelten nicht unbegrenzt. Das ergibt sich schon aus der Überlegung, dass der Freiheitsraum jedes Einzelnen dort endet, wo der Freiheitsraum eines anderen beginnt. Ebenso würde die Verabsolutierung eines Grundrechts zur Wirkungslosigkeit anderer mit ihm in sachlicher Spannung stehender Grundrechte führen und somit die Einheit der Verfassung zerstören. Deshalb stehen die Grundrechte unter bestimmten Vorbehalten, den so genannten Grundrechtsschranken.

Die Schranken unterliegen ihrerseits aber auch einer Beschränkung („Schrankenschranke"). Diese besteht darin, dass sie auf keinen Fall den Wesensgehalt des betreffenden Grundrechts antasten dürfen. Das Grundgesetz kennt kein schlüssiges System von Grundrechtsschranken. Vielmehr gibt es sehr verschiedene Formulierungen, hinter denen sich fünf Typen von Grundrechtsschranken verbergen.

Schranke	Bedeutung / Erkennungsmerkmal	Beispiel
Allgemeiner Gemeinschaftsvorbehalt	Die Grundrechte des Einzelnen werden durch die Grundrechte der anderen begrenzt.	Gilt für alle Grundrechte.
Grundrechtsimmanente Schranke	1. Jedes Grundrecht findet seine Schranke dort, wo seine sachliche Reichweite endet. 2. Sachlich kollidierende Grundrechte müssen so zum Ausgleich gebracht werden, dass sie jeweils zur Geltung kommen („praktische Konkordanz").	1. Bei der Freiheit der Kunst ist nur die Kunst geschützt, nicht etwas, was sich dafür ausgibt. 2. Die Meinungsäußerungsfreiheit muss das Recht der persönlichen Ehre respektieren.
Einfacher Gesetzesvorbehalt	Der Gesetzgeber wird berechtigt, im Schutzbereich des Grundrechts tätig zu werden. 1. Bei der Formulierung „durch Gesetz" ist der Gesetzgeber gehalten, im beschränkenden Gesetz die Beschränkung so detailliert vorzunehmen, dass es keiner weiteren Regelungen bedarf. 2. Bei der Formulierung „auf Grund eines Gesetzes" darf sich der Gesetzgeber in dem beschränkenden Gesetz auf das Grundsätzliche beschränken und die vollziehende Gewalt ermächtigen, die Einzelregelungen selbst vorzunehmen.	Versammlungen unter freiem Himmel können durch Gesetz oder aufgrund eines Gesetzes beschränkt werden.
Qualifizierter Gesetzesvorbehalt	Das Grundrecht schreibt dem Gesetzgeber den Zweck oder Detailregelungen des einschränkenden Gesetzes vor.	Das die Enteignung begründende Gesetz muss Art und Ausmaß der Entschädigung regeln.
Direkt formulierte Eingriffsermächtigung für die vollziehende oder die rechtsprechende Gewalt	Das Grundrecht führt die Instanz auf, die in das Grundrecht eingreifen darf. In der Regel handelt es sich um Richter oder um die Polizei.	Durchsuchungen der Wohnung dürfen durch den Richter angeordnet werden.

Autorentext

AUFGABEN

1. Diskutieren Sie unter Bezugnahme auf M 1 und M 2 die angemessene Strafe für Mord.
2. Arbeiten Sie aus M 3 heraus, was das Bundesverfassungsgericht zur Würde des Menschen feststellt, und konfrontieren Sie Ihr Ergebnis mit der Einschätzung in M 4.
3. Analysieren Sie die Grundrechtsartikel des Grundgesetzes (Art. 2 bis 17, 33 und 38) auf die in ihnen enthaltenen Grundrechte. Lesen Sie genau, da die Artikel sehr häufig mehrere Grundrechte enthalten. Ordnen Sie die Grundrechte dann in die beiden Systematiken von M 5 ein.
4. Diskutieren Sie die Grundrechtsvorschläge von Jugendlichen (M 6) hinsichtlich ihrer Plausibilität. Machen Sie gegebenenfalls eigene Vorschläge.
5. Analysieren Sie, welche der in M 7 aufgeführten Grundrechtsschranken in den Grundrechtsartikeln zur Anwendung kommen. Überlegen Sie an ausgewählten Artikeln, welche Motive den Verfassungsgeber veranlasst haben könnten, sich für die Wahl eines der Schrankentypen „einfacher Gesetzesvorbehalt", „qualifizierter Gesetzesvorbehalt" sowie „direkt formulierte Eingriffsermächtigung" zu entscheiden.

2.3.2 Justizielle Grundrechte

M 8 Die Französische Verfassung von 1791 (Auszug)

● *Erklärung der Menschen- und Bürgerrechte (Vorspann der Verfassung)*

Artikel 7
Jeder Mensch kann nur in den durch das Gesetz bestimmten Fällen und in den Formen, die es vorschreibt, angeklagt, verhaftet und gefangen gehalten werden. Diejenigen, die willkürliche Befehle betreiben, ausfertigen, ausführen oder ausführen lassen, sollen bestraft werden. Doch jeder Bürger, der aufgrund des Gesetzes vorgeladen oder ergriffen wird, muss sofort gehorchen. Er macht sich durch Widerstand strafbar.

Artikel 8
Das Gesetz soll nur solche Strafen festsetzen, die offenbar unbedingt notwendig sind. Und niemand kann auf Grund eines Gesetzes bestraft werden, das nicht vor Begehung der Tat erlassen, verkündet und gesetzlich angewandt worden ist.

Artikel 9
Da jeder Mensch so lange für unschuldig gehalten wird, bis er für schuldig erklärt worden ist, soll, wenn seine Verhaftung für unumgänglich erachtet wird, jede Härte, die nicht notwendig ist, um sich seiner Person zu versichern, durch Gesetz streng vermieden sein.

Kapitel V der Verfassung

Artikel 4
Die Bürger können ihren gesetzlichen Richtern durch keine Mandate, Verfügungen oder Anordnungen, als die durch die Gesetze bestimmten, entzogen werden.

Artikel 10
[…] Und niemand kann verhaftet oder in Haft gehalten werden, als aufgrund eines Befehls eines Polizeibeamten, eines Haftbefehls eines Gerichtshofes […] oder einer Verurteilung zu Gefängnis oder Zuchthaus.

Artikel 11
Jeder, der ergriffen und vor einen Untersuchungsrichter geführt ist, muss sofort oder spätestens binnen 24 Stunden verhört werden. Ergibt sich aus dem Verhör, dass keine Ursache zur Anklage gegen ihn vorliegt, ist er sofort in Freiheit zu setzen. Ist es nötig, ihn dem Untersuchungsgefängnis zu überantworten, so ist er dorthin in der kürzesten Frist, die keinesfalls drei Tage überschreiten darf, zu übergeben.

M 9 Justizielle Grundrechte im Grundgesetz

● **Artikel 101 (Recht auf den gesetzlichen Richter)**
(1) Ausnahmegerichte sind unzulässig. Niemand darf seinem gesetzlichen Richter entzogen werden.

Artikel 102 (Abschaffung der Todesstrafe)
Die Todesstrafe ist abgeschafft.

Artikel 103 (Anspruch auf rechtliches Gehör; Verbot rückwirkender Strafgesetze und der Doppelbestrafung)
(1) Vor Gericht hat jedermann Anspruch auf rechtliches Gehör.
(2) Eine Tat kann nur bestraft werden, wenn die Strafbarkeit gesetzlich bestimmt war, bevor die Tat begangen wurde.
(3) Niemand darf wegen derselben Tat aufgrund der allgemeinen Strafgesetze mehrmals bestraft werden.

Artikel 104 (Rechtsgarantien bei Freiheitsentziehung)
(1) Die Freiheit der Person kann nur aufgrund eines förmlichen Gesetzes und nur unter Beachtung der darin vorgeschriebenen Formen beschränkt werden. Festgehaltene Personen dürfen weder seelisch noch körperlich misshandelt werden.
(2) Über die Zulässigkeit und Fortdauer einer Freiheitsentziehung hat nur der Richter zu entscheiden. Bei jeder nicht auf richterlicher Anordnung beruhenden Freiheitsentziehung ist unverzüglich eine richterliche Entscheidung herbeizuführen. Die Polizei darf aus eigener Machtvollkommenheit niemanden länger als bis zum Ende des Tages nach dem Ergreifen in eigenem Gewahrsam halten. Das Nähere ist gesetzlich zu regeln.
(3) Jeder wegen des Verdachtes einer strafbaren Handlung vorläufig Festgenommene ist spätestens am Tage nach der Festnahme dem Richter vorzuführen, der ihm

die Gründe der Festnahme mitzuteilen, ihn zu vernehmen und ihm Gelegenheit zu Einwendungen zu geben hat. Der Richter hat unverzüglich entweder einen mit Gründen versehenen schriftlichen Haftbefehl zu erlassen oder die Freilassung anzuordnen.

(4) Von jeder richterlichen Entscheidung über die Anordnung oder Fortdauer einer Freiheitsentziehung ist unverzüglich ein Angehöriger des Festgehaltenen oder eine Person seines Vertrauens zu benachrichtigen.

M 10 Die Stellung des Richters im Verfassungsstaat und in der Diktatur

a) Artikel 97 GG (Richterliche Unabhängigkeit)
(1) Die Richter sind unabhängig und nur dem Gesetze unterworfen.
(2) Die [...] Richter können wider ihren Willen nur kraft richterlicher Entscheidung und nur aus Gründen und unter den Formen, welche die Gesetze bestimmen, vor Ablauf ihrer Amtszeit entlassen oder dauernd oder zeitweise ihres Amtes enthoben oder an eine andere Stelle oder in den Ruhestand versetzt werden. [...]

b) Die Stellung der Richter im Dritten Reich
Auf einer Tagung am 14. Januar 1936 führte der Reichsjuristenführer, Reichsminister Dr. Frank, Folgendes aus: „Der Richter ist frei in seinen Entscheidungen und nur untertan dem Lebensgesetz des Volkes. Der Nationalsozialismus schützt den Richter in seiner Unabhängigkeit, verlangt aber von ihm als selbstverständliche Voraussetzung die Zugehörigkeit zu jenem Weltanschauungs- und Willensbildungsbereich, dem der Führer und seine Entscheidungen angehören. [...] Grundlage der Auslegung aller Rechtsquellen ist die nationalsozialistische Weltanschauung, wie sie insbesondere in dem Parteiprogramm und in Äußerungen des Führers ihren Ausdruck findet."

c) Die Stellung der Richter in der DDR
„Die Richter [...] sind in ihrer Rechtsprechung unabhängig. Sie sind nur an die Verfassung, die Gesetze und anderen Rechtsvorschriften der DDR gebunden." [Art. 96 (1) der DDR-Verfassung]

Die Abhängigkeit der Richter in der DDR von Staat und Staatspartei (SED) reichte von der allgemeinen Forderung ihrer „Parteilichkeit" über die Zuweisung von Streitigkeiten an besonders bewährte Richter, ständige Berichtspflichten und vorbereitende Besprechungen der Richter bis zu Anweisungen für konkrete Strafverfahren. [...] Kontrolliert und bei dem Vorschlag zur Wahl der Richter negativ berücksichtigt wurden Westkontakte und etwa fehlender „fester Klassenstandpunkt". Das Recht auf den „gesetzlichen" Richter, d.h. die vom Einzelfall unabhängige Festlegung des zuständigen Richters, wurde in der DDR beeinträchtigt durch den Gerichtsstand des Ortes der Untersuchungshaft, der von der Staatssicherheit willkürlich bestimmt werden konnte, durch das Recht der höheren Gerichte, jede Strafsache an sich zu ziehen, und durch das Fehlen von Geschäftsverteilungsplänen in den Gerichten. Schon bei der Zulassung zum Jurastudium war die „Bereitschaft zur aktiven Verteidigung des Sozialismus" erforderlich; die Vorschläge für die „Wahl" der Richter durch die Volksvertretungen machte der Minister der Justiz. Durch die begrenzte Wahlperiode von fünf Jahren und darüber hinaus die Möglichkeit der Abwahl war keine persönliche Unabhängigkeit gegeben. [...]

Aus: Text b): Martin Hirsch u. a. (Hg.), Recht, Verwaltung und Justiz im Nationalsozialismus, Köln 1984, S. 185f. Text c): Rezension des Buches von Andrea Baer, Die Unabhängigkeit der Richter in der Bundesrepublik Deutschland und in der DDR, Berlin 1999, in: FAZ, 25.2.2000, S. 10, Autor: Friedrich-Christian Schroeder.

AUFGABEN

1. Skizzieren Sie Unrechtserfahrungen, die zu den in M 8 aufgelisteten Rechten geführt haben.
2. Vergleichen Sie die justiziellen Grundrechte in M 8 und M 9. Wo liegen Gemeinsamkeiten, wo Abweichungen und wo Weiterentwicklungen vor?
3. Über eine Freiheitsentziehung entscheidet nach Art. 104 GG nur der Richter. Überlegen Sie, was den Verfassungsgeber zu seiner Regelung veranlasst hat.
4. Vergleichen Sie die Stellung des Richters in der Bundesrepublik Deutschland, der DDR und im Dritten Reich (M 10).

2.3.3 Gewaltenteilung

M 11 Charles de Montesquieu: Vom Geist der Gesetze – Klassiker der Gewaltenteilungslehre (1748)

• **Aufteilung der staatlichen Befugnisse**
Es gibt in jedem Staat drei Arten von Vollmacht: die legislative Befugnis, die exekutive Befugnis in Sachen, die vom Völkerrecht abhängen, und die exekutive Befugnis in Sachen, die vom Zivilrecht abhängen. Auf Grund der ersteren schafft der Herrscher oder Magistrat Gesetze auf Zeit oder für die Dauer, ändert geltende Gesetze oder schafft sie ab. Auf Grund der zweiten stiftet er Frieden oder Krieg, sendet oder empfängt Botschaften, stellt die Sicherheit her, sorgt gegen Einfälle vor. Aufgrund der dritten bestraft er Verbrechen oder sitzt zu Gericht über die Streitfälle der Einzelpersonen. Diese letztere soll richterliche Befugnis heißen und die andere schlichtweg exekutive Befugnis des Staates.

Politische Freiheit für jeden Bürger ist jene geistige Beruhigung, die aus der Überzeugung hervorgeht, die jedermann von seiner Sicherheit hat. Damit man diese Freiheit genieße, muss die Regierung so beschaffen sein, dass kein Bürger einen andern zu fürchten braucht.

Sobald in ein und derselben Beamtenschaft die legislative Befugnis mit der exekutiven verbunden ist, gibt es keine Freiheit. Es wäre nämlich zu befürchten, dass derselbe Monarch oder derselbe Senat tyrannische Gesetze erließe und dann tyrannisch durchführte.

Freiheit gibt es auch nicht, wenn die richterliche Befugnis nicht von der legislativen und von der exekutiven Befugnis geschieden wird. Die Macht über Leben und Freiheit der Bürger würde unumschränkt sein, wenn jene mit der legislativen Befugnis gekoppelt wäre, denn der Richter wäre Gesetzgeber. Der Richter hätte die Zwangsgewalt eines Unterdrückers, wenn jene mit der exekutiven Gewalt gekoppelt wäre. Alles wäre verloren, wenn ein und derselbe Mann beziehungsweise die gleiche Körperschaft entweder der Mächtigsten oder der Adligen oder des Volkes folgende drei Machtvollkommenheiten ausübte: Gesetze erlassen, öffentliche Beschlüsse in die Tat umsetzen, Verbrechen und private Streitfälle aburteilen. [...]

Legislative Befugnis
[Das Volk ist] genötigt, all das, was es nicht selbst machen kann, durch seine Repräsentanten machen zu lassen. [...] In den verschiedenen Distrikten müssen alle Bürger bei der Wahl der Repräsentanten das Recht zur Stimmabgabe besitzen, diejenigen ausgenommen, die in solch einem Elend leben, dass man ihnen keinen eigenen Willen zutraut. [...] [Das Volk] darf nur durch die Wahl der Repräsentanten an der Regierung mitwirken. [...] Die repräsentierende Körperschaft darf auch nicht für irgendeine eigenmächtige Beschlussfassung gewählt werden – was sie nicht gut zu leisten vermöchte –, sondern zur Schaffung von Gesetzen beziehungsweise zur Kontrolle, ob die geschaffenen Gesetze richtig angewendet wurden. [...] Stets gibt es im Staat Leute, die durch Geburt, Reichtum oder Auszeichnungen hervorragen. Wenn sie aber mit dem Volk vermengt würden und wie die andern bloß eine Stimme besäßen, so würde die gemeinsame Freiheit für sie Sklaverei bedeuten. Sie hätten keinerlei Interesse an der Verteidigung der Freiheit, denn die meisten Beschlüsse würden zu ihren Ungunsten gefasst. Ihre Teilnahme an der Gesetzgebung muss daher ihrer anderweitigen Vorrangstellung innerhalb des Staates angemessen sein. Das trifft zu, wenn sie eine Körperschaft bilden, die das Recht hat, Unternehmungen des Volkes auszusetzen, genauso wie das Volk das Recht hat, die ihrigen auszusetzen. Auf diese Weise wird die legislative Befugnis sowohl der Adelskörperschaft als auch der gewählten Körperschaft der Volksvertreter anvertraut. Jede hat ihre Versammlungen und Abstimmungen für sich, sowie getrennte Gesichtspunkte und Interessen.

Exekutive Befugnis
Die exekutive Befugnis muss in den Händen eines Monarchen liegen, weil in diesem Zweig der Regierung fast durchweg unverzügliches Handeln vonnöten ist, das besser von einem als von mehreren besorgt wird. [...] Es gäbe keine Freiheit mehr, wenn es keinen Monarchen gäbe und die exekutive Befugnis einer bestimmten, aus der legislativen Körperschaft ausgesuchten Personenzahl anvertraut wäre, denn die beiden Befugnisse wären somit vereint. [...]

Richterliche Befugnis
Richterliche Befugnis darf nicht einem unabsetzbaren Senat verliehen werden, vielmehr muss sie von Personen ausgeübt werden, die nach einer vom Gesetz vorgeschriebenen Weise zu gewissen Zeiten im Jahr aus dem Volkskörper ausgesucht werden. Sie sollen ein Tribunal bilden, das nur so lange besteht, wie die Notwendigkeit es verlangt. In dieser Form wird die Gerichtsbefugnis,

so gefürchtet sie unter den Menschen ist, sozusagen unsichtbar und nichtig, da sie weder mit einem bestimmten Stand noch einem bestimmten Beruf verbunden ist. Man hat nicht dauernd Richter vor der Nase. Gefürchtet ist das Amt, nicht die Beamten. […] Die Richter müssen sogar aus dem Stand des Angeklagten stammen oder ihm ebenbürtig sein. Sonst könnte er sich in den Kopf setzen, er sei in die Hände voreingenommener Leute gefallen, die ihm Gewalt antun wollen. […]

Kontrollbeziehungen zwischen den Trägern der Befugnisse
Entscheidungsrecht nenne ich das Recht, von sich aus anzuordnen oder das von anderen Angeordneten zu ändern. Verhinderungsrecht nenne ich das Recht, einen von anderen gefassten Beschluss zu annullieren. […]

Die Mitgliedschaft in der Adelskörperschaft soll erblich sein. […] Indes könnte eine erbliche Gewalt versucht sein, ihren Sonderinteressen zu folgen und darüber die Interessen des Volkes zu vergessen. Daher muss dafür gesorgt werden, dass sie in Dingen, bei denen sie an der Korruption höchstlich interessiert ist, wie etwa bei Gesetzen zur Steuererhebung, lediglich durch ihr Verhinderungsrecht, nicht aber durch ihr Entscheidungsrecht an der Gesetzgebung teilhat. […] Wenn die exekutive Befugnis nicht das Recht besäße, die Unternehmungen der legislativen Körperschaft aufzuhalten, wäre diese letztere despotisch. […] Indessen darf die legislative Befugnis nicht umgekehrt die Möglichkeit bekommen, die exekutive Befugnis aufzuhalten. Die Durchführung [d.h. die Exekutive] hat nämlich schon ihrer Natur nach ihre Grenzen, und ihre Begrenzung ist daher unnötig.

[…] Wenn indes in einem freien Staat die legislative Befugnis nicht das Recht zum Eingriff in die exekutive Befugnis haben darf, hat sie doch das Recht zur Prüfung der Art und Weise, in der die von ihr verabschiedeten Gesetze durchgeführt worden sind, oder sollte die Möglichkeit dazu haben. […] Die exekutive Befugnis muss, wie gesagt, durch ihr Verhinderungsrecht an der Gesetzgebung beteiligt sein. Sonst sähe sie sich bald ihrer Sonderrechte beraubt. […] Es gäbe keine Freiheit mehr, wenn der Monarch vermöge eines Entscheidungsrechts an der Gesetzgebung teilnähme. Dennoch ist seine Teilnahme an der Gesetzgebung für den Fall, dass er sich rechtfertigen muss, erforderlich. Darum muss er durch sein Verhinderungsrecht daran teilnehmen. […] Es gibt keine Freiheit mehr, wenn die exekutive Befugnis an der Festsetzung der Erhebung der Staatsgelder anders als durch ihre Zustimmung mitwirkt. Sonst würde sie in dem wichtigsten Punkt der Gesetzgebung zur Legislative. […]

Resümee
Das also ist die Grundverfassung der Regierung, von der wir reden. Die legislative Körperschaft setzt sich aus zwei Teilen zusammen. Durch ihr wechselseitiges Verhinderungsrecht wird der eine den anderen an die Kette legen. Beide zusammen werden durch die exekutive Befugnis gefesselt, die ihrerseits von der Legislative gefesselt wird.

Aus: Charles de Montesquieu, Vom Geist der Gesetze (1748), XI. Buch, 6. Kapitel, übersetzt von Kurt Weigand, Stuttgart 1967, S. 212 ff., Reihenfolge des Textes leicht verändert

---

AUFGABEN

1. Stellen Sie Montesquieus System der Gewaltenteilung in einem Schaubild dar. Differenzieren Sie dabei Befugnisse (Funktionen), Träger der Befugnisse (Institutionen bzw. Körperschaften) sowie die Zuordnung der Träger zu sozialen Schichten (Ständen). Veranschaulichen Sie insbesondere die Beziehungen zwischen den Trägern der Befugnisse.
2. Konzipieren Sie aus dem Montesquieu-Text die Grundzüge einer Verfassung.
3. Überlegen Sie, ob sich Montesquieus Konzeption unter demokratisierten Vorzeichen (Ersetzung des Monarchen durch einen gewählten Staatspräsidenten, Ersetzung der Adelskörperschaft durch eine zweite Parlamentskammer) praktizieren ließe.
4. Erörtern Sie, was an Montesquieus Modell historisch überholt und was zeitlos aktuell ist.

M 12 Über Montesquieu hinaus – Grundlinien einer zeitgemäßen Gewaltenteilungslehre

Die staatsrechtliche Teilungslehre knüpft an die Grundelemente der klassischen (montesquieuschen) Gewaltenteilungslehre an. Vom Recht her kommt man – nicht als logisch schlüssiges Konzept, sondern als grundlegende Hauptfunktionen gedacht – zur Dreiteilung: Rechtsetzung, nicht streitige Rechtsanwendung und streitige Rechtsanwendung.

Die streitige Rechtsanwendung ist die Domäne der Justiz. Ihre Unabhängigkeit, ihre hochgradige Trennung von den so genannten „politischen Gewalten" ist das primäre Postulat rechtsstaatlicher Ordnung und der staatsrechtlichen Teilungslehre. Hinsichtlich der grundlegenden Aktionsprinzipien Gestaltung und Bewahrung kommt der rechtsprechenden Gewalt primär die Funktion Bewahrung, den politischen primär die Funktion der Gestaltung zu. [...]

Die Grundfunktion Gestaltung prägt die politischen Gewalten Legislative und Exekutive, Begriffe, die der Differenzierung bedürfen. Dabei steht der „Legislative" grundsätzlich die Funktion Rechtsetzung (Bestimmung), der „Exekutive" hingegen die Funktion Rechtsanwendung (Ausführung) zu. Rechtsetzung umgreift aber eine doppelte Funktion: Planung (Zielsetzung, Richtungsbestimmung) und Zustimmung (bzw. endgültige, letztinstanzliche Beschlussfassung). Planung ist eine der primären Regierungsfunktionen („Der Bundeskanzler bestimmt die Richtlinien der Politik", heißt es in Art. 65 GG), Zustimmung die Funktion des Parlaments.

Auch die Rechtsanwendung umschließt eine doppelte Funktion: Ausführung (im engeren Sinne, d. h. innerhalb begrenzter Ermessenskompetenz gestaltende Rechtsanwendung im konkreten Einzelfall) und Leitung (d. h. politische Anweisung und letztinstanzliche Befehlsgebung). Leitung ist eine primäre Regierungsfunktion, Ausführung die Funktion der Verwaltung. Somit stehen den vier primären Funktionsbereichen Planung, Zustimmung, Leitung und Ausführung die drei Strukturbereiche Parlament, Regierung und Verwaltung gegenüber.

[Es ergibt sich,] dass die Funktionen Planung und Leitung primäre Regierungsfunktionen sind. Daher wird auch eine Regierung – die strukturell der „Exekutive" zugeordnet wird, auf Grund ihrer Planungsfunktion jedoch stets im Funktionsbereich der „Legislative" richtungweisend tätig werden muss – immer über die Chance der Gesetzesinitiative verfügen [...] Beim Parlament verbleiben als Hauptfunktionen die Zustimmung und die Kontrolle über die Ausführung des Beschlossenen.

Aus: Winfried Steffani, Grundzüge einer politologischen Gewaltenteilungslehre, in: derselbe, Gewaltenteilung und Parteien im Wandel, Opladen/Wiesbaden 1997, S. 38 ff.

M 13 Schematische Darstellung geteilter und kontrollierter politischer Macht

Die Gewaltenteilung besteht im Kern aus zwei Mechanismen:

1. Geteilte politische Macht: Die Erfüllung der verschiedenen Staatsfunktionen wird jeweils mehreren Staatsorganen (Institutionen) zugewiesen, die deshalb zusammenwirken müssen (Gewaltenverschränkung). Geteilte politische Macht hat zur Folge, dass keiner dem anderen seinen Willen aufzwingen kann. Sie trägt somit zur Mäßigung der Herrschaftsausübung bei.

2. Kontrollierte politische Macht: Jedes Staatsorgan kann durch andere Staatsorgane zur politischen (und ggf. rechtlichen) Rechenschaft gezogen werden. Die Kontrolle kann schon darin bestehen, dass ein Organ gezwungen wird, in einer Angelegenheit tätig zu werden. Ob kontrollierte politische Macht ausgeübt wird, hängt vom Ermessen des kontrollierenden Organs ab.

Autorentext

Bundesrat: Drucksache 445/05 (Beschluss) vom 8. 7. 05

Anrufung des Vermittlungsausschusses durch den Bundesrat – Betr.: Gesetz zur Umsetzung europäischer Antidiskriminierungsrichtlinien

Der Bundesrat hat in seiner 813. Sitzung am 8. Juli 2005 beschlossen, zu dem vom Deutschen Bundestag am 17. Juni 2005 verabschiedeten Gesetz zu verlangen, dass der Vermittlungsausschuss gemäß Artikel 77 Abs. 2 des Grundgesetzes mit dem Ziel einer grundlegenden Überarbeitung des Gesetzes im Sinne einer Beschränkung auf das europarechtlich zwingend Gebotene einberufen wird. [...]

Quelle: www.bundesrat.de/coremedia/generator/Inhalt/Drucksachen/2005/0445_2D05B,property=Dokument.pdf

Deutscher Bundestag: Drucksache 15/4285 vom 15.11.2004 (15. Wahlperiode)

Antrag der Abgeordneten Dr. Angela Merkel, Michael Glos, [...] und der Fraktion der CDU/CSU

Der Bundestag wolle beschließen: Es wird ein Untersuchungsausschuss gemäß Artikel 44 des Grundgesetzes eingesetzt. [...] Der Untersuchungsausschuss soll klären, ob durch Mitglieder der Bundesregierung oder durch andere Personen im Verantwortungsbereich der Bundesregierung durch Erlasse, Weisungen oder in sonstiger Weise seit Oktober 1998 bei Anwendung des geltenden Ausländerrechts und dabei insbesondere durch die Visaerteilungspraxis der deutschen Auslandsvertretungen [...] 1. gegen geltendes Recht oder internationale Verpflichtungen der Bundesrepublik Deutschland verstoßen wurde, 2. Schwarzarbeit, Prostitution, Frauenhandel, terroristische Handlungen oder sonstige Kriminalität – auch in der Form der Organisierten Kriminalität –, wie z. B. gewerbs- und bandenmäßiges Einschleusen von Ausländern, ermöglicht oder erleichtert wurden oder 3. auf sonstige Weise die Sicherheit der Bundesrepublik Deutschland oder anderer Schengenstaaten beeinträchtigt oder gefährdet wurde. [...]

Quelle: dip.bundestag.de/btd/15/042/1504285.pdf

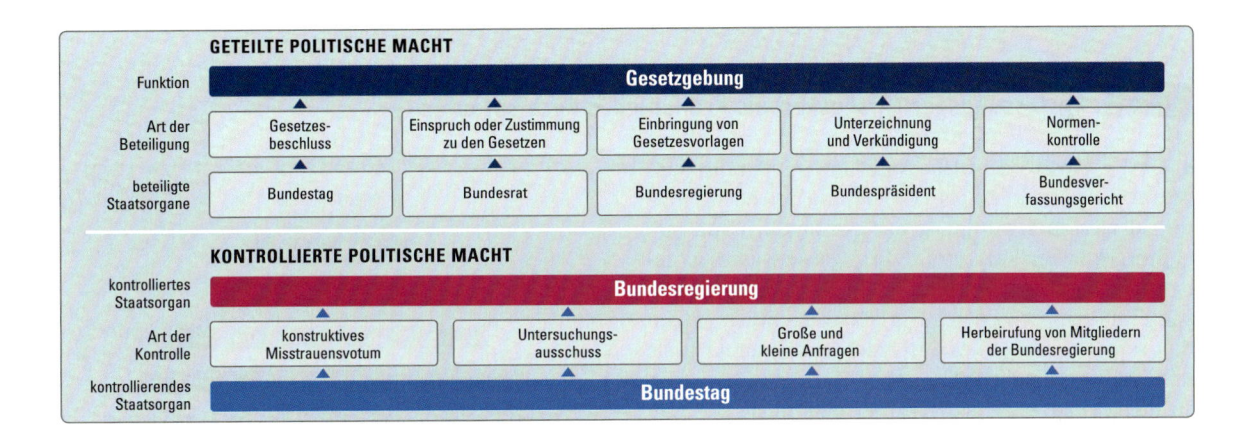

GETEILTE POLITISCHE MACHT

Funktion	Gesetzgebung				
Art der Beteiligung	Gesetzes-beschluss	Einspruch oder Zustimmung zu den Gesetzen	Einbringung von Gesetzesvorlagen	Unterzeichnung und Verkündigung	Normen-kontrolle
beteiligte Staatsorgane	Bundestag	Bundesrat	Bundesregierung	Bundespräsident	Bundesverfassungsgericht

KONTROLLIERTE POLITISCHE MACHT

kontrolliertes Staatsorgan	Bundesregierung			
Art der Kontrolle	konstruktives Misstrauensvotum	Untersuchungs-ausschuss	Große und kleine Anfragen	Herbeirufung von Mitgliedern der Bundesregierung
kontrollierendes Staatsorgan	Bundestag			

AUFGABEN

1. Arbeiten Sie heraus, worin die in M 12 dargestellte zeitgemäße Gewaltenteilungslehre von der klassischen Lehre abweicht.
2. Stellen Sie die zeitgemäße Gewaltenteilungslehre in einem Schaubild dar.
3. Prüfen Sie anhand der Berichterstattung in den Medien, ob die in M 12 getroffenen Aussagen über die Funktionen der Regierung und des Parlaments mit der Wirklichkeit übereinstimmen. Nutzen Sie in diesem Zusammenhang den Internet-Service überregionaler Tageszeitungen (z.B. www.faz.de, www.sueddeutsche.de, www.taz.de, www.fr-aktuell.de und www.welt.de).
4. Stellen Sie Anlehnung an M 13 schematisch und in einem arbeitsteiligen Verfahren dar, wie das Grundgesetz das Prinzip geteilter politischer Macht anwendet bei Änderungen des Grundgesetzes (Art. 79), beim Erlass von Rechtsverordnungen (Art. 80), bei der Gesetzgebung im Gesetzgebungsnotstand (Art. 81), in der Außenpolitik (Art. 45a, 59, 65, 100) sowie bei der Politik zur Entwicklung der Europäischen Union (Art. 23).
5. Stellen Sie schematisch dar, wie das Grundgesetz das Prinzip kontrollierter politischer Macht anwendet auf den Bundestag (Art. 39, 41, 68) sowie auf den Bundesrat (Art. 52, 53) und auf den Bundespräsidenten (Art. 61).

2.3.4 Verfassungsstaatlichkeit

M 14 Verfassungsgerichtsbarkeit aus der Sicht der amerikanischen Verfassungsväter

■ Die eigentliche Aufgabe der Gerichtshöfe besteht in der Auslegung der Gesetze. Eine Verfassung ist ihrem Wesen nach ein grundlegendes Gesetz und muss von den Richtern als solches angesehen werden. Es obliegt ihnen daher, dessen Sinn zu ermitteln, ebenso wie sie den Sinn aller von der Legislative erlassenen Gesetze zu ermitteln haben. Sollte sich zwischen beiden ein unvereinbarer Widerspruch ergeben, so muss das Gesetz den Vorzug erhalten, welches die umfassendere Verbindlichkeit und Gültigkeit besitzt oder mit andern Worten: Die Verfassung muss über ein erlassenes Gesetz gestellt werden, die Absicht des Volkes über die Absicht seiner Vertreter. Diese Schlussfolgerung setzt keinesfalls eine Überlegenheit der richterlichen über die gesetzgebende Gewalt voraus; sie setzt lediglich voraus, dass die Autorität des Volkes beiden überlegen ist und dass die Richter dort, wo der Wille der Legislative, der sich in den von ihr erlassenen Gesetzen kundgibt, mit dem Willen des Volkes, der in der Verfassung niedergelegt ist, in Widerspruch geraten ist, die letztere zur Richtschnur nehmen müssen.

Aus: Alexander Hamilton/James Madison/John Jay, Der Föderalist, Nr. 78, Wien 1958, S. 430 f.

M 15 Verfassungsgerichtsbarkeit als Krönung des Rechtsstaates

■ Die [...] außerordentliche Autorität, mit der das Bundesverfassungsgericht als „Vollendung des Rechtsstaates" ausgestattet wurde, ist nur verständlich auf dem Hintergrund der bitteren Erfahrungen mit dem nationalsozialistischen Unrechtsstaat. In der Bundesrepublik sollte die politische Macht im Staate rechtlich gebändigt sein, Beschlüsse des Gesetzgebers sollten nicht als unbedingt verbindlich gelten ohne Rücksicht darauf, ob sie dem Grundgesetz widerstreiten oder nicht. Das Verfassungsgericht kontrolliert vielmehr die gesetzgebenden Organe, ob sie beim Erlass der Gesetze in formeller und materieller Hinsicht gemäß den Vorschriften des Grundgesetzes gehandelt haben.

Damit ist die Abkehr von unkritischer Gesetzesgläubigkeit, vom Gesetzespositivismus als Bindung an den Buchstaben des Gesetzes und vom Glauben an die Allmacht des Gesetzgebers ohne Rücksicht auf den Inhalt der Rechtsnormen vollzogen. Die „Souveränität" des Parlaments hat von Verfassungs wegen, insbesondere durch die Grundrechtsbindung des Gesetzgebers, eine konstitutionelle Mäßigung erfahren. In der Kontrolle des souveränen Gesetzgebers durch das Bundesverfassungsgericht, die ein wirksames Korrektiv gegen absolute Mehrheitsherrschaft darstellt, erblicken viele die Krönung des Rechtsstaates.

Aus: Horst Säcker, Das Bundesverfassungsgericht, München, 6. Auflage 2003, S. 19 f.

48.1 Hierarchie der Rechtsnormen im Verfassungsstaat
- Grundgesetz
- Bundesgesetze
- Rechtsverordnungen des Bundes
- Landesverfassung
- Landesgesetze
- Rechtsverordnungen des Landes
- Satzungen der Gemeinde

M 16 Abstrakte und konkrete Normenkontrolle – Verfassungsgerichtsbarkeit im Dienste des Grundgesetzes

■ a) Artikel 93 Abs. 1 Nr. 2 GG
(Abstrakte Normenkontrolle)
Das Bundesverfassungsgericht entscheidet: bei Meinungsverschiedenheiten oder Zweifeln über die förmliche und sachliche Vereinbarkeit von Bundesrecht oder Landesrecht mit diesem Grundgesetz oder die Vereinbarkeit von Landesrecht mit sonstigem Bundesrecht auf Antrag des Bundesrates, einer Landesregierung oder eines Drittels der Mitglieder des Bundestages.

b) **Artikel 100 Abs. 1 GG**
(Konkrete Normenkontrolle)
Hält ein Gericht ein Gesetz, auf dessen Gültigkeit es bei der Entscheidung ankommt, für verfassungswidrig, so ist das Verfahren auszusetzen und [...] die Entscheidung des Bundesverfassungsgerichtes einzuholen. [...]

c) **§ 78 Bundesverfassungsgerichtsgesetz**
Kommt das Bundesverfassungsgericht zu der Überzeugung, dass Bundesrecht mit dem Grundgesetz oder Landesrecht mit dem Grundgesetz oder dem sonstigen Bundesrecht unvereinbar ist, so erklärt es das Gesetz für nichtig. [...]

M 17 Die Verfassungsbeschwerde – Verfassungsgerichtsbarkeit im Dienste des Individualrechtsschutzes

a) **Artikel 93 Abs. 1 Nr. 4a GG**
(Verfassungsbeschwerde)
Das Bundesverfassungsgericht entscheidet über Verfassungsbeschwerden, die von jedermann mit der Behauptung erhoben werden können, durch die öffentliche Gewalt in einem seiner Grundrechte oder in einem seiner in Artikel 20 Abs. 4, 33, 38, 101 und 104 enthaltenen Rechte verletzt zu sein.

b) **§ 90 Abs. 2 Bundesverfassungsgerichtsgesetz**
(Rechtswegerschöpfung)
Ist gegen die Verletzung der Rechtsweg zulässig, so kann die Verfassungsbeschwerde erst nach Erschöpfung des Rechtswegs erhoben werden. Das Bundesverfassungsgericht kann jedoch über eine vor Erschöpfung des Rechtsweges eingelegte Verfassungsbeschwerde sofort entscheiden, wenn sie von allgemeiner Bedeutung ist oder wenn dem Beschwerdeführer ein schwerer und unabwendbarer Nachteil entstünde, falls er zunächst auf den Rechtsweg verwiesen würde.

c) **§ 93a Bundesverfassungsgerichtsgesetz**
(Annahme zur Entscheidung)
(1) Die Verfassungsbeschwerde bedarf der Annahme zur Entscheidung.
(2) Sie ist zur Entscheidung anzunehmen, a) soweit ihr grundsätzliche verfassungsrechtliche Bedeutung zukommt, b) [...].

d) **§ 95 Bundesverfassungsgerichtsgesetz**
(Entscheidungsinhalt)
(1) Wird der Verfassungsbeschwerde stattgegeben, so ist in der Entscheidung festzustellen, welche Vorschrift des Grundgesetzes und durch welche Handlung oder Unterlassung sie verletzt wurde. [...]
(2) Wird der Verfassungsbeschwerde gegen eine Entscheidung stattgegeben, so hebt das Bundesverfassungsgericht die Entscheidung auf, in den Fällen des § 90 Abs. 2 Satz 1 verweist es die Sache an ein zuständiges Gericht zurück.
(3) Wird der Verfassungsbeschwerde gegen ein Gesetz stattgegeben, so ist das Gesetz für nichtig zu erklären. Das Gleiche gilt, wenn der Verfassungsbeschwerde gemäß Absatz 2 stattgegeben wird, weil die aufgehobene Entscheidung auf einem verfassungswidrigen Gesetz beruht. [...]

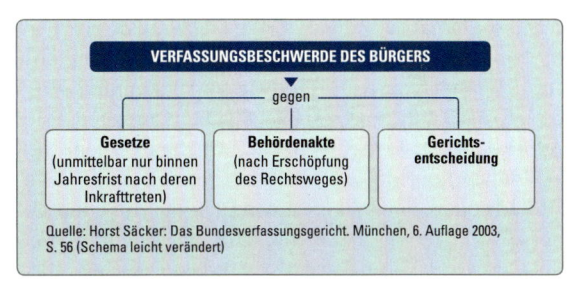

VERFASSUNGSBESCHWERDE DES BÜRGERS
gegen
| Gesetze (unmittelbar nur binnen Jahresfrist nach deren Inkrafttreten) | Behördenakte (nach Erschöpfung des Rechtsweges) | Gerichtsentscheidung |

Quelle: Horst Säcker: Das Bundesverfassungsgericht. München, 6. Auflage 2003, S. 56 (Schema leicht verändert).

49.1 Verfassungsbeschwerde des Bürgers

AUFGABEN

1. Wie wird die Verfassungsgerichtsbarkeit in M 14 und in M 15 begründet?
2. Überlegen Sie, warum eine Rechtsverordnung des Bundes einen höheren Rang einnimmt als die Verfassung eines Landes (Grafik in M 15 und dazu Art. 80 GG).
3. Ermitteln Sie anhand von M 16 und M 17, in welchen Fällen ein Gesetz vom Bundesverfassungsgericht für ungültig erklärt werden kann. Erörtern Sie, warum in Art. 93 Abs. 1 Nr. 2 GG nicht Bundesregierung sowie Bundestag (als Ganzer) als Antragsberechtigte aufgeführt werden.
4. Analysieren Sie die Voraussetzungen und Probleme einer Verfassungsbeschwerde aus der Sicht eines Bürgers und eines Verfassungsrichters.

M 18 Verfahren beim Bundesverfassungsgericht von 1951 bis zum 31.12.2004 (Eingänge)

Verfahrensart (Verankerung im Grundgesetz)	Anzahl der Verfahren (absolut)
Verwirkung von Grundrechten (Art. 18 GG)	4
Feststellung der Verfassungswidrigkeit von Parteien (Art. 21 Abs. 2 GG)	8
Beschwerden im Wahlprüfungsverfahren (Art. 41 Abs. 2 GG)	163
Anklagen gegen den Bundespräsidenten (Art. 61 GG)	–
Verfassungsstreitigkeiten zwischen Bundesorganen (Art. 93 Abs. 1 Nr. 1 GG)	139
(Abstrakte) Normenkontrolle auf Antrag von Verfassungsorganen (Art. 93 Abs. 1 Nr. 2 GG)	153
(Konkrete) Normenkontrolle auf Vorlage von Gerichten (Art. 100 Abs. 1 GG)	3250
Verfassungsstreitigkeiten zwischen Bund und Ländern (Art. 93 Abs. 1 Nr. 3 und Art. 84 Abs. 4 Nr. 2 GG)	41
Verfassungsbeschwerden (Art. 93 Abs. 1 Nr. 4 a und 4 b GG)	146 457
Sonstige Verfahrensarten (darunter viele „einstweilige Anordnungen")	1913
Summe aller eingegangenen Verfahren	**152 128**

Zusammengestellt nach: www.bundesverfassungsgericht.de/texte/deutsch/organisation/statistik_2004/A-I-4.html (19.11.2005)

M 19 Das Bundesverfassungsgericht als Interpret der Grundrechte

● **Fall 1:** Helma A. leidet nach der Geburt ihres vierten Kindes unter akutem Blutmangel. Die evangelische Brüdergemeinde, die religiöse Gemeinschaft, der das Ehepaar A. angehört, lehrt, dass Krankheiten durch das gemeinsame Gebet der Gläubigen geheilt werden können. Fritz und Helma A. – sie ist bei vollem Bewusstsein – lehnen den Rat eines Arztes ausdrücklich ab, eine Bluttransfusion vornehmen zu lassen. Kurze Zeit später stirbt Helma A. Ihr Mann wird angeklagt und wegen unterlassener Hilfeleistung verurteilt. Das Gericht wirft ihm vor, er habe seine Frau in ihrer ablehnenden Haltung bestärkt und nicht versucht, sie umzustimmen. Wenn es um Leben und Tod geht, dürfe er sich nicht auf Art. 4 Abs. 1 GG berufen. Fritz A. legt Verfassungsbeschwerde ein. Das Bundesverfassungsgericht verweist in seinem Urteil auf die Glaubensfreiheit: Religionsfreiheit umfasst auch die Freiheit, sein Bekenntnis kund zu tun, nach den Lehren seines Glaubens zu leben. Fritz A. bekommt in Karlsruhe Recht. Er habe in einem „unzulässigen Konflikt" gestanden: Stimmt er einer Hilfestellung zu, verleugnet er seinen Glauben (und den seiner Frau). Tut er das nicht, läuft er Gefahr, wegen unterlassener Hilfeleistung bestraft zu werden. Dass jemand in eine solche Zwangslage gerät, dürfe das Strafrecht nicht zulassen. Der Respekt vor der Glaubensüberzeugung habe Vorrang vor Strafverfolgung.

Fall 2: Note 3,25 im Abitur – für ein Medizinstudium in Hamburg reichte das nicht. Der Abiturient aus Itzehoe klagte gegen die Universität und ging bis zum Bundesverfassungsgericht. Sein Argument: Nach Art. 12 Abs. 1 GG sei ein Numerus clausus verfassungswidrig. „Alle Deutschen haben das Recht, Beruf, Arbeitsplatz und Ausbildungsstätte frei zu wählen." In der Tat hat jeder Bürger mit Hochschulreife einen Anspruch gegenüber dem Staat, sagen die Richter. Der Staat darf weder den Kreis der Studenten nach Gutdünken eingrenzen noch lenkend in die Berufswahl eingreifen. Wer Abitur hat, darf studieren, was immer er will. Aber: […] Der Staat ist nicht verpflichtet, für jeden Bewerber jederzeit den gewünschten Ausbildungsplatz bereitzustellen. Bei der Verplanung von Geldern müssen auch andere Gemeinschaftsbelange berücksichtigt werden. Der Numerus clausus bewegt sich nach Ansicht der Richter „am Rande des verfassungsrechtlich Hinnehmbaren". Gerechtfertigt ist er nur, wenn alle vorhandenen Ausbildungsplätze bereits ausgelastet sind und die individuellen Wünsche der Bewerber soweit wie möglich berücksichtigt werden.

Einen Studienplatz in Medizin hat das Gericht dem Durchschnittsschüler […] damit nicht verschafft. Doch was unter „freier Wahl der Ausbildungsstätte" zu verstehen ist, wurde eindeutig festgelegt. Das aufwändige System der zentralen Studienplatzvergabe (ZVS) war die Folge.

Aus: Fall 1: PZ extra, Dezember 1998, S. 30, Autor: V. Th., Text leicht umgestellt und verändert; Fall 2: PZ extra, Dezember 1998, Autor: A. K.

AUFGABEN

1. Ist der Grundrechtsschutz mittels Verfassungsbeschwerde ausreichend?
2. Welche Grundrechtsschranken (S. 41, M 7) hat das Bundesverfassungsgericht bei den Entscheidungen in M 19 angewendet?
3. Entwickeln Sie die Hypothesen, wie sich die Zahlen in M 18 erklären lassen?

2.3.5 Gesetzmäßigkeit der Verwaltung

M 20 Die Bindung der Polizei im Nationalsozialismus

Zwischen der Scylla des nur gesetzförmigen Systems und der Charybdis des absolutstaatlichen Polizeisystems gibt es eine Durchfahrt: Es ist die Gründung des polizeilichen Wirkens auf den Willen der im Rahmen der völkischen Ordnung handelnden Reichsführung. Solange die Polizei diesen Willen der Führung vollzieht, handelt sie rechtmäßig. [...] Was mit anderen Worten der Führer und die von ihm besonders bezeichneten Personen in Form von Rechtsgeboten der Polizei an Aufträgen zuweisen, bildet die Rechtsgrundlage für das Wirken der Polizei. Die Zuweisung kann in förmlichen Gesetzgebungsverfahren erfolgen. Sie kann ferner erfolgen im sonstigen Normenschöpfungsverfahren. Sie kann aber auch ergehen im Wege der Einzelweisung oder auch der Einzelbilligung. [...] Wenn der Führer seinen Willen in der Gestalt förmlicher Gesetze entwickelt, ist es für die Praxis Aufgabe, das Rechtsgebot auf diesem Boden zu verwirklichen. Sie bleibt nicht aus Bequemlichkeit oder Freude am Alten in den überkommenen Rechtsformen stecken, sondern sie erfüllt ihre Pflicht in der vom Führer gewollten Weise. Der Führer ist aber nicht auf den Weg der Gesetzesform beschränkt, sondern kann seinen Willen in anderer Weise und auch in sehr allgemeinen Umrissen kundtun. Auch dann ist es Aufgabe der Polizei, ihn zu erfüllen.

Aus: Theodor Maunz, Gestalt und Recht der Polizei (1943), in: Martin Hirsch u. a. (Hg.), Recht, Verwaltung und Justiz im Nationalsozialismus, Köln 1984, S. 325

M 21 Der Grundsatz der Gesetzmäßigkeit der Verwaltung in der Bundesrepublik

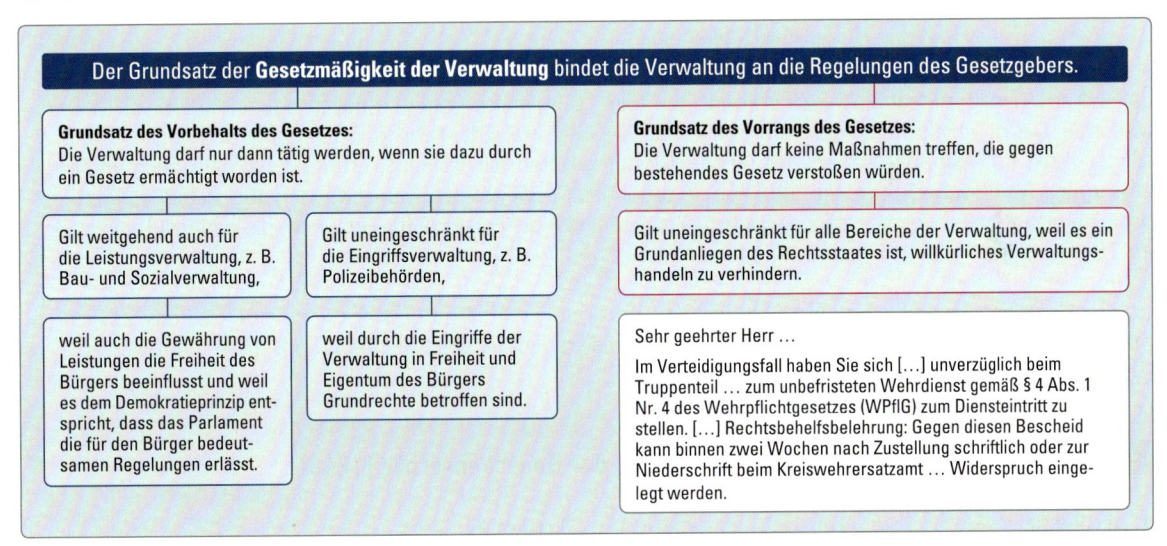

Der Grundsatz der **Gesetzmäßigkeit der Verwaltung** bindet die Verwaltung an die Regelungen des Gesetzgebers.

Grundsatz des Vorbehalts des Gesetzes:
Die Verwaltung darf nur dann tätig werden, wenn sie dazu durch ein Gesetz ermächtigt worden ist.

- Gilt weitgehend auch für die Leistungsverwaltung, z. B. Bau- und Sozialverwaltung, weil auch die Gewährung von Leistungen die Freiheit des Bürgers beeinflusst und weil es dem Demokratieprinzip entspricht, dass das Parlament die für den Bürger bedeutsamen Regelungen erlässt.
- Gilt uneingeschränkt für die Eingriffsverwaltung, z. B. Polizeibehörden, weil durch die Eingriffe der Verwaltung in Freiheit und Eigentum des Bürgers Grundrechte betroffen sind.

Grundsatz des Vorrangs des Gesetzes:
Die Verwaltung darf keine Maßnahmen treffen, die gegen bestehendes Gesetz verstoßen würden.

Gilt uneingeschränkt für alle Bereiche der Verwaltung, weil es ein Grundanliegen des Rechtsstaates ist, willkürliches Verwaltungshandeln zu verhindern.

Sehr geehrter Herr …
Im Verteidigungsfall haben Sie sich [...] unverzüglich beim Truppenteil … zum unbefristeten Wehrdienst gemäß § 4 Abs. 1 Nr. 4 des Wehrpflichtgesetzes (WPflG) zum Diensteintritt zu stellen. [...] Rechtsbehelfsbelehrung: Gegen diesen Bescheid kann binnen zwei Wochen nach Zustellung schriftlich oder zur Niederschrift beim Kreiswehrersatzamt … Widerspruch eingelegt werden.

Aus: Informationen zur politischen Bildung 2000 (Der Rechtsstaat), Bonn, 3. Auflage 2000, S. 10 (Schema leicht verändert)

AUFGABEN

1. Arbeiten Sie aus M 20 heraus, welchen Vorgaben und Bindungen die Polizei im Dritten Reich unterlag. Vergleichen Sie mit M 21.
2. Inwiefern entspricht der Einberufungsbescheid (M 21) dem Grundsatz der Gesetzmäßigkeit der Verwaltung?

2.4 Das Sozialstaatsprinzip – Grundlegende Zielvorgabe für den Staat

Das Sozialstaatsprinzip des Grundgesetzes ist sehr unbestimmt gehalten. In allgemeinster Umschreibung kann man es als ein Schutzprinzip für die wirtschaftlich Schwachen bezeichnen, das den Staat verpflichtet, auch diesen Menschen Freiheit von Not, ein menschenwürdiges Dasein und eine angemessene Beteiligung am allgemeinen Wohlstand zu gewährleisten. Der Sozialstaat hat in Deutschland eine lange Tradition, jedenfalls eine längere als in den anderen Industriestaaten. Die von Bismarck initiierte staatliche Sozialgesetzgebung in den Achtzigerjahren des 19. Jahrhunderts (Krankenversicherung, Unfallversicherung, Invaliditäts- und Altersrentenversicherung) kann als Beginn sozialstaatlicher Daseinssicherung gewertet werden. Die Weimarer Reichsverfassung enthielt in ihrem Abschnitt über das Wirtschaftsleben viele detaillierte sozialstaatliche Vorschriften (Gewährleistung eines menschenwürdigen Daseins für alle; Sicherung einer gesunden Wohnung für jeden Deutschen; Sorge für Vollbeschäftigung, bei Arbeitslosigkeit für Unterhalt), die jedoch vielfach nur Programm blieben, da der Staat gar nicht über die Möglichkeiten verfügte, seine wohlmeinenden Absichten zu verwirklichen.

Aufgrund der Erfahrungen mit den unverbindlich gebliebenen Programmsätzen der Weimarer Verfassung und der Uneinigkeit von Christdemokraten und Sozialdemokraten im Parlamentarischen Rat über die Gestaltung der Wirtschafts- und Sozialordnung, begnügt sich das Grundgesetz damit, den Sozialstaat als allgemeines Postulat zu fixieren. Er wird an zwei Stellen, nämlich in Artikel 20 Absatz 1 und Artikel 28 Absatz 1 GG, lediglich namentlich erwähnt. Das Sozialstaatsprinzip wird aber insofern näher bestimmt, als es einige Verfassungsnormen gibt, denen man sozialstaatliche Akzentsetzungen entnehmen kann.

Allgemein anerkannt ist, dass das Sozialstaatsprinzip den Staat auf zwei Ziele verpflichtet. Erstens auf den sozialen Ausgleich und zweitens auf die soziale Sicherheit. Der soziale Ausgleich beinhaltet die Pflicht, Unterschiede zwischen sozial schwachen und sozial starken Personen nach Möglichkeit zu verringern. Diese Aufgabe zielt auf soziale Gerechtigkeit, deren Einzelheiten freilich immer umstritten sein werden. Die soziale Sicherheit wirkt sich dahingehend aus, dass der Staat die Existenzgrundlagen seiner Bürger sichern und möglichst auch fördern soll (Daseinsvorsorge). Das geschieht durch die Einführung und Gewährleistung der Sozialpflichtversicherung gegen Grundrisiken (Alter, Arbeitslosigkeit, Krankheit, Pflege) für den größten Teil der Bevölkerung, durch die Einrichtung der Versorgung für Personenkreise, die zum Staat in besonderer Loyalitätsbeziehung standen und stehen (Beamte, Angestellte und Arbeiter des öffentlichen Dienstes), sowie durch die Fürsorge für Personen, die bedürftig sind und auf keine anderen Hilfsquellen zurückgreifen können.

Aufgrund der enormen finanziellen Lasten, die der Sozialstaat verursacht, gewinnt seit einiger Zeit das Subsidiaritätsprinzip, welches aus dem katholischen Sozialdenken stammt, wieder an Bedeutung. Dieses Prinzip soll die Eigenverantwortung der Bürger fördern und stützen.

M 1 Auszug aus der Allgemeinen Erklärung der Menschenrechte (1948)

Artikel 22
Jedermann hat als Mitglied der Gesellschaft Recht auf soziale Sicherheit […].

Artikel 23
Jedermann hat das Recht auf Arbeit, auf freie Berufswahl, auf angemessene und befriedigende Arbeitsbedingungen sowie auf Schutz gegen Arbeitslosigkeit. […]

Artikel 24
Jedermann hat das Recht auf Arbeitspausen und Freizeit einschließlich einer angemessenen Begrenzung der Arbeitszeit sowie auf regelmäßigen bezahlten Urlaub.

Artikel 25
Jedermann hat das Recht auf einen für die Gesundheit und das Wohlergehen von sich und seiner Familie angemessenen Lebensstandard, einschließlich ausreichender Ernährung, Bekleidung, Wohnung, ärztlicher Versorgung und notwendiger sozialer Leistungen, sowie ferner das Recht auf Sicherheit im Falle von Arbeitslosigkeit, Krankheit, Invalidität, Verwitwung, Alter oder von anderweitigem Verlust seiner Unterhaltsmittel durch unverschuldete Umstände. […]

Artikel 26
Jedermann hat das Recht auf Bildung. […]

M 2 Die Verankerung des Sozialstaates im Grundgesetz

■ Neben der namentlichen Erwähnung in Art. 20 und 28 GG enthält das GG folgende Normen mit sozialstaatlichen Implikationen:

Art. 1 Abs. 1 GG
Die Würde des Menschen ist unantastbar. Sie zu achten und zu schützen ist Verpflichtung aller staatlichen Gewalt.

Art. 3 Abs. 2 GG
Männer und Frauen sind gleichberechtigt. Der Staat fördert die tatsächliche Durchsetzung der Gleichberechtigung von Frauen und Männern und wirkt auf die Beseitigung bestehender Nachteile hin.

Art. 6 GG
— Abs. 1: Ehe und Familie stehen unter dem besonderen Schutze der staatlichen Ordnung.
— Abs. 4: Jede Mutter hat Anspruch auf den Schutz und die Fürsorge der Gemeinschaft.
— Abs. 6: Den unehelichen Kindern sind durch die Gesetzgebung die gleichen Bedingungen für ihre leibliche und seelische Entwicklung und ihre Stellung in der Gesellschaft zu schaffen wie den ehelichen Kindern.

Art. 14 Abs. 2 GG
Eigentum verpflichtet. Sein Gebrauch soll zugleich dem Wohle der Allgemeinheit dienen.

M 3 Rechtsstaat vor Sozialstaat – Eine staatsrechtliche Interpretation

■ Rechtsstaat und Sozialstaat sind zwei bestimmende Komponenten unseres Staatslebens, die sich auf verschiedenen Ebenen rechtlicher Formgebung entfaltet haben. […] Alle klassischen Grundrechte sind Ausgrenzungen, die Aufrichtung von Bereichen, vor denen die Staatsgewalt Halt macht. Die Ausgrenzung […] besagt nichts darüber, aus welchem Grunde und mit welcher Intensität die Ausgrenzung erfolgt. […] Sozialrechtliche Gewährleistungen gehen in erster Linie nicht auf Ausgrenzung, sondern auf positive Leistung, nicht auf Freiheit, sondern auf Teilhabe. Freiheit und Teilhabe sind die Kardinalbegriffe, die heute das Verhältnis des Einzelnen zum Staate bestimmen. Jede von ihnen bezeichnet die Beziehung zu staatlichen Funktionen, die unter sich sehr verschieden, ja gegensätzlich sind. Die durch Ausgrenzung gesicherte Freiheit bezieht sich auf einen Staat, der sich Grenzen setzt, der den Einzelnen seiner gesellschaftlichen Situation, wie sie ist, überlässt, einen Staat also, der in dieser Relation der Freiheit den Status quo gelten lässt. Die Teilhabe als Recht und Anspruch meint einen leistenden, zuteilenden, verteilenden, teilenden Staat, der den Einzelnen nicht seiner gesellschaftlichen Situation überlässt, sondern ihm durch Gewährungen zu Hilfe kommt. Das ist der soziale Staat. Der Rechtsstaat und der Sozialstaat sind deshalb ihrer Intention nach durchaus verschieden, um nicht zu sagen Gegensätze. […] Der Rechtsstaat ist nach der Ordnung des Grundgesetzes der Primäre und mit allen Rechtsgarantien ausgestattete Wert. […]

Aus: Ernst Forsthoff, Begriff und Wesen des sozialen Rechtsstaates (1954), in: derselbe (Hg.), Rechtsstaatlichkeit und Sozialstaatlichkeit, Darmstadt 1968, S. 173, 177, 178 f., 198

AUFGABEN

1. Prüfen Sie, ob die sozialen Grundrechte (M 1) in Deutschland verwirklicht sind.
2. Überlegen Sie, wer in M 1 jeweils der Verpflichtete ist, wie präzise die Formulierungen sind und welche Probleme sich aus beiden Aspekten für eine Übertragung dieser Rechte in eine Verfassung ergeben.
3. Erörtern Sie, inwiefern die in M 2 aufgelisteten Artikel sozialstaatliche Implikationen aufweisen. Was bedeutet dies für die Bürgerinnen und Bürger?
4. Nehmen Sie Stellung zu der These in M 3, der Rechtsstaat sei „nach der Ordnung des Grundgesetzes der Primäre und mit allen Rechtsgarantien ausgestattete Wert".

M 4 Die Gestaltungsprinzipien des Sozialstaates

■ Unumstritten und ungefährdet unter den Gestaltungsprinzipien ist allein das Individualitätsprinzip. Es besagt, dass die Situation des einzelnen Menschen (nicht die einer sozialen Klasse oder Schicht), seine individuellen Beiträge und sein Bedarf im Mittelpunkt des Systems zu stehen haben. Des Weiteren ist der Einzelne für sich selbst verantwortlich. [...]

Das Individualitätsprinzip ist zwar bereits heute im Sicherungssystem verankert, wird jedoch wirksam von den beiden anderen Gestaltungsprinzipien flankiert. Solidarität und Subsidiarität interpretieren und lenken gleichsam das Individualitätsprinzip.

Auch das zweite Gestaltungsprinzip – die Solidarität – ist eine Gesinnungsposition. Sie ist ebenso Schlachtruf der Kampfsolidarität des 19. Jahrhunderts wie auch bürgerliches Sicherungsversprechen. Die wohl treffendste Definition des Solidaritätsprinzips ist im allgemeinen Wortschatz aufgegangen und folgt der Formulierung Friedrich Wilhelm Raiffeisens: „Einer für alle, alle für einen!" Gleichwohl ist der Solidaritätsbegriff in der wissenschaftlichen Diskussion nicht eindeutig bestimmt, sondern eröffnet einen weiten Interpretationsspielraum zwischen Äquivalenz[1] und Altruismus[2].

Schließlich sei auf das Subsidiaritätsprinzip hingewiesen, das, wie auch das Solidaritätsprinzip, wesentlich von der katholischen Soziallehre vertreten wurde. Im Gegensatz zur gesinnungsbeschreibenden Solidarität ist die Subsidiarität eine Zuordnungsregel und ein Zuständigkeitsprinzip. Die klassische Formulierung des Subsidiaritätsprinzips erfolgte 1931 in der Sozialenzyklika „Quadragesimo Anno", angesichts des Stalinismus und aufkeimenden Nationalsozialismus: „Wie dasjenige, was der Einzelmensch aus eigener Initiative und mit seinen eigenen Kräften leisten kann, ihm nicht entzogen und der Gesellschaftstätigkeit zugewiesen werden darf, so verstößt es gegen die Gerechtigkeit, das was die kleineren und untergeordneten Gemeinwesen leisten und zum guten Ende führen können, für die weitere und übergeordnete Gemeinschaft in Anspruch zu nehmen. Zugleich ist es überaus nachteilig und verwirrt die gesamte Gesellschaftsordnung."

1 Äquivalenz: Gleichwertigkeit von Leistung und Gegenleistung.
2 Altruismus: Rücksicht auf andere.

Aus: Werner Schönig, Zur Zukunft der Prinzipien Sozialer Sicherung, in: ders./Raphael L'Hoest (Hg.), Sozialstaat wohin? Umbau, Abbau oder Ausbau der Sozialen Sicherung, Darmstadt 1996, S. 101 f.

M 5 Prinzipien der sozialen Sicherung

Leistungen nach dem ...	Versicherungsprinzip	Versorgungsprinzip	Fürsorgeprinzip
durch ...	Sozialversicherung	Staat	Staat
erhalten ...	Mitglieder	Bevölkerungsgruppen, die besondere Opfer oder Leistungen für das Gemeinwesen erbracht haben	alle Bürger, bei individueller Notlage, unabhängig von persönlichem Verschulden
in folgenden Fällen ...	bei Eintritt des Versicherungsfalles, wenn sie Versicherungsbeiträge gezahlt haben	bei Vorliegen gesetzlich bestimmter Merkmale	bei Bedürftigkeit
Leistungshöhe	allgemein festgelegt nach Art des Versicherungsfalles	allgemein festgelegt nach Art des Versorgungsfalles	entsprechend nach Art und Umfang der persönlichen Bedürftigkeit
Bedürftigkeitsprüfung	nein	nein	ja
finanziert durch ...	Versicherungsbeiträge und Staatszuschüsse	Steuermittel	Steuermittel
Beispiele	Krankenversicherung Rentenversicherung Pflegeversicherung Arbeitslosenversicherung	Beamtenversorgung Kindergeld Kriegsopferversorgung	Sozialhilfe Jugendhilfe Wohngeld Resozialisierung

2.4 Das Sozialstaatsprinzip

M 6 Schlaglichter auf den real existierenden Sozialstaat

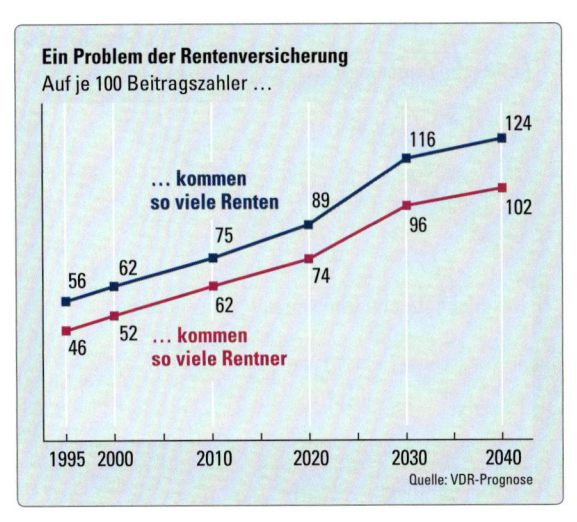

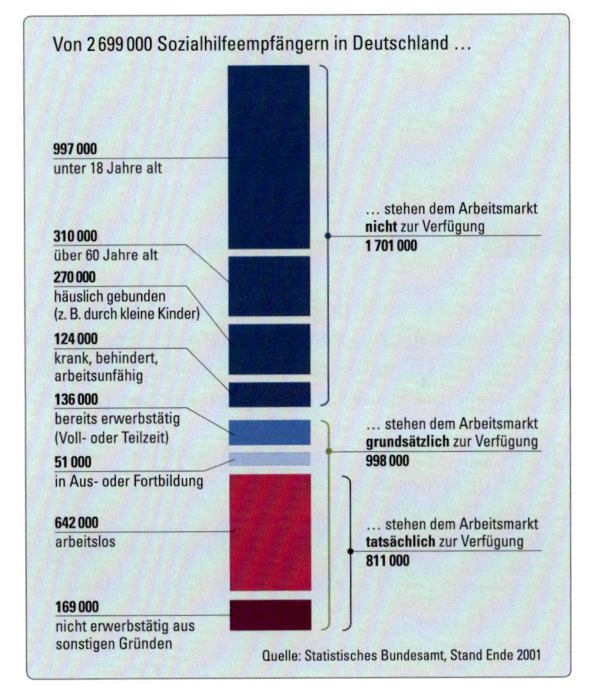

Ein Problem der Rentenversicherung
Auf je 100 Beitragszahler …

… kommen so viele Renten: 56 (1995), 62 (2000), 75 (2010), 89 (2020), 116 (2030), 124 (2040)
… kommen so viele Rentner: 46 (1995), 52 (2000), 62 (2010), 74 (2020), 96 (2030), 102 (2040)

Quelle: VDR-Prognose

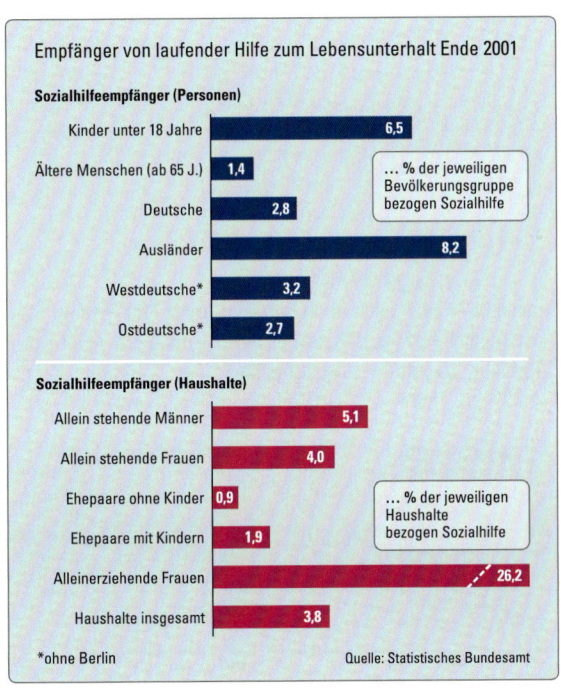

Empfänger von laufender Hilfe zum Lebensunterhalt Ende 2001

Sozialhilfeempfänger (Personen) — … % der jeweiligen Bevölkerungsgruppe bezogen Sozialhilfe
- Kinder unter 18 Jahre: 6,5
- Ältere Menschen (ab 65 J.): 1,4
- Deutsche: 2,8
- Ausländer: 8,2
- Westdeutsche*: 3,2
- Ostdeutsche*: 2,7

Sozialhilfeempfänger (Haushalte) — … % der jeweiligen Haushalte bezogen Sozialhilfe
- Allein stehende Männer: 5,1
- Allein stehende Frauen: 4,0
- Ehepaare ohne Kinder: 0,9
- Ehepaare mit Kindern: 1,9
- Alleinerziehende Frauen: 26,2
- Haushalte insgesamt: 3,8

*ohne Berlin   Quelle: Statistisches Bundesamt

Von 2 699 000 Sozialhilfeempfängern in Deutschland …

- 997 000 unter 18 Jahre alt
- 310 000 über 60 Jahre alt
- 270 000 häuslich gebunden (z. B. durch kleine Kinder)
- 124 000 krank, behindert, arbeitsunfähig
- 136 000 bereits erwerbstätig (Voll- oder Teilzeit)
- 51 000 in Aus- oder Fortbildung
- 642 000 arbeitslos
- 169 000 nicht erwerbstätig aus sonstigen Gründen

… stehen dem Arbeitsmarkt **nicht** zur Verfügung: 1 701 000
… stehen dem Arbeitsmarkt **grundsätzlich** zur Verfügung: 998 000
… stehen dem Arbeitsmarkt **tatsächlich** zur Verfügung: 811 000

Quelle: Statistisches Bundesamt, Stand Ende 2001

AUFGABEN

1. Arbeiten Sie die Gestaltungsprinzipien des Sozialstaates heraus (M 4). Erörtern Sie, ob ihr gegenseitiges Verhältnis durch Spannungen oder durch Übereinstimmung gekennzeichnet ist.
2. Untersuchen Sie, auf welche Weise die Gestaltungsprinzipien Eingang in die Prinzipien der sozialen Sicherung (M 5) gefunden haben.
3. Formulieren Sie unter Rückgriff auf M 6 und mithilfe aktueller Zeitungsartikel (www.paperball.de) einen Problem- und Reformkatalog des Sozialstaates.

M 7 Der Sozialstaat – „Ein Problem-Bewältiger" oder ein „Problem-Erzeuger"?

	„Problem-Bewältiger"	„Problem-Erzeuger"
I. Politische Dimension	– Sicherung der Loyalität der Staatsbürger – Wichtige Legitimationsquelle staatlicher Politik – Entschärfung von Interessenkonflikten – Entlastung der privaten Wirtschaft von Konflikten (geringes Streikvolumen) – Verhinderung des Umschlagens ökonomischer Krisen in politische Krisen – Pufferung krasser sozialer Ungleichheit	– Schaffung immer neuer Verteilungsprobleme – Förderung verantwortungslosen Konkurrenzkampfes um soziale Leistungen („Nehmen wichtiger als Geben") – Inflationierung sozialer Ansprüche – Untergrabung der Stabilität traditioneller Staatsbürgertugenden – Kostenabwälzung auf jüngere Generationen – Zuwachs an Bürokratisierung
II. Gesellschaftliche Dimension	– Schutz gegen Armutsrisiken – Auffangen anomischer Tendenzen (wie soziale Entwurzelung und daraus folgende Aggressivität und Gewalt) – Umverteilung von Einkommen zwischen Einkommensgruppen und zwischen Generationen	– Unterminierung von Eigeninitiative und individueller Verantwortung – Verleitung der Gewerkschaften zu einer Lohnpolitik, die die Spaltung zwischen Arbeitsplatzbesitzern und Arbeitssuchenden verstärkt
III. Wirtschaftliche Dimension	– Anreiz zur (arbeitssparenden) technologischen Modernisierung – Gesicherte „Reproduktion" und „Reparatur" von Arbeitskraft – Verstetigung der Nachfrage für Konsumgüter (durch die Finanzierung der sozialen Grundsicherung)	– Leistungs- und arbeitsplatzfeindliche Kostenbelastung von Unternehmen – Ausbeutung von Versicherungen – Abwanderung in die Schattenwirtschaft – Überlastung des Staatshaushaltes

Zusammengestellt in Anlehnung an: Manfred G. Schmidt, Sozialpolitik. Historische Entwicklung und internationaler Vergleich, Opladen, 1. Auflage 1988, S. 187, und Wiesbaden, 3. Auflage 2005, S. 296

M 8 Grundtypen sozialstaatlicher Politik

● Diese drei „Grundtypen" sozialstaatlicher Politik finden sich einerseits in den Leitbildern der politischen Parteien, sie sind andererseits in verschiedenen Ländern (kaum in reiner Form) realisiert. Der „sozialdemokratische" Typ war in Schweden und Norwegen, der „konservative" ist in Deutschland und Österreich, der „liberale" in den USA ausgeprägt.

Indikator	liberal	konservativ	sozialdemokratisch
(1) Schutz gegen Marktkräfte und Einkommensausfälle	schwach	mittel	stark
(2) Soziale Sicherung als erworbenes Recht oder als Armenunterstützung	Armenunterstützung	erworbenes Recht	erworbenes Recht
(3) Anteil der privaten Ausgaben für die soziale Sicherung	hoch	mittel	niedrig
(4) Umverteilungskapazität	gemäßigt	gemäßigt	groß
(5) Gewährleistung der Vollbeschäftigung	nein	nur in Prosperität	ja

Manfred G. Schmidt, Sozialpolitik. Historische Entwicklung und internationaler Vergleich, Opladen, 1. Auflage 1988, S. 162 (gekürzt und leicht verändert)

AUFGABE

Führen Sie ein Streitgespräch über das „richtige Maß an Sozialstaatlichkeit". Teilen Sie sich in Ihrer Lerngruppe in Liberale, Konservative und Sozialdemokraten auf (M 8) und bereiten Sie Ihre Position unter Rückgriff auf M 6 und M 7 sowie unter Bezugnahme auf die aktuelle Berichterstattung in den Medien über den Sozialstaat vor. Greifen Sie ggf. auf Informationen aus dem Internet zurück.

Sozialstudie

Es bietet sich an, mittels einer Sozialstudie selbstständig herauszufinden, in welcher Weise Rechts- und Sozialstaat im unmittelbaren Umfeld anzutreffen sind. Eine Sozialstudie ist eine besonders anspruchsvolle Form der Erkundung, denn es handelt sich bei ihr um die systematisch angelegte Erforschung sozialer Sachverhalte oder sozialer und politischer Zusammenhänge. Mithilfe empirischer sozialwissenschaftlicher Methoden (z. B. Befragung, Meinungsumfrage, Analyse von Statistiken, Interpretation der ermittelten Daten und Fakten) wird eine nach Möglichkeit genau umrissene Forschungsaufgabe bewältigt. Eine Sozialstudie erlaubt sehr selbstständiges Arbeiten und die unmittelbare Begegnung mit der Lebenswirklichkeit. Da am Ende der Arbeit eine selbst gefertigte Dokumentation steht, verlangt sie ferner planerische und produktive Anstrengungen. Weiterhin erlaubt sie der Lerngruppe die Mitbestimmung bei der Festlegung der Arbeitsschritte und der Gestaltung der Dokumentation. Schließlich ermöglicht sie Erfahrungslernen in Verbindung mit einer Reflexion der empirischen Daten. Wenn Sie sich in Ihrer Lerngruppe dazu entschließen, eine Sozialstudie zu erstellen, müssen Sie sich darüber im Klaren sein, dass sehr viel Arbeit auf Sie zukommt, auch wenn Sie einen Teil der Arbeiten zusammen mit anderen in der Gruppe erledigen können. Sie sollten zudem damit rechnen, dass die Sozialstudie nicht ausschließlich während der Unterrichtszeit heranreift. So ist es denkbar, dass ein Interviewpartner nur nachmittags zur Verfügung steht. Erfahrungsgemäß müssen Sie für die Erstellung einer Sozialstudie mehrere Wochen veranschlagen. Je nach Größe der Lerngruppe können Sie rechts- und sozialstaatliche Elemente zusammen oder nur eines der beiden Elemente untersuchen. Nach rechtsstaatlichen Elementen können Sie in folgenden Institutionen fragen: Polizei, Gericht, Justizvollzugsanstalt, Finanzamt, Gemeindeverwaltung (vor allem Ordnungsamt). Für die Ermittlung sozialstaatlicher Elemente bieten sich folgende Institutionen an: Gemeindeverwaltung (vor allem Sozialamt, Gesundheitsamt und Wohnungsamt), Arbeitsamt, Kirchengemeinde, Sozialstation, Seniorenheim, Krankenkassen, Organisationen der Wohlfahrtspflege (z. B. Diakonisches Werk, Rotes Kreuz).

Eine Sozialstudie besteht aus fünf Schritten.

1. Planung
Am Anfang steht ein aus der bisherigen Sacherörterung hervorgegangenes, klärungsbedürftiges Problem. Dieses Problem muss in eine griffige Formulierung gepackt werden, die die leitende Themenstellung abgibt und gegebenenfalls als Titel der abschließend zu erstellenden Dokumentation fungiert. Beispiele für Themen: Welche Rechte haben die staatlichen Behörden gegenüber dem Einzelnen, welche Rechte hat der Einzelne gegenüber den Behörden? Welche Leistungen für das Wohl der Bürger erbringen die in der Gemeinde angesiedelten Ämter, Verwaltungen und Organisationen? Nach welchen Vorgaben richten sich die sozialen Einrichtungen? Welche Zukunftprobleme haben die dem Sozialen verpflichteten Einrichtungen?

Ebenfalls in der Planungsphase wird festgelegt, wer welchen Ausschnitt bearbeitet (Einzelarbeit, Teams). Weiterhin sind methodische Zugangsweisen anzusprechen und zu üben, wie z. B. die Interviewtechnik, die Erstellung von Fragebögen (vgl. S. 12–14) und die Protokollierung. Schließlich muss eine Verständigung über Zeit und Ort von Recherchen außerhalb der Schule erfolgen.

2. Organisatorische Vorbereitung
Die Lehrkraft muss Kontakte zu Bezugspersonen in den Ämtern und Behörden herstellen, technische Hilfsmittel bereitstellen und die Schulleitung informieren.

3. Durchführung
Bei den Recherchen außerhalb der Schule sind die Lernenden auf sich gestellt. Die Lehrkraft sollte erreichbar sein, um unterstützend eingreifen zu können.

4. Auswertung
Diese Phase findet im Unterricht, aber auch bei den Schülern zu Hause statt. Das Material wird zunächst von den Teams gesichtet, zusammengestellt und geordnet. Dann erfolgt die schriftliche Auswertung gemäß der Fragestellung. Die Zusammenfassung der diversen Teilergebnisse muss mit einer Beurteilung der Lage unter dem Gesichtspunkt hinreichender oder nicht genügender Verwirklichung von Rechts- und Sozialstaatlichkeit aus dem Blickwinkel der betroffenen Bürger, gegebenenfalls aber auch aus der Sicht der Behörden abschließen.

5. Präsentation
Die schriftlich erstellte Sozialstudie kann als Dokumentation schulöffentlich oder gemeindeöffentlich präsentiert werden.

2.5 Das Bundesstaatsprinzip – Macht verteilendes Staatsstrukturprinzip

Von einem Bundesstaat spricht man, wenn es innerhalb eines Staates zwei Ebenen der Staatlichkeit, nämlich die der Gliedstaaten (Länder) und die des Gesamtstaates (Bund), gibt. Dabei regelt die Verfassung des Gesamtstaates die Beziehungen zwischen beiden Ebenen. Zwar sind die Länder nicht souverän – sie unterliegen der Pflicht zur Bundestreue und müssen ihre verfassungsmäßige Ordnung entsprechend der des Bundes gestalten (Homogenitätsgebot, Artikel 28 GG) –, sie sind gleichwohl Staaten mit eigener, nicht vom Bund abgeleiteter, sondern von ihm anerkannter Hoheitsmacht. Sie haben somit originäre Kompetenzen und verfügen über eine eigene Gesetzgebung, eine eigene Exekutive und eine eigene Rechtsprechung.

Das der Bundesstaatlichkeit vom Parlamentarischen Rat zugemessene politische Gewicht geht aus Art. 79 Abs. 3 GG hervor. Dort ist die bundesstaatliche Ordnung als unantastbar festgeschrieben. Sie unterliegt dem Schutz der so genannten Ewigkeitsklausel. Denn es heißt ausdrücklich, dass eine Änderung des Grundgesetzes, durch welche die Gliederung des Bundes in Länder sowie die grundsätzliche Mitwirkung der Länder bei der Gesetzgebung des Bundes berührt werden, unzulässig ist.

Der Föderalismus als Organisationsprinzip für ein gegliedertes Gemeinwesen hat in Deutschland eine lange Tradition. Mit Ausnahme der Jahre der nationalsozialistischen Diktatur 1933 bis 1945 und der SED-Herrschaft in Ostdeutschland (von der Auflösung der Länder 1952 bis 1990) hat es in Deutschland nie einen zentralistischen Staat gegeben.

Der Parlamentarische Rat entschied sich aus mehreren Gründen für einen föderal aufgebauten Staat. Zunächst muss gesehen werden, dass seine Mitglieder aus den Ländern stammten und diesen gegenüber Loyalität empfanden. Die Länder existierten bereits als rechtliche und politische Einheiten, bevor die Bundesrepublik gegründet wurde. Dann verlangten die Alliierten, insbesondere Frankreich, einen Bundesstaat, von dem sie sich einen Gewinn an Sicherheit vor Deutschland versprachen. Der wichtigste Grund für die Einführung des Bundesstaates war aber, dass man sich von ihm im Sinne einer vertikalen Gewaltenteilung (Aufteilung der Staatsgewalt auf Bund und Länder) eine Machtstreuung versprach. Demgegenüber spielte die Anknüpfung an die historische Traditionen keine große Rolle.

Die durch den Bundesstaat etablierte Machtstreuung ist durch folgende Aspekte gekennzeichnet: Die Gesetzgebungs- und Verwaltungskompetenzen sind zwischen Bund und Ländern aufgeteilt, ebenso das Steueraufkommen. Die Länder wirken an der Gesetzgebung des Bundes durch den Bundesrat mit. Im Sinne der Machtstreuung liegt es eigentlich, den Föderalismus möglichst dualistisch zu strukturieren.

Dualer Föderalismus meint, die beiden staatlichen Ebenen möglichst scharf zu trennen und so zu bewirken, dass jede Ebene weitgehend auf sich alleine gestellt und für die Regelung der zugewiesenen Kompetenzen ausschließlich verantwortlich ist. Entgegen diesem Leitbild hat sich die Bundesrepublik Deutschland aber in Richtung auf einen kooperativen Föderalismus entwickelt. Dieser ist gekennzeichnet durch ein stetiges, politisch verflochtenes Zusammenwirken von Bund und Ländern. Ursache ist die Überzeugung bei den Politikern im Bund und in den Ländern, dass die Probleme in den verschiedenen Sachbereichen (Wirtschaft, Finanzen, Bildung, Forschung) nur gemeinsam bewältigt werden können.

Gewinner des kooperativen Föderalismus auf Länderseite sind die Landesregierungen. Sie verfügen zum einen im Bundesrat über ein effektives Mitwirkungsorgan auf Bundesebene, wirken zum Zweiten in Bund-Länder-Komissionen mit der Bundesregierung zusammen und stimmen sich zum Dritten auf Konferenzen der Ministerpräsidenten oder der Fachminister (insbesondere Kultusministerkonferenz) untereinander ab. Verlierer dieser Entwicklung sind die Landesparlamente.

M 1 Föderalismus: Pro und Kontra

Pro

In einer föderativen Ordnung können demokratische Werte eher verwirklicht werden: Durch Wahlen auf den verschiedenen staatlichen Ebenen (Bund, Länder sowie Gemeinden) hat die Bevölkerung diverse Möglichkeiten, sich politisch zu beteiligen. Dieses Mehr an Partizipation erhöht die Identifikation der Menschen mit dem politischen System und schafft so Stabilität und Funktionsfähigkeit.

Staatliches Handeln wird überschaubarer, denn im Föderalismus werden staatliche Entscheidungen an die kleinstmögliche Untereinheit delegiert (Subsidiarität). Dies erleichtert das politische Engagement besonders für Belange der unmittelbaren Umgebung. Die Möglichkeit der politischen Einflussnahme und der Beobachtung ist größer als im Einheitsstaat. Zudem wird der Zentralstaat entlastet und der Wettbewerb der Länder unter der Voraussetzung ausreichender Kompetenzen begünstigt.

Föderalismus fördert die Experimentierfreude: Einzelne Länder können sich in ihrem Zuständigkeitsbereich (zum Beispiel bei der Ganztagsschule oder der Gestaltung der Kommunalverfassung) als „Laboratorien" profilieren. Haben sie mit einer Maßnahme Erfolg, werden die anderen Länder ihnen nacheifern; bei Misserfolg bleibt der Schaden auf ein Land begrenzt und fällt nicht zu sehr ins Gewicht.

Das föderative System wirkt der Machtkonzentration entgegen. Das horizontale Gewaltenteilungsprinzip (Exekutive, Legislative, Judikative) wird von der vertikalen Gewaltenteilung (Bund und Länder) ergänzt. Bund und Länder sind in ihren Machtbefugnissen begrenzt, müssen aber zur Erfüllung staatlicher Aufgaben zusammenwirken und können sich so gegenseitig beeinflussen, kontrollieren und auch hemmen.

Föderalismus fördert den Wettbewerb zwischen den Parteien, integriert die Opposition und verbessert deren Chancen. Die parlamentarischen Regierungssysteme in Bund und Ländern zwingen die Parteien dazu, die Wahlberechtigten ständig zu umwerben und ihnen sachliche und personelle Alternativen anzubieten. Unterschiedliche Mehrheitsverhältnisse im Bundestag und in den Landesparlamenten ermöglichen es den Oppositionsparteien, in einer Anzahl von Ländern die Regierung zu stellen, auf diese Weise ihre Regierungsfähigkeit zu beweisen und sich schließlich gegenüber der Regierungskoalition der Bundesebene zu profilieren.

In einem Bundesstaat ist der Bedarf an politischem Führungspersonal größer als in einem Einheitsstaat. Die Länder sind Reservoir qualifizierter politischer Kräfte für Bundesaufgaben. Umgekehrt dient der Bundestag oft als Ausgangspunkt für politische Spitzenfunktionen in den Ländern. Der Kreislauf des politischen Führungspersonals ermöglicht einen reibungslosen Machtwechsel und eine sachgerechtere Wahrnehmung der Aufgaben.

Kontra

Föderalismus macht den politischen Entscheidungsprozess schwerfällig und führt zu erheblichen Reibungsverlusten. Regierungen, Parlamente und Verwaltungen von Bund und Ländern müssen ständig aufeinander Rücksicht nehmen, Anstöße geben, Entscheidungen abwarten und langwierige Verhandlungen miteinander führen. Die Entscheidungen sind schließlich Kompromisse, die den kleinsten gemeinsamen Nenner der Lösungsmöglichkeiten bilden und oft keine sachlich befriedigenden Ergebnisse bringen. Föderalismus lässt wirksames Regieren kaum mehr zu.

Einige Stimmen sehen im Föderalismus die Ursache für den so genannten Reformstau in der Bundesrepublik. Im Unterschied zur Situation in einer Mehrheits- oder Konkurrenzdemokratie, in der die jeweilige parlamentarische Mehrheit nicht nur die Regierungs-, sondern auch die Gesetzgebungsmehrheit und damit eine von der parlamentarischen Opposition kaum eingeschränkte Gestaltungsfreiheit besitzt, besteht in politischen Systemen mit Elementen einer Verhandlungsdemokratie die Gefahr der Politikblockade. In der Bundesrepublik wird diese Kritik immer wieder an der Entscheidungsfindung im Bundesrat und der Kultusministerkonferenz festgemacht, in denen die Länder sowohl föderativ als auch parteipolitisch motiviert agieren. Durch die Vielzahl der Wahlen findet fast permanent Wahlkampf statt – auch das blockiert die politische Entscheidungsfindung.

Im Föderalismus wird die Staatstätigkeit unübersichtlich. 17 verschiedene Entscheidungszentren in Deutschland, zahlreiche formelle und informelle Gremien, über die Bund und Länder miteinander kooperieren sowie schwer durchschaubare Entscheidungsprozesse machen es den Menschen unmöglich, am politischen Geschehen teilzunehmen. Weil der Öffentlichkeit Ziele, Mittel, Verfahrensabläufe und Ergebnisse politischen Handelns verborgen bleiben, nimmt die Gefahr der Staats- und Politikverdrossenheit zu.

Die mangelnde Transparenz schafft auch unklare Verantwortlichkeiten. Politische (Miss-)Erfolge sind oft nicht eindeutig bestimmten Entscheidungsträgern zuzurechnen. Dies führt dazu, dass diese der Verantwortung für einen Fehler ausweichen oder sich mit „fremden Federn" schmücken können.

Föderalismus kostet zuviel Geld. Die „Kosten politischer Führung" von 16 Ländern zusätzlich zum Bundestag und der Bundesregierung sowie die Kosten für den Bundesrat sind in Zeiten knapper öffentlicher Finanzmittel nicht angemessen.

Der Föderalismus in der Bundesrepublik ist längst nur noch ein Scheinföderalismus, hinter dem sich tatsächlich ein Unitarismus verbirgt. Von einer selbstständigen Politik in Bund und Ländern kann nicht die Rede sein, vielmehr beherrscht die Bundespolitik völlig die Landespolitik. Das Bundesrecht lässt für eigene substantielle landesrechtliche Regelungen überhaupt keinen Raum.

Aus: Informationen zur politischen Bildung Nr. 275 (Föderalismus in Deutschland), Bonn 2002, S. 7 f.

M 2 Mut zur Individualität

Wer in die USA blickt, der stellt fest, dass dort – jedenfalls dem Grundsatz nach – die Sachmaterien jeweils in ihrem vollen Umfang zwischen der Union und den Staaten verteilt werden. Ist der Staat für einen Gegenstand zuständig, so erlässt er dafür die Gesetze, vollzieht sie durch seine Behörden, finanziert sie aus seiner eigenen Kasse. [...] Würde man – was ich für wünschenswert hielte – die staatlichen Kompetenzen auf Bund und Länder – und, als Dritte im Bunde, auf die Europäische Union – halbwegs gleichmäßig verteilen und würde man diese Verteilung nach amerikanischem Muster vornehmen, so würde das eine erhebliche Stärkung der Länder bedeuten. Aber diese stünden dann vor einer Frage, die es zwar bisher schon gibt, die dann aber ganz neues Gewicht bekäme: Würden sie sich sofort zusammensetzen, um im Namen einer [...] Gleichwertigkeit der Lebensverhältnisse [vgl. Art. 72 Abs. 3 GG, der Verf.] doch wieder bundeseinheitliche Regelungen zu schaffen, oder würden sie, zumindest in wichtigen Bereichen, den Mut zur Individualität aufbringen, den unsere bundesstaatliche Verfassung eigentlich voraussetzt – gewiss manchmal als Last, oftmals aber auch als Chance? Und unsere Bürger – würden sie es ertragen, dass es dann mehr als bisher verschiedene Lebensverhältnisse in den verschiedenen Ländern gäbe? Dass das eine eher ein Industrieland mit allen sich daraus ergebenden Konsequenzen und das andere eher ein Agrarland oder ein Tourismusland, ebenfalls mit allen daraus resultierenden Folgen, würde? Dass das eine sich eher mit modernen Technologien, das andere mehr mit kulturellen Spitzenleistungen befasst? Und das alles womöglich noch mit einem limitierten Finanzausgleich [...]? Worin liegt eigentlich der Segen einer zu weit gehenden Angleichung zwischen allen Ländern, großen und kleinen, Stadtstaaten und Flächenstaaten, „alten" und „neuen"?

Rede von Bundespräsident Herzog am 2.10.1996, zitiert nach: Presse- und Informationsamt der Bundesregierung, Bulletin Nr. 83

AUFGABEN

1. Versetzen Sie sich in die Lage eines Sachverständigen für eine vom Bundespräsidenten einberufene Verfassungskommission, die Vorschläge für eine Revision des GG unterbreiten soll und dabei keine Rücksicht auf Art. 79 Abs. 3 GG nehmen muss. Verfassen Sie unter Rückgriff auf M 1 und M 2 eine Stellungnahme, ob das Föderalismusprinzip beibehalten und wie es gegebenenfalls ausgestaltet werden sollte.
2. Werten Sie über einen längeren Zeitraum die Medienberichterstattung über den Bundesstaat in Deutschland unter der Fragestellung aus, ob seine Vorzüge oder seine Nachteile überwiegen.

M 3 Finanzausgleich im kooperativen Föderalismus – Totengräber föderaler Vielfalt?

a) Artikel 107 GG (Finanzausgleich)
(1) Das Aufkommen der Landessteuern und der Länderanteil am Aufkommen der Einkommenssteuer und der Körperschaftssteuer stehen den einzelnen Ländern insoweit zu, als die Steuern von den Finanzbehörden in ihrem Gebiet vereinnahmt werden. [...]

(2) Durch das Gesetz ist sicherzustellen, dass die unterschiedliche Finanzkraft der Länder angemessen ausgeglichen wird; hierbei sind die Finanzkraft und der Finanzbedarf der Gemeinden (Gemeindeverbände) zu berücksichtigen. [...] Es kann auch bestimmen, dass der Bund aus seinen Mitteln leistungsschwachen Ländern Zuweisungen zur ergänzenden Deckung ihres allgemeinen Finanzbedarfs (Ergänzungszuweisungen) gewährt.

b) Finanzausgleich in Zahlen

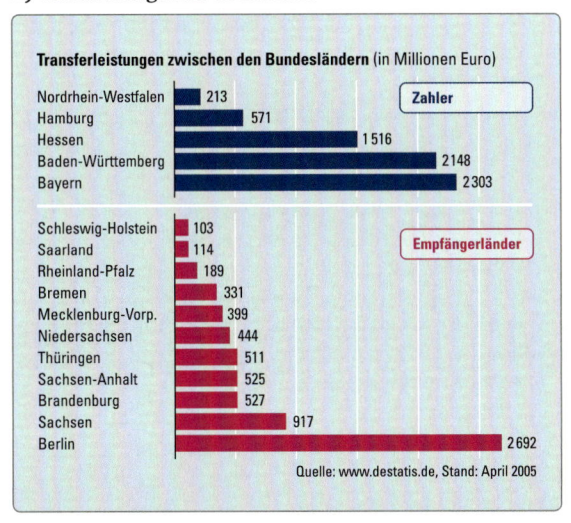

Transferleistungen zwischen den Bundesländern (in Millionen Euro)

Zahler:
- Nordrhein-Westfalen: 213
- Hamburg: 571
- Hessen: 1516
- Baden-Württemberg: 2148
- Bayern: 2303

Empfängerländer:
- Schleswig-Holstein: 103
- Saarland: 114
- Rheinland-Pfalz: 189
- Bremen: 331
- Mecklenburg-Vorp.: 399
- Niedersachsen: 444
- Thüringen: 511
- Sachsen-Anhalt: 525
- Brandenburg: 527
- Sachsen: 917
- Berlin: 2692

Quelle: www.destatis.de, Stand: April 2005

c) Kritik am Finanzausgleich
Schließlich bedeutet die Eigenständigkeit der Länder und Regionen, dass sie ihren eigenen Weg nicht nur eigenständig bestimmen dürfen, sondern dass sie ihn auch eigenständig gehen müssen. Sie sollen die Früchte ihrer besonderen Anstrengungen genießen, aber auch die Verantwortung für ihre Fehler und Irrtümer grundsätzlich selbst tragen. [...]

Diese Bemerkung muss sich vor allem gegen die heutige Praxis des Länderfinanzausgleichs richten. Natürlich sollen die wirtschafts- und finanzstarken Länder den Schwächeren im Bund im angemessenen Umfang helfen; so sagt es die Verfassung. Die Frage ist nur, was ist „angemessen"? Nicht angemessen ist jedenfalls, dass Länder mit einer jahrelang erfolgreichen Wirtschafts- und Strukturpolitik für die Fehler und Versäumnisse anderer Regierungen in anderen Ländern einstehen sollen – vollends wenn sie diesen so erst die finanzielle Luft zur Fortsetzung einer verfehlten oder doch zweifelhaften Politik verschaffen.

d) Verteidigung des Finanzausgleiches
Die Frage des Finanzausgleichs ist kein reines Ost-West-Problem. Aber der größere Teil des Ausgleichs fließt doch in Richtung Ost. Ein markantes finanzielles Ost-West-Gefälle wird auf lange Sicht auch bestehen bleiben. Denn das Bruttoinlandsprodukt je Einwohner ist im Durchschnitt halb so hoch wie im Westen. Daraufhin sind die Steuereinnahmen niedriger, daraufhin die Investitionen, die Wirtschaftsförderung ebenfalls usw. Es kommt zu einer Spirale nach unten, wenn nichts geschieht. [...] Die Einigungskosten sind verspätete Kriegsfolgelasten und zugleich Investitionen in unsere gemeinsame Zukunft. Es sind ja wahrhaftig keine vergeblichen Investitionen. [...] Mindestens die Generation, die die DDR nicht mehr erlebt hat, sollte in vollem Sinn die Gleichwertigkeit der Lebensverhältnisse in Ost und West erleben.

Aus: Text c): Eckart Thurich, Bund und Länder. Thema im Unterricht 6, Bonn, Neudruck 1997/98, S. 25, Autor: Hans Eyrich, Staatsminister a. D.; Text d): Bundesrat-Dokumentation, Festveranstaltung des Bundesrates aus Anlass des 50. Jahrestages seiner konstituierenden Sitzung am 6.9.1999, S. 27 f., Autor: Richard Schröder, SPD-Fraktionsvorsitzender in der Volkskammer der DDR 1990, Professor an der Humboldt-Universität in Berlin

AUFGABEN

1. Nehmen Sie aus der Sicht eines Bewohners in einem Geber- bzw. in einem Empfänger-Land Stellung zum Problem des Finanzausgleichs zwischen den Bundesländern (M 3). Ziehen Sie auch aktuelle Pressemeldungen heran (www.paperball.de).
2. Diskutieren Sie, ob die Einführung eines dualen Föderalismus (M 2) eine attraktive Alternative zum bestehenden kooperativen Föderalismus darstellt.

Weiterführende Informationen

Informationen zu den Verfassungsprinzipien des Grundgesetzes

Tagesaktuelles Material zur gezielten Vertiefung von thematischen Einzelaspekten dieses Schulbuchkapitels erhalten Sie, indem Sie den Internetservice überregionaler Tageszeitungen und Wochenzeitschriften nutzen (z. B. über www.paperball.de, dazu u. a. www.faz.de, www.sueddeutsche.de, www.zeit.de, www.spiegel.de, www.taz.de, www.welt.de und www.fr-aktuell.de). Weiterführende Literatur (Bücher, Broschüren, elektronische Medien) zu diesem Schulbuchkapitel bieten Ihnen:

Bundeszentrale für politische Bildung .... www.bpb.de
Adenauerallee 86, 53113 Bonn (gemeinsamer Server der Bundeszentrale
und der Landeszentralen für politische Bildung)
Bundesamt für Verfassungsschutz .... www.verfassungsschutz.de
Merianstr. 100, 50765 Köln (dort auch Links zu den Landesämtern
für Verfassungsschutz)
Bundesverfassungsgericht .... www.bundesverfassungsgericht.de
Schlossbezirk 3, 76131 Karlsruhe
Gerichtshof der Europäischen Gemeinschaften .... europa.eu.int/cj/de/index.htm
Palais de la Cour de justice, Boulevard Konrad Adenauer, Kirchberg,
L-2925 Luxemburg
Europäischer Gerichtshof für Menschenrechte .... www.echr.coe.int
Allée Droits de l'Homme, F-67000 Strasbourg

Fachliteratur

Laufer, Heinz/Münch, Ursula: Das föderative System der Bundesrepublik Deutschland, Opladen 1998
Backes, Uwe/Jesse, Eckhard (Hg.): Politischer Extremismus in der Bundesrepublik Deutschland, Bonn, 4. Auflage 1996
Demokratie. Informationen zur politischen Bildung 284, Bonn 2004
Streitbare Demokratie. Informationen zur politischen Bildung 179, Bonn 1979
Der Rechtsstaat. Informationen zur politischen Bildung 200, Bonn 2000
Recht I. Informationen zur politischen Bildung 216, Bonn 2000
Grundrechte. Informationen zur politischen Bildung 239, Bonn, Neudruck 2000
Menschenrechte. Informationen zur politischen Bildung 210, Bonn, Neudruck 2000
Der Sozialstaat. Informationen zur politischen Bildung 215, Bonn, Neudruck 1992
Föderalismus in Deutschland. Informationen zur politischen Bildung 275, Bonn 2002
Säcker, Horst: Das Bundesverfassungsgericht, München, 6. Auflage 2003
Beywl, Wolfgang: Soziale Sicherung. Reihe „Kontrovers" der Bundeszentrale für politische Bildung, Bonn 1994
Schmidt, Manfred G.: Sozialpolitik in Deutschland. Historische Entwicklung und internationaler Vergleich, Wiesbaden, 3. Auflage 2005

Vorschläge für Referate und Facharbeiten

- Die Verwirklichung der freiheitlichen demokratischen Grundordnung in der Landesverfassung
- Die Anwendung des Prinzips der Gewaltenteilung in der Gemeindeverfassung von …
- Die Entwicklung des Linksextremismus im Bund/im Land in den letzten zehn Jahren
- Die Entwicklung des Rechtsextremismus im Bund/im Land in den letzten zehn Jahren
- Armut in der Gemeinde. Bestandsaufnahme und Analyse sozialstaatlicher Maßnahmen zu ihrer Bekämpfung vor Ort
- Verfassungsgerichtsbarkeit – Vervollkommnung der Demokratie oder Widerspruch zur Demokratie?
- Länderfinanzausgleich – Der kooperative Föderalismus auf dem Prüfstand

Welche Akteure bestimmen den Demokratischen Willensbildungsprozess?

3.0

Bei uns ist ein Berufspolitiker in Allgemeinen weder ein Fach noch ein Dilettant, sondern ein Generalist mit dem Spezialwis wie man politische Gegner bekämpft. Selbstverständlich ist Befähigung zum Generalisten nichts Schlechtes, sondern etw Politiker. Dennoch ist

3.1 Im Zentrum des politischen Prozesses: Die Parteien

Parteien sind nicht beliebt. Fragt man die Bürger nach dem Vertrauen in die politischen Institutionen der Bundesrepublik Deutschland, dann belegen die Parteien und die Politiker, (welche fast ausnahmslos Exponenten von Parteien sind) regelmäßig die letzten Plätze. Das ändert aber nichts daran, dass die Parteien eine zentrale Rolle im politischen Prozess der modernen Demokratie spielen. Ihre Besonderheit und Einmaligkeit besteht vor allem darin, dass sie eine intermediäre (vermittelnde) Stellung zwischen Gesellschaft und Staat einnehmen. So obliegt ihnen zum einen die Transformation gesellschaftlich artikulierten Wollens in staatliches Wollen. Zum anderen stellen sie das Personal in Parlament und Regierung. Mit diesen beiden Leistungen machen sie nicht nur den Staat aktionsfähig, sondern tragen auch maßgeblich zur Integration der Bürger in die staatliche Ordnung bei.

Im Einzelnen erfüllen die Parteien die folgenden Funktionen. 1. Sie bilden zur Übernahme öffentlicher Verantwortung befähigte Bürger heran und stellen Kandidaten für die Besetzung von Wahlämtern auf (Rekrutierung von politischem Personal). 2. Sie entwickeln unter Einschluss gesellschaftlicher Interessenpositionen politische Zielvorstellungen, die sie in Programmen zusammenfassen und der Öffentlichkeit präsentieren (Konzeptualisierung von Politik). 3. Sie nehmen Einfluss auf die öffentliche Meinung und die politische Willensbildung der Bürger (Förderung der Meinungsbildung). 4. Sie üben in Parlament und Regierung Einfluss auf die Politik des Gemeinwesens aus (Gestaltung der Politik).

Die Bundesrepublik Deutschland gehört zu den wenigen Staaten, die Stellung, Aufgaben, innere Ordnung (Gebot der innerparteilichen Demokratie) und Finanzierung der Parteien sowie deren Verbotsmöglichkeit in der Verfassung (Art. 21) sowie in einem speziellen Gesetz, dem Parteiengesetz, geregelt haben. Die Schöpfer des Grundgesetzes wollten die Möglichkeit schaffen, politische Parteien zu verbieten, wenn diese ihre Aktivitäten darauf richten, die freiheitliche demokratische Ordnung zu unterminieren. Der Parlamentarische Rat hielt es ferner für erforderlich, die Parteien als Organe der politischen Willensbildung verfassungsrechtlich zu legitimieren, damit sie nicht, wie während der Weimarer Republik seitens einiger Verfassungsjuristen geschehen, erneut zu extrakonstitutionellen Institutionen erklärt werden konnten. Es sollte nicht zu dem Widerspruch kommen, dass einerseits die Parteien das gesamte politische Leben durchdringen, andererseits aber in der Verfassung nicht erwähnt werden.

Aus der Konstitutionalisierung der Parteien hat Gerhard Leibholz, der als Verfassungsrichter viele Jahre die Rechtsprechung zu den Parteien beeinflusst hat, die Parteienstaatstheorie entwickelt. Deren zentrale These lautet, dass die Parteien den Rang von Verfassungsorganen einnähmen und die eigentlichen politischen Handlungseinheiten in der Demokratie seien.

Weil die Parteien die wichtigsten Transmissionsriemen der Politik sind, werden sie von der Bevölkerung mit besonderer Aufmerksamkeit beobachtet und sehen sich vielfältiger Kritik ausgesetzt („Parteienverdrossenheit"). Verbreitet sind die folgenden Kritikpunkte: 1. Die Parteien leisten zu wenig. Schlechte Personalrekrutierung und mangelnde Sachkompetenz, dazu Zerstrittenheit zwischen den Parteien bewirken Problemlösungsdefizite. 2. Die Parteien beuten den Staat finanziell aus. Sie sorgen für hohe Diäten der Parlamentsabgeordneten und bedienen sich auf dem Wege der staatlichen Parteienfinanzierung selbst. 3. Die Parteien monopolisieren den politischen Prozess. 4. Die Parteien neigen zur Ämterpatronage, indem sie frei werdende Posten im öffentlichen Leben mit ihren Leuten zu besetzen trachten. 5. Innerhalb der Parteien herrscht Demokratiedefizit. Die wichtigsten Sach- und Personalentscheidungen werden im kleinsten Führungskreis ausgemacht. 6. Die Parteiprogramme sind ungenügend. Sie nehmen auf die Wünsche der Bevölkerung keinen Bezug. Außerdem ermangelt es ihnen an Zukunftsorientierung.

Die Parteien haben auf die ihnen entgegengebrachte Kritik reagiert, indem sie z.B. ihren Mitgliedern größere Mitwirkungsmöglichkeiten (Mitgliederbefragung) einräumen.

3.1.1 Begriff und Typologie der Parteien

M 1 Parteidefinition 1 (1871)

- Jede Partei ist einseitig; sie kann, da sie nur einen Teil der Bürger umschließt, auch nur einen Teil der das Volksleben bewegenden Kräfte vollständig würdigen, sie erscheint ihrem Wesen nach beschränkt und engherzig neben der gleich heilenden Gerechtigkeit des Staats, ein rasch vergängliches Geschöpf der Stunde neben der dauernden Ordnung des Gemeinwesens.

Aus: Heinrich von Treitschke, Parteien und Fractionen, in: Preußische Jahrbücher Bd. 27, Berlin 1871, S. 188 ff.

M 2 Parteidefinition 2 (etwa 1912)

- Parteien sollen heißen auf (formal) freier Werbung beruhende Vergesellschaftungen mit dem Zweck, ihren Leitern innerhalb eines Verbandes Macht und ihren aktiven Teilnehmern dadurch (ideelle oder materielle) Chancen (der Durchsetzung von sachlichen Zielen oder der Erlangung von persönlichen Vorteilen oder beides) zuzuwenden.

Aus: Max Weber, Wirtschaft und Gesellschaft, hg. von Johannes Winckelmann, Studienausgabe, Tübingen, 5. Auflage 1972, S. 167 (erste Auflage: 1921; Texterstellung zwischen 1911 und 1913)

M 3 Parteidefinition 3 (1932)

- Partei ergreifen heißt immer, sich zu einer bestimmten Gruppe bekennen und von einer anderen distanzieren. […] Darum bedeutet jede Partei ihrem Wesen nach Absonderung und Teil der Gesamtheit. Neben dieser negativen und äußerlichen Abgrenzung ist Partei positiv und inhaltlich gegeben durch die Teilhaftigkeit, die innere Verbundenheit und Zusammengehörigkeit einer Gruppe. Sie findet sich zusammen in der Übereinstimmung bestimmter Zwecke und Ziele. Partei ergreifen heißt immer, für eine bestimmte Sache eintreten. Damit ist auch das weitere Bestimmungselement besonders für die politische Partei gegeben. Mag es auf anderen Gebieten bloße Gesinnungsparteien geben, denen das Bekenntnis ihrer Anhänger genügt, für die Politik, die Max Weber als „Streben nach Machtanteil" definiert, gewinnen Gruppierungen erst Sinn und Bedeutung, wenn sie in den Kampf um die bewusste Beeinflussung der politischen Spitze aktiv eintreten. […] Schon die reine Sprachbedeutung des Begriffes Partei verweist auf Gestalt und Grundgehalt dieser politischen Gebilde: Bestimmte Gruppen mit bestimmter Zielsetzung – und dadurch von anderen Gruppen unterschieden – versuchen entscheidende Bestimmungen über den politischen Gesamtkörper zu gewinnen. Es bedeutet nur eine Ausgliederung dieser Definition, wenn als wesentliche Bestimmungselemente der modernen kontinental-europäischen Partei Programm, Organisation und Kampfcharakter erkannt werden. […] Die intensivste Gesinnungsgemeinschaft, die festeste Organisation ist noch nicht die Partei. Ohne Willen zur politischen Aktion, zur Machtergreifung und Herrschaftsbehauptung ist sie ihres eigentlichen Lebensnervs beraubt. […]

Aus: Sigmund Neumann, Die Parteien der Weimarer Republik, Stuttgart u. a. 1973 (Originalausgabe: 1932), S. 15 ff.

AUFGABEN

1. Vergleichen Sie die Parteidefinitionen (M 1 bis M 3) hinsichtlich der den Parteien zugeschriebenen Motive und Zwecke.
2. Erörtern Sie, ob sich in den Definitionen eine Abhängigkeit von den Zeitumständen ihrer Entstehung erkennen lässt.
3. Formulieren Sie unter Rückgriff auf Ihre Erfahrungen mit den gegenwärtigen Parteien eine Definition der Parteien in der modernen Demokratie.
4. Wie beurteilen Sie die Chancen einer Partei, der eine oder mehrere der in M 3 aufgeführten Bestimmungen fehlt?

M 4 Parteitypen

PARTEITYPEN

nach dem Ziel/den Adressaten einer Partei

KLASSENPARTEI
- Mitglieder vorwiegend aus einer sozialen Klasse
- Wählerschaft aus einer sozialen Gruppe
- eindeutiges Klassenprogramm

WELTANSCHAUUNGSPARTEI
- feste ideologische Grundlage
- theoretisch und grundsätzlich orientierte Politik
- Erreichung eines Zieles als erstrangiges Handlungsmotiv

VOLKSPARTEI
- sozial unterschiedliche Mitgliederschaft
- Wählerinnen und Wähler aus zahlreichen und verschiedenen sopzialen Gruppen
- weltanschaulich-programmatische Pluralität

PATRONAGEPARTEI
- Ideologielosigkeit als Prinzip
- reiner Pragmatismus
- Besetzung von Ämtern und Mandaten als erstrangiges Handlungsmotiv

nach der Organisation einer Partei

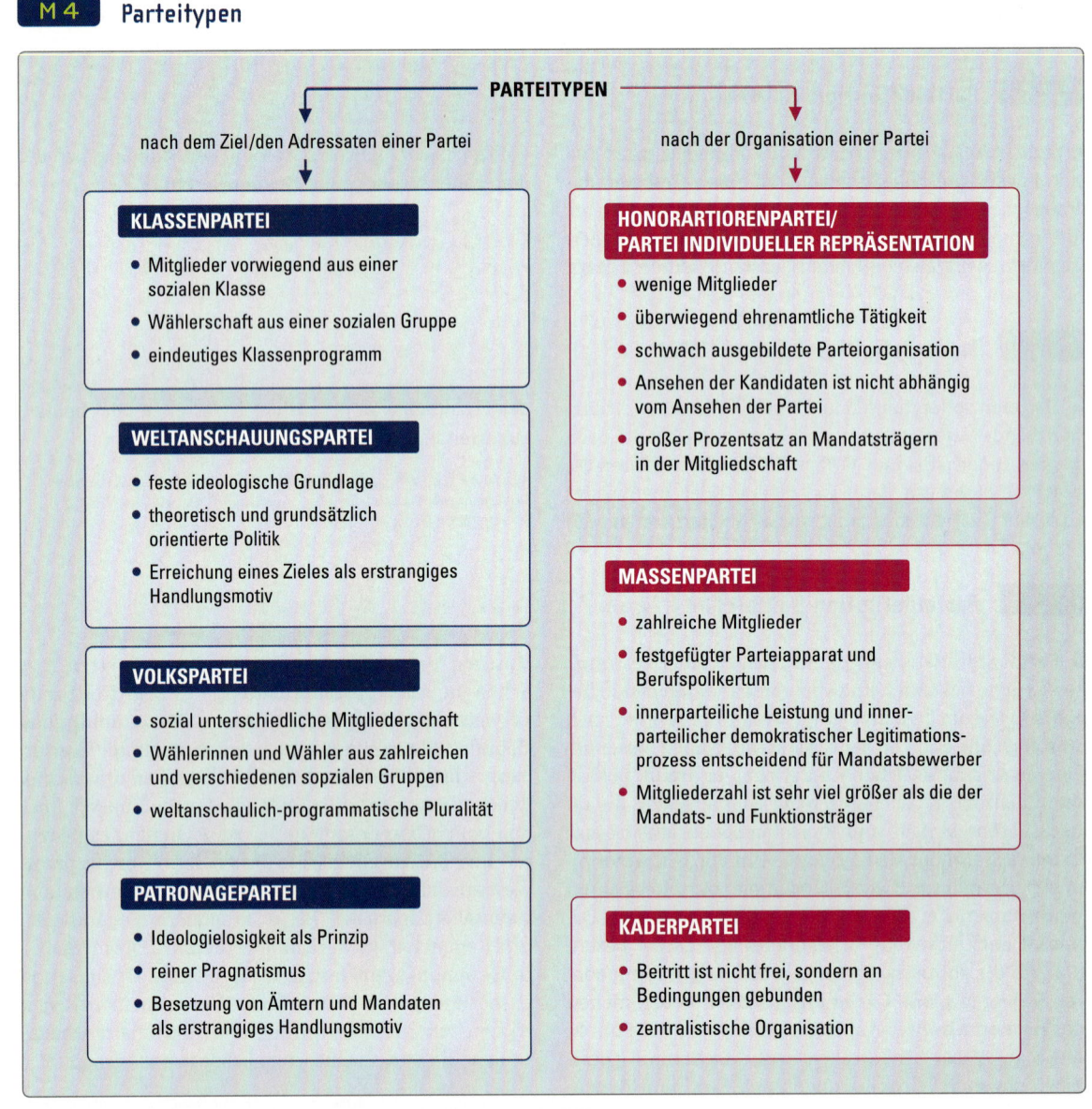

HONORARTIORENPARTEI/ PARTEI INDIVIDUELLER REPRÄSENTATION
- wenige Mitglieder
- überwiegend ehrenamtliche Tätigkeit
- schwach ausgebildete Parteiorganisation
- Ansehen der Kandidaten ist nicht abhängig vom Ansehen der Partei
- großer Prozentsatz an Mandatsträgern in der Mitgliedschaft

MASSENPARTEI
- zahlreiche Mitglieder
- festgefügter Parteiapparat und Berufspolikertum
- innerparteiliche Leistung und innerparteilicher demokratischer Legitimationsprozess entscheidend für Mandatsbewerber
- Mitgliederzahl ist sehr viel größer als die der Mandats- und Funktionsträger

KADERPARTEI
- Beitritt ist nicht frei, sondern an Bedingungen gebunden
- zentralistische Organisation

Aus: Anton Egner/Günther Misenta, Bürger im demokratischen Staat, Hannover 1984, S. 78

M 5 Volkspartei

■ Die Massenintegrationspartei, die in einer Zeit schärferer Klassenunterschiede und deutlich erkennbarer Konfessionsstrukturen entstanden war, formt sich zu einer Allerweltspartei *(catch-all party)*, zu einer echten
5 Volkspartei um. Sie gibt die Versuche auf, sich die Massen geistig und moralisch einzugliedern, und lenkt ihr Augenmerk in stärkerem Maße auf die Wählerschaft; sie opfert also eine tiefere ideologische Durchdringung für eine weitere Ausstrahlung und einen rascheren Wahlerfolg. [...] Die Allerweltsparteien Europas treten 10 in einer Phase der Entideologisierung auf, die beträchtlich zu ihrem Aufstieg und ihrer Ausbreitung beigetragen hat. Politische Desideologisierung heißt Ideologie vom Platz einer Hauptantriebskraft der politischen Zielsetzung auf die Rolle eines der möglichen Elemente 15 in einer sehr viel komplexeren Motivationsreihe zu beschränken. In den letzten beiden Jahrzehnten [gemeint sind die 50er- und 60er-Jahre, der Verf.] haben die deut-

sche und die österreichische sozialdemokratische Partei sehr deutlich eine Politik der Entideologisierung erkennen lassen. Das Beispiel der deutschen CDU ist nur deswegen weniger deutlich, weil es weniger zu entideologisieren gab. Die Ideologie der CDU war von Anfang an nur ein allgemeiner Hintergrund, eine gewisse Atmosphäre, allumfassend und vage genug, um Anhänger unter Katholiken und Protestanten zu finden. […]

Die Umwandlung zu Allerweltsparteien ist ein Phänomen des Wettbewerbs. Eine Partei neigt dazu, sich dem erfolgreichen Stil ihres Kontrahenten anzupassen, weil sie hofft, am Tag der Wahl gut abzuschneiden, oder weil sie befürchtet, Wähler zu verlieren. […]

Das Integrationspotenzial der Allerweltspartei beruht auf einer Kombination von Faktoren, deren sichtbares Endergebnis darin liegt, am Wahltag die größtmögliche Zahl von Wählern für sich zu gewinnen. Um dahin zu gelangen, muss das Bild der Allerweltspartei als eine vertraute Vorstellung in Millionen Köpfe eingedrungen sein; und ihre Rolle muss auf politischem Gebiet das sein, was auf dem wirtschaftlichen Sektor ein überall gebrauchter und standardisierter, weithin bekannter Marken- und Massenartikel ist. Welchen Strömungen innerhalb der Partei ein Parteiführer seinen Erfolg in dieser Partei auch verdankt, sobald er die führende Position erklommen hat, muss er sein Verhalten schnell an allgemeinen, standardisierten Erfordernissen ausrichten. Natürlich müssen die Unterscheidungsmerkmale so sein, dass der Artikel auf den ersten Blick erkannt wird, aber der Grad der Unterschiedlichkeit darf niemals so groß sein, dass der potenzielle Käufer befürchten muss, als kompletter Außenseiter zu erscheinen. […]

Aus: Otto Kirchheimer, Der Wandel des westeuropäischen Parteisystems, in: Beiträge zur allgemeinen Parteienlehre, Darmstadt 1969, S. 232–235

M 6 Dienstleistungspartei – Parteitypus der Zukunft?

■ Die Parteien werden sich von ihrer Klassen- und Massenbasis weiter lösen, schon weil diese Basis selber fluider wird und der gesellschaftliche Modernisierungsprozess nicht einfach gestoppt werden kann. Als eher lose Rahmenorganisationen werden sie der traditionellen Mitgliederpflege geringere Bedeutung einräumen und neuen offenen Formen der Kommunikation [vgl. S. 200, der Verf.] verstärkt Aufmerksamkeit widmen (müssen). Neue Informations- und Kommunikationsmedien erlauben eine immer passgenauere Zielgruppenansprache und die Bedienung von Wählersegmenten mit speziellen Informationsangeboten. Sie bieten zugleich aber auch […] Chancen für erhöhte Interaktivität und Responsivität in der Politikvermittlung.

Die innere Erosion der Parteien als politisch-weltanschauliche Gesinnungsgemeinschaften, die Abschwächung von Tradition und „ansozialisierten" Zugehörigkeitsgefühlen wird den Trend zu Dienstleistungsparteien im Verhältnis zu den Bürgern und zu Fraktionsparteien im Kontext des politischen Systems verstärken. Der Trend zu Parteien, an deren Spitze eine marktorientierte „Verkaufsorganisation" mit professioneller Führung steht, die besonders zu Wahlen […] aktiviert werden kann, wird sich fortsetzen.

Aus: FAZ, 24.9.1998, S. 15, gekürzt und leicht umgestellt, Autor: Prof. Dr. Ulrich Sarcinelli (Universität Koblenz-Landau)

AUFGABEN

1. Arbeiten Sie aus M 4 bis M 6 heraus, durch welche Merkmale sich die verschiedenen Parteitypen auszeichnen.
2. Versuchen Sie, den Zusammenhang von Parteitypus und politisch-gesellschaftlichem Umfeld zu bestimmen.
3. Ordnen Sie die im Bundestag vertretenen Parteien den Parteitypen zu. Wie würden Sie Parteien, die nach Ihrer Einschätzung nicht in das Schema der vorgestellten Parteitypen passen, sowie Splitterparteien typisieren?
4. Erörtern Sie, ob die in M 6 prognostizierte Dienstleistungspartei etwas grundsätzlich anderes ist als eine Volkspartei (M 5).

3.1.2 Die Stellung der Parteien in der grundgesetzlichen Ordnung

M 7 Artikel 21 des Grundgesetzes

(1) Die Parteien wirken bei der politischen Willensbildung des Volkes mit. Ihre Gründung ist frei. Ihre innere Ordnung muss demokratischen Grundsätzen entsprechen. Sie müssen über die Herkunft und Verwendung ihrer Mittel sowie über ihr Vermögen öffentlich Rechenschaft geben.
(2) Parteien, die nach ihren Zielen oder nach dem Verhalten ihrer Anhänger darauf ausgehen, die freiheitliche demokratische Grundordnung zu beeinträchtigen oder zu beseitigen oder den Bestand der Bundesrepublik Deutschland zu gefährden, sind verfassungswidrig. Über die Frage der Verfassungswidrigkeit entscheidet das Bundesverfassungsgericht.
(3) Das Nähere regeln Bundesgesetze.

M 8 Aus dem Parteiengesetz von 1967

§ 1 Verfassungsrechtliche Stellung und Aufgaben der Parteien
(1) Die Parteien sind ein verfassungsrechtlich notwendiger Bestandteil der freiheitlichen demokratischen Grundordnung. Sie erfüllen mit ihrer freien, dauernden Mitwirkung an der politischen Willensbildung des Volkes eine ihnen nach dem Grundgesetz obliegende und von ihm verbürgte öffentliche Aufgabe.
(2) Die Parteien wirken an der Bildung des politischen Willens des Volkes auf allen Gebieten des öffentlichen Lebens mit, indem sie insbesondere auf die Gestaltung der öffentlichen Meinung Einfluss nehmen, die politische Bildung anregen und vertiefen, die aktive Teilnahme der Bürger am politischen Leben fördern, zur Übernahme öffentlicher Verantwortung befähigte Bürger heranbilden, sich durch Aufstellung von Bewerbern an den Wahlen in Bund, Ländern und Gemeinden beteiligen, auf die politische Entwicklung in Parlament und Regierung Einfluss nehmen, die von ihnen erarbeiteten politischen Ziele in den Prozess der staatlichen Willensbildung einführen und für eine ständige lebendige Verbindung zwischen dem Volk und den Staatsorganen sorgen.
(3) Die Parteien legen ihre Ziele in politischen Programmen nieder.

§ 2 Begriff der Partei
(1) Parteien sind Vereinigungen von Bürgern, die dauernd oder für längere Zeit für den Bereich des Bundes oder eines Landes auf die politische Willensbildung Einfluss nehmen und an der Vertretung des Volkes im Deutschen Bundestag oder einem Landtag mitwirken wollen, wenn sie nach dem Gesamtbild der tatsächlichen Verhältnisse, insbesondere nach Umfang und Festigkeit ihrer Organisation, nach der Zahl ihrer Mitglieder und nach ihrem Hervortreten in der Öffentlichkeit eine ausreichende Gewähr für die Ernsthaftigkeit dieser Zielsetzung bieten. Mitglieder einer Partei können nur natürliche Personen sein.
(2) Eine Vereinigung verliert ihre Rechtsstellung als Partei, wenn sie sechs Jahre lang weder an einer Bundestagswahl noch an einer Landtagswahl mit eigenen Wahlvorschlägen teilgenommen hat.

§ 6 Satzung und Programm
(1) Die Partei muss eine schriftliche Satzung und ein schriftliches Programm haben.

AUFGABEN

1. Arbeiten Sie aus M 7 und M 8 heraus, a) welche Aufgaben die Parteien nach dem Willen des Verfassungs- und Gesetzgebers erfüllen sollen, b) welchen Bedingungen und Auflagen sie unterworfen sind.
2. Überlegen Sie, welche Gründe und Absichten Verfassungs- und Gesetzgeber veranlasst haben mögen, die Regelungen in der vorliegenden Weise vorzunehmen.
3. Verfolgen Sie über einen längeren Zeitraum in der Berichterstattung Ihrer Tageszeitung die Aktivitäten der Parteien auf Bundes-, Landes- und Lokalebene. Ordnen Sie die Aktivitäten den Aufgaben der Parteien nach § 1 (2) des Parteiengesetzes zu.

M 9 Gerhard Leibholz: Legitimierung des Parteienstaates durch das GG (1950)

Gemessen an dem, wie bisher der zur politischen Wirklichkeit gewordene Parteienstaat durch die deutschen Verfassungen behandelt worden ist, enthalten die Bestimmungen des Grundgesetzes eine grundsätzliche Neuerung. Der Zweck dieser Bestimmungen ist es, die politische Wirklichkeit mit dem geschriebenen Recht zu versöhnen. […] Die Parteien sind verfassungsmäßig legalisiert worden und […] erscheinen jetzt verfassungsmäßig als die Organisationen, die bei der politischen Willensbildung des Volkes mitzuwirken haben. Sie sind damit zugleich zu Elementen des staatlichen Bereiches und der staatlichen Willensbildung gemacht worden. […]

Dies bedeutet nicht, dass der Verfassungsgesetzgeber alle Folgerungen gezogen hat, die sich aus dieser Legitimierung des Parteienstaates an sich ergeben. Vor allem hat er geglaubt, […] an den Grundsätzen des repräsentativen Parlamentarismus des 19. Jahrhunderts festhalten zu müssen. Denn nach Art. 38 Abs. 1 Satz 2 GG sollen unbeschadet der verfassungsmäßigen Sanktionierung des Parteienstaates die Abgeordneten des Deutschen Bundestages Vertreter des ganzen Volkes bleiben. Sie sollen an Aufträge und Weisungen nicht gebunden und nur ihrem Gewissen unterworfen sein. […] Der Abgeordnete im modernen Parteienstaat ist in Wahrheit nicht Vertreter des ganzen Volkes im Sinne des repräsentativen Parlamentarismus, wie dies z. B. von […] Edmund Burke [vgl. S. 180, der Verf.] […] gefordert worden ist. Der Abgeordnete ist auch nicht im modernen massendemokratischen Parteienstaat der freie, nur seinem Gewissen unterworfene Vertreter der ganzen Nation. Er ist in Wahrheit einer Fülle von Bindungen unterworfen, insbesondere denen seiner Partei, die entscheidend seine Rede und Abstimmung beeinflussen. Er ist heute weitgehend nichts anderes mehr als ein an die Weisungen der Partei und Parteihonoratioren gebundener Funktionär, der von den Wählern auch nur als Zugehöriger zu einer bestimmten politischen Partei und nicht mehr auf Grund seiner besonderen politischen Verdienste oder persönlichen Fähigkeiten in das Parlament entsandt wird. Kein Wunder, dass unter diesen Umständen im modernen Parteienstaat der Volksvertreter auch für sein Verhalten und seine Entscheidungen […] von der Partei zur Verantwortung gezogen werden kann. […]

Vergessen wir nicht, dass vor einem Jahrhundert noch die Entstehung der politischen Parteien aktiv durch den Staat bekämpft worden war. Man sah […] voraus, dass die Tolerierung und Legalisierung der politischen Parteien die Freiheit und Unabhängigkeit der Volksvertreter aufs Schwerste gefährden würde. Man fühlte, dass man mit einem solchen Schritt die Fundamente des klassischen parlamentarischen Repräsentativsystems zerstören würde […]. Unter diesen Umständen kann es nicht überraschen, dass die Legitimierung des Parteienstaates durch das Grundgesetz nicht gerade dessen Popularität erhöht hat und dass die Einfügung der politischen Parteien in den staatlichen Herrschaftsapparat eine sehr herbe Kritik erfahren hat. Man spricht von einer Mediatisierung des Volkes, die in Art. 21 GG nur ihren sinnfälligsten Ausdruck gefunden habe und die durch die Beseitigung der plebiszitären Präsidentschaftswahlen und die Abschaffung von Volksinitiative und Volksentscheid noch eindrücklich unterstrichen worden sei. […] Diese Gegenüberstellung von Volk und Partei ist irreführend […]. Denn es sind gerade die Parteien, die (im massendemokratischen Parteienstaat liberaler Prägung) erst das Volk aktivieren und handlungsfähig machen. Die Parteien sind das Sprachrohr, deren sich das organisierte Volk bedient, um sich artikuliert äußern und Entscheidungen fällen zu können. […]

Aus: Gerhard Leibholz, Volk und Partei im neuen deutschen Verfassungsrecht (1950), zitiert nach: ders., Strukturprobleme der modernen Demokratie, Frankfurt a. M., 3. Auflage 1974, S. 72–76

AUFGABEN

1. Mit der „Theorie vom Parteienstaat" (M 9) erregte Gerhard Leibholz großes Aufsehen, obwohl er nur die aus seiner Sicht zu ziehenden Konsequenzen der Parteienregelung des Grundgesetzes darstellen wollte. Ermitteln Sie, worin die Provokation der Theorie besteht.
2. Ist die Parteienstaatstheorie sachlich richtig? Beziehen Sie Stellung.

3.1.3 Innerparteiliche Demokratie

M 10 Organisation der Parteien

■ *Aus dem Parteiengesetz:*

§ 9 Mitglieder- und Vertreterversammlung
(1) Die Mitglieder- oder Vertreterversammlung (Parteitag, Hauptversammlung) ist das oberste Organ des jeweiligen Gebietsverbandes. [...]
Die Parteitage treten mindestens in jedem zweiten Kalenderjahr einmal zusammen. [...]
(3) Der Parteitag beschließt im Rahmen der Zuständigkeiten des Gebietsverbandes innerhalb der Partei über die Parteiprogramme, die Satzung, die Beitragsordnung, die Schiedsgerichtsordnung, die Auflösung sowie die Verschmelzung mit anderen Parteien.
(4) Der Parteitag wählt den Vorsitzenden des Gebietsverbandes, seine Stellvertreter und die übrigen Mitglieder des Vorstandes [...].

§ 11 Vorstand
(3) Der Vorstand leitet den Gebietsverband und führt dessen Geschäfte nach Gesetz und Satzung sowie den Beschlüssen der ihm übergeordneten Organe. [...]

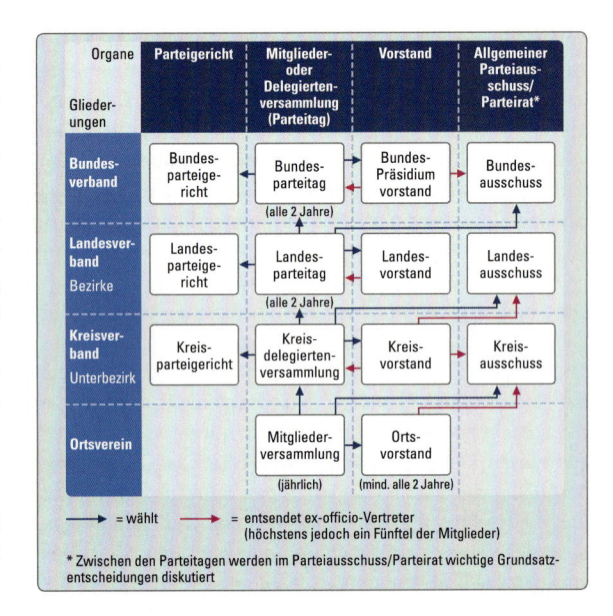

Organe Gliederungen	Parteigericht	Mitglieder- oder Delegiertenversammlung (Parteitag)	Vorstand	Allgemeiner Parteiausschuss/ Parteirat*
Bundesverband	Bundesparteigericht	Bundesparteitag (alle 2 Jahre)	Bundes-Präsidium vorstand	Bundesausschuss
Landesverband Bezirke	Landesparteigericht	Landesparteitag (alle 2 Jahre)	Landesvorstand	Landesausschuss
Kreisverband Unterbezirk	Kreisparteigericht	Kreisdelegiertenversammlung	Kreisvorstand	Kreisausschuss
Ortsverein		Mitgliederversammlung (jährlich)	Ortsvorstand (mind. alle 2 Jahre)	

⟶ = wählt   ⟶ = entsendet ex-officio-Vertreter (höchstens jedoch ein Fünftel der Mitglieder)
* Zwischen den Parteitagen werden im Parteiausschuss/Parteirat wichtige Grundsatzentscheidungen diskutiert

M 11 Geheime Absprache zwischen den Führern verschiedener Gruppierungen in der Kölner CDU

■ 1. Die anstehenden personellen Entscheidungen in Fraktion und Partei sollen in den nächsten fünf Jahren einvernehmlich und ohne öffentliche Auseinandersetzung getroffen werden.

2. Das gilt auch für die Wahl des nächsten Parteivorstandes.

3. Die Entscheidung des Parteivorstands über die Vorschläge der Kölner Kreispartei für die Reihenfolge der Listenplätze für den Landtag ist endgültig und wird nicht problematisiert. (Sie ist auch kein Thema auf dem nächsten Kreisparteitag.) [...]

Zitiert nach: Erwin K. und Ute Scheuch, Cliquen, Klüngel und Karrieren. Über den Verfall der politischen Parteien – eine Studie, Reinbek bei Hamburg 1992, S. 84

M 12 Das „eherne Gesetz der Oligarchie"

■ Das Führertum ist eine notwendige Erscheinung jeder Form gesellschaftlichen Lebens. [...] Die Ursachen für die oligarchischen Erscheinungen im Schoße der demokratischen Partei sind [...] folgende: Abgesehen von den Fällen der Organisierung und Kartellbildung der Führer untereinander sowie der ganz generellen geistigen Immobilität der Massen, liegen sie im Geltungsbedürfnis und vorzugsweise in der technischen Unentbehrlichkeit der Führer. [...]

Das soziologische Grundgesetz, dem die politischen Parteien [...] bedingungslos unterworfen sind, mag, auf seine kürzeste Formel gebracht, etwa so lauten: Die Organisation ist die Mutter der Herrschaft der Gewählten über die Wähler, der Beauftragten über die Auftraggeber, der Delegierten über die Delegierenden. [...]

Indes die sachliche Unreife der Masse ist [...] nicht eine vorübergehende Erscheinung, die sich mit Zunahme der Demokratisierung [...] eliminieren lässt. Sie erhellt vielmehr aus dem Wesen der Masse selbst als einer, auch wenn organisierten, so doch dem Komplex der von ihr zu lösenden Aufgaben gegenüber immanent inkompetenten, weil arbeitsteilungs-, spezialisierungs- und führungsbedürftigen amorphen Masse. [...] Schon der Einzelmensch ist, im Durchschnitt, von Natur aus in vielem auf Leitung angewiesen, und zwar desto mehr, je mehr sich die Funktionen des modernen Lebens teilen und wieder teilen. Die Gruppe, bestehend aus Einzelmenschen, empfindet das Bedürfnis der Führung in noch ungleich verstärktem Grade.

Aus: Robert Michels, Zur Soziologie des Parteiwesens in der modernen Demokratie (1911), Stuttgart 1989, S 369 ff.

M 13 Ein Plädoyer für die politische Selbstständigkeit des gewählten Parteiführers

● Wenn Sie jemand an die Spitze einer Partei stellen, dann dürfen Sie ihn nicht in den entscheidenden Momenten taktisch nach allen Seiten einengen wollen, dann müssen Sie auch ertragen, dass dieser Mann, wenn er eine Persönlichkeit ist, seine Persönlichkeit durchsetzt, um seine Ideen durchzubringen. [...] Geht die [Führung] nach Meinung des Parteitags oder Zentralvorstands einen falschen Weg, so ist es das volle Recht dieser Instanzen, [...] in entscheidenden Momenten durch einen demokratischen Mehrheitswillen entscheiden zu wollen, wohin die Führung zu gehen hat.

Aus: Aus einer Erklärung (1920) und einem Aufsatz (1921) von Gustav Stresemann, Reichskanzler und langjähriger Außenminister in der Weimarer Republik, zitiert nach: Theodor Eschenburg, Also hören Sie mal zu. Geschichte und Geschichten 1904 bis 1933, Berlin 1995, S. 204

M 14 „Antizipierte Reaktion" statt Oligarchie

● Vollzieht sich also die Willensbildung in Parteien einfach „von oben nach unten"? Gegen ein derartiges Bild sprechen innerparteiliche Konflikte, Kampfabstimmungen [...] und gelegentlich auch Niederlagen von Parteiführungen [...].

Tatsächlich stehen sich nicht eine geschlossene Führung einerseits und lauter isolierte Delegierte als Parteivolk andererseits gegenüber. Vielmehr gibt es häufig innerparteiliche Gruppierungen, welche eine übermächtige Parteiführung ausschließen. [...]

Eine zweite, durchschlagendere Einschränkung der Oligarchiethese ergibt sich aus der Frage, ob aus den hohen Erfolgschancen von Vorstandsvorschlägen notwendigerweise zu folgern ist, dass Mitglieder bzw. Delegierte von oligarchischen Führungsgruppen einseitig dominiert werden. Jene Erfolgschancen und fehlenden offenen Konflikte lassen sich ja auch anders interpretieren: dass sorgsam um ihre Basis bemühte und sich rückkoppelnde Führungsgruppen eben den Willen der Mehrheit formulieren, gewissermaßen im Vorhinein den Wünschen von Mitgliedern und Delegierten entsprechen (Prinzip der antizipierten Reaktion) – so z. B. bei Proporz-Kandidatenlisten und zusammenfassenden Parteitagsanträgen.

Aus: Wolfgang Rudzio: Das politische System der Bundesrepublik Deutschland, Opladen, 6. Auflage 2003, S. 185 f.

AUFGABEN

1. Leiten Sie aus M 10 (Grafik/Text) die verschiedenen Aspekte innerparteilicher Demokratie ab.
2. Überlegen Sie zunächst, wovon der Erfolg der Absprache in M 11 abhängt. Bewerten Sie dann die einzelnen Festlegungen in der Absprache aus der Sicht des Parteiengesetzes.
3. Stellen Sie die Gründe zusammen, die nach Robert Michels (M 12) zur Oligarchisierung der Parteien führen. Prüfen Sie die Plausibilität der Gründe. Diskutieren Sie, ob es Chancen zur Aufhebung von Oligarchisierung gibt.
4. Halten Sie die Aussagen Gustav Stresemanns (M 13) für einen Ausdruck der Oligarchisierung? Begründen Sie Ihre Sichtweise.
5. Diskutieren Sie, ob die in M 14 dargestellten Sachverhalte das „eherne Gesetz der Oligarchie" widerlegen.

M 15 Mehr innerparteiliche Demokratie durch Mitgliederbefragungen und Mitgliederentscheide?

■ **Auszüge aus einem Interview
mit dem FDP-Politiker Wolfgang Gerhardt im WDR**

Es gibt ja immer die Kritik, die Parteiführung oder auch ein Parteitag entscheidet alleine. Der Mitgliederentscheid kann in vernünftiger innerparteilicher Diskussion auch ein Akt des Zusammenhalts der FDP werden, der die Akzeptanz für eine Entscheidung erhöht. Eine Partei darf sich auch nicht vor ihren Mitgliedern fürchten, sondern das ist doch ein Akt des Vertrauens an zigtausend Mitglieder. [...] Ich will aber deshalb den Mitgliederentscheid nicht zu einem beliebigen dauerhaften tagespolitischen Instrument werden lassen.

Mitgliederbefragungen – die Einschätzung eines Politikwissenschaftlers

Geben Mitgliederbefragungen unserer repräsentativ verfassten Demokratie [...] eine durchaus erwünschte Prise direkter Demokratie bei? [...] Mitgliederentscheide in Parteiangelegenheiten sind eine Sache. Da mag jede Partei verfahren, wie sie es für gut hält, in den Grenzen, versteht sich, die ihr der Artikel 21 des Grundgesetzes und das Parteiengesetz vorgeben. Einen Parteivorsitzenden durch die Mitglieder wählen zu lassen [...], ein Parteiprogramm von den Mitgliedern beschließen zu lassen, warum nicht? Mitgliederbefragungen in Angelegenheiten, die Regierungen und Parlamente zu entscheiden haben, sind etwas ganz anderes. Wenn Mitglieder von Parteien ein öffentliches Amt übernehmen, dann treten sie in einen alle Bürger des Gemeinwesens einzubeziehenden Legitimations- und Verantwortungszusammenhang ein. Eben darauf verweist der Artikel 38 GG mit der traditionsreichen Formel: Die Abgeordneten des Bundestages sind Vertreter des ganzen Volkes, an Aufträge und Weisungen nicht gebunden und nur ihrem Gewissen unterworfen. Es gibt die Meinung, Artikel 38 sei in der modernen, durch Parteien bestimmten Demokratie ein Anachronismus. Aber aus dieser Meinung spricht keineswegs Wirklichkeitssinn, von der Einsicht in den Sinn der Norm zu schweigen. Ihre spezifische Bedeutung in der Parteiendemokratie liegt darin, dass sie die Autonomie der Fraktion in ihrem Verhältnis zu den außerparlamentarischen Parteigremien sichert. Auf den Punkt gebracht: Die Fraktion ist nicht an die Weisungen der Partei gebunden.

§ 21 der FDP-Bundessatzung (seit 1995)

(1) Über wichtige politische Fragen kann ein Mitgliederentscheid stattfinden. Auf Antrag der Vorstände oder Parteitage von fünf Landesverbänden oder von einem Drittel der Kreisverbände oder von fünf Prozent der Mitglieder der FDP hat der Bundesvorstand den beantragten Mitgliederentscheid durchzuführen. [...]

(3) Haben sich mindestens ein Drittel der Mitglieder an dem Mitgliederentscheid beteiligt, so ist dessen Ergebnis die politische Beschlusslage der FDP und steht einer Entscheidung des Bundesparteitages gleich. [...]

Aus: Erster Text: Interview vom 23.8.1995, zitiert nach: fdk – freie demokratische korrespondenz, Ausgabe 182 vom 23.8.1995; zweiter Text: FAZ, 5.10.1996, S. 10, Autor: Prof. Dr. Peter Graf Kielmansegg (Universität Mannheim)

AUFGABEN

1. Bei der SPD wählten 1993 die Parteimitglieder den Parteivorsitzenden, der dann durch die Delegierten eines Parteitages bestätigt wurde. Bei der FDP wurden die Parteimitglieder 1995 und 1997 aufgefordert, über zwei grundsätzliche politische Fragen – „großer Lauschangriff" (verbesserte Abhörmöglichkeiten der Polizei bei der Kriminalitätsbekämpfung) und Abschaffung der Wehrpflicht – zu entscheiden. Bei der SPD beteiligten sich über 60 % der Parteimitglieder, bei der FDP 43 % bzw. 19,4 %. Worin liegt der qualitative Unterschied zwischen den Abstimmungen der beiden Parteien? Wie ist es angesichts der Beteiligungen mit der Legitimation und der Verbindlichkeit der Entscheidungen bestellt?
2. Halten Sie Mitgliederbefragungen und Mitgliederentscheidungen für brauchbare Mittel innerparteilicher Demokratie?

3.1.4 Politische Profile der Parteien

M 16 Das programmatische Profil der im Bundestag vertretenen Parteien

CDU und CSU: Christliche Werte und Soziale Marktwirtschaft

Entsprechend dem Charakter von CDU und CSU als Sammlungsparteien verschiedener politischer Richtungen haben katholische, liberale und konservativ-protestantische Vorstellungen auf ihre Programmatik eingewirkt. Die katholische Soziallehre – entwickelt in den Sozialenzykliken der Päpste – sucht die freie Entfaltung des Einzelnen mit sozialer Verpflichtung, Eigentum mit dessen Sozialbindung zu verbinden. Von zentraler Bedeutung ist das Prinzip der Subsidiarität: Betont werden daher die Erziehungsrolle von Familie und Kirche, die Rolle sozialer Hilfe durch Familie und freie Träger, „Vorrang der Privatinitiative" und des kleinen Eigentums gegenüber Staat und Großuntenehmen. Nach neo- und ordoliberalen Vorstellungen hat der Staat im Rahmen der Sozialen Marktwirtschaft die Aufgabe aktiver Sicherung und Gestaltung der marktwirtschaftlichen Ordnung (Wettbewerb als „staatliche Veranstaltung"). Unsoziale Folgen der Marktwirtschaft sollen durch sozialpolitische Maßnahmen aufgefangen werden.

SPD: Demokratischer Sozialismus

Die SPD ist aus der Arbeiterbewegung des 19. Jahrhunderts hervorgegangen. Lange Zeit bekannte sie sich zu einem marxistischen Grundverständnis und proklamierte folglich den „Befreiungskampf der Arbeiterklasse". So betonten noch die „Politischen Leitsätze" von 1946 den engen Zusammenhang von Sozialismus und Demokratie und forderten umfassende Sozialisierungen der Großindustrie. Das Godesberger Programm von 1959 dokumentiert den Wandel der SPD von einer vorwiegend marxistisch geprägten Klassenpartei zu einer weltanschaulich pluralistischen „linken" Volkspartei, die auch Bevölkerungsteile außerhalb der Arbeiterschaft anzusprechen sucht. Die Grundwerte des angestrebten „demokratischen Sozialismus" werden jetzt zurückgeführt auf die christliche Ethik, den Humanismus (Locke, Kant, Frühsozialisten, Marx) und die klassische Philosophie (Platon, Aristoteles). Unter anderem gab die SPD mit dem Godesberger Programm ihren traditionellen Gegensatz zu den Kirchen auf. In wirtschaftspolitischer Hinsicht wird seit 1959 der Vorrang des Marktes vor der Planung betont und gilt die Überführung von Produktionsmitteln in Gemeineigentum nur als allerletztes Mittel zur „Bändigung der Macht der Großwirtschaft". Das Berliner Grundsatzprogramm von 1989 setzt neben traditionell sozialdemokratischen Forderungen neue Akzente, indem ein „ökologischer Umbau" der Gesellschaft gefordert wird und die SPD sich als „Reformbündnis der alten und neuen sozialen Bewegungen" bezeichnet. Dies signalisiert eine politische Annäherung an die Grünen.

FDP: Liberalismus unterschiedlicher Couleur

Der deutsche Liberalismus, wie er sich im 19. Jahrhundert formierte, hat in der Nachfolge von Adam Smith und John Locke die Prinzipien der freien Wirtschaft, des liberalen Rechtsstaates und der parlamentarischen Regierung auf seine Fahnen geschrieben. Eingezwängt zwischen konservativen Kräften und aufsteigender Arbeiterbewegung spaltete er sich in eine rechts- und eine linksliberale Strömung. Die FDP nach 1945 ist Erbe beider Strömungen. In ihr gab und gibt es einen national- und wirtschaftsliberalen sowie einen sozialliberalen Flügel. Die Partei versteht sich als Bürger(rechts)partei; sie vertritt außerdem stärker als CDU und CSU die Prinzipien der Marktwirtschaft auf der Grundlage des Privateigentums. Sie ist gegenüber einer öffentlichen Rolle der Kirchen eher kritisch eingestellt. Mit den Freiburger Thesen von 1971 verschob sich das politische Profil der FDP in Richtung eines sozialen Liberalismus, dem es „nicht nur auf Freiheiten und Rechte als bloß formale Garantien des Bürgers gegenüber dem Staat, sondern als soziale Chancen in der alltäglichen Wirklichkeit der Gesellschaft" ankommt. Seit Anfang der 80er-Jahre dominiert jedoch das wirtschaftsliberale Profil der Partei.

Bündnis 90/Die Grünen: Ökologische Linkspartei

Seit Mitte der 70er-Jahre bildete sich aus zunächst vereinzelt wirkenden Bürgerinitiativen eine auch regional und dann überregional organisierte Umweltschutzbewegung heraus, die sich erst 1980 als Partei auf Bundesebene konstituierte („Die Grünen"). Sie spricht vor allem das Themenspektrum Ökologie, Gleichberechtigung, Partizipation und Friedenspolitik an. Das Parteiprogramm enthält auch sozial-egalitäre, basisdemokratische und auf alternative Lebensformen gerichtete Positionen. Die Partei war zunächst in einen realpolitischen („Realos") und einen „fundamentalistischen" („Fundis") Flügel gespalten. Mit dem Einzug in Landesregierungen und Bundesregierung (1998) gewann eine pragmatische, nicht auf die „reine Lehre" fixierte Linie die Oberhand.

Welche Akteure bestimmen den demokratischen Willensbildungsprozess?

Linkspartei.PDS: Linkssozialistische Partei

Die PDS ist die Nachfolgerin der SED, die auf der Basis einer marxistisch-leninistischen Ideologie die frühere DDR beherrschte. Die PDS nennt sich seit 2005 „Die Linkspartei.PDS". Als Kurzbezeichnung nutzt sie den Namen „DIE LINKE". Die Linkspartei.PDS bekennt sich nachdrücklich zum Sozialismus in Wirtschaft und Gesellschaft. Scharf kritisiert sie in ihren programmatischen Äußerungen eine Politik, die „den Interessen der einflussreichsten Finanzinstitute und Wirtschaftsunternehmen unterworfen wird." Die Linkspartei.PDS hat eine relativ starke Stellung in den neuen Bundesländern. Im Jahr 2005 schloss sie ein Bündnis mit der in den alten Bundesländern verankerten WASG (Wahlalternative Arbeit und soziale Gerechtigkeit). Es bleibt abzuwarten, ob es zu einer Fusion beider Parteien kommt.

Autorentext

M 17 Übersicht über die Entwicklung der Parteienlandschaft in Deutschland

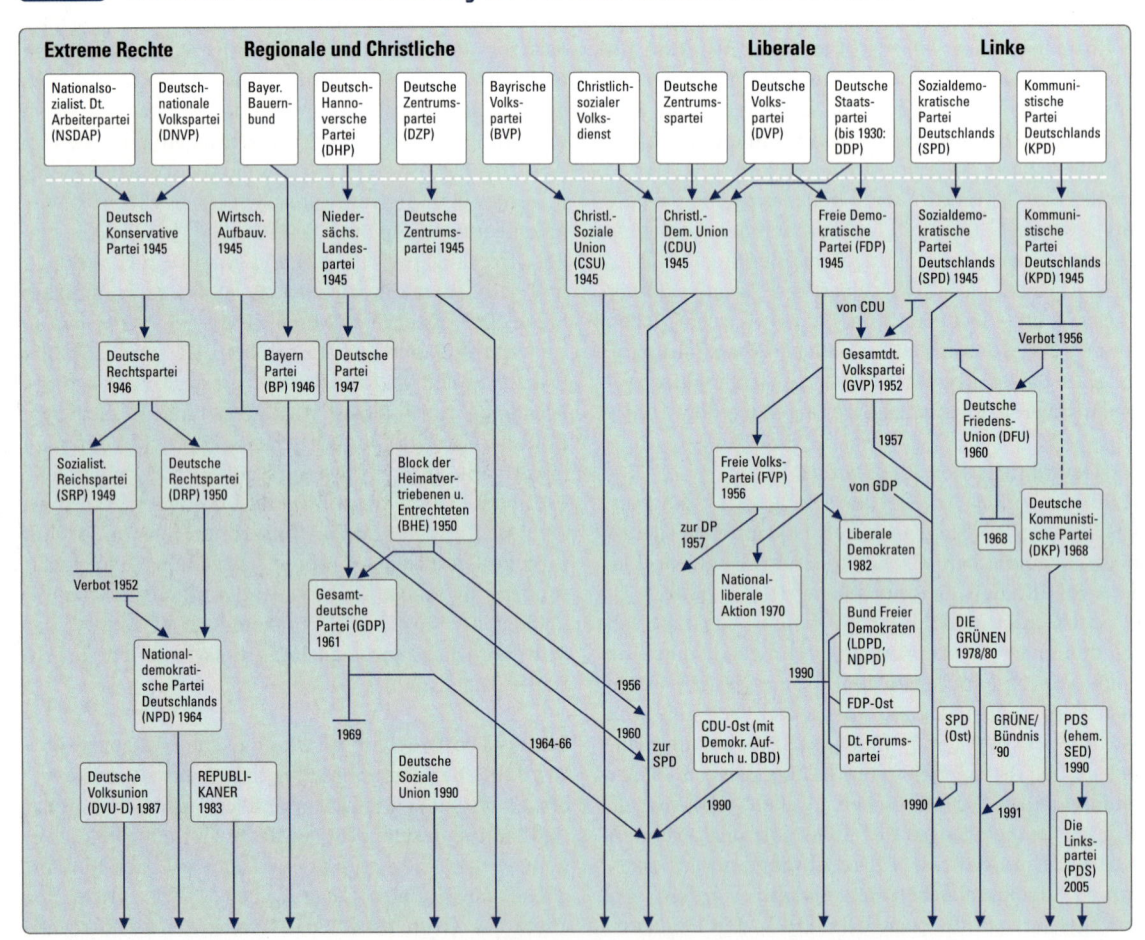

Aus: Wolfgang Rudzio, Das politische System der Bundesrepublik Deutschland, Opladen, 6. Auflage 2003, S. 142 f. (Schema leicht ergänzt)

AUFGABE

Zeichnen Sie in einer Facharbeit – ausgehend von S. 73–74 und unter Zuhilfenahme von Sekundärliteratur – die Entwicklung (oder einzelne Entwicklungsphasen) einer Partei Ihrer Wahl nach. Berücksichtigen Sie dabei auch die Entwicklung der Parteiprogramme und die Präsentation der Parteigeschichte in Broschüren und im Internet.

METHODEN

Auswertung von Wahl- und Parteiprogrammen

Parteiprogramme und Wahlprogramme beschreiben den politischen Standort der Parteien und enthalten in zusammenhängender, ausführlicher Darstellung die Ziele, für die die Parteien in der politischen Öffentlichkeit eintreten. Parteiprogramme kommen in der Regel erst nach einem längeren Diskussionsprozess zustande und sind notwendigerweise recht allgemein gehalten, während Wahlprogramme konkreter das politische Programm für eine Legislaturperiode beschreiben.

Wenn Sie Parteiprogramme, Wahlprogramme und die politische Kommunikation der Parteien insgesamt analysieren, so können Sie auf folgende Weise vorgehen:

1. Recherchieren Sie die Position der Parteien zu einem aktuellen politischen Thema. Nutzen Sie das Internet. Vergleichen Sie die unterschiedlichen Positionen mit dem Partei-/Wahlprogramm.

2. Recherchieren Sie, wie sich die Position der Parteien zu einem bestimmten Politikbereich seit 1945 verändert hat. Nutzen Sie hierfür die Literaturhinweise auf S. 106.

Beachten Sie: Jeder Bürger kann sich nach § 6 des Parteiengesetzes kostenlos alle oder einzelne Programme und Statuten der Parteien vom Bundeswahlleiter in Wiesbaden (Statistisches Bundesamt: www.destatis.de) schicken lassen.

Teilen Sie die Arbeit zu Nr. 1 bzw. Nr. 2 auf Gruppen auf. Dabei ist es anregend, sich auf Parteien einzulassen, die man nicht schon ohnehin bevorzugt. Berücksichtigen Sie bei der Textarbeit folgende Hinweise:
— Wie ausführlich wird das betreffende Thema behandelt?
— Welche Ziele werden genannt? An welchen übergeordneten Werten orientiert man sich?
— Welchen Gruppen fühlt sich die Partei besonders verpflichtet?
— Betrachten Sie die auf Folie oder Wandzeitung in Stichworten notierten Ergebnisse im Vergleich. Prüfen Sie, ob die Antworten der Parteien überzeugend sind. Halten Sie offene Fragen fest, die in einem Expertengespräch mit einem Politiker der jeweiligen Partei (ggf. auch per E-Mail oder Online-Chat mit einem Bundestagsabgeordneten) zu klären wären.

3.1.5 Grundsätze der Parteienfinanzierung

M 18 Ein Rückblick in die Zeit der Weimarer Republik

Die finanziellen Aufwendungen einer Partei stiegen, so klagte Gustav Stresemann [gegenüber Theodor Eschenburg, der Verf.] von Wahl zu Wahl. Vergleichsweise günstig stehe die SPD mit ihrer traditionell hohen Beitragsdisziplin da, abgesichert durch die vierzehntägigen Zahlabende, die als Pflichtveranstaltung gälten. Außerdem zahlten die Gewerkschaften und deren Bank, und die SPD-Zeitungen mit eigenen Druckereien lieferten kostenlos Flugblätter und Plakate. Das Zentrum habe den Vorzug der katholischen Laienorganisationen und der Zeitungen in den überwiegend katholischen Gebieten, die durchweg als Zentrumsorgane wirkten. Dagegen seien die beiden liberalen Parteien, Demokraten und Volkspartei, arme Schlucker. Zwar sei der Apparat seiner Partei mit ihren Geschäftsstellen fest in seiner Hand; schließlich habe er ihn 1919 aufgebaut. Aber um Spenden müsse er regelrecht betteln gehen, und zwar persönlich. Er erwähnte einen Besuch bei Carl Bosch, dem Chef der IG Farben, des großen Chemiekonzerns. Der habe – vor den Maiwahlen [20.5.1928, der Verf.] – so weit gehende handels-, steuer- und sozialpolitische Forderungen gestellt, dass Stresemann verärgert geantwortet habe: „Herr Bosch, wir können auch die Konzerne sozialisieren." Darauf habe Bosch sofort eingelenkt. Stresemann war der Meinung, dass der Staat einen beachtlichen Teil der Kosten der Parteien tragen müsse. Nur dann könnten die Parteien von den Interessenverbänden unabhängig werden.

Aus: Theodor Eschenburg, Also hören Sie mal zu. Geschichte und Geschichten 1904 bis 1933, Berlin 1995, S. 204

M 19 Das System der Parteienfinanzierung in der Bundesrepublik Deutschland

Text A
Am Anfang der staatlichen Parteienfinanzierung stand die Erinnerung an das Scheitern der Weimarer Republik, an die Finanzierung auch der Nationalsozialisten durch Kreise der Schwerindustrie. Sie veranlasste den Parlamentarischen Rat zu der Vorschrift des Art. 21 GG, die politischen Parteien „müssen über die Herkunft ihrer Mittel öffentlich Rechenschaft geben".

Text B
Entschließt sich der Gesetzgeber zur Parteienfinanzierung, muss er den Geboten der Staatsfreiheit und Chancengleichheit Rechnung tragen. Das Gebot der Staatsfreiheit der Parteien erlaubt jedoch nur eine Teilfinanzierung ihrer allgemeinen Tätigkeit aus öffentlichen Mitteln. Parteien müssen politisch, organisatorisch und wirtschaftlich auf die Bürger angewiesen bleiben. Das Risiko des Fehlschlagens ihrer Bemühungen um eine solche hinreichende Unterstützung darf ihnen der Staat nicht abnehmen. Der Gesamtumfang unmittelbarer staatlicher Zuwendungen an eine Partei darf deshalb die Summe ihrer selbst erwirtschafteten Einnahmen nicht überschreiten.

Der Staat darf den Parteien auch nicht mehr zuwenden als das, was sie unter Beachtung des Gebots sparsamer Verwendung öffentlicher Mittel zur Erfüllung ihrer Aufgaben unabweisbar benötigen. In den Verteilungsmaßstab muss der Erfolg, den eine Partei beim Wähler, bei der Summe der Mitgliedsbeiträge und bei dem Umfang der von ihr eingeworbenen Spenden erzielt, zu einem jeweils ins Gewicht fallenden, im Einzelnen vom Gesetzgeber zu bestimmenden Anteil eingehen.

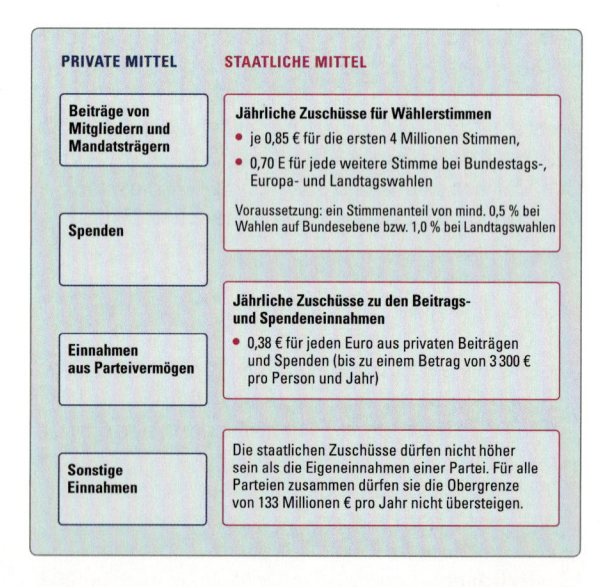

Aus: Text A: Wolfgang Rudzio, Das politische System der Bundesrepublik Deutschland, Opladen, 6. Auflage 2003, S. 126 f. (Text leicht verändert); Text B: Karl-Heinz Seifert / Dieter Hömig, Grundgesetz für die Bundesrepublik Deutschland, Taschenkommentar, Baden-Baden, 7. Auflage 2003, S. 265 (Text gekürzt)

PRIVATE MITTEL	STAATLICHE MITTEL
Beiträge von Mitgliedern und Mandatsträgern	**Jährliche Zuschüsse für Wählerstimmen** • je 0,85 € für die ersten 4 Millionen Stimmen, • 0,70 € für jede weitere Stimme bei Bundestags-, Europa- und Landtagswahlen Voraussetzung: ein Stimmenanteil von mind. 0,5 % bei Wahlen auf Bundesebene bzw. 1,0 % bei Landtagswahlen
Spenden	
Einnahmen aus Parteivermögen	**Jährliche Zuschüsse zu den Beitrags- und Spendeneinnahmen** • 0,38 € für jeden Euro aus privaten Beiträgen und Spenden (bis zu einem Betrag von 3 300 € pro Person und Jahr)
Sonstige Einnahmen	Die staatlichen Zuschüsse dürfen nicht höher sein als die Eigeneinnahmen einer Partei. Für alle Parteien zusammen dürfen sie die Obergrenze von 133 Millionen € pro Jahr nicht übersteigen.

M 20 Die finanzielle Situation der im Bundestag vertretenen Parteien

Zahlen aus den Rechenschaftsberichten der Parteien (2003)

	CDU	CSU	SPD	FDP	Grüne	Die Linke. PDS+
Gesamteinnahmen[1]	139,7	47,4	179,8	27,8	26,2	22,2
davon Mitgliedsbeiträge[1]*	42,7	10,2	53,9	6,1	5,3	9,9
Spenden[1]	17,4	9,7	10,4	7,4	3,4	1,8
Staatl. Mittel[1]	43,9	15,3	59,3	10,2	10,8	8,7
Reinvermögen[1]■	74,4	22,1	135,7	-0,2	20,8	20,7
Schulden[1]	67,1	18,5	105,5	34,9	8,9	0,9
Mitglieder▲	587 244	176 989	650 798	65 192	44 052	65 753
Durchschnittl. Mitgliedsbeitrag[2]	72,71	57,63	82,82	93,57	120,31	150,56
Einnahmen je Mitglied[2]	237,89	267,81	276,28	426,43	594,75	337,63
Reinvermögen je Mitglied[2]	126,69	124,87	208,51	-3,68	472,17	314,81
Schulden je Mitglied[2]	114,26	104,53	162,11	535,34	202,03	13,69

[1] Angaben in Mio. Euro [2] Angaben in Euro * ohne Mandatsträgerbeiträge + hieß im Rechnungsjahr 2003 noch PDS ▲ am 31.12. 2003 ■ Reinvermögen: Gesamtvermögen abzüglich Schulden
Quelle: (Bundestags-Drucksache 15/5550) http://dip.bundestag.de/btd/15/055/1505550.pdf (2.12.2005)

■ Wofür geben die Parteien das Geld aus? Zunächst ist an Wahlkämpfe zu denken, erst in zweiter Linie daran, dass in jeder Kreisstadt Büros aller wichtigen Parteien sind und dass dort neben vielen ehrenamtlichen Funktionären jeweils ein bis zwei hauptberufliche Kräfte arbeiten. [...] Der Schwerpunkt der Personalausgaben liegt auf der Landesebene. Sie zahlt das Personal in der Fläche. Der Sachaufwand des Parteiapparates fällt vor allem auf der Kreisebene an (z. B. für das Porto der Mitgliederrundschreiben und die Bürokosten). Die Öffentlichkeitsarbeit ist Ausgabenschwerpunkt auf der Bundesebene und auf der Kreisebene.

Aus: Karl-Heinz Naßmacher, Artikel „Parteienfinanzierung", in: Uwe Andersen/Wichard Woyke (Hg.), Handwörterbuch des politischen Systems der Bundesrepublik Deutschland, Opladen, 5. Auflage 2003, S. 468

M 21 Kritik der Parteienfinanzierung

■ **Text A:** Keine moderne Demokratie hat es ganz vermeiden können, dass die Parteien zu Kostgängern des Staates wurden. Aber es gab zwei Wege dafür:
— Die privatrechtliche Ausgestaltung der Parteienfinanzierung bei großzügiger steuerlicher Begünstigung von Spenden, verbunden mit einer rechtlichen Regelung von Höchstgrenzen und der Offenlegung als Schutz gegen Missbräuche und ungerechtfertigte Einflüsse auf politische Entscheidungen (das angelsächsische Modell)
— Die öffentlich-rechtliche Regelung bei Ausbau direkter staatlicher Zuwendungen an die Parteien (das kontinentaleuropäische Modell).

Die Bundesrepublik hat in bester Absicht versucht, durch die Kombination der beiden Modelle die beste der Welten in der Parteienfinanzierung zu schaffen. Sie schuf hingegen die schlechteste der Welten durch eine doppelte Selbstbedienung der politischen Klasse aus der Staatskasse: Staatssubvention plus steuerliche Begünstigung von Spenden.

Text B: Wenn Politiker sich zunehmend an der Einwerbung finanzieller Mittel orientieren, entsteht die Gefahr, dass sich Mitglieder der politischen Klasse durch die finanzielle Abhängigkeit in einer Weise von den Interessen der Wähler und Parteimitglieder entfernen, die die Problemwahrnehmungs- und Problemlösungskapazität beeinträchtigt.

Aus: Text A: Klaus von Beyme, Die politische Klasse im Parteienstaat, Frankfurt a. M., 2. Auflage 1995, S. 168 f. (Text leicht verändert); Text B: Christine Landfried, Parteifinanzen und politische Macht. Eine vergleichende Studie zur Bundesrepublik Deutschland, zu Italien und den USA, Baden-Baden, 2. Auflage 1994, S. 273 f.

AUFGABEN

1. Arbeiten Sie aus M 18 bis M 20 Gründe für eine Finanzierung der Parteien aus Steuermitteln heraus.
2. Erklären Sie unter Rückgriff auf M 19 und M 20 einer mit den deutschen Verhältnissen nicht vertrauten Person Prinzipien, System und Umfang der deutschen Parteienfinanzierung.
3. Diskutieren Sie die in M 21 formulierte Kritik der Parteienfinanzierung. Denken Sie über Alternativen nach und unterbreiten Sie praktikable Vorschläge. Bedenken Sie dabei die jeweils zu erwartenden Folgen für die Parteien, die Bürger (Steuerzahler) und die Funktionsfähigkeit der Demokratie.

3.1.6 Parteienwirklichkeit und Parteienreform

M 22 Insiderreport: Auszüge aus einem Roman

■ Motivationslage des Parteimanagers

Als junger Assistent eines Abgeordneten hatte er einmal den Bundesverteidigungsminister zu einer öffentlichen Veranstaltung in Hamburg begleitet. Flug in der Bundeswehrmaschine, Fahrt im Dienstwagen mit Stander, persönlicher Referent und Sicherheitsbeamte als Begleitung, buckelnde Ortshonoratioren, neugierige Journalisten, drängelnde Autogrammjäger – er kannte seitdem die Insignien und Ingredienzien der Macht. Er hatte sie damals wie in einem Rausch genossen. Seitdem wusste er, was er anstrebte: Ministerialdirektor und dann Staatssekretär. Klaasen, Abteilungsleiter für politische Planung in der Parteizentrale, sah alles genau vor sich: seine zwei Vorzimmerdamen, den großen Dienstwagen mit Fahrer und Telefon; Klaasen, der Herr über zahlreiche qualifizierte Mitarbeiter und viele Millionen Steuergelder, engster Berater des Ministers und begehrter Gesprächspartner für Diplomaten, Abgeordnete, Lobbyisten und Journalisten; Klaasen, bevorzugter Referent, ja Mittelpunkt auf öffentlichen Veranstaltungen, gern gesehener Gast und charmanter Plauderer bei exquisiten Arbeitsessen und illustren gesellschaftlichen Veranstaltungen […].

Die Basis aus der Sicht des Parteimanagers

Er achtet und schätzt sie [die Delegierten des Bundesparteitages, der Verf.]. Seit Jahren schlugen sie sich im Gemeinde- oder Stadtrat mit den Problemen der Menschen vor Ort herum. Neben Beruf und Familie opferten sie einen Großteil ihrer Freizeit der Politik. Klaasen, der fünf Jahre Mitglied in einem Stadtparlament gewesen war, wusste aus eigener Erfahrung, wie viel Geschick und unermüdliche Kleinarbeit, wie viel Sachkenntnis und Ausdauer erforderlich waren, um eine Gemeinde oder Stadt gut zu regieren.

Er kannte sie, die Handwerksmeister, die mittleren Angestellten und Beamten, die Anwälte, Lehrer und Soldaten, die berufstätigen Frauen und die Hausfrauen, die Bauern und mittelständischen Unternehmer. Durch ihre Arbeit sorgten sie dafür, dass die Demokratie vor Ort funktionierte und die Partei arbeitsfähig war. Sie mäkelten nicht nur herum, sondern hatten handfeste Interessen und klare Standpunkte, die sie in die Tat umzusetzen wussten. Sie waren Macher. Bei aller Gegensätzlichkeit ihrer politischen Auffassungen und Interessen, trotz ihrer kleinen Eitelkeiten, Intrigen und Postenrangeleien, über die man leicht die Nase rümpfen konnte, war ohne ihr Engagement ein Gemeinwesen nicht regierbar. […]

Der Bundesvorstand in der Bewertung des Parteimanagers

Unter Klumper [Bundeskanzler und Parteivorsitzender, der Verf.] war der Bundesvorstand nach und nach zu einem Akklamationsorgan geworden, das den ausführlichen Berichten des Vorsitzenden zur politischen Lage lauschte. Zwar wurden anschließend einige Anmerkungen gemacht oder Fragen gestellt, aber ansonsten wurde das gebilligt, was in kleinen Zirkeln vorher schon entschieden worden war. Kein Zweifel, Klumper hatte es verstanden, den Bundesvorstand der Partei am kurzen Zügel zu führen. Zwar war das Gremium immer noch wichtig als politische Clearingstelle, als politisches Koordinations- und Integrationsorgan, in dem unterschiedliche Einschätzungen und Meinungen zwischen verschiedenen Landesverbänden, den Vereinigungen, den politischen Richtungen innerhalb der Partei ausgetauscht und politische Leitlinien der Parteiführung bekannt gegeben wurden; aber wirklich wichtige politische Entscheidungen hatte der Bundesvorstand schon seit mehreren Jahren nicht mehr gefällt.

Aus: Wulf Schönbohm, Parteifreunde. Ein Roman aus der Provinz, Düsseldorf 1990, S. 22, 279 f., 45 f. (Zwischenüberschriften durch den Verf.). Der Autor war lange Jahre Abteilungsleiter für politische Planung der CDU.

AUFGABEN

1. Entspricht das Bild, das der Parteimanager Klaasen in M 22 von seinen Zukunftsplänen, den Mitgliedern der Basis und von der Praxis des Bundesvorstandes seiner Partei zeichnet, Ihrer Einschätzung der Parteien?
2. Halten Sie die geschilderten beruflichen Pläne, Bewertungen und Zustände für normal und richtig oder für kritikwürdig und änderungsbedürftig?

M 23 Die Parteien aus der Sicht der Bundespräsidenten von Weizsäcker und Rau

Richard von Weizsäcker

Die Parteien haben sich zu einem ungeschriebenen sechsten Verfassungsorgan entwickelt, das auf die anderen fünf einen immer weitergehenden, zum Teil völlig beherrschenden Einfluß entwickelt hat. [...] Bei uns ist ein Berufspolitiker im Allgemeinen weder ein Fachmann noch ein Dilettant, sondern ein Generalist mit dem Spezialwissen, wie man politische Gegner bekämpft. Selbstverständlich ist die Befähigung zum Generalisten nichts Schlechtes, sondern etwas unvermeidlich Notwendiges für einen Politiker. Dennoch ist es ein spürbarer Mangel, daß wir auf wichtigen Fachgebieten in der Politik zur Zeit viel zu wenig wirkliche Kenner haben. [...] Der Hauptaspekt des „erlernten" Berufs unserer Politiker besteht in der Unterstützung dessen, was die Partei will, damit sie einen nominiert, möglichst weit oben in den Listen, und in der behutsamen Sicherung ihrer Gefolgschaft, wenn man oben ist. Man lernt, wie man die Konkurrenz der anderen Parteien abwehrt und sich gegen die Wettbewerber im eigenen Lager durchsetzt. [...] Nach meiner Überzeugung ist unser Parteistaat [...] machtversessen auf den Wahlsieg und machtvergessen bei der Wahrnehmung der inhaltlichen und konzeptionellen politischen Führungsaufgabe. Wir leben in einer Demoskopiedemokratie. Sie verführt die Parteien dazu, in die Gesellschaft hineinzuhorchen, dort die erkennbaren Wünsche zu ermitteln, daraus ein Programm zu machen, dieses dann in die Gesellschaft zurückzufunken und sich dafür durch das Mandat für die nächste Legislaturperiode belohnen zu lassen. [...]

Johannes Rau

Mein Vorgänger im Amt, Richard von Weizsäcker, hat den Parteien einmal „Machtvergessenheit" und „Machtversessenheit" vorgeworfen. Ich habe ihm damals widersprochen. Ich war und bin davon überzeugt, dass es ohne funktionierende demokratische Parteien keine lebendige Demokratie gibt. [...] Wir sollten nicht vergessen, dass es in Deutschland fast zwei Millionen Männer und Frauen gibt, die sich in politischen Parteien engagieren. Viele von ihnen setzen viel Zeit, großes Engagement, eine gehörige Portion Idealismus ein, weil sie unser Land nach ihren Vorstellungen mitgestalten wollen. [...] Für alle, die besondere Verantwortung für unser Gemeinwesen und für die Institutionen unseres Staates tragen, und für alle, die die politisch Verantwortlichen kritisch begleiten, wünsche ich mir das, was man in England *common sense* nennt. Wir dürfen die Institutionen nicht zerstören – weder dadurch, dass die Parteien sie usurpieren, noch dadurch, dass ihnen pauschal jegliche Glaubwürdigkeit abgesprochen wird. [...] Die Parteien selber wissen ganz genau, dass sie [...] in vielem nicht auf der Höhe der Zeit sind.

Aus: Text Richard von Weizsäcker: Richard von Weizsäcker im Gespräch mit Gunter Hofmann und Werner A. Perger, Frankfurt a. M. 1992, S. 140 und 150 ff. Die Orthographie folgt – dem Wunsch des Autors entsprechend – der alten Rechtschreibung; Text Johannes Rau: Rede anlässlich des Jahresempfangs der Evangelischen Akademie in Tutzing, zitiert nach: Süddeutsche Zeitung, 20.1.2000, S. 7

M 24 Kritik des „Parteienstaates"

Im Parteienstaat wird das Volk bei der politischen Willensbildung durch die Parteien, wie Gerhard Leibholz es ausdrückte, „mediatisiert" und die Parteien üben über ihre Macht- und Einflußpositionen die Staatsgewalt im wesentlichen selbst aus. [...] Auf diese Weise verwischt sich fortlaufend der Unterschied zwischen Staat und Partei bis hin zur Ausverlagerung staatlicher Entscheidungen in Partei- und Koalitionsgremien. [...] Worum es [...] geht, ist die Rückbildung des Parteienstaates zu einer lebendigen Parteiendemokratie. Nehmen wir die nüchterne Aussage des Artikels 21 GG ernst: Die Parteien wirken an der politischen Willensbildung mit. [...] Politische Willensbildung des Volkes, das ist vornehmlich die Teilnahme an Wahlen und Abstimmungen. Hierfür sind die Parteien unersetzbar. Sie sind als Aktionseinheiten politisch interessierter Bürger tätig, bündeln politische Interessen, entwickeln politische Zielvorstellungen in Konkurrenz miteinander. [...] Daneben steht der Staat als Ämterordnung. Es ist die große politische Kulturleistung des modernen Staates, daß in ihm die Machtausübung in Ämtern verfaßt ist [vgl. S. 178 f., der Verf.] und dadurch reguliert und diszipliniert wird. Die Ämter sind bezogen auf nicht eigennützige, sondern fremdnützige Wahrnehmung allgemeiner Angelegenheiten. [...] Sie dürfen deswegen nicht einfach „Besitz" oder Prämie für regierende Parteien werden. Der Wahlerfolg von Parteien bringt legitimerweise ein Anrecht auf und die Innehabung von Ämtern in Parlament und Regierung – auch die Stellung des Abgeordneten ist ein Amt mit eigenem Amtsauftrag (Art. 38 GG). [...] Aber ein Wahlerfolg stellt nicht die Staatsgewalt in allen Ämtern zur Disposition der Parteien.

Das Grundgesetz verbürgt in Art. 33 Abs. 2 den gleichen

Zugang zu allen öffentlichen Ämtern nach Eignung, Befähigung und fachlicher Leistung. Parteipatronage und personelle Machtausdehnung der Parteien sind damit unvereinbar. Sie werden aber – quer durch die Parteien – kontinuierlich geübt. […] Im Bund ist es der Bundespräsident, der die Beamten und Richter ernennt. Ihm obliegt nicht die Auswahl, aber er ist für die Einhaltung der rechtlichen Bindungen mit verantwortlich. Haben die beiden früheren Bundespräsidenten [von Weizsäcker und Herzog] jemals eine ihnen vorgeschlagene Ernennung unter Berufung auf Art. 33 Abs. 2 GG verweigert? Ich weiß es nicht; Anlaß dazu hätte durchaus mal bestanden.

Aus: FAZ, 14.2.2000, S. 3, Autor: Prof. Dr. Ernst-Wolfgang Böckenförde, Richter am Bundesverfassungsgericht von 1983 bis 1996

M 25 Vorschläge für eine Reform der Parteiendemokratie

1. Organisationsreform: Mehr Entscheidungsrechte für die Mitglieder; professionelle Ausbildung der hauptamtlichen Mitarbeiter, stärkere Kontrolle der Mandatsträger.
2. Urwahlen (Briefwahl) bei Kandidaten für öffentliche Ämter, Urabstimmungen der Mitglieder bei wichtigen inhaltlichen Fragen (mit bestimmten Quoren).
3. Schlanke Organisation: Begrenzung der Organisationsstufen in den Parteien auf drei (Grundorganisation auf Stadt-/Kreisebene, Landesebene, Bundesebene).
4. Zeitlich begrenzte Mitarbeit von Sympathisanten in thematischen Arbeitsgruppen..
5. Aktives Wahlrecht ab 16, passives Wahlrecht ab 18, Mitgliedschaft in Parteien ab 14 Jahre.
6. Einführung des Wahlrechts für EU-Ausländer bei den Landtags- und Bundestagswahlen.
7. Volksbegehren und Volksentscheid werden auch für die Bundesebene eingeführt.
8. Veränderung des Bundestagwahlrechts sowie der Wahlgesetze der Länder und Gemeinden: Auf offenen Parteilisten können einzelne Kandidaten gewählt werden.
9. Öffnung der Parteien für Seiteneinsteiger, Anwendung moderner Personalberatung, Erleichterung des Wechsels zwischen Politik und sonstigen Berufen.
10. Begrenzung der Ämterhäufung (auf höchstens drei), Offenlegung von Nebentätigkeiten.
11. Angemessene Bezahlung von Politikern; bessere Kontrolle der Einkünfte und Versorgungsansprüche.
12. Amtszeitbegrenzung für öffentliche Ämter (maximal drei Wahlperioden).
13. Die Parteienfinanzierung muss transparenter gestaltet werden.
14. Kostenbegrenzungen von Wahlkämpfen.
15. Rückzug der Parteien aus Bereichen, die nicht ihren Verfassungsauftrag und ihre Kernkompetenzen berühren (Schule, kommunale Firmen, öffentliche Unternehmen).
16. Entflechtung der öffentlich-rechtlichen Medien und der politischen Parteien.

Nach: Ulrich von Alemann, Parteien, Reinbek bei Hamburg 1995, S. 121–124

AUFGABEN

1. Verfassen Sie vor dem Hintergrund Ihrer Erfahrungen und Einschätzungen einen vergleichenden Kommentar zu den Ausführungen in M 23.
2. Fassen Sie die Aussagen von M 24 in Thesen zusammen. Diskutieren Sie die Erfolgsaussichten des Reformvorschlages, der Bundespräsident solle bei Personalernennungen die Parteipatronage zurückdrängen, vor dem Hintergrund der Tatsache, dass die Bundespräsidenten selbst aus Parteien stammen und von Parteien nominiert werden.
3. Nehmen Sie Stellung zu einem oder zu mehreren der in M 25 unterbreiteten Vorschläge zur Reform der Parteiendemokratie.

Parteien – eine Erkundung vor Ort

Erkunden Sie die aktuellen parteipolitischen Aktivitäten in Ihrer Gemeinde. Entwickeln Sie Fragebögen für Interviews mit Vorstandsmitgliedern des Ortsverbandes, Ratsmitgliedern und „einfachen" Mitgliedern. Recherchieren Sie dann in einem arbeitsteiligen Verfahren (bei mindestens zwei Parteien) zu folgenden Fragestellungen und Aufgaben:

_Welche Motivation bewegt die Parteimitglieder zu ihrem Engagement?

_Wie ist die Partei vor Ort organisiert? (Jugend-, andere Vorfeldorganisationen der Partei)

_Wie organisiert die Partei ihre Arbeit? (Besuchen Sie z. B. eine Parteiveranstaltung, sammeln Sie aktuelle Pressemeldungen und beachten Sie die Präsentation der Ortspartei im Internet.)

_Wie wird die Parteiarbeit finanziert (Höhe der Mitgliederbeiträge, Spenden)?

_Worin liegen die praktischen Probleme der „Alltagsarbeit" der Ortspartei?

_Wie hoch ist die Zahl der Mitglieder, wie ist die Berufs- und Altersstruktur, der Frauenanteil der Partei? Liegen dazu Vergleichszahlen – z. B. aus dem letzten Jahrzehnt – vor?

_Wie ist es mit dem Engagement von Frauen und Jugendlichen in der Partei vor Ort (bzw. in den Frauen- und in den Jugendorganisationen der Partei) bestellt?

_Inwiefern unterscheiden sich die programmatischen Aussagen der Partei zu einem aktuellen Politikfeld in Ihrer Gemeinde von den Vorstellungen der anderen Parteien?

_Welche Institutionen in der Gemeinde werden mit Personen aus den Parteien besetzt?

Überlegen Sie, wie Sie Ihre Ergebnisse zusammenfassen und auf Schautafeln oder in einer kleinen „Parteienzeitung" präsentieren können. Erfahrungsgemäß sind Ihre Gesprächspartner, aber auch die Lokalpresse an den Ergebnissen Ihrer Recherchen interessiert. Sie sollten die vollständigen Rechercheunterlagen auch in einem Projektordner sammeln, der für nachfolgende Lerngruppen eine Grundlage für weitere Untersuchungen darstellen kann.

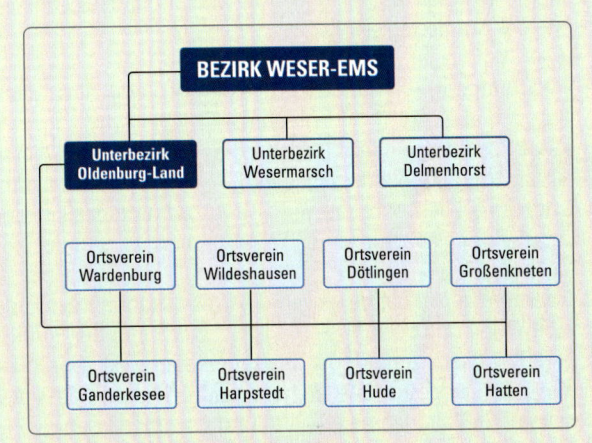

81.1 *Organisation der SPD im Raum und Landkreis Oldenburg*

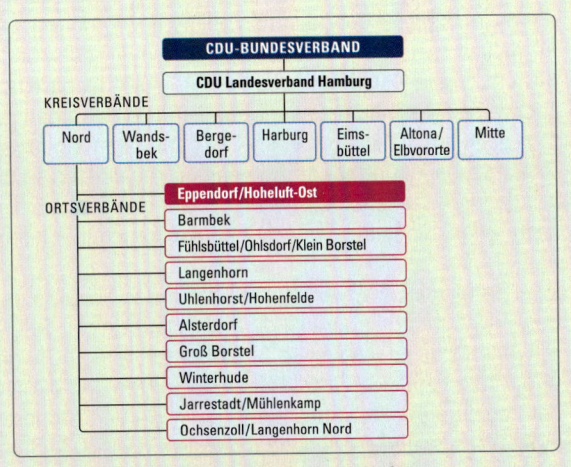

81.2 *Der Ortsverband Eppendorf/Hoheluft-Ost in der Organisation der CDU*

3.2 Politische Einflussmöglichkeiten der Interessenverbände

Die Gesellschaft der Bundesrepublik Deutschland ist wie die der anderen westlichen Demokratien gekennzeichnet durch das Mit-, Neben- und Gegeneinander einer Vielzahl von Organisationen, die der Förderung der Interessen ihrer Mitglieder dienen. Spannungen, Konflikte, aber auch Kompromisse und Übereinstimmungen prägen deshalb diese Gesellschaften, die wegen dieser Vielfalt auch als pluralistisch bezeichnet werden.

Die Zahl der Organisationen in Deutschland lässt sich kaum ermitteln, da es weder eine zentrale Registrierstelle für Vereinigungen noch einen hinreichend präzisen Begriff dafür gibt, was als Verband, Verein, Vereinigung, Gruppierung oder Initiative zu gelten hat. Schätzungen zufolge gibt es aber wohl über 200 000 Organisationsgebilde der unterschiedlichsten Art. Als Interessenverbände mit politischen Absichten im weitesten Sinne kommen etwa 5000 Organisationen in Betracht. In der „Lobbyliste" des Deutschen Bundestages sind weit über 1600 Verbände registriert. Mit der Registrierung geben diese Verbände einerseits öffentlich zu Protokoll, dass sie politische Einflussnahme ausüben wollen, und erwerben andererseits den Anspruch auf Anhörung durch Organe des Bundestages und der Bundesregierung.

Im Grundgesetz werden die Interessenverbände nicht direkt erwähnt. Dass sich Interessen frei organisieren dürfen, lässt sich aber Art. 9 GG entnehmen. Dieser Artikel spricht allen Bürgern das Recht zu, Vereine und Gesellschaften sowie zur Wahrung und Förderung der Arbeits- und Wirtschaftsbedingungen Vereinigungen zu bilden. Mittels dieser Organisationen kann jedermann mit allen gesetzlichen Mitteln auch auf politische Willensbildungsprozesse Einfluss nehmen. Weil die Verfassungsordnung das Einwirken der Interessenverbände auch auf den staatlichen Entscheidungsprozess als legitim akzeptiert, begründet sie eine pluralistische Demokratie.

Die Interessenverbände wollen die Willensbildung des Parlamentes, der Regierung, der Parteien und der öffentlichen Meinung beeinflussen. Der Schwerpunkt der Einflussnahme liegt dabei ganz eindeutig bei der Regierung und dort wiederum auf der Referentenebene der einschlägigen Ministerien. § 24 der Gemeinsamen Geschäftsordnung der Bundesministerien lässt ausdrücklich zu, dass die Verbände bei der Vorbereitung von Gesetzen Gelegenheit zur Stellungnahme erhalten und um Überlassung von Unterlagen gebeten werden können. Aus der Sicht des Staates ist diese Regelung wegen der bei den Verbänden angesammelten Sachkunde sinnvoll.

Auch wenn ihre Motivation in erster Linie verbandsegoistisch ist, erfüllen die Interessenverbände wichtige Funktionen im Interesse der gesamten politischen Ordnung. Erstens prägen, bündeln und artikulieren sie kollektive Forderungen und versetzen damit die staatlichen Entscheidungsträger erst in die Lage, realitätsgerechte Regelungen zu treffen. Zweitens sind die Verbände Ausdruck der gesellschaftlichen Differenzierung und transformieren diesen Sachverhalt in konkrete Erwartungen und Forderungen. Sie füllen damit das abstrakte Prinzip der Volkssouveränität mit Leben aus, da der Bürger jetzt nicht nur am Wahltag seinen Willen artikulieren kann, sondern fortdauernd über seinen Verband. Drittens präzisieren und kanalisieren sie die Vielfalt der partikularen Ziele und Wünsche und begrenzen dadurch den Entscheidungsdruck auf den Staat. Schließlich: Die Verbände interpretieren (und rechtfertigen nicht selten) die staatlichen Maßnahmen gegenüber ihren Mitgliedern, da sie gehört und konsultiert worden sind.

Zwei problematische Merkmale belasten den Pluralismus der organisierten Interessen. 1. Einige Interessen sind besonders gut organisiert, andere überhaupt nicht. Selbst die organisierten Interessen unterscheiden sich bezüglich ihrer Konfliktfähigkeit. 2. Es gibt unter dem Stichwort „Neokorporatismus" das Phänomen, dass etablierte und starke Verbände wie die Gewerkschaften und die Arbeitgeberverbände in die Formulierung und Ausführung der Regierungspolitik direkt einbezogen werden. Abgesehen davon, dass diese Verbände nicht durch Wahlen demokratisch legitimiert sind, erfahren sie zusätzlich im Verhältnis zu anderen Verbänden eine Privilegierung.

3.2 Politische Einflussmöglichkeiten der Interessenverbände

M 1 Interessenverbände in Deutschland – Eine Übersicht

1. Interessenorganisationen im Wirtschafts- und Arbeitsbereich
a) Unternehmens- und Selbstständigenorganisationen (z. B. Bundesvereinigung der Deutschen Arbeitgeberverbände, Hauptgemeinschaft des Deutschen Einzelhandels, Deutscher Bauernverband, Bundesverband der Freien Berufe), b) Arbeitnehmerverbände (z. B. Deutscher Gewerkschaftsbund, Deutsche Angestelltengewerkschaft), c) Berufsverbände (z. B. Verein Deutscher Ingenieure, Deutscher Hochschulverband, Bundeswehr-Verband), d) Verbraucherverbände.

2. Verbände im sozialen Bereich
a) Wohlfahrtsverbände (z. B. Deutsches Rotes Kreuz, Arbeiterwohlfahrt, Deutscher Caritasverband, Diakonisches Werk), b) Kriegsfolgenverbände (z. B. Bund der Vertriebenen, Reichsbund der Kriegs- und Wehrdienstopfer), c) sonstige Verbände (z. B. Bund der Steuerzahler, Deutscher Mieterbund, Deutscher Kinderschutzbund, Seniorenschutzbund „Graue Panther").

3. Vereinigungen im Freizeitbereich
Beispiele: Deutscher Sportbund, Deutscher Fußball-Bund, Allgemeiner Deutscher Automobil-Club (ADAC), Deutscher Alpenverein.

4. Politische und ideelle Vereinigungen
a) Politische Vereinigungen (z. B. Europa-Union, Deutsche Friedensgesellschaft), b) ideelle Vereinigungen (z. B. Greenpeace, Bund für Umwelt und Naturschutz), c) kulturelle Vereinigungen (z. B. Volksbund Deutsche Kriegsgräberfürsorge, Goethe-Gesellschaft).

5. Bürgerinitiativen
Meist im örtlichen Rahmen tätig.

Kirchen und andere Glaubensgemeinschaften zählen nicht zu den Interessenorganisationen, da ihr Existenzgrund nicht in Interessenpolitik besteht, sondern in der Vermittlung von letzten Antworten auf existentielle Fragen.

M 2 Adressaten und Methoden des Verbandseinflusses

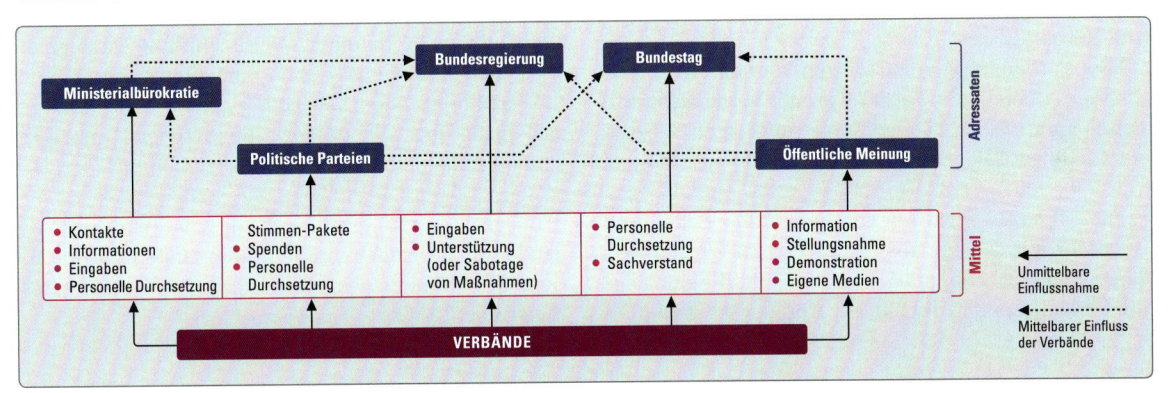

Adressaten: Ministerialbürokratie, Bundesregierung, Bundestag, Politische Parteien, Öffentliche Meinung

Mittel der VERBÄNDE:
- Kontakte, Informationen, Eingaben, Personelle Durchsetzung
- Stimmen-Pakete, Spenden, Personelle Durchsetzung
- Eingaben, Unterstützung (oder Sabotage von Maßnahmen)
- Personelle Durchsetzung, Sachverstand
- Information, Stellungnahme, Demonstration, Eigene Medien

Unmittelbare Einflussnahme / Mittelbarer Einfluss der Verbände

Text und Grafik nach: Wolfgang Rudzio, Das politische System der Bundesrepublik Deutschland. Opladen, 6. Auflage 2003, S. 75 ff. und 99

AUFGABEN

1. Überlegen Sie, welche Interessen die in M 1 aufgelisteten Organisationen wohl inhaltlich vertreten und wer Adressat bzw. Gegner ihrer Position sein könnte.
2. Versuchen Sie eine Einschätzung der Mitgliederstärke der in M 1 aufgeführten Organisationen und überlegen Sie, ob sich daraus Aussagen über die Durchsetzungsstärke ableiten lassen.
3. Versetzen Sie sich in die Situation leitender Funktionäre der in M 1 genannten Organisationen und prüfen Sie, welche der in M 2 abgebildeten Mittel der politischen Einflussnahme jeweils in Betracht kommen können.

M 3 Sieben Gebote für den erfolgreichen Lobbyisten

■ Der Lobbyist darf nicht nur als Bittsteller auftreten; er muss auch seinem Adressaten dadurch von Nutzen sein, dass er neue Informationen mitbringt.

Parlamentarier und Beamte müssen, wenn sie von einem Interessenvertreter informiert werden, den Eindruck haben, dass sie schnell hinzulernen und dann mehr wissen als andere.

Die Verbandsvertreter müssen möglichst früh erfahren, was geplant ist, um unverzüglich tätig werden zu können.

Eine Interessenvertretung ist nur dann perfekt, wenn sie auch die Auswirkungen auf andere Gruppen und die Gesamtgesellschaft mitberücksichtigt. Perfekt muss ein Verband auch in der Präsentation, ob schriftlich oder mündlich, sein. Diese sollen prägnant und präzise und zum richtigen Zeitpunkt vorgetragen werden.

Der Erfolg in der Interessenpolitik hängt maßgeblich davon ab, dass man an den verschiedenen Entscheidungszentren die für ein Thema kompetenten Gesprächspartner kennt und sie im richtigen Augenblick zusammenführt.

Es ist zweckmäßig, seine Anliegen möglichst unauffällig gegenüber Abgeordneten und Verwaltung zu vertreten. Wenn dies nicht nützt, ist es notwendig, sich zusätzlich an die Öffentlichkeit zu wenden.

Es ist kompliziert, Geschenke zu machen und Gefälligkeiten zu erweisen. Man muss wissen, was man darf und kann.

In Anlehnung an: Klaus von Broichhausen, Knigge und Kniffe für die Lobby in Bonn, München 1982, S. 18 f.

M 4 Gemeinsame Geschäftsordnung der Bundesministerien

■ **§ 24 Unterrichtung der beteiligten Fachkreise und Verbände**
(1) Bei Vorbereitung von Gesetzen können die Vertretungen der beteiligten Fachkreise oder Verbände unterrichtet und um Überlassung von Unterlagen gebeten werden sowie Gelegenheit zur Stellungnahme erhalten. [...]
(3) Bei Gesetzesentwürfen von besonderer Bedeutung ist, bevor mit den Vertretern der Fachkreise und Verbände Fühlung genommen wird, eine Entscheidung des Bundeskanzlers einzuholen. Im Übrigen ist darauf zu achten, dass mit den Vertretern der Fachkreise oder Verbände nicht in einer Weise Fühlung genommen wird, die dem Kabinett die Entscheidung erschwert.
(4) Fachkreise oder Verbände, deren Wirkungskreis sich nicht über das gesamte Bundesgebiet erstreckt, sind im Allgemeinen nicht heranzuziehen.

[Hinweis: Weitere Regelungen zur Beteiligung der Verbände am Gesetzgebungsverfahren finden Sie in den Geschäftsordnungen von Bundestag (§ 70) und Bundesregierung (§ 10).]

M 5 Verbände im Prozess der Gesetzgebung

■ Der Gesetzgeber ist auf die Mitwirkung der Interessengruppen angewiesen. Zum einen findet er bei ihnen ein erhebliches Maß an Sachkunde auf dem betreffenden Gebiet, ohne das er schwerlich gerechte und auch geeignete Regelungen entwickeln könnte. Zum anderen ist es legitim und nützlich, wenn er Bedenken und Belange dieser betroffenen Kreise rechtzeitig kennt und gegebenenfalls berücksichtigt, weil auch ein Gesetz normalerweise nicht mit Gewalt durchgeboxt werden kann, sondern darauf angewiesen ist, dass es von den Betroffenen akzeptiert und befolgt wird. Wesentlich ist bei dieser geordneten Berücksichtigung von Interesse nur, dass nicht jeweils nur eine Seite gehört wird, sondern auch andere, die unterschiedliche, vielleicht gegensätzliche Interessen auf dem gleichen Feld haben können. So wird man bei einer arbeitsrechtlichen Regelung nicht nur die Arbeitgeberseite, sondern auch die Gewerkschaften hören, bei einer Vorschrift im Bereich der Produktion bestimmter Waren können sich nicht nur die entsprechenden Branchen, sondern auch Verbraucherorganisationen äußern, und wenn es um Energiepolitik und Industrieproduktion geht, werden seit vielen Jahren regelmäßig die Umweltschutzorganisationen einbezogen und um Stellungnahmen gebeten.

Aus: Rupert Schick/Wolfgang Zeh, So arbeitet der Deutsche Bundestag, Rheinbreitbach/Darmstadt, 17. Auflage 2003, S. 82 (leicht verändert)

M 6 Der deutsche Bauernverband (DBV)

■ Der DBV ist kein Mitglieder-, sondern ein Dachverband. Als ordentliche Mitglieder gehören ihm die Landesbauernverbände mit ihren Kreis- sowie Ortsvereinen an. 1949/50 hatten die Landesbauernverbände rund 870 000 Mitglieder, 2005 waren es ca. 370 000. Da der Mitgliederschwund geringer ausfiel als der Rückgang der landwirtschaftlichen Betriebe, stieg der Organisationsgrad. In den Führungsgremien dominieren die Besitzer großer Betriebe. Nur sie können sich die Arbeit in Verbänden zeitlich wie finanziell leisten. Daraus ergeben sich immer wieder Zieldivergenzen zwischen Führung und Mitgliedern, die jedoch den Zusammenhalt des DBV bisher nicht gefährdet haben. Dafür ist die Sorge der Landwirte um ihren sozialen Status ausschlaggebend, den sie durch die nachlassende volkswirtschaftliche Bedeutung des primären Sektors gefährdet sehen. Diese anhaltende Bedrohungssituation ist ein wichtiger Integrations-, Identifikations- und Motivationsfaktor für die verbandsmäßige Organisation der landwirtschaftlichen Interessen. Der DBV vertritt nicht nur konkurrenzlos die Forderungen der Landwirtschaft nach außen, sondern entwickelt auch die agrarischen Interessen und vermittelt sie seinen Mitgliedern. Wie alle Agrarorganisationen vor ihm bietet der DBV ferner seinen Mitgliedern ein ganzes Bündel von Dienstleistungen an, das gerade auch für die Kleinbetriebe interessant ist.

Der Einfluss des DBV im politischen System der Bundesrepublik beruht zum einen auf seiner Monopolstellung bei der Vertretung agrarischer Interessen. Der Bauernverband hat keine direkte Gegenorganisation: Einflussreiche Verbraucherverbände fehlen nach wie vor in Deutschland und die Gewerkschaften halten sich bei der Wahrnehmung von Konsumenteninteressen merklich zurück. Zum anderen sichern enge Kontakte zu den politischen Parteien, vor allem zur CDU/CSU und zur FDP, dem DBV seinen hohen Einfluss. Er kann darauf setzen, dass er bei Bundes- und Landtagswahlen in ländlich geprägten Regionen einen relativ homogenen Block von Wählern mit hoher Wahlbeteiligung mobilisieren kann. Die Bauern sind neben den gewerkschaftlich organisierten Arbeitern die größte in sich geschlossene Wählergruppe, die ihre Stimmabgabe sicher nicht allein, wohl aber doch zum Großteil vom Programm der jeweiligen Partei in ihrem Politikfeld abhängig macht. Die Parteien sind aber nicht allein auf den DBV angewiesen, sondern dieser umgekehrt auch auf die politischen Parteien. Nur in enger Zusammenarbeit mit ihnen lassen sich die agrarischen Interessen bei der Aufstellung von Bundestagskandidaten, bei der Besetzung von Parlamentsausschüssen sowie bei Abstimmungen im Bundestag und auf europäischer Ebene durchsetzen. Die landwirtschaftlichen Interessenvertreter besitzen eine starke Vertretung im zuständigen Bundestagsausschuss, wo in nicht öffentlichen Sitzungen die eigentliche parlamentarische Arbeit geleistet wird. Hinzu kommen enge Beziehungen zu Regierung und Verwaltung, vor allem zum Bundesministerium für Verbraucherschutz, Ernährung und Landwirtschaft, wo der DBV in zahlreichen Beiräten vertreten ist und bei allen wichtigen Entscheidungen konsultiert wird. Die agrarischen Interessen werden schon bei der Ausarbeitung von Gesetzesvorlagen zur Geltung gebracht. Diese personellen und politischen Querverbindungen garantieren jedoch keineswegs ein spannungsfreies Verhältnis zwischen Verband und Ministerium. Im Konfliktfall versucht der DBV daher, seine Forderungen direkt beim Bundeskanzler vorzubringen. Oder er setzt auf massive Druckmittel wie Drohungen und Demonstrationen.

Nach: Hans-Peter Ullmann, Interessenverbände in Deutschland, Frankfurt a. M. 1988, S. 249–255 (Text aktualisiert)

AUFGABEN

1. Verdeutlichen Sie den Sinn der „sieben Gebote" für den erfolgreichen Lobbyisten (M 3), indem Sie sich vorstellen, was das jeweils entgegengesetzte Verhalten bewirken könnte.
2. Interpretieren Sie unter Zuhilfenahme von M 5 den Sinn der Regelungen in der Gemeinsamen Geschäftsordnung (M 4).
3. Arbeiten Sie das „Erfolgsgeheimnis" des Deutschen Bauernverbandes (M 6) heraus: a) Aus welchen Gründen ist die Mitgliedschaft für Landwirte interessant? b) Welche Strukturen bewirken die Einflussstärke des Verbandes?

M 7 Das organisierbare Interessenspektrum

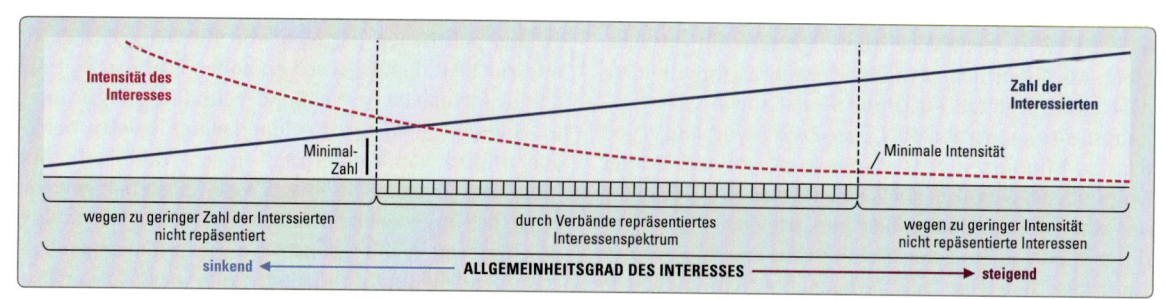

Aus: Wolfgang Rudzio, Die organisierte Demokratie, Stuttgart, 2. Auflage 1982

M 8 Probleme des Verbändepluralismus

• Auch wenn der Verbändepluralismus zu einem unverzichtbaren Bestandteil des politischen Systems der Bundesrepublik Deutschland gehört, springen gravierende Mängel ins Auge:

— Der unterschiedlichen Macht und Finanzstärke der Verbände entspricht eine Chancenungleichheit hinsichtlich der Durchsetzungskraft. Die Annahme, gegensätzliche Interessen neutralisierten einander, trifft nur bedingt zu. Nicht bzw. nur schwer organisations- und konfliktfähige Interessen, wie die der Hausfrauen oder die von Randgruppen (zum Beispiel Obdachlose), geraten ins Hintertreffen. Kurzfristige und konkrete Interessen haben eine größere Chance berücksichtigt zu werden als langfristige und allgemeine (z. B. Verbraucher).

— Der Entscheidungsprozess, an dem Verbände teilhaben, verläuft vielfach in „Grauzonen". Der Einfluss der Interessengruppen entzieht sich daher z. T. der demokratischen Kontrolle. Mancher parlamentarische Beschluss ist nicht exakt nachvollziehbar. [...]

— Die innere Ordnung der Verbände lässt zu wünschen übrig und entspricht nicht immer demokratischen Anforderungen. Hauptamtlich tätige Kräfte melden gelegentlich Ansprüche an, die weder mit der (oftmals passiven) Mitgliederschaft abgesprochen noch in deren Sinn sind. Ein demokratischer Staat wie die Bundesrepublik Deutschland hat auf die Einhaltung der innerverbandlichen Demokratie zu achten. [...]

— Durch den eingespielten, fest etablierten Gruppenpluralismus, der nicht unbedingt die Dynamik der Gesellschaft berücksichtigt, tritt eine Art konservativer Besitzstandswahrnehmung ein. Das Beispiel der Umweltpolitik zeigt, wie lange es gedauert hat, ehe ein Bewusstseinswandel eingekehrt ist.

— Große Verbände besitzen in vielen Fragen eine Art Veto und drohen mit einer Mobilisierung ihrer Anhänger. [...]

Aus: Eckard Jesse, Die Demokratie der Bundesrepublik Deutschland, Baden-Baden, 8. Auflage 1997, S. 236 und 238

AUFGABEN

1. Prüfen Sie die Aussage des Schaubildes (M 7) anhand folgender denkbarer Interessen: a) verbesserte Arbeitsfreistellung für junge Mütter, b) Schutz des Wassers vor industrieller Verschmutzung, c) Ausstattung von Grundschulen mit Computern, d) öffentliche finanzielle Unterstützung für freischaffende Künstler.
2. Bewerten Sie anhand des ersten und des letzten Kritikpunktes in M 8 die Durchsetzungsstärke der in M 1 aufgeführten Interessenorganisationen.
3. Stellen Sie sich vor, dass im Bundestag ein Verbändegesetz beraten wird, mit dessen Hilfe die Fehlentwicklungen des Verbändepluralismus korrigiert werden sollen. Entwickeln Sie aus der Sicht eines Bundestagsabgeordneten Vorschläge, die auf die in M 8 aufgelisteten Probleme Bezug nehmen.

M 9 Korporatismus – Die Einbindung bestimmter Verbände in die staatliche Politik

■ Als Korporatismus [...] wird die institutionalisierte und gleichberechtigte Beteiligung von gesellschaftlichen Verbänden an der Formulierung und Ausführung staatlicher Politik bezeichnet. [...]

Verbandseinflüsse auf die Politik sind Bestandteil aller liberal-demokratischen Regierungssysteme. Sie wurden lange mit illegitimer Interessendurchsetzung einzelner Gruppen gleichgesetzt. Erst in der Nachkriegszeit fanden die positiven Aspekte pluralistischer Verbändekonkurrenz Beachtung: Interessenartikulation und -selektion, Information und Legitimation. Während nach der Pluralismus-Theorie eine Vielzahl konkurrierender Verbände versucht, Einfluss auf Entscheidungsprozesse des Parlaments und der Regierung zu gewinnen (Lobbyismus und *pressure politics*), geht korporatistische Einbindung darüber hinaus. Verbände werden verbindlich und regelmäßig an der Formulierung wie auch an der Ausführung von Entscheidungen beteiligt, gewissermaßen in die Politikentwicklung „inkorporiert"! [...]

Politische Verbändeeinbindung hat zwei mögliche Folgen: Durchsetzung gruppenegoistischer Ziele oder Mäßigung interessenpolitischer Forderungen. Das Korporatismuskonzept betont die zweite Möglichkeit. Es richtet sich auf Formen der Konfliktregulierung, in denen gesellschaftliche Organisationen zur Zusammenarbeit und zu Zugeständnissen gegenüber Regierung und konkurrierenden Interessen fähig und bereit sind. Die Abstimmung von Verbände- und Regierungspolitik stellt sich als Problem, wo starke Gruppen die Betätigung konkurrierender Organisationen ebenso wie staatliche Politik empfindlich stören können. Dies trifft auf die Abhängigkeit der Wirtschaftspolitik vom Verhalten tarifautonomer Produzentenorganisationen zu, die für eine Regierung „unumgehbare Daten" setzen. Neben der Einkommenspolitik zur Inflationsbekämpfung geht es auch um Wachstums- und Arbeitsmarktprobleme, Industriestrukturpolitik, um Sozial- und Gesundheitspolitik [...].

Korporatistische Regulierungsnetzwerke tragen zur Staatsentlastung bei, enthalten aber auch die Gefahr der „Gefangennahme" staatlicher Behörden durch partikulare Interessen.

Aus: Roland Czada, Korporatismus, in: Dieter Nohlen (Hg.), Lexikon der Politik. Band 3: Die westlichen Länder, München 1992, S. 218 f., 222

M 10 Das „Bündnis für Arbeit" unter der Regierung von Bundeskanzler Schröder

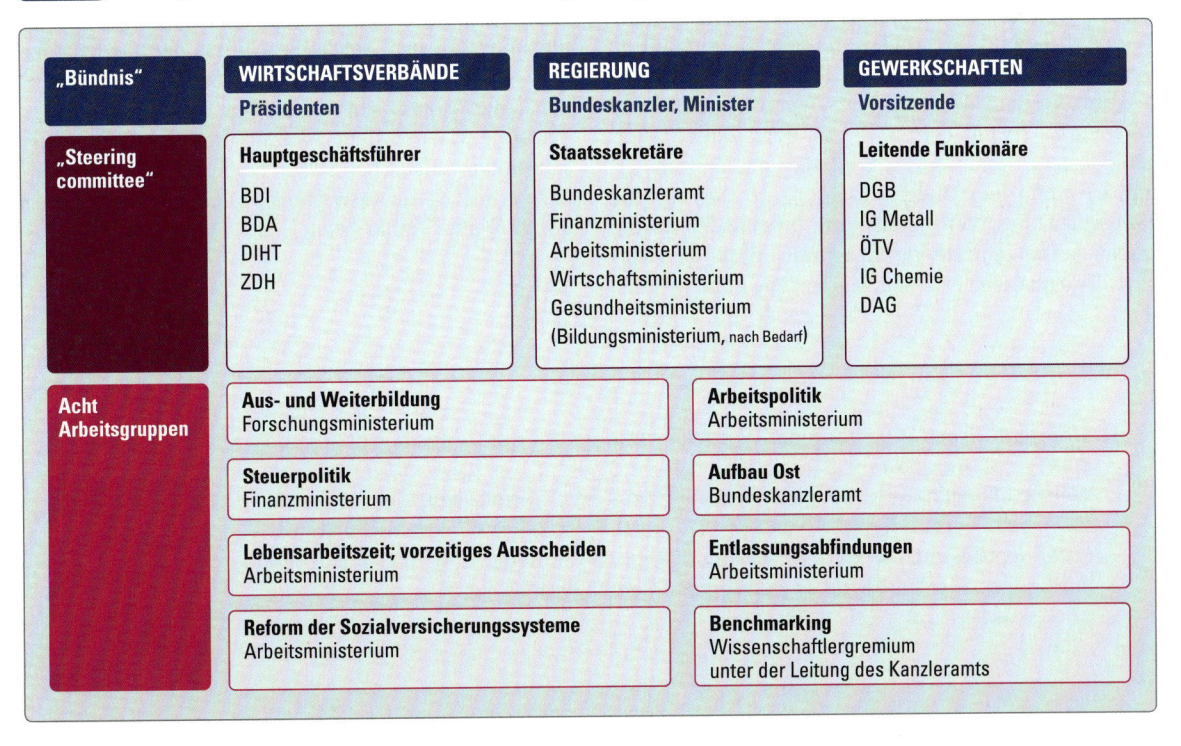

„Bündnis"	WIRTSCHAFTSVERBÄNDE Präsidenten	REGIERUNG Bundeskanzler, Minister	GEWERKSCHAFTEN Vorsitzende
„Steering committee"	Hauptgeschäftsführer BDI BDA DIHT ZDH	Staatssekretäre Bundeskanzleramt Finanzministerium Arbeitsministerium Wirtschaftsministerium Gesundheitsministerium (Bildungsministerium, nach Bedarf)	Leitende Funkionäre DGB IG Metall ÖTV IG Chemie DAG
Acht Arbeitsgruppen	Aus- und Weiterbildung Forschungsministerium	Arbeitspolitik Arbeitsministerium	
	Steuerpolitik Finanzministerium	Aufbau Ost Bundeskanzleramt	
	Lebensarbeitszeit; vorzeitiges Ausscheiden Arbeitsministerium	Entlassungsabfindungen Arbeitsministerium	
	Reform der Sozialversicherungssysteme Arbeitsministerium	Benchmarking Wissenschaftlergremium unter der Leitung des Kanzleramts	

M 11 Macht und Einfluss am Verhandlungstisch: „Bündnis für Arbeit"

Wann immer in Deutschland wirtschaftspolitische Schwierigkeiten auftreten, ertönt der Ruf nach korporatistischen Lösungen: nach organisierter Verhaltensabstimmung kollektiver Akteure unter Beschränkung des Wettbewerbs. [...] Am Verhandlungstisch des Bündnisses für Arbeit sind alle wichtigen Spitzenverbände der Wirtschaft vertreten. Es nehmen teil der Bundesverband der Deutschen Industrie (BDI), die Bundesvereinigung der Deutschen Arbeitgeberverbände (BDA), der Deutsche Industrie- und Handelstag (DIHT) und der Zentralverband des Deutschen Handwerks (ZDH). Da das Bündnis aus Sicht der Regierung als Institution von Dauer gegründet wurde, sind die Verbände nicht nur durch ihre Präsidenten bei den Spitzengesprächen am Kanzlertisch präsent, sondern auch durch ihre Hauptgeschäftsführer und Spitzenfunktionäre im Steuerungsausschuss und in den Arbeitskreisen.

Das Bündnis wird ganz bewusst als tripartistisches Gremium installiert: Staat, Verbände und Gewerkschaften sind seine zentralen Akteure. Dem Staat kommt dabei eine moderierende Aufgabe zu, freilich auch eine, welche die antagonistischen Akteure unter sanften Handlungs- und Entscheidungsdruck setzen soll. Denn der Staat ist zur Drohung fähig, mit Gesetzen zu regeln, was im Patt der Sozialpartner andernfalls ungeregelt bliebe. [...] Beabsichtigt sind Deals: Tausche eine Erleichterung der Unternehmensbesteuerung gegen Zugeständnisse beim Abbau von Überstunden. Tausche die Integration der Lohnpolitik in das Bündnis gegen weitere Schritte der Umverteilung der Arbeit. Das Arrangement legt Abkommen zu Lasten Dritter, des Beitrags- oder Steuerzahlers, nahe: Kompromisse sind dann am ehesten vereinbar, wenn ein anderer zahlt. [...] Das ist die Konsequenz des Wettbewerb unterdrückenden Korporatismus: Das zentrale Verfahren führt dazu, dass Verantwortlichkeiten verwischt werden. Die hohe Arbeitslosigkeit in Deutschland ist zum größten Teil Folge einer verfehlten Tarifpolitik der Gewerkschaften und Verbände. Es sind dieselben Akteure, die sich jetzt am Verhandlungstisch wieder begegnen und für die Folgen ihres Tuns den Beitrags- und Steuerzahler zur Kasse bitten. [...] Was als Therapie angekündigt wurde, ist selbst Teil der Krise. [...]

Für die Verbände ist das Bündnis-Arrangement willkommen. Es ermöglicht ihnen die Ausweitung des Einflusses, die der schwindende Umfang ihrer Vertretungsmacht eigentlich minimieren müsste. Denn der Organisationsgrad der Verbände bröckelt. [Die Gewerkschaften beklagen einen anhaltenden Mitgliederschwund, der Verf.] Viele Unternehmen haben die Arbeitgeberverbände verlassen; neue Unternehmen treten kaum bei. Im Maschinenbau sind allenfalls ein Drittel der Unternehmen organisiert. Im Osten ist der Organisationsgrad noch magerer. Auch die Kritik an der Zwangsmitgliedschaft in den Kammern wächst. Am Bündnistisch treten die Verbände aber mit dem Anspruch auf, die Wirtschaft in ihrer Gesamtheit zu vertreten. Das soll die Fiktion nähren, Verbände, Gewerkschaften und Regierung zusammen seien als Summe aller Interessen schon Ausdruck des Gemeinwohls. Wie anders könnte der Arbeitsminister auf die Idee verfallen, eine verpflichtende private Rente oder eine Verkürzung der Lebensarbeitszeit („Rente mit 60") im Bündnis zu besprechen. Solche Beschlüsse der Tarifpartner müssten über das Instrument der Allgemeinverbindlichkeit jedermann oktroyiert werden. Die Tatsache, dass das Bündnis darin keine Schwierigkeiten sieht, beweist sein universalistisches Selbstverständnis. Den Verbänden verhilft es zur Ausweitung ihrer Macht, die Freiheit des Bürgers schränkt es ein.

Aus: Das Parlament, 30. 7. 1999, S. 5, Autor: Rainer Hank

AUFGABEN

1. Ermitteln Sie aus M 9, worin das Neue oder Andere des Korporatismus gegenüber dem Pluralismus besteht.
2. Welche Chancen, welche Risiken sind mit dem Korporatismus bzw. dem „Bündnis für Arbeit" verbunden (M 10 und M 11)? Erörtern Sie die korporatistische Politik unter den Gesichtspunkten: a) Verantwortlichkeit der Regierung, b) Gleichbehandlungsgebot aller Verbände, c) Qualität des Gemeinwohles.

3.3 Die Medien zwischen kommunikativer Mittlertätigkeit und politischer Parteinahme

Die Qualität einer Demokratie hängt ganz wesentlich ab von der Art und Weise, in der die Gesellschaft politisch kommuniziert, d. h., wie sich der Meinungsbildungsprozess unter den Bürgern vollzieht. Denn die in der Öffentlichkeit vorherrschenden Meinungen beeinflussen den Einzelnen in seinen politischen Auffassungen und darüber hinaus Parlament und Regierung in ihren Entscheidungen.

Zentraler Faktor der öffentlichen Meinungsbildung sind die Medien, d. h. die Presse sowie der Rundfunk und das Fernsehen. Ihre politische Relevanz wird allein daran deutlich, dass ihr Prinzip die Publizität ist, mit anderen Worten, dass sie darüber entscheiden, was öffentlich wird und was nicht. Diese Fähigkeit zu bestimmen, welche Themen auf die öffentliche Tagesordnung kommen und worüber dann öffentlich diskutiert wird, nennt man die „Agenda-setting-Funktion" der Medien. Berücksichtigt man, dass die Medien praktisch jeden erreichen und der durchschnittliche Medienkonsum erwachsener Personen sich auf über vier Stunden am Tag erstreckt, kann man sich den überwältigenden Einfluss der Medien auf die Formung des politischen Bildes der Bürger leicht vorstellen. Die Kommunikationswissenschaft hat nicht wenige Funktionsmechanismen der Medien festgestellt, die Wahrnehmungen bei den Medienkonsumenten verursachen, welche zu einer Verzerrung der politischen Wirklichkeit führen. Kommt dann noch ein journalistisches Professionsverständnis hinzu, das auf parteiliche politische Einflussnahme gerichtet ist, wird klar, warum die Medien ein sensibles Thema in der politischen Diskussion sind.

Die Bedeutung freier politischer Kommunikation, zu der auch das unbehinderte Wirken der Medien gehört, ist vom Verfassungsgeber anerkannt worden. Artikel 5 GG garantiert deshalb die Meinungs-, Informations-, Presse-, Berichterstattungs- und Zensurfreiheit. Das Anliegen dieses Artikels ist es, eine freie öffentliche Meinungsbildung vor allem durch den Schutz vor staatlichen Eingriffen zu gewährleisten.

In seiner Rechtsprechung hat das Bundesverfassungsgericht herausgestellt, dass die Freiheit der Medien der Rationalität und Wahrheitsorientierung des Meinungsbildungsprozesses dienen soll. Dabei wird aber nicht erwartet, dass diese Erwartung von jedem publizistischen Organ jeweils schon allein erfüllt wird. Denn da die Demokratie von der Vielfalt der Meinungen lebe, müssten möglichst viele Auffassungen die Chance haben, vor dem Forum der Öffentlichkeit diskutiert zu werden. Eine Pluralität von Presseorganen mit dem ständigen Prozess von Äußerung und Gegenäußerung sei der Demokratie am ehesten angemessen. Wo es diesen Außenpluralismus von gegeneinander unabhängigen Organen nicht gebe wie in den öffentlichen Rundfunkanstalten, müsse im Sinne von Ausgewogenheit ein Binnenpluralismus sichergestellt werden.

Den Medien werden meist die folgenden drei Aufgaben zugesprochen:
1. Sie sollen über Geschehnisse möglichst objektiv berichten, damit der Bürger Fakten und Zusammenhänge durchschaut und sich ein sachlich zutreffendes Urteil bilden kann.
2. Sie sollen (wertende) Meinungen, die in der Bevölkerung vertreten werden, artikulieren. Auch dies dient der Urteilsbildung des Bürgers. Damit dieser kein einseitiges Bild gewinnt, sollen die Medien nach Möglichkeit alle Richtungen angemessen zu Wort kommen lassen.
3. Sie sollen Kritik und Kontrolle ausüben. Ihnen obliegt es, Missstände anzuprangern und Affären aufzudecken, die sonst unaufgeklärt blieben.

Strittig ist, ob die Medien im Sinne einer Vierten Gewalt befugt sind, als eigenständige politische Akteure aufzutreten und den Gegenpart zur Regierung oder zu bestimmten Parteien zu spielen. Feststeht dagegen, dass wegen der großen Bedeutung der Medien in der freiheitlichen Demokratie es für Parteien und Politiker unverzichtbar geworden ist, sich darauf einzustellen und Politik mediengerecht zu inszenieren, wenn sie erfolgreich sein wollen. Die Gefahr ist, dass dies zu einem Verlust an politischer Substanz führen kann.

M 1 Artikel 5 GG (Meinungs-, Informations-, Pressefreiheit)

(1) Jeder hat das Recht, seine Meinung in Wort, Schrift und Bild frei zu äußern und zu verbreiten und sich aus allgemein zugänglichen Quellen ungehindert zu unterrichten. Die Pressefreiheit und die Freiheit der Berichterstattung durch Rundfunk und Film werden gewährleistet. Eine Zensur findet nicht statt.

M 2 Die Bedeutsamkeit freier Medien in der Demokratie – Auszug aus einem Verfassungskommentar zu Art. 5 GG

Nach Auffassung des BVerfG [Bundesverfassungsgerichts, der Verf.] sind das Recht der freien Meinungsäußerung, die Presse-, Rundfunk- und Filmfreiheit wie auch das Grundrecht der Informationsfreiheit für eine
5 freiheitliche demokratische Staatsordnung „schlechthin konstituierend". [...] Wegen der großen Bedeutung, die der öffentlichen Meinung in der modernen Demokratie zukommt, wird die freie Bildung der öffentlichen Meinung als durch Abs. 1 mitgarantiert angesehen. Aus dem
10 Grundrecht folgt das BVerfG darüber hinaus sogar ein grundsätzliches Recht auf politische Betätigung. [...] Abs. 1 Satz 2 gewährleistet die Pressefreiheit [...]. Eine freie, nicht von der öffentlichen Gewalt gelenkte und keiner Zensur unterworfene Presse ist ein Wesensele-
15 ment des freiheitlichen Staates. [...] Die Freiheit der Presse stellt eine wesentliche Voraussetzung für eine freie politische Willensbildung des Volkes dar. [...] Zu den von der Pressefreiheit umfassten Einzelgewährleistungen gehören etwa die freie Gründung von Presseor-
20 ganen [...], der freie Zugang zu den Presseberufen, die Freiheit, die Tendenz eines Presseorgans zu bestimmen, und die freie Verbreitung von Nachrichten und Meinungen. [...] Der Rundfunk ist wie die Presse ein wichtiger Faktor im Prozess der öffentlichen Meinungs- und Willensbildung. [...] Trotz der engen Fassung des Wortlauts 25 („Berichterstattung") unterscheidet sich die Rundfunkfreiheit in ihrer Funktion nicht von der Pressefreiheit. [...] Als Sache der Allgemeinheit muss der Rundfunk in voller Unabhängigkeit überparteilich betrieben und von jeder einseitigen Beeinflussung freigehalten werden. 30 [...] Vor allem die öffentlich-rechtlichen Rundfunkanstalten müssen in ihrem Gesamtprogramm umfassende Informationen bieten, der vollen Meinungsvielfalt Raum geben und dürfen, anders als z.B. die Parteien, die öffentliche Meinung nicht mit bestimmter Tendenz 35 beeinflussen. [...] Es müssen vielmehr alle in Betracht kommenden gesellschaftlichen Kräfte auf die Rundfunktätigkeit Einfluss haben und in dem von einem „Mindestmaß von inhaltlicher Ausgewogenheit, Sachlichkeit und gegenseitiger Achtung" bestimmten Gesamtprogramm 40 zu Worte kommen können [...].

Aus: Karl-Heinz Seifert/Dieter Hömig, Grundgesetz für die Bundesrepublik Deutschland. Taschenkommentar, Baden-Baden, 7. Auflage 2003, S. 94 ff.

AUFGABEN

1. Welche Gründe mögen das Bundesverfassungsgericht in M 2 zu seiner Behauptung veranlasst haben, die Freiheitsrechte von Artikel 5 GG (M 1) als „schlechthin konstituierend" für die moderne Demokratie zu bezeichnen?
2. Gemäß M 2 müssen alle in Betracht kommenden gesellschaftlichen Kräfte auf die Rundfunktätigkeit Einfluss haben und in den Programmen zu Wort kommen können. Informieren Sie sich über das Internet (z. B. www.wdr.de), welche Verbände, Parteien, Kirchen und sonstige Organisationen in welchem Stimmenverhältnis in den Rundfunkräten der Ihr Gebiet versorgenden Landesrundfunkanstalt sowie des Zweiten Deutschen Fernsehens vertreten sind. Überlegen Sie, ob Gruppen fehlen, denen Sie Bedeutsamkeit zusprechen würden. Erörtern Sie, ob die Zusammensetzung der Gremien gesellschaftlich und politisch „korrekt" im Sinne von M 2 ist.
3. Verfolgen Sie über einen längeren Zeitraum politische Sendungen in einem Programm des öffentlich-rechtlichen Fernsehens und urteilen Sie abschließend, ob die Sendungen den Anforderungen nach M 2 gerecht werden.

M 3 Publizistische Grundsätze nach dem Pressekodex von 1996 (Auszug)

1. Die Achtung vor der Wahrheit, die Wahrung der Menschenwürde und die wahrhaftige Unterrichtung der Öffentlichkeit sind oberste Gebote der Presse.

2. Zur Veröffentlichung bestimmte Nachrichten und Informationen in Wort und Bild sind mit der nach den Umständen gebotenen Sorgfalt auf ihren Wahrheitsgehalt zu prüfen. Ihr Sinn darf durch Bearbeitung, Überschrift oder Bildbeschriftung weder entstellt noch verfälscht werden. Dokumente müssen sinngetreu wiedergegeben werden. […]

3. Veröffentlichte Nachrichten oder Behauptungen, die sich nachträglich als falsch erweisen, hat das Publikationsorgan, das sie gebracht hat, unverzüglich von sich aus in angemessener Weise richtig zu stellen.

4. Bei der Beschaffung von Nachrichten, Informationsmaterial und Bildern dürfen keine unlauteren Methoden angewandt werden.

5. Die vereinbarte Vertraulichkeit ist grundsätzlich zu wahren.

6. Jede in der Presse tätige Person wahrt das Ansehen und die Glaubwürdigkeit der Medien sowie das Berufsgeheimnis, macht vom Zeugnisverweigerungsrecht Gebrauch und gibt Informanten ohne deren ausdrückliche Zustimmung nicht preis. […]

8. Die Presse achtet das Privatleben und die Intimsphäre des Menschen. Berührt jedoch das private Verhalten öffentliche Interessen, so kann es im Einzelfall in der Presse erörtert werden. […]

9. Es widerspricht journalistischem Anstand, unbegründete Behauptungen und Beschuldigungen, insbesondere ehrverletzender Natur, zu veröffentlichen.

M 4 Ein Politiker: Journalisten dürfen sich nicht „jede Unverschämtheit erlauben"

„Also", sagt der Düsseldorfer Ministerpräsident Wolfgang Clement, ehemaliger Parteisprecher der SPD in Bonn und Chefredakteur der Hamburger Morgenpost, und seufzt vernehmlich, „mit dem Journalismus habe ich nicht gebrochen." […] Anfang Februar zog Clement gegen den SPIEGEL vor den Beschwerdeausschuss des Deutschen Presserats, weil das Magazin angeblich gegen „Standesregeln" verstoßen habe […]. Aus der Sicht des Regierungschefs hatte der SPIEGEL in der Flugaffäre „eine Art Kopfgeld" auf Politiker ausgesetzt. Auch auf ihn. [NRW-Spitzenpolitiker hatten auf Kosten der Westdeutschen Landesbank jahrelang Freiflüge in Anspruch genommen, der Verf.] Scheckbuchjournalismus und Informationshonorare sind ein weites Feld. Das weiß auch Clement. „Ganz exakt", räumt er ein, sei der „Begriff Kopfgeld nicht". […] Der Förderer des Privatfernsehens jammert über die „Vielfalt, die einfältig macht, Inkompetenz, Unfähigkeit und Kampagnenjournalismus". […] Der Wettbewerb der vielen Medien sorge auch für „Schund", stellt er fest. Statt Fakten würden „Klatsch und Tratsch geboten". Information müsse heutzutage der Unterhaltung dienen. Aber das viele Infotainment zeige doch nur, dass Journalisten mittlerweile unfähig seien, die Komplexität zu bewältigen. […] Die Jagd nach „irgendeinem Bild, irgendeiner Nachricht", der Verdacht, dass sich „kaum einer noch an Absprachen" halte, der Verfall der Sitten – „das ist nicht mehr meine Welt".

Nach: Süddeutsche Zeitung, 26./27. 2. 2000, S. 22, Autor: Hans Leyendecker

M 5 „Politiker sollten Journalisten fürchten" – Plädoyer eines Chefredakteurs für einen kritischen Journalismus

Journalisten müssen anstößig sein dürfen. Sie müssen Machtausübung, die nur vertuschen will, öffentlich anprangern, und sie dürfen Wirklichkeit provokant mitgestalten und verändern. Politiker sollten Journalisten fürchten, nicht umgekehrt. […] Die Medien müssen versuchen, sich nicht selbst als Teil einer Filmproduktion zu begreifen, in der sie die Wirklichkeit nicht mehr abbilden oder der Wirklichkeit auf die Sprünge helfen, sondern sie als Skandalmovie mit *suspense* und *glamour* bis zur Geschmacklosigkeit würzen.

Aus: Süddeutsche Zeitung, 29. 2. 2000, Autor: Hans Werner Kilz, Chefredakteur

AUFGABEN

1. Der Bedeutungsgehalt des Pressekodexes (M 3) erschließt sich erst dann richtig, wenn man die Grundsätze in ihr Gegenteil verkehrt. Führen Sie diese Probe durch und versuchen Sie sich vorzustellen, wie die publizistische Wirklichkeit dann aussähe.
2. Listen Sie die Vorwürfe auf, die der Politiker in M 4 den Journalisten macht. Prüfen Sie, ob die Vorwürfe gegen den Pressekodex (M 3) verstoßen.
3. Diskutieren Sie, ob die Aussagen des Chefredakteurs in M 5 eine angemessene Antwort auf die Klagen des Politikers darstellen.

M 6 Massenmedien als kommunikative Dienstleister?

Systematisch und normativ ergibt sich für die Medien eine deutliche Rollenzuweisung in der politischen Kommunikation: Dienstleistung bei dem Versuch, demokratische Politik zu verwirklichen. Diese Dienstleistung wird auch dort erbracht, wo Presse, Funk und Fernsehen durch profilierte Meinungsäußerungen die Diskussion befruchten und weitertreiben. Sie wird dort nicht mehr erbracht, wo die Medien versuchen, sich nicht neben die politischen Institutionen, sondern gegen und über sie zu stellen […]. Angesichts dieser Schlüsselstellung ist es eine objektive und keineswegs verwerfliche Tatsache, dass zwischen dem Dienst an der Demokratie und Tendenzen zu ihrer Überwältigung nur ein schmaler Grat verläuft. […] Fasst man die Literatur zusammen, so kristallisieren sich im Wesentlichen folgende Aufgaben heraus:

1. Herstellung von Öffentlichkeit

Die Medien machen Informationen öffentlich und dadurch, dass sie dies auch mit Programmen, Absichten und Forderungen tun, können der Idee nach alle am politischen Prozess Beteiligten miteinander ins Gespräch treten.

2. Politische Sozialisation und Integration

Das Angebot der Massenmedien schafft erst die Chance, über die Differenzierungs- und Desintegrationstendenzen der modernen Gesellschaft und ihre Gruppenbindungen und Gruppeninteressen hinauszugehen und übergreifende Zusammenhänge und Interessen zu erkennen. […] Unter dem Stichwort Integration lassen sich mühelos jene Ansätze subsumieren, die den nicht konflikt- und schwer organisationsfähigen Interessen […] im Kommunikationsprozess Gerechtigkeit widerfahren lassen wollen.

3. Information und Artikulation

Nur soweit Öffentlichkeit hergestellt wird, können Tatsachen und Meinungen über den in der Regel engen Kreis der Betroffenen hinaus zu einer Information für die Allgemeinheit werden. Öffentlichkeit und Information sind Voraussetzungen für den Zugang zur Wirklichkeit. Und oft genug liegt im medienvermittelten Sprung über die Schwelle zur Öffentlichkeit zugleich auch eine entschiedene Artikulationshilfe für Tatsachen und Meinungen, die sonst stumm blieben, weil die Betroffenen oder Interessierten über die richtigen und eindrucksvollen Worte nicht verfügen.

4. Meinungsbildung

Nur Veröffentlichtes leistet einen Beitrag zur Meinungsbildung in Streit und Widerstreit. Von Meinungsbildung aber lebt der Fortgang demokratischer Politik.

5. Kontrolle

Gewiss, die Medien sind auch ein Instrument demokratischer Kontrolle. […] Voraussetzung für die Wirksamkeit einer solchen ‚Rundum-Kontrolle' ist die weitgehende Neutralität der Massenkommunikationsmittel. Wir möchten daran festhalten, dass dieses Postulat einer neutralen Rolle der Medien im politischen Prozess nicht nur für diese Funktion, sondern für den gesamten hier ausgebreiteten Funktionskatalog gilt. Die Medien sind zunächst und primär nicht Anwälte für Minderheiten, Wahrheiten, Unterprivilegierte, sondern ganz entschieden Anwälte der gesellschaftlichen Kommunikation schlechthin, „Moderatoren des Zeitgesprächs" der Gesellschaft. […] Vermittler können keineswegs eine Art eigenständige Vierte Gewalt neben den Institutionen des demokratischen Staates und sozusagen gegenüber dem demokratischen Legitimationsprozess sein.

Aus: Heinrich Oberreuter, Übermacht der Medien. Erstickt die demokratische Kommunikation?, Osnabrück und Zürich 1982, S. 22 ff.

M 7 Massenmedien als Korrektoren politischer Ungleichgewichte?

Geht man vom faktischen Ungleichgewicht der gesellschaftlichen Kräfte aus und hält am Ideal der Chancengleichheit bei der Durchsetzung im politischen Prozess fest, so kommt man zu einer völlig anderen normativen Forderung an die Massenmedien in einer pluralistischen Gesellschaft als die konservativen Interpreten der Pluralismus-Formel: Massenmedien können einen Beitrag zur Realisierung der pluralistischen Demokratie leisten, indem sie vor allem denjenigen Interessen publizistische Macht verleihen, die in der bestehenden Kräftekonstellation benachteiligt sind. [...] Die Massenmedien haben die Aufgabe, bestehende Ungleichheiten in den Einflusschancen auszugleichen.

Aus: Rainer Geissler, Partizipatorisch-pluralistische Demokratie und Medieninhalte. Ein Bezugsrahmen zur Analyse politischer Massenkommunikationsaussagen, in: Publizistik 24 (1979), Heft 2, S. 173 f., 176–178

M 8 Journalistisches Rollenselbstverständnis – Ergebnisse der Kommunikationsforschung

Um die Beziehungen des Journalismus zur Politik zu beschreiben, untersuchte die Kommunikationsforschung in einer Vielzahl von Studien das journalistische Rollenselbstverständnis sowie weitere als politisch relevant erachtete Einstellungen von Journalistinnen und Journalisten. Als medienpolitisch zentraler Befund kristallisierte sich dabei heraus, dass deutsche Journalisten sich weniger als Vermittler von [politischen] Informationen verstünden, sondern vielmehr als „Missionare", die vorrangig einen wertenden Journalismus verfolgten. [...] Im Unterschied zu den Studien, die einen journalistischen Missionarismus unterstellen, zeigen die Ergebnisse von zwei neueren Kommunikatorstudien übereinstimmend, dass sich mehr als drei Viertel aller deutschen Journalistinnen und Journalisten vor allem als „neutrale Vermittler" verstehen, die ihr Publikum schnell und präzise informieren wollen. Journalismus als „vierte Gewalt" hat demgegenüber im Selbstverständnis deutscher Journalisten nur eine komplementäre Bedeutung. [...]

Als „Gegenpart zur Politik" versteht sich noch etwa ein Drittel der Journalisten, lediglich ein knappes Fünftel will aber beispielsweise die politische Tagesordnung beeinflussen. [...]

Ähnlich wie andere intellektuelle Berufsgruppen sehen die Journalisten ihre eigenen Positionen etwas stärker im links-liberalen und linken politischen Spektrum [...]. Im Einzelnen ordnet sich ein knappes Viertel der Journalisten der SPD zu, ein Sechstel dem Bündnis 90/Grüne. Dem christdemokratischen Spektrum steht dagegen nur etwa jeder zehnte Journalist nahe. Besonders auffällig ist allerdings vor allem die große Gruppe von mehr als einem Viertel der Journalisten, die sich in die Nähe keiner Partei einordnet.

Aus: Klaus-Dieter Altmeppen/Martin Löffelholz, Journalismus, in: Otfried Jarren, Ulrich Sarcinelli, Ulrich Saxer (Hg.), Politische Kommunikation in der demokratischen Gesellschaft. Ein Handbuch mit Lexikonteil, Opladen/Wiesbaden 1998, S. 417 f.

AUFGABEN

1. Formulieren Sie in Ihren Worten, worin der Verfasser von M 6 die Funktionen der Medien sieht und wo er eine Überschreitung dieser Funktionen feststellt.
2. Konfrontieren Sie die Aussagen von M 7 mit der Auffassung von M 6. Wo liegen Gemeinsamkeiten, wo Gegensätze? Welches Gesicht hätten publizistische Erzeugnisse (Zeitungsartikel, Programme in Rundfunk und Fernsehen) bei einer Umsetzung der Forderungen von M 7? Welches Publikum würde diese Erzeugnisse konsumieren, welches sie eher nicht zur Kenntnis nehmen?
3. Nehmen Sie vor dem Hintergrund von M 6 und M 7 Stellung zu der Frage, welche Funktionen die Medien in der Demokratie ausüben sollen.
4. Beziehen Sie die verschiedenen Rollenselbstverständnisse und politischen Einstellungen der Journalisten (M 8) auf die Funktionsbestimmungen der Medien, wie sie zum einen in M 6 und zum anderen in M 7 vorgenommen werden. Welches Aussehen könnte die publizistische Landschaft gewinnen, wenn ausschließlich Journalisten über Inhalte und Intentionen der Medien zu bestimmen hätten?

M 9 Medienwirkung 1: Verzerrung der Politik durch Vereinfachung

● Bei Menschen, die wenig lesen, verändern sich unter dem Eindruck des Fernsehens die Vorstellungen von Politik in unbekömmlicher Weise: Politik ist leichter als gedacht, ist spannend, Elemente eines Kasperle-Theaters treten hervor: Es geschieht viel, man schlägt aufeinander ein, man streitet sich. Ganz anders formt sich das Bild von Politik, wenn neben dem Fernsehen regelmäßig Zeitung gelesen wird. Mutig, vertraut, bedeutsam – aber auch schwierig: Diese Assoziationen zu ‚Politik' verstärken sich in erster Linie. […]

Ein weiterer wichtiger Aspekt der genannten Veränderung liegt in der zunehmenden Plebiszitarisierung von Politik. Direkte, hohe Aufmerksamkeit erzeugende Formen der politischen Beteiligung erhöhen durch ihre Präsentation im Fernsehen nicht nur die Chance ihrer Wiederholung […], sondern beeinflussen – *for better or for worse* – auch die Partizipationshäufigkeit der Bürger an ihnen und damit – nur so ist der regelmäßig zwischen Behörden und Veranstaltern ausbrechende Streit um die Teilnahmezahlen an Aktionen zu erklären – die politischen Durchsetzungschancen und Mobilisierungschancen für die je gegebene politische Streitfrage.

In engem Zusammenhang damit steht das Problem des durch das Fernsehen latent kommunizierten Zeitmaßstabs für Politik. Die direkte, nicht repräsentativ verfremdete Politik mit ihrer Suche nach schnellen – und einfachen – Lösungen, die sich so fernsehgerecht verkauft, steht in unmittelbarem Gegensatz zu einer Verfassungsstruktur wie der der Bundesrepublik Deutschland oder der USA, wo in jeweils ganz unterschiedlicher Weise, aber mit ähnlichen Zielsetzungen der Kompliziertheit der anstehenden Sachentscheidungen durch institutionelle Kontroll- und Vermittlungsmechanismen *(checks and balances)* mit dem Ziel Rechnung getragen wird, übereilte und einseitige Entscheidungen zu vermeiden.

Aus: Max Kaase, Massenkommunikation und politischer Prozess, in: ders. (Hg.), Politische Wissenschaft und politische Ordnung. Analysen zu Theorie und Empirie demokratischer Regierungsweise. Festschrift zum 65. Geburtstag von Rudolf Wildenmann, Opladen 1986, S. 357 und S. 364 f.

M 10 Medienwirkung 2: Werterschütterung durch „Neophilie"

● Nachrichtenfähig […] sind fast stets nur solche Elemente der Wirklichkeit, die eine Veränderung dieser Wirklichkeit anzeigen. Was gedruckt oder gesendet wird, muss sich gegenüber Vorhandenem als neu ausweisen, um eine Kommunikation wert zu sein. Aktualität […] ist Zulassungsbedingung. […] Der Neuigkeitsgehalt bestimmt in erster Linie die (nicht nur kommerzielle) Verwertbarkeit der Nachricht. Nichts lässt sich so schwer absetzen wie Nachrichten von gestern. Wenn aber nur das, was für den Empfänger eine Neuigkeit darstellt, worin sich Veränderung der Wirklichkeit anzeigt, eine Nachricht hergibt, bleibt der gesamte, weit größere Teil der Wirklichkeit, in dem sich nichts Berichtenswertes verändert hat (oder zu haben scheint), von der Umsetzung in Nachrichten ausgeschlossen. Was gleich geblieben ist, kann nicht auf Beachtung rechnen. […]

Das Gesamtbild der Nachrichten, die von den Medien verbreitet werden, ist somit ein künstlich dynamisiertes Bild, das Bild einer Welt, die sich, wie es scheint, rastlos verändert, in der es stets auf Veränderungen ankommt. Bei alledem ist noch keineswegs die Rede von Sensationsnachrichten oder von einem Journalismus, der nicht redliches Nachrichtenhandwerk betreibe, sondern bloße Geschäftsmacherei durch Befriedigung kurioser Gelüste, durch die Hervorbringung artifizieller Ereignisse oder durch erfundene Nachrichten. Schon die ganz normale, seriöse Nachricht, wie sie von den professionellen Agenturen unter beträchtlichem Aufwand beschafft und verbreitet wird, unterliegt diesem Gesetz des Neuigkeitswertes und liefert daher, in summa, kein stimmiges Bild der Gesamt-Wirklichkeit, nicht einmal ein wohlproportioniertes Konzentrat von Wirklichkeits-Ausschnitten, sondern eine sehr einseitige Auswahl, nämlich die von Veränderungsfällen. […] Wird im Nachrichtengeschäft das Veränderung Anzeigende, insbesondere das von der Norm und der Normalität Abweichende begünstigt, hat der und das die allgemein akzeptierten Regeln Verletzende die größere Chance, zur Nachricht gemacht, mit Aufmerksamkeit registriert und öffentlich erörtert zu werden, dann muss unter dem ständigen Andrang solcher Nachrichten und Diskussionen der Rezipient in seiner Ansicht darüber, was denn die Norm sei, mehr und mehr irritiert werden. Er fragt sich, ob er in seiner Auffassung über das, was richtig und falsch sei, nicht einem Vorurteil folge, das er längst hätte aufgeben müssen, nachdem so viele prominente Zeitgenossen es für überholt, ja für lächerlich erklärt haben und sich offensichtlich nur noch eine kleine Minderheit daran orientiert. Er gerät in eine Krise seines Wertbewusstseins, zweifelt schließlich daran, ob er bisher „das Richtige" gewusst oder geglaubt habe, wird aufnahmebereit für anders lautende Botschaften. Schließlich akzeptiert er die fremde Norm als seine eigene, und dies alles nicht etwa deshalb, weil er zu einer besseren Erkenntnis gekommen wäre [...], sondern weil die Ausschließlichkeit, mit der über Normabweichungen berichtet und debattiert wurde, ihm den Eindruck verschaffte, das Normale sei die Ausnahme geworden. [...]

Aus: Otto B. Roegele, Massenmedien und Regierbarkeit, in: Wilhelm Hennis, Peter Graf Kielmansegg, Ulrich Matz (Hg.), Regierbarkeit. Studien zu ihrer Problematisierung. Band II, Stuttgart 1979, S. 186–190

M 11 Medienwirkung 3: Schweigespirale als Folge unausgewogener Berichterstattung

● Schweigespirale heißt: Menschen wollen sich nicht isolieren, beobachten pausenlos ihre Umwelt, können aufs Feinste registrieren, was zu-, was abnimmt. Wer sieht, dass seine Meinung zunimmt, ist gestärkt, redet öffentlich, lässt die Vorsicht fallen. Wer sieht, dass seine Meinung an Boden verliert, verfällt in Schweigen. Indem die einen laut reden, öffentlich zu sehen sind, wirken sie stärker, als sie wirklich sind, die anderen schwächer, als sie wirklich sind. Es ergibt sich eine optische und akustische Täuschung für die wirklichen Mehrheits-, die wirklichen Stärkeverhältnisse, und so stecken die einen andere zum Reden an, die anderen zum Schweigen, bis schließlich die eine Auffassung ganz untergehen kann. Im Begriff Schweigespirale liegt die Bewegung, das sich Ausbreitende, gegen das man nicht ankommen kann. [...] Hier sind wir an einem Punkt großer Aktualität in Bezug auf das deutsche Mediensystem angelangt, einem Wert von Verfassungsrang: publizistische Vielfalt – auch „Ausgewogenheit" genannt. Bisher erwarten die deutschen Verfassungsrichter, dass diese Ausgewogenheit in den elektronischen Medien zu erreichen wäre über die Aufsicht, die gesellschaftlich relevanten Gruppen, durch Kontrolle also, aber vielleicht müssen wir erkennen, dass diese publizistische Vielfalt nur zu erreichen ist durch die vielfältigen Orientierungen der produzierenden Journalisten, also von der Basis her. Hier ist ein Stück Aufklärungsarbeit unter Journalisten nötig. Aufklärung über das, was zuerst der Journalist Walter Lippmann [...] zusammenhängend dargestellt hat: dass nämlich jeder Mensch durch seine Einstellung entscheidend gesteuert wird in dem, was er sieht und wie er es interpretiert und was ihm wichtig erscheint, so wichtig, dass er es zeigt und veröffentlicht. [...]

Von deutschen Journalisten ist schon häufiger vorgeschlagen worden, den Begriff „Ausgewogenheit" zu ersetzen durch „Fairness". Das ist ein Missverständnis. Fairness ist eine Sache des guten Willens. Der Begriff Ausgewogenheit heißt: Es kommen verschiedene, in der Gesellschaft stark vertretene Richtungen einigermaßen gleichgewichtig zum Ausdruck. Journalisten vertreten auch gern den Standpunkt: Es ist ganz egal, ob ein Journalist rechts oder links oder Mitte ist, wichtig ist nur, ob er ein guter Journalist ist. Das ist eine Illusion. Journalisten [...] können nicht wahrnehmen und selektieren und mitteilen, ohne durch ihre Annahmen und Überzeugungen gesteuert zu sein.

Aus: Elisabeth Noelle-Neumann, Neue Forschungen im Zusammenhang mit der Schweigespiralen-Theorie, in: Ulrich Saxer (Hg.), Politik und Kommunikation. Neue Forschungsansätze, München 1983, S. 133–144

AUFGABEN

1. Ermitteln Sie arbeitsteilig aus M 9 bis M 11, worin problematische Aspekte der von den Medien ausgehenden Wirkungen auf die Medienkonsumenten gesehen werden.
2. Prüfen Sie, ob Ihre eigenen Medienerfahrungen die Ergebnisse der Medienwirkungsforschung in M 9 bis M 11 bestätigen oder widerlegen.
3. Diskutieren Sie angesichts der Unmöglichkeit, den Konsum von Medien zu verbieten oder einzuschränken, ob es Aussichten gibt, die Medienberichterstattung so zu ändern, dass die problematischen Wirkungen minimiert werden.

M 12 Ein neuer Politikertypus als Reaktion auf die Mediengesellschaft?

■ Medienversierte und erfolgreiche Personen ersetzen einen Teil der herkömmlichen Parteistrukturen. Die Parteiorganisationen sind zu schwerfällig, um auf die rasch wechselnden Herausforderungen reagieren zu können. Das ist mittlerweile die Aufgabe der modernen politischen Führungsfigur, die in Habitus, Symbolik, Stil und Sprache flexibel auf gewandelte Erwartungslagen und verschiedene Milieus reagieren muss. Sie wird zur Schlüsselgestalt, durch die sich Parteien darstellen und über die Medien den Wählern präsentieren. [...] Der erfolgreiche Politikertypus verbindet politischen Instinkt, Populismus, Stimmungs- und Problemsensibilität, Konzentration auf das Wesentliche, virtuose Medienpräsenz und Pragmatismus miteinander. Langfristig kristallisiert sich hier in Stil und Dynamik eine neue Politikdarstellung heraus, die ihre eigene Dynamik entwickelt. Medienadressierte Personalisierung zielt in der Wirkung auf direkte Legitimation über die Öffentlichkeit [...]. Während die Spitze der Partei [...] via Fernsehen direkt mit der „Basis" in Kontakt tritt, verliert vor allem die mittlere Parteiebene an Gewicht. Darüber, wie sich dies langfristig auf die Parteien, die Elitenrekrutierung, die Binnenstruktur, die innerparteiliche Demokratie und auf die Parteiendemokratie insgesamt auswirkt, wird spekuliert. [...] So stützt sich der medienpräsente politische „Star" im plebiszitär-medialen Schulterschluss mit dem politischen „Zuschauer" [...] auf eine riskante (Zu)Stimmung, die ihn vor dem politischen Fall insbesondere dann nicht bewahren kann, wenn er seine Medienprominenz nicht in innerparteiliche Zustimmung umsetzen kann.

Aus: Ulrich Sarcinelli, Parteien und Politikvermittlung: Von der Parteien- zur Mediendemokratie?, in: ders. (Hg.), Politikvermittlung und Demokratie in der Mediengesellschaft, Wiesbaden 1998, S. 291 f.

M 13 Ein Parteitag als mediale Inszenierung

■ Die Seitenwände der Halle waren fernsehgerecht mit hellblauem Stoff verkleidet. In regelmäßigen Abständen konnte man an den Wänden den Dreizeiler lesen

Gründungsparteitag
National Konservative Elite Deutschlands
Leistung, Tradition, Fortschritt

Unten und oben eingefasst von den Farben Schwarz-Rot-Gold. Die Dekoration gab dem großen Raum eine festliche, fast weihevolle Atmosphäre.

Ekkehard Daro, langjähriger politischer Redakteur einer linksliberalen Zeitung und überzeugter 68er, überflog die Pressemappe zum Parteitag: Entwürfe für die Satzung und das Parteiprogramm, Vorstellung der Kandidaten für den Bundesvorstand, ausführliche Biographie und die Rede des Kandidaten für den Parteivorsitz, Dr. Gerhard Haubold, ferner eine Tagesordnung mit detaillierten Erläuterungen zum Ablauf des Parteitages. Ein Kollege vom Fernsehen erzählte Daro, dass er vor dem Parteitag zu Filmaufnahmen bei Haubold eingeladen worden war. Selbst im Kreis seiner Familie, bei sich zu Hause und in seinem Unternehmen habe er das Filmen zugelassen, habe haufenweise Fotos und Materialien über seinen Lebensweg zur Verfügung gestellt. [...] Vom Pressesprecher war der TV-Journalist genauestens über die fernsehwirksamen Phasen des Parteitagablaufs informiert worden. Dazu passte, dass Daros Pressebetreuerin sich als erstaunlich sachkundige Gesprächspartnerin entpuppte, die weder durch Fragen nach der Finanzierung oder den Mitgliederzahlen noch durch eine Diskussion über politische Inhalte in Verlegenheit zu bringen war. [...]

Die Big Band und der Knabenchor stimmten jetzt verschiedene deutsche Volkslieder an. Die Delegierten, die mittlerweile ihre Plätze eingenommen und die Halle bis auf den letzten Platz gefüllt hatten, sangen mit. Chor und Band wurden vorgestellt von dem Moderator einer beliebten Rätselsendung im Vorabendprogramm eines privaten Fernsehsenders. Auch durch das weitere Rahmenprogramm führte der Fernsehmann. Unter den Delegierten war die Altersgruppe der Dreißig- bis Fünfzigjährigen in der Mehrheit, darunter auffällig viele Frauen. Nach Kleidung und Aussehen schien es sich um Angehörige der Mittelschicht zu handeln. Der Moderator bat nun darum, sich von den Plätzen zu erheben, um gemeinsam das „Lied der Deutschen" zu singen. Die Berichterstattung über diesen Gründungsparteitag dürfte beträchtlich sein, vermutete Daro, denn im Bundestag war sitzungsfreie Woche. [...] Haubold, vom Ansager mit knappen Worten vorgestellt, wurde mit großem Beifall begrüßt. Er wirkte sympathisch, keineswegs sektiererhaft oder dogmatisch und hatte eine angenehm klingende Stimme. Obwohl er nur fünfzehn Minuten zur Begrüßung und Eröffnung sprach, spürte Daro, dass er ein rhetorisches Talent war. Noch in den Schlussbeifall zu Haubolds kurzer Begrüßungsansprache hinein intonierte die Band das Parteilied, begleitet von Chor und Delegierten. Melodie und Text befanden sich in den Unterlagen. Während des Gesangs schwenkte jeder Delegierte zum Rhythmus des Liedes eine kleine schwarzrotgoldene Fahne über seinem Kopf. „Auch das gibt wirkungsvolle Fernsehbilder", dachte Daro.

In der nachfolgenden Erörterung der Satzung fiel die Disziplin auf, mit der über die vorliegenden Änderungsanträge debattiert und entschieden wurde. Offensichtlich nach englischem Vorbild war nur ein je fünfminütiger Redebeitrag pro und Kontra zugelassen, dann wurde abgestimmt. [...] Der nächste Tagesordnungspunkt war mit „Konservative Bekenntnisse" überschrieben. Der Moderator kündigte an, dass nun zehn Bürger erklären würden, warum sie Mitglieder der National-Konservativen Elite Deutschlands geworden seien [...]. Die Parteitagsregie hatte die Redner sorgfältig ausgewählt, denn sie unterschieden sich nach Beruf, Alter, Persönlichkeit, Dialekt und sprachlichem Ausdrucksvermögen erheblich voneinander. Alle verzichteten in ihren „Bekenntnissen" auf allgemeine Aussagen, sondern gingen von den Problemen ihres Berufes oder ihrer sozialen Gruppe aus, schilderten ihre Beschwerden und formulierten ihre Erwartungen an die Politik. [...]

Nachdem die Wahl des Vorsitzenden und des Vorstandes zügig abgewickelt und Haubold in geheimer Wahl mit 94 Prozent aller Stimmen zum Vorsitzenden gewählt worden war, hielt der neue Parteichef seine Grundsatzrede, die gleichzeitig in das Parteiprogramm einführte. Haubold sprach völlig frei. Zur Veranschaulichung seiner politischen Ideen benutzte er plastische Beispiele und farbige Vergleiche. Intelligente Polemik war gemischt mit Witz und scharfsinniger Kritik an den etablierten Parteien. [...]

Nach seiner fünfzigminütigen Rede jubelte ihm der Parteitag stehend zu. Die Delegierten machten das V-Zeichen, skandierten gemeinsam „Hau-bold, Hau-bold", dann schrien sie im Takt: „Die, die Koon-ser-va-tiii-ven; die, die Koon-ser-va-tiii-ven." Die Band fiel in den Rhythmus ein, und nach einigen Minuten leitete sie über in die Parteihymne, die der Parteitag im Stehen sang.

Die Debatte über das Parteiprogramm verlief ähnlich diszipliniert wie die vorangegangene. [...] Am Schluss der Debatte wurde das Wahlprogramm bei nur wenigen Gegenstimmen und Enthaltungen mit überwältigender Mehrheit angenommen. Haubold dankte allen, die an der Erarbeitung des Parteiprogramms mitgewirkt hatten, und fuhr dann fort: „Die Verabschiedung unserer Satzung, unseres Parteiprogramms, die Wahl des Bundesvorstandes und der übrigen Parteiführungsgremien sind der Startschuss für die Entwicklung unserer Partei zu einer schlagkräftigen politischen Organisation, die bald in allen Parlamenten vertreten sein wird. Viele Mitbürger haben auf dieses Signal der Hoffnung lange gewartet. Jetzt, wo die Parteigründung besiegelt ist, können sie sich zu uns bekennen, können sie bei uns eine neue politische Heimat finden. [...]"

Aus: Wulf Schönbohm, Parteifreunde. Ein Roman aus der Provinz. Düsseldorf 1990

AUFGABEN

1. Beschreiben Sie in Anlehnung an M 12 mit Ihren Worten den mediengerechten neuen Politikertypus. Beobachten Sie in den Medien die maßgeblichen Politiker der großen Parteien und prüfen Sie, ob sie dem in M 12 gezeichneten Bild entsprechen. Diskutieren Sie, ob der Demokratie mit diesem Typus gedient ist.
2. Rekonstruieren Sie, welche Überlegungen vermutlich im Führungskreis der in Gründung befindlichen neuen Partei (M 13) bezüglich der Regie des Parteitages angestellt worden sind. Welche Teile des Parteitages halten Sie für authentisch und notwendig im Sinne des Parteiengesetzes (S. 68, M 8), welche für Inszenierungen zur Erlangung eines positiven Medienechos? Wie wäre der Parteitag verlaufen, wenn Medienvertreter nicht zugelassen gewesen wären?

3.4 Die Wählerschaft als Macht zuteilende und Macht entziehende Instanz

Demokratie bedeutet nicht, wie manche meinen, Selbstregierung des Volkes. Demokratie ist vielmehr eine Herrschaftsordnung, in der gewählte Amtsträger in Parlament und Regierung sich bemühen, das Gemeinwohl zu verwirklichen. In dieser Ordnung regiert folglich nicht das Volk. Gleichwohl ist das Volk in gewisser Hinsicht der wichtigste politische Akteur, denn es entscheidet, wer regieren und wer die Aufgaben der Opposition wahrnehmen soll. Damit entscheidet es auch darüber, welches politische Programm umgesetzt werden soll und welches nicht. Weil die Regierenden und diejenigen, die die Regierung übernehmen möchten, in diesem entscheidenden Punkt vom Votum der Wähler abhängig sind, lässt sich ohne Übertreibung sagen, dass das Volk, genauer: die Wählerschaft, zwar nicht regiert, dafür aber herrscht. Wer herrscht, übt gleichzeitig auch Kontrolle aus. Ausdruck dieser Herrschaft ist weiterhin, dass das Handeln der Parteien sowie der Parlamentarier und der Regierungsmitglieder immer (auch) von der Überlegung bestimmt ist, ob die jeweilige Politik die Zustimmung der Öffentlichkeit findet und sich dann in der öffentlichen Meinung wieder findet. Es ergibt sich, dass das Volk Zurechnungspunkt der Aktivitäten der meisten anderen politischen Akteure ist.

Wählerschaft, Volk und Öffentlichkeit sind in der Hinsicht identische politische Subjekte, dass sie sich in der öffentlichen Meinung artikulieren. Diese ist im Zeitalter des Pluralismus nicht als einheitlich oder geschlossen zu begreifen. Vielmehr gibt es nur öffentliche Meinungen wie es auch nicht den Wähler, sondern nur die Wähler gibt. Gleichwohl ist es das Bestreben der Politiker, mittels der Demoskopie herauszufinden, wie über die Themen der politischen Agenda gedacht wird. Auf diese Weise wollen sie sich nicht allzu weit von dem entfernen, was bei der Bevölkerung „ankommt". Generell wird dabei aber die Aussagekraft der öffentlichen Meinung überschätzt. Außerdem erfüllt eine Regierung, die der öffentlichen Meinung nachläuft, ihre Führungsaufgabe nicht.

Der Tag, an dem das Volk, d.h. die Gesamtheit der über das aktive Wahlrecht Verfügenden, politisch aktiv wird, mithin als Akteur tätig wird, ist der Wahltag. Die Wahl ist ein zentraler politischer Akt in der Demokratie. Denn sie bedeutet nichts anderes als die Anwendung des legitimierenden Prinzips der Volkssouveränität. Daneben ist sie – abgesehen von Abstimmungen – die einzige Möglichkeit des Bürgers, unmittelbar am politischen Prozess teilzunehmen.

M 1 Was vermag die öffentliche Meinung?

■ Die öffentliche Meinung wird in der Theorie des 19. Jahrhunderts geradezu identifiziert mit der Volkssouveränität, mit dem Willen des Volkes. Herrschaft soll „government by public opinion" sein. Aber was man
5 der öffentlichen Meinung damit zumutet, macht sie vollends fragwürdig. [...] Der Wille agiert, die Meinung reagiert. Wo sich der Begriff nicht in beliebiger Allgemeinheit aufgelöst hatte, hat man diese Begrenzung der öffentlichen Meinung auf eine mehr kontrollierende als
10 agierende Funktion stets festgehalten. Die öffentliche Meinung soll nicht regieren, sie soll sanktionieren, billigen oder missbilligen. Noch für Rousseau[1] war es Sache der öffentlichen Meinung, zwischen den Bösewichten und den rechtschaffenen Leuten zu unterscheiden. In
15 diesem Punkt sei das Volk ein erleuchteter und unkorrumpierbarer Richter. Für Hegel[2] entschied die öffentliche Meinung durch „Verlust des Zutrauens" – eine wundervolle Formulierung. Und für Stahl[3] soll die öffentliche Meinung die Regierung „abhalten von dem,
20 was im Sinne aller Parteien schlecht und unlöblich ist".

Bluntschli[4] verglich die öffentliche Meinung mit dem Chor der antiken Tragödie, der die Handlungen und Leiden der dramatischen Personen beobachtet und ausspricht, was das Gemeinbewusstsein empfindet und urteilt. Sie sei im Großen dasselbe, was der Wahrspruch 25 der Geschworenen in Strafsachen bedeute, keine schöpferische, sondern eine kontrollierende Macht.

Nur ausnahmsweise trete sie aus ihrer passiven in eine aktive Haltung über, nämlich wenn die Aktion derer, die zum Handeln berufen sind, mit ihr in einen feindlichen 30 Widerspruch gerät. Sie sei eine öffentliche Macht, aber keine öffentliche Gewalt.

1 Rousseau, Jean-Jacques (1712–1778), Kulturkritiker und (politischer) Philosoph
2 Hegel, Georg Wilhelm Friedrich (1770–1831), (politischer) Philosoph
3 Stahl, Friedrich Julius (1802–1861), Rechts- und Staatsphilosoph
4 Bluntschli, Johann Caspar (1808–1881), Staatsrechtslehrer und Politiker

Aus: Wilhelm Hennis, Politik als praktische Wissenschaft. Aufsätze zur politischen Theorie und Regierungslehre. München 1968, S. 45

M2 Kann man mit der Demoskopie den Willen des Volkes ermitteln?

■ Können wir mit den Mitteln der Demoskopie feststellen, was das Volk will, und dergestalt die Herrschaft des Volkes errichten? Die Demoskopen selbst bestreiten es – und das sei ihnen zur Ehre angerechnet – nicht zuletzt aufgrund der Tatsache, dass, wie es in den Wald hineinschallt, so es auch wieder aus dem Wald herausschallt. Von der Art der Fragestellung hängt weitgehend die Antwort ab. Nicht selten werden Antworten gegeben, die die Betreffenden sich gar nicht überlegt haben, über die sie sich eine eigentliche Meinung gar nicht gebildet haben, bevor ihnen die Fragen gestellt werden. Demoskopie kann zwar bedeutsam dafür sein zu erfahren, was das Volk meint, darauf jedoch, was das Volk will, aufgrund einer Einsicht in die bestehenden Alternativen will, darauf, meine Damen und Herren, gibt uns die Demoskopie keine Antwort. […]

Wenn Sie das Volk als Ganzes nehmen, so ist das Volk eine amorphe Masse, bei der die Vorstellung über das, was in Staat und Gesellschaft sich abspielen soll, weitgehend dadurch entsteht, dass diese Vorstellungen von außen her geprägt, „gemacht" werden. Öffentliche Meinung ist zum großen Teil eine „gemachte" öffentliche Meinung. Im Zeitalter der Massenkommunikationsmittel müssen wir uns darüber im Klaren sein, welche ungeheure Bedeutung die Konzentration der Massenkommunikationsmittel für das Meinen des größten Teils der Bevölkerung ausmacht. Wenn die Massenkommunikationsmittel mit der Demoskopie verbunden werden, wird zunächst mittels der Demoskopie ausfindig gemacht, was wohl „ankommt", und dann wird dasjenige, was ankommen könnte, durch die Massenkommunikationsmittel verbreitet.

Aus: Ernst Fraenkel, Deutschland und die westlichen Demokratien. Erweiterte Ausgabe, Frankfurt a. M., 2. Auflage 1991, S. 288

„Wie viel wollen Sie denn anlegen? 45 Prozent garantiere ich zum normalen Satz; für jeden weiteren Punkt müsste ich einen Zuschlag berechnen."

M3 Die Funktion von Parlamentsdebatten: Appell an die Wählerschaft

■ Parlamentsdebatten, bei denen die Argumente der Diskussionsredner vorher bekannt und die Ergebnisse der Abstimmungen nicht zweifelhaft sind, [sind gleichwohl nicht sinnlos und überflüssig. Vielmehr ist es so], dass ihnen eine bedeutsame politische Funktion zukommt. Sie sollen dem Regierungschef und dem Oppositionsführer Gelegenheit geben, durch Formulierung von Alternativlösungen akuter politischer Probleme das Volk zu befähigen, bei der nächsten Wahl darüber zu entscheiden, ob es bereit ist, entweder durch Wahl der Kandidaten der Mehrheitspartei dem Begehren des Regierungschefs zur Approbation[1] oder durch Wahl der Kandidaten der Minderheitspartei dem Begehren des Oppositionschefs zur Reprobation[2] der bisher befolgten Politik Folge zu leisten. Denn das Volk ist […] zwar in der Lage, erfolgte Lösungen politischer Probleme zu billigen oder zu verwerfen; es ist aber von sich aus weder imstande, sie zu konzipieren noch sie zu einem politischen Gesamtprogramm zu koordinieren […].

Zeichnung: Fritz Wolf

1 Approbation: Billigung
2 Reprobation: Zurückweisung

Aus: Ernst Fraenkel, Deutschland und die westlichen Demokratien. Erweiterte Ausgabe, Frankfurt a. M., 2. Auflage 1991, S. 80

AUFGABEN

1. Arbeiten Sie in Gruppen aus M 1 bis M 3 heraus, welche politischen Fähigkeiten die Autoren dem Volk (der öffentlichen Meinung, der Wählerschaft) zusprechen und welche nicht.
2. Worin unterscheiden sich Wilhelm Hennis (M 1) und Ernst Fraenkel hinsichtlich der Einschätzung der öffentlichen Meinung? Welche Maßnahmen müsste Ernst Fraenkel empfehlen, wenn an der Funktion des Volkes festgehalten werden soll, in Wahlen über eine Regierung zu entscheiden?
3. Nehmen Sie als Angehörige des Volkes Stellung zur Berechtigung der in M 1 bis M 3 geäußerten Sicht über die Fähigkeiten des Volkes.
4. Arbeiten Sie die Botschaften der Karikaturen auf der vorhergehenden und den folgenden Seiten heraus und konfrontieren Sie sie mit Ihrer Sichtweise.

M 4 Welche Funktionen erfüllen Wahlen?

1. Legitimierung des politischen Systems und der Regierung einer Partei oder Parteienkoalition. 2. Übertragung von Vertrauen an Personen und Parteien. 3. Rekrutierung der politischen Elite. 4. Repräsentation von Meinungen und Interessen der Wahlbevölkerung. 5. Verbindung der politischen Institutionen mit den Präferenzen der Wählerschaft. 6. Mobilisierung der Wählerschaft für gesellschaftliche Werte, politische Ziele und Programme, parteipolitische Interessen. 7. Hebung des politischen Bewusstseins der Bevölkerung durch Verdeutlichung der politischen Probleme und Alternativen. 8. Kanalisierung politischer Konflikte in Verfahren zu ihrer friedlichen Beilegung. 9. Integration des gesellschaftlichen Pluralismus und Bildung eines politisch aktionsfähigen Gemeinwillens. 10. Herbeiführung eines Konkurrenzkampfes um politische Macht auf der Grundlage alternativer Sachprogramme. 11. Herbeiführung einer Entscheidung über die Regierungsführung in Form parlamentarischer Mehrheiten. 12. Einsetzung einer kontrollfähigen Opposition. 13. Bereithaltung des Machtwechsels.

Aus: Dieter Nohlen, Wahlsysteme der Welt. Daten und Analysen. Ein Handbuch, München 1978, S. 24

AUFGABEN

1. Die in M 4 aufgelisteten Funktionen der Wahl sind nicht geordnet und zum Teil recht abstrakt. Verschaffen Sie sich zunächst im Gespräch begriffliche Klarheit über den Bedeutungsgehalt der einzelnen Funktionen und bringen Sie sie dann in eine nach Wichtigkeit gestaffelte Ordnung. Begründen Sie Ihre Auffassung.
2. In der ehemaligen DDR gab es auch Wahlen. Die Vorschläge der Parteien und gesellschaftlichen Organisationen waren in einem „gemeinsamen Wahlvorschlag der Nationalen Front" zusammengefasst und konnten nur zusammen gebilligt oder verworfen werden. Kampagnen und eine intensive soziale Kontrolle sorgten dafür, dass von der zweiten Möglichkeit kaum Gebrauch gemacht wurde und die Wahlbeteiligung sehr hoch war. Prüfen Sie die Qualität der DDR-Wahlpraxis anhand von M 4 und fassen Sie Ihr Ergebnis in einem Statement zusammen.

M 5 Wahlrechtsgrundsätze und ihre Interpretation in einem Verfassungskommentar

• *Artikel 38 GG*

Die Abgeordneten des Deutschen Bundestages werden in allgemeiner, unmittelbarer, freier, gleicher und geheimer Wahl gewählt.

Verfassungskommentar

Allgemeine Wahl
Das Wahlrecht muss allen Staatsbürgern gleichermaßen zustehen. Ein Ausschluss bestimmter Bevölkerungsgruppen von der Ausübung des Wahlrechts aus politischen, wirtschaftlichen oder sozialen Gründen ist unzulässig. Die Teilnahme an der Wahl darf nicht von besonderen, nicht von jedermann erfüllbaren Voraussetzungen (z.B. Vermögen, Einkommen, Steuerentrichtung, Bildung, Lebensstellung) abhängig gemacht werden. […] Die Allgemeinheit der Wahl darf nur aus zwingenden Gründen eingeschränkt werden. Zulässig sind die Forderung eines bestimmten Wahlalters, die Beschränkung des Wahlrechts auf Personen, die im Wahlgebiet sesshaft sind […]. Das Gebot der allgemeinen Wahl gilt auch für das passive Wahlrecht […].

Unmittelbare Wahl
Die Wähler müssen die Abgeordneten selbst auswählen. Zwischen sie und die Bestimmung der Abgeordneten darf kein fremder Wille (z.B. Wahlmänner, Volksvertretungen nachgeordneter Gebietskörperschaften) treten. […]

Freie Wahl
Der Wähler muss in einem freien, offenen Prozess der Meinungsbildung zu seiner Wahlentscheidung finden und diese unverfälscht zum Ausdruck bringen können. Er muss gegen Zwang, Druck und alle seine freie Willensentscheidung ernstlich beeinträchtigenden Beeinflussungen von staatlicher oder nichtstaatlicher Seite geschützt sein. […] Die Wahlfreiheit umfasst ein freies Wahlvorschlagsrecht für alle Wahlberechtigten. Ein Parteienmonopol für Wahlvorschläge ist verfassungswidrig. […] Gegen das Gebot der freien Wahl verstößt nicht nur die „Einheitsliste" einer, mehrerer oder aller Parteien, sondern jede […] Beschränkung des Wahlvorschlagsrechts auf bestimmte Parteien. […] Das Gebot der freien Wahl fordert freie Wählbarkeit, ungehinderte Wahlwerbung und Wahlannahme sowie einen Wahlkampf, in dem […] vor allem die ungehinderte öffentlichen Meinungsäußerung gesichert ist. […]

Gleiche Wahl
Alle Staatsbürger müssen das Wahlrecht in formal möglichst gleicher Weise ausüben können. Jede gültig abgegebene Wählerstimme muss im Rahmen des Wahlsystems den gleichen Einfluss auf das Wahlergebnis, insbesondere […] nicht nur den gleichen Zähl-, sondern auch den gleichen Erfolgswert haben. […] Ein Rechtfertigungsgrund für Differenzierungen ist vor allem die Sicherung der Funktionsfähigkeit des zu wählenden Parlaments. Zur Abwehr parlamentarischer Parteizersplitterung sind die Stimmenverwertung einschränkende Sperrklauseln (Prozentklauseln) statthaft. […] Das Gebot der Wahlgleichheit ist ferner bei der Wahlkreiseinteilung zu beachten. […] Das Gebot der Wahlgleichheit erstreckt sich auch auf das Vorfeld der Wahlen. Bei der steuerlichen Begünstigung von Zuwendungen an politische Parteien darf der Gesetzgeber nicht finanziell besonders leistungsfähige Bürger gleichheitswidrig privilegieren. […]

Geheime Wahl
Jeder muss sein Wahlrecht so ausüben können, dass andere Personen keine Kenntnis von seiner Wahlentscheidung erhalten. […]

Aus: Karl Heinz Seifert/Dieter Hömig, Grundgesetz für die Bundesrepublik Deutschland. Taschenkommentar, Baden-Baden, 7. Auflage 2003, S. 344 ff. (Text leicht geändert)

M 6 Wahlrechtsgrundsätze in der Diskussion

• *a) Ausdehnung des Wahlrechts von den Staatsbürgern auf die „Bevölkerung"?*

Pro
Wir lehnen das Nationalitätsprinzip für den Bereich der politischen Willensbildung ab und fordern ein von der Staatsangehörigkeit unabhängiges Wahlrecht der Zuwanderer und Zuwanderinnen. Die Menschen müssen unabhängig von ihrer Nationalität das Gemeinwesen mitgestalten können. Das demokratische Prinzip verbietet es, einen Teil der in der Bundesrepublik lebenden ansässigen Bevölkerung in politischer Unmündigkeit und Ohnmacht zu halten. [Wir fordern] die Verbesserung der politischen Beteiligungsrechte von ausländischen Mitbürgerinnen und Mitbürgern.

Kontra

Es ist daran festzuhalten, dass zu den realen Grundlagen eines Staatswesens neben dem Staatsgebiet und der Staatsgewalt – auch heute noch – das Staatsvolk gehört. Das Staatsvolk ist – im Gegensatz zur Gebietsbevölkerung – die Gesamtheit der dem Staat dauerhaft verbundenen Bürger. [...] Im Ausland, aber auch im Inland, haben sie gelegentlich schicksalhaft mit Leben, Freiheit und Gut für das Handeln ihres Staates einzustehen. Diese schicksalhafte Verbundenheit unterscheidet den Staatsbürger wesentlich von Personen, die sich im Staatsgebiet vorübergehend oder auf Dauer aufhalten. [...] Aus diesem Grund verbietet sich die Gewährung eines [...] Wahlrechts für Ausländer.

b) Einführung der Wahlpflicht?

Die rechtstheoretische Begründung der Wahlpflicht liegt in der These, dass die Wahrnehmung des politischen Bürgerrechts, an der Bestellung der Volksvertretungen mitwirken zu können, einer staatsbürgerlichen Pflicht gleichkomme. [...] In Belgien wollte man mit der Wahlpflicht 1893 nicht nur der Wahlenthaltung zu Leibe rücken [...], sondern auch die Gefahr möglicher Wahlmanipulationen eindämmen, die man nach der Ausbreitung des Wahlrechts befürchtete. Die Wahlpflicht galt als eine Garantie einer ohne fremde Einflussnahme erfolgenden Wahlteilnahme und Stimmabgabe. [...] Bei einer größeren Wahlenthaltung würde das Parlament nicht die Repräsentation möglichst aller Meinungen und Interessen des Volkes darstellen können [...].

c) Offene Wahl als Zeichen verantwortlicher Stimmabgabe?

Die wichtigste Frage des Abstimmungsverfahrens betrifft Geheimhaltung oder Öffentlichkeit der Wahl; ihr wollen wir uns nun zuwenden. [...] Geheimhaltung ist in vielen Fällen berechtigt, in manchen unerlässlich. [...] Allerdings aber behaupte ich, dass diese Fälle im politischen Bereich die Ausnahme, nicht die Regel bilden. [...] Bei jeder politischen Wahl [...] steht der Wähler unter einer absolut moralischen Verpflichtung, nicht seinen persönlichen Vorteil, sondern das öffentliche Interesse im Auge zu haben und seine Stimme nach bestem Wissen genau so abzugeben, wie er es zu tun verpflichtet wäre, wenn er als Einziger eine Stimme hätte und die Wahl alleine von ihm abhinge. Stimmt man hiermit überein, so scheint [...] daraus zu folgen, dass die Ausübung des Stimmrechtes, wie jede andere öffentliche Aufgabe auch, unter dem kritischen Auge der Öffentlichkeit erfolgen sollte [...]. Die Bedeutung der Öffentlichkeit ist unschätzbar, selbst wenn sie nur das verhindert, was sich schlechterdings nicht rechtfertigen lässt, wenn sie nur zur Überlegung zwingt und jedermann nötigt, sich, vor allem Handeln, darüber klar zu werden, was er zur Rechtfertigung seiner Handlungen vollbringen soll, falls er zur Verantwortung gezogen wird. [...] Die Bindung des Einzelnen an das öffentliche Interesse erweist sich in der Regel [...] als unzulänglich, um ihn zur Pflichterfüllung gegenüber der Allgemeinheit zu bewegen. Auch unter der Voraussetzung des allgemeinen Wahlrechts ist nicht anzunehmen, dass die Entscheidung der Wähler bei geheimer Abstimmung ebenso ehrlich ausfällt wie bei öffentlicher.

d) Anwendung des Grundsatzes „Allgemeinheit der Wahl" bei der Bestimmung der Wahlkreiskandidaten?

Franz Müntefering (früherer SPD-Parteivorsitzender) will die Bundestags-Kandidaten in Zukunft durch Vorwahlen bestimmen lassen. [...] Die SPD-Pressestelle wies darauf hin, dass Müntefering offen ließ, ob auch der Kanzler-Kandidat über Vorwahlen bestimmt werden solle. [...] Über Vorwahlen sollten mehr Bürger an der Auswahl ihrer Bundestagsabgeordneten beteiligt werden. So sollten sich alle Bürger eines Wahlkreises in Listen eintragen können, um dann als Wahlmänner über die Kandidaten der Parteien abzustimmen. Diese Bürger müssten keineswegs mehrheitlich Parteimitglieder sein. Ziel sei es, dass mehrere aus der Partei vorgeschlagene Kandidaten bei den Wahlmännern um Unterstützung werben müssten.

Burkhard Mohr, 08/2005

Aus: a): Pro: Pressemitteilung der Arbeitsgemeinschaft Kommunale Ausländervertretungen Niedersachsen, Osnabrück, im März 1994. Kontra: Frankfurter Rundschau, 15.8.1991, S. 11, Autor: Eckart Schiffer; b): Dieter Nohlen, Wahlsysteme der Welt. Daten und Analysen. Ein Handbuch, München 1978, S. 47; c): John Stuart Mill, Betrachtungen über die repräsentative Demokratie (1861), Paderborn 1971, S. 167, 169, 174 f.; d): Meldung der Nachrichtenagentur Reuters vom 2.4.2000 (leicht modifiziert).

AUFGABEN

1. Die Wahlrechtsgrundsätze verstehen sich politisch nicht von selbst. Sie sind Ergebnis bewusster Entscheidungen und spiegeln zum Teil das Resultat politischer Kämpfe wider. Die Konkretisierungen im Kommentartext (M 5) beziehen sich weitgehend auf die Rechtsprechung des Bundesverfassungsgerichts. Versuchen Sie zu bestimmen, welche Aspekte grundsätzlicher Natur und welche Ausdruck verfassungsgerichtlich entschiedenen Streites sind. Überlegen Sie, ob die Wahlrechtsgrundsätze gemäß Artikel 38 GG auch in Zukunft noch Anlass zum Auslegungsstreit bieten.
2. Diskutieren Sie die in M 6 aufgeführten Beiträge zur Modifizierung des Wahlrechts.

M 7 Mehrheitswahl – Verhältniswahl – personalisierte Verhältniswahl

„Das Schicksal der Demokratie hängt von einer geringfügigen technischen Einzelheit ab: vom Wahlrecht" Dies schrieb der spanische Philosoph José Ortega y Gasset 1930 in seinem Buch „Aufstand der Massen". Alle Wahlsysteme lassen sich auf zwei Grundmodelle zurückführen, und zwar auf die Mehrheitswahl und auf die Verhältniswahl. Bei der Mehrheitswahl ist das gesamte Wahlgebiet in so viele Wahlkreise eingeteilt, wie Mandate zu vergeben sind. In den einzelnen Wahlkreisen ist derjenige gewählt, der die Stimmenmehrheit auf sich vereinigt. Die Zahl der Sitze, die eine Partei erhält, bestimmt sich nach der Zahl der von ihren Bewerbern gewonnenen Wahlkreise. Bei der relativen Mehrheitswahl ist derjenige Abgeordnete gewählt, der mehr Stimmen als jeder seiner Mitbewerber erhält, auch wenn sein Vorsprung vor dem Zweitplatzierten nur eine einzige Stimme beträgt. Bei der absoluten Mehrheitswahl ist derjenige Abgeordnete gewählt, der mehr als die Hälfte der in seinem Wahlkreis abgegebenen Stimmen auf sich vereint. Gelingt das im ersten Wahlgang keinem der Kandidaten, dann findet zwischen den beiden erfolgreichsten Bewerbern des ersten Wahlganges eine Stichwahl statt.

Bei der Verhältniswahl werden die Abgeordnetensitze im Parlament den Parteien proportional zu den Stimmenzahlen, d. h. entsprechend ihrem Anteil am Wahlergebnis, zugeteilt. Der Wähler gibt seine Stimme für die Kandidatenliste („Listenwahl") einer bestimmten Partei ab, nicht für einzelne Personen. Die gewonnenen Sitze werden den Wahlbewerbern entsprechend der Rangfolge auf den von den Parteien aufgestellten Kandidatenlisten zugeteilt.

In der Bundesrepublik Deutschland hat man sich nicht für ein reines Mehrheits- oder Verhältniswahlsystem entschieden. Bei den Wahlen zum Deutschen Bundestag wird nach der sog. personalisierten Verhältniswahl gewählt. Dieses System sollte nach dem Willen des Parlamentarischen Rates die Vorteile der beiden Grundmodelle miteinander verbinden. Im Kern ist es aber ein Verhältniswahlrecht, es wird lediglich bei der Hälfte der zu wählenden Abgeordneten („Wahlkreisabgeordnete") durch die Anwendung des Mehrheitswahlrechts modifiziert. Jeder Wähler hat zwei Stimmen, eine „Erststimme" und eine „Zweitstimme". Mit der Erststimme, die auf der linken Stimmzettelhälfte abgegeben wird, wählt der Bürger den Wahlkreisabgeordneten. Der Kandidat ist gewählt, der die meisten Stimmen auf sich vereinigt hat (relative Mehrheitswahl). Mit der Zweitstimme, die auf der rechten Stimmzettelhälfte abgegeben wird, entscheidet sich der Bürger für die Landesliste einer Partei. Eine „Bundesliste", die beim Verhältniswahlrecht durchaus denkbar wäre, gibt es wegen der föderalen Struktur der Bundesrepublik Deutschland nicht.

Die Zweitstimme ist für die Stärke der Partei im Bundestag maßgebend. Zur Ermittlung der Fraktionsstärken wird nach dem in M 8 dargestellten Auszählungsverfahren (Hare-Niemeyer) zunächst errechnet, wie viele Sitze jeder Partei aufgrund der auf sie entfallenden Zweitstimmen zustehen. Dann werden diese entsprechend ihrem Stimmenanteil in den einzelnen Ländern auf die jeweiligen Landeslisten verteilt. Zuletzt wird die Zahl der direkt gewählten Abgeordneten einer Partei von der für ihre Landesliste errechneten Gesamtzahl abgezogen. Die verbleibenden Sitze werden den Kandidaten entsprechend der Reihenfolge auf der Landesliste zugeteilt. Beispiel: Der Partei A stehen nach den Zweitstimmen in einem Bundesland insgesamt 21 Sitze im Bundestag zu. 12 Wahlkreise haben Kandidaten dieser Partei gewonnen. Diese 12 kommen direkt ins Parlament. Die restlichen neun Sitze, die der Partei zustehen, werden nach der Platzierung auf der Landesliste vergeben.

Bei der Sitzverteilung im Parlament sind Fünf-Prozent-Klausel und Überhangmandate zu berücksichtigen: 1. Es werden nur Parteien berücksichtigt, die mindestens 5 % der gültigen Zweitstimmen erhalten haben oder in mindestens drei Wahlkreisen ein Direktmandat erobern konnten. 2. Überhangmandate entstehen dann, wenn auf eine Partei in einem Bundesland mehr Direktmandate entfallen als ihr nach dem Zweitstimmenanteil in diesem Bundesland zustehen. In diesem Fall erhöht sich die Gesamtzahl der Abgeordnetensitze.

Autorentext

M 8 Von der Wählerstimme zum Mandat

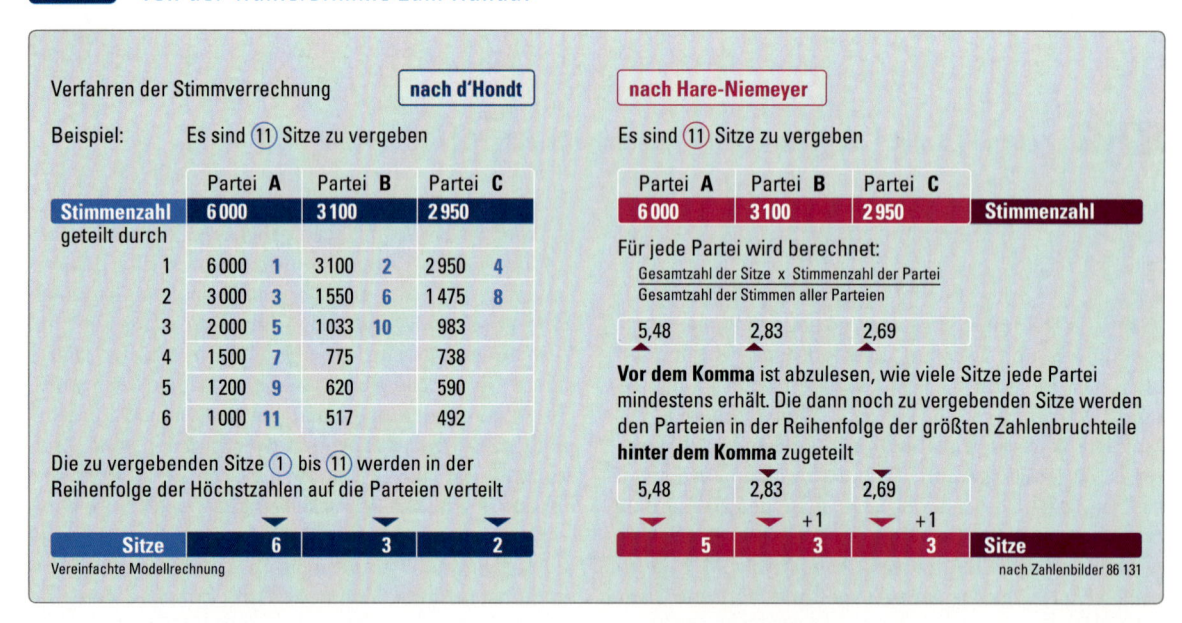

Verfahren der Stimmverrechnung — nach d'Hondt

Beispiel: Es sind (11) Sitze zu vergeben

	Partei A		Partei B		Partei C	
Stimmenzahl	6000		3100		2950	
geteilt durch						
1	6000	1	3100	2	2950	4
2	3000	3	1550	6	1475	8
3	2000	5	1033	10	983	
4	1500	7	775		738	
5	1200	9	620		590	
6	1000	11	517		492	

Die zu vergebenden Sitze (1) bis (11) werden in der Reihenfolge der Höchstzahlen auf die Parteien verteilt

| Sitze | 6 | 3 | 2 |

Vereinfachte Modellrechnung

nach Hare-Niemeyer

Es sind (11) Sitze zu vergeben

Partei A	Partei B	Partei C	
6000	3100	2950	**Stimmenzahl**

Für jede Partei wird berechnet:

$$\frac{\text{Gesamtzahl der Sitze} \times \text{Stimmenzahl der Partei}}{\text{Gesamtzahl der Stimmen aller Parteien}}$$

| 5,48 | 2,83 | 2,69 |

Vor dem Komma ist abzulesen, wie viele Sitze jede Partei mindestens erhält. Die dann noch zu vergebenden Sitze werden den Parteien in der Reihenfolge der größten Zahlenbruchteile **hinter dem Komma** zugeteilt

5,48	2,83	2,69
	+1	+1
5	3	3	Sitze

nach Zahlenbilder 86 131

AUFGABEN

1. Erörtern Sie, welche Auswirkungen das (relative) Mehrheits- sowie das Verhältniswahlrecht auf folgende Problemfelder haben: a) Beschaffenheit des Parteiensystems, b) Zusammensetzung des Parlamentes, c) Bildung und Stabilität der Regierung, d) Wahlgerechtigkeit, d. h. Übereinstimmung von Stimmenergebnis und Stärke im Parlament, e) Repräsentation der Vielfalt der Auffassungen des Volkes im Parlament, f) Verbindung und Vertrauen zwischen Wählern und Abgeordneten, g) Eintritt von Experten ins Parlament, h) Unabhängigkeit der Abgeordneten gegenüber ihrer Partei.
2. Bewerten Sie das personalisierte Verhältniswahlrecht nach den in Aufgabe 1 aufgelisteten Gesichtspunkten.
3. Vergleichen Sie die Auszählungsverfahren nach d'Hondt und Hare-Niemeyer. Beide Verfahren sind verfassungskonform und wurden bzw. werden angewendet. Wie erklären Sie sich, dass sich das Hare-Niemeyer-Verfahren durchgesetzt hat?

METHODEN

Wahlkampfanalyse

Der Wahlkampf ist die politische Auseinandersetzung der Parteien um Zustimmung des Bürgers zu Personen und Programmen. In Wahlkampfzeiten werden die Bürger intensiver als sonst von den Politikern angesprochen. Im Wahlkampf findet sichtbar das Ringen um unterschiedliche Ziele und Wege zur politischen Lösung der drängenden Probleme statt. Der Wahlkampf ist aber auch die Zeit, in der an die Emotionen der Bürger appelliert wird, indem mit Vereinfachungen bis hin zu Schlagworten und Leerformeln gearbeitet wird. Da in der Regel ein erheblicher Teil der Wähler sich bereits lange vorher politisch festgelegt hat, hat ein Wahlkampf immer auch die Funktion der Identifikation und Mobilisierung dieser Sympathisanten und Anhänger. Daneben steht die Funktion der Gewinnung neuer und unentschlossener Wähler. Auf beide Zielgruppen trifft die Funktion der Information zu, wobei hier aber die Parteien in nicht geringem Maße dazu neigen, die politischen Probleme nach Schwarz-Weiß-Manier darzustellen.

Bei einer Analyse der Wahlkampfwerbung muss vor einer vorschnellen Verurteilung gewarnt werden, auch wenn sie holzschnittartig, vergröbernd und vereinfachend erscheint. Denn der Wahlkampfstil ist auch eine Reaktion auf das, was bei den Umworbenen ankommt und von ihnen verstanden wird. Eine Möglichkeit der Wahlkampfanalyse ist die Untersuchung von Wahlplakaten. Sie können davon ausgehen, dass jedes Detail eines Wahlplakates das Ergebnis intensiver Überlegungen ist. „Zufälligkeiten" gibt es bei diesem wichtigen optischen Medium nicht.

Beschreiben und vergleichen Sie Plakate der verschiedenen Parteien unter folgenden Gesichtspunkten:
_ Format und Größe
_ Bildgestaltung: Motive, Perspektive, Farben, Bildaufteilung, Symbole
_ Textgestaltung: Textumfang, Schriftarten, Schriftgrößen, Anordnung der Schrift, Wortwahl, Satzbau, Satzarten (wie Befehle, Fragen, Aussagen)
_ Platzierung der Plakate in der Öffentlichkeit.

Versuchen Sie eine Einschätzung der Wirksamkeit der Plakate, indem Sie folgenden Fragen nachgehen:
_ Wer soll mit den Plakaten erreicht werden?
_ Welche Interessen, Bedürfnisse oder Gefühle werden angesprochen?
_ Was verraten die Plakate über das politische Programm der jeweiligen Partei?
_ Werden die politischen Gegner erwähnt oder nicht? Wenn ja, was wird über sie gesagt?

Am Schluss können Sie eine Bewertung der Plakate hinsichtlich ihrer vermutlichen Wirksamkeit bei den Rezipienten vornehmen. Dabei können Sie differenzieren zwischen Anhängern und Unentschlossenen.

Eine andere Möglichkeit ist, eine den Wahlkampf betreffende Umfrage bei Straßenpassanten durchzuführen. Folgende Fragen, deren Formulierung im Einzelnen noch vorgenommen werden muss, könnten Sie den Passanten stellen:
_ Halten Sie Wahlwerbung für wichtig?
_ Warum halten Sie die Wahlwerbung für wichtig/unwichtig?
_ Fühlen Sie sich durch die Wahlwerbung informiert?
_ Erleichtert die Wahlwerbung Ihre Entscheidung am Wahltag?
_ Werden Sie sich aufgrund der Wahlwerbung an der Wahl beteiligen?
_ Wie beurteilen Sie die verschiedenen Formen der Wahlwerbung (Rundfunk- und Fernsehspots, Zeitungsanzeigen, Straßenplakate, Hauswurfsendungen, Broschüren/Wahlkampfzeitungen, Wahlversammlungen)?

Die bei einer Umfrage zu beachtenden Details finden Sie auf S. 12–14.

WEITERFÜHRENDE INFORMATIONEN

Informationen zu den Akteuren des demokratischen Willensbildungsprozesses

Über die Internet-Adressen der Parteien (www.cdu.de, www.csu.de, www.spd.de, www.fdp.de, www.gruene.de, www.sozialisten.de) erhalten Sie Partei- und Wahlprogramme, Pressemitteilungen zu (Wahl-) Kampagnen und tagesaktuellen politischen Zielen, Hinweise auf wichtige Termine und weiterführende Links. Beachten Sie auch die Internet-Seiten der politischen Stiftungen: Nutzen Sie z. B. www.kas.de (Konrad-Adenauer-Stiftung), www.fes.de (Friedrich-Ebert-Stiftung) und www.fnst.de (Friedrich-Naumann-Stiftung). Alle wichtigen Interessenverbände kommunizieren ebenfalls über das Internet (z. B. www.dgb.de, www.bda-online.de).

Die Berichterstattung der Medien über das politische Geschehen hat sich in den letzten Jahren stark ausdifferenziert. Die öffentlich-rechtlichen Sender haben ihr „Informationsprofil" weiter gestärkt, mit „Politik-Talk-Shows" z. T. aber auch den Trend zum Infotainment forciert. Mit Phoenix wurde ein Programm etabliert, das sowohl auf aktuelle Ereignisse unmittelbar reagiert als auch Hintergrundberichte und umfassende politisch-historische Dokumentationen bietet. Das „Nachrichten-Format" hat sich einen festen Platz in Rundfunk und Fernsehen erkämpft (z. B. MDR INFO, n-tv in Zusammenarbeit mit CNN); die Sender bieten z. T. bereits einen umfassenden Internet-Service. Sie berichten oft live von herausragenden politischen Ereignissen.

Über Wahlverfahren, Wahltermine und Wahlergebnisse informieren Sie z. B. www.wahlrecht.de, die Homepage des Deutschen Bundestages (www.bundestag.de) und des Statistischen Bundesamtes (www.destatis.de) mit zahlreichen weiterführenden Links.

FACHLITERATUR

Gabriel, Oscar W./Niedermayer, Oscar und Stöss, Richard (Hg.): Parteiendemokratie in Deutschland, Opladen, 2. Auflage 2002
Mintzel, Alf/Oberreuter, Heinrich (Hg.): Parteien in der Bundesrepublik Deutschland, Opladen, 2. Auflage 1992
Alemann, Ulrich von/Wessels, Bernhard (Hg.): Verbände in vergleichender Perspektive, Berlin 1997
Triesch, Günter/Ockenfels, Wolfgang: Interessenverbände in Deutschland, München u. a. 1995
Jarren, Otfried/Sarcinelli, Ulrich/Saxer, Ulrich (Hg.): Politische Kommunikation in der demokratischen Gesellschaft. Ein Handbuch mit Lexikonteil, Opladen u. a. 1998
Jarren, Otfried (Hg.): Medien und politischer Prozess, Opladen 1996
Karl-Rudolf Korte: Wahlen in der Bundesrepublik Deutschland, Bonn, 4. Auflage 2003
Wichard Woyke: Stichwort Wahlen, Wiesbaden, 11. Auflage 2005

VORSCHLÄGE FÜR REFERATE UND FACHARBEITEN

» Akteure und Strukturen des demokratischen Willensbildungsprozesses aus dem Blickwinkel eines Romans: Rezension von Wolfgang Koeppen: Das Treibhaus, Düsseldorf 1953 oder Wulf Schönbohm: Parteifreunde. Ein Roman aus der Provinz, Düsseldorf 1990.
» Geht den (Volks-)Parteien das Volk aus? – Werbung von Mitgliedern und Sympathisanten von … (im Bundestag vertretene Partei)
» Wie pflege ich meine Klientel? – Strategien der … (im Bundestag vertretene Partei)
» Die Politik im Griff? – Lobbyismus am Beispiel … (Verband, z. B. BDI, DGB, DBV)
» Politik in der Mediendemokratie – die „Verhandlung" eines aktuellen politischen Themas in der Talkshow von … (öffentlich-rechtlicher, privater Sender)
» Politik in der Mediendemokratie – Inszenierung von Politik am Beispiel des Parteitages/der Pressekonferenz/des Internetauftritts der … (im Bundestag vertretene Partei)

4.0 Welche Institutionen gestalten den staatlichen Entscheidungsprozess?

Unter Berücksichtigung all dessen kann man sagen: Das parlamentarische Regierungssystem ist eine Art demokratischer Herrschaftsausübung, in der die beiden Organe Parlament und Regierung sich nicht gewaltentrennend gegenüb...

4.1 Die Bundesrepublik Deutschland – Ein parlamentarisch-föderatives Regierungssystem

In der Lehre von den demokratischen Regierungssystemen wird üblicherweise unterschieden zwischen parlamentarischen und präsidentiellen Regierungssystemen. In beiden Systemen gibt es Parlament und Regierung, nur sind die Art und Weise ihres Zusammenwirkens und ihre gegenseitige Abhängigkeit sehr unterschiedlich gestaltet. Auf eine Kurzformel gebracht, kann man sagen, dass in einem parlamentarischen System die Regierung in ihrem Bestand auf das Vertrauen des Parlamentes angewiesen ist, in einem präsidentiellen dagegen nicht. Das klassische parlamentarisch regierte Land ist Großbritannien, während die USA das Urbild eines präsidentiellen Regierungssystems abgeben. Dieses ist unter anderem bewusst nach dem Muster der Gewaltenteilungslehre Montesquieus konstruiert. Das hat zur Folge, dass sich in diesem System der Präsident als Inhaber der Exekutivgewalt und der (Gesamt-)Kongress als Inhaber der legislativen Gewalt gegenüberstehen. In einem parlamentarischen System gibt es nicht diesen Dualismus, sondern einen von Parlamentsmehrheit einschließlich der Regierung und Parlamentsminderheit.

Man kann es als einen ‚Treppenwitz der Weltgeschichte' bezeichnen, dass die Gründerväter der Vereinigten Staaten bei ihrer zum Präsidentialismus führenden Verfassungskonstruktion glaubten, das britische Regierungssystem nachzuahmen, wobei sie lediglich den dynastisch legitimierten Monarchen durch einen demokratisch gewählten Präsidenten auswechseln wollten. Am Ende des 18. Jahrhunderts trug aber die Praxis (weniger die Theorie) des politischen Prozesses in Großbritannien deutlich Züge eines parlamentarischen Regierungssystems.

Das verfassungsrechtlich geordnete Zusammenwirken von Parlament und Regierung in der Bundesrepublik Deutschland ist konstruiert nach dem Typus des parlamentarischen Regierungssystems. Gleichwohl finden sich im Wortlaut des Grundgesetzes Stellen, die verfassungslogisch eher zum präsidentiellen Typus passen. Hierzu gehören die Nichterwähnung der engen Zusammenarbeit von Regierung und Parlamentsmehrheit sowie das Fehlen jeglichen Hinweises auf die Funktionen der parlamentarischen Opposition. Die Sitzordnung im Bundestag ist ebenfalls immer noch Abbild des Dualismus von Gesamtparlament und Regierung, der mit dem Denkansatz Montesquieus übereinstimmt und dem präsidentiellen, nicht aber dem parlamentarischen Regierungssystem eigentümlich ist.

Die Bundesrepublik Deutschland hat nicht nur ein parlamentarisches Regierungssystem, sondern ist darüber hinaus föderal aufgebaut. Das bewirkt, dass die Gliedstaaten (Länder) ein Verfassungsorgan auf der gesamtstaatlichen Ebene besitzen, welches ihnen eine Mitwirkung an der Politik des Gesamtstaates (des Bundes) gestattet. Das parlamentarische Regierungssystem selbst wird durch das föderale Element nicht relativiert. Der politische Entscheidungsprozess jedoch erfährt eine zusätzliche Komplizierung.

M 1 Grundmerkmale eines präsidentiellen Regierungssystems

■ Bei der verfassungsrechtlichen Kompetenzaufteilung zwischen Parlament und Regierung sowie ihrer wechselseitigen Zuordnung lassen sich zwei Grundformen unterscheiden: einmal hochgradige personelle Tren-
5 nung bzw. Unabhängigkeit von Parlament und Regierung und deren Kooperation, zum anderen personelle Verflechtung bzw. Abhängigkeit von Parlament und Regierung, was auf eine engere Integration hinausläuft. Das primäre formale Unterscheidungsmerkmal zwi-
10 schen der ersten und zweiten Lösung des Zuordnungsproblems von Parlament und Regierung kann in der Abberufbarkeit der Regierung gesehen werden: Ist die Regierung vom Parlament absetzbar, so haben wir es mit der Grundform „parlamentarisches Regierungssystem" zu tun, ist eine derartige Abberufbarkeit verfassungsrechtlich nicht möglich, mit der Grundform „prä- 15
sidentielles Regierungssystem". [...]

Im präsidentiellen Regierungssystem sind die Amtsperioden der Regierung im Voraus festgelegt. Die Stabilität der Regierung wird institutionell gesichert, sie muss 20
nicht erst von den Parteien im Parlament als politische Leistung vollbracht werden. Insoweit ist eine präsidentielle Regierung unabhängig von den jeweiligen parlamentarischen Mehrheitsverhältnissen. Die Parteien im Parlament haben nicht die Aufgabe zu erfüllen, eine Regierung im Amte zu halten. Das wichtigste systembe- 25
dingte Motiv für eine Mehrheitspartei bzw. Mehrheits-

koalition, als disziplinierte Gruppe zu fungieren, wird damit hinfällig. Anders steht es mit der Aktionsfähigkeit der Regierung. Soweit sie hierbei auf die Zustimmung und Unterstützung der Parlamentsmehrheit angewiesen ist, sehen sich auch im präsidentiellen System Regierung und Parlamentsmehrheit genötigt, falls sie zu gemeinsamem Handeln gelangen wollen, eine engere Aktionsgemeinschaft zu bilden. […] Eine präsidentielle Regierung bleibt auch dann „stabil", wenn sie sich zur Durchsetzung ihrer Programmvorhaben auf Ad-hoc-Mehrheiten stützt oder stützen muss. […] Eine präsidentielle Regierung, die sich im Parlament nicht auf eine disziplinierte Mehrheit stützt, sondern mit Ad-hoc-Mehrheiten zusammenarbeitet, an deren Zustandekommen die Minorität (bzw. mehr oder weniger gewichtige Teile von ihr) in wechselnder Stärke beteiligt ist, findet ihren politischen Gegenspieler nicht nur und stets primär „in der Opposition", sondern normalerweise ebenfalls im gesamten Parlament. Nicht eine formierte, systematische parlamentarische Opposition wird zum entscheidenden kritischen Kontrolleur der Regierung: Das Parlament in seiner Gesamtheit wird sich um die öffentlich wirksame Wahrnehmung dieser Funktion bemühen.

Aus: Winfried Steffani, Parlamentarische und präsidentielle Demokratie. Strukturelle Aspekte westlicher Demokratien, Opladen 1979, S. 39, 55 f., 57

M 2 Grundmerkmale eines parlamentarischen Regierungssystems

■ Das parlamentarische Regierungssystem ist in den Worten Ernst Fraenkels „eine Erscheinungsform einer Repräsentativverfassung, unter der das Parlament einen unmittelbaren Einfluss auf die personelle Zusammensetzung der Regierung besitzt und nicht darauf beschränkt ist, Hoheitsrechte bei der Gesetzgebung, Etataufstellung und Verwaltungskontrolle auszuüben". […]

Verfassungsrechtlich und verfassungspolitisch ist nach Fraenkel das parlamentarische Regierungssystem durch vier Merkmale besonders ausgezeichnet:
a) Zugehörigkeit der Regierung zum und ihre Wahl oder Bestätigung durch das Parlament,
b) Rücktrittsverpflichtung der Regierung bei einer Misstrauenserklärung des Parlaments,
c) Recht der Regierung, das Parlament unter bestimmten Umständen aufzulösen,
d) Kontrolle des Regierungschefs und der Regierung über die Regierungspartei(en), damit, in gefestigten Systemen, über die Mehrheit im Parlament und damit über das Parlament.

Während das Recht der Parlamentsauflösung durch die Regierung und das Misstrauensvotum des Parlaments gegenüber der Regierung als Ausdruck gegenseitiger Kontrolle und Hemmung wie „Kolben und Zylinder einer Maschine" zusammengehören, ist die enge Verflochtenheit von Regierungschef und Parlamentsmehrheit das „Herzstück des parlamentarischen Regierungssystems", eine Durchbrechung der starren Lehre von der Gewaltentrennung, die im parlamentarischen Regierungssystem überhaupt nur bedingt angewendet werden kann. […]

Unter Berücksichtigung all dessen kann man sagen: Das parlamentarische Regierungssystem ist eine Art demokratischer Herrschaftsausübung, in der die beiden Organe Parlament und Regierung sich nicht gewaltentrennend gegenüberstehen, sondern derart verbunden sind, dass das Parlament aus seiner auf ein unmittelbares Mandat des Volkes zurückgehenden Legitimation eine ihm verantwortliche Regierung wählt und damit legitimiert. Darüber hinaus sind Parlament und Regierung dadurch verbunden, dass die Regierung im Zusammenspiel mit der (den) sie tragenden Parlamentspartei(en) die politischen Grundentscheidungen fällt, wobei sie die die gesamtleitenden politischen Vorstellungen (das Programm) der sie bildenden Parteien verwirklicht und dazu die Parlamentsfraktion(en) leitet und benutzt.

Aus: Heinz Rausch, Parlament und Regierung in der Bundesrepublik Deutschland, München, 6. Auflage 1981, S. 19 f.

M3 Artikel 67 und 68 GG – Ausdruck des parlamentarischen Regierungssystems

■ Artikel 67 GG (Konstruktives Misstrauensvotum)
(1) Der Bundestag kann dem Bundeskanzler das Misstrauen nur dadurch aussprechen, dass er mit der Mehrheit seiner Mitglieder einen Nachfolger wählt und den Bundespräsidenten ersucht, den Bundeskanzler zu entlassen. Der Bundespräsident muss dem Ersuchen entsprechen und den Gewählten ernennen.

Artikel 68 (Vertrauensfrage, Auflösung des Bundestages)
(1) Findet ein Antrag des Bundeskanzlers, ihm das Vertrauen auszusprechen, nicht die Zustimmung der Mehrheit der Mitglieder des Bundestages, so kann der Bundespräsident auf Vorschlag des Bundeskanzlers binnen einundzwanzig Tagen den Bundestag auflösen. Das Recht zur Auflösung erlischt, sobald der Bundestag mit der Mehrheit seiner Mitglieder einen anderen Bundeskanzler wählt.

M4 Auseinandersetzungen über die Legitimität einer Kanzlerwahl nach Artikel 67 GG

■ Am 1.10.1982 wurde Bundeskanzler Helmut Schmidt (SPD) das Misstrauen nach Artikel 67 GG ausgesprochen und Helmut Kohl (CDU) zum neuen Bundeskanzler gewählt. Möglich geworden war das, weil sich die mit der SPD in einer Regierungskoalition verbundene FDP aus wirtschaftspolitischen Gründen der CDU zuwandte. In den Reden vor der Abstimmung wurde Folgendes geäußert:

Bundeskanzler Helmut Schmidt
Die sozial-liberale Koalition, deren Bundeskanzler heute durch ein Misstrauensvotum gestürzt werden soll, hat [bei den Bundestagswahlen, der Verf.] 1980 eine überzeugende Bestätigung und einen Auftrag für weitere vier Jahre bekommen. [...] Mehr als drei Viertel der Bürgerinnen und Bürger sind [angesichts der Wechselabsicht der FDP, der Verf.] für Neuwahlen zum Bundestag. Sie empfinden die Art des Wechsels, der heute in geheimer Abstimmung herbeigeführt werden soll, als Vertrauensbruch. [...] Ihre Handlungsweise ist zwar legal, aber sie hat keine innere, keine moralische Rechtfertigung.

Heiner Geißler (CDU/CSU-Fraktion)
[...] Wenn das Parlament ein verfassungsmäßiges Recht, nämlich die Wahl eines Bundeskanzlers, für sich in Anspruch nimmt, dann darf keine demokratische Partei diesen Vorgang als „kalten Machtwechsel", „politischen Verrat", „Komplott" oder „Machenschaften" kompromittieren. [...] Vielmehr lautet unser Auftrag als Abgeordnete doch, eine handlungs- und entscheidungsfähige Regierung zu wählen [...]. Wir haben keine plebiszitäre Demokratie, sondern eine parlamentarische, eine repräsentative Demokratie. [...] Dieser Bundestag und niemand sonst hat Helmut Schmidt gewählt. Dieses Parlament hat das verfassungsmäßige Recht, diesen Kanzler, wenn seine Politik gescheitert ist, wieder abzuwählen.

Hildegard Hamm-Brücher (FDP-Fraktion)
Es geht um die Grundfrage, ob die Abgeordneten einer Fraktion [...], die mit einer klaren Aussage für eine Koalition und gegen eine andere ein hohes Wahlergebnis erzielt haben [gemeint ist die FDP-Fraktion, der Verf.], nach zwei Jahren entgegen diesem Versprechen einen Machtwechsel ohne vorheriges Wählervotum herbeiführen dürfen. Für mich persönlich muss ich diese Frage nach langer und schwerer Gewissensprüfung mit einem klaren Nein beantworten. [...] Zweifellos sind die beiden sich bedingenden Vorgänge [Abwahl des alten, Wahl des neuen Kanzlers, der Verf.] verfassungskonform. Aber sie haben nach meinem Empfinden doch das Odium des verletzten demokratischen Anstands. [...] Sie beschädigen quasi die moralisch-sittliche Integrität von Machtwechseln.

Heiner Geißler
Frau Hamm-Brücher, ich möchte Sie fragen: Wie können Sie in dieser Debatte die Behauptung aufstellen, eine Entscheidung des Parlaments nach Art. 67 des Grundgesetzes verstoße gegen moralische oder sogar christliche Grundsätze? [...] Wie kommen Sie denn dazu, bei Ihrer Äußerung nicht zu erwägen, dass es in diesem Parlament Abgeordnete gibt – und es ist die Mehrheit der Abgeordneten –, die ebenfalls aus moralischen Gründen der Auffassung sind, dass diese Regierung abgelöst werden muss? [...] Die Verfassung der Bundesrepublik Deutschland [...] und die Wahrnehmung der Rechte nach dieser Verfassung können niemals unmoralisch sein!

Zusammengestellt aus: Das Parlament, Nr. 40, 9.10.1982

M 5 Die Verfassungsorgane: Kompetenzen und Beziehungsgefüge

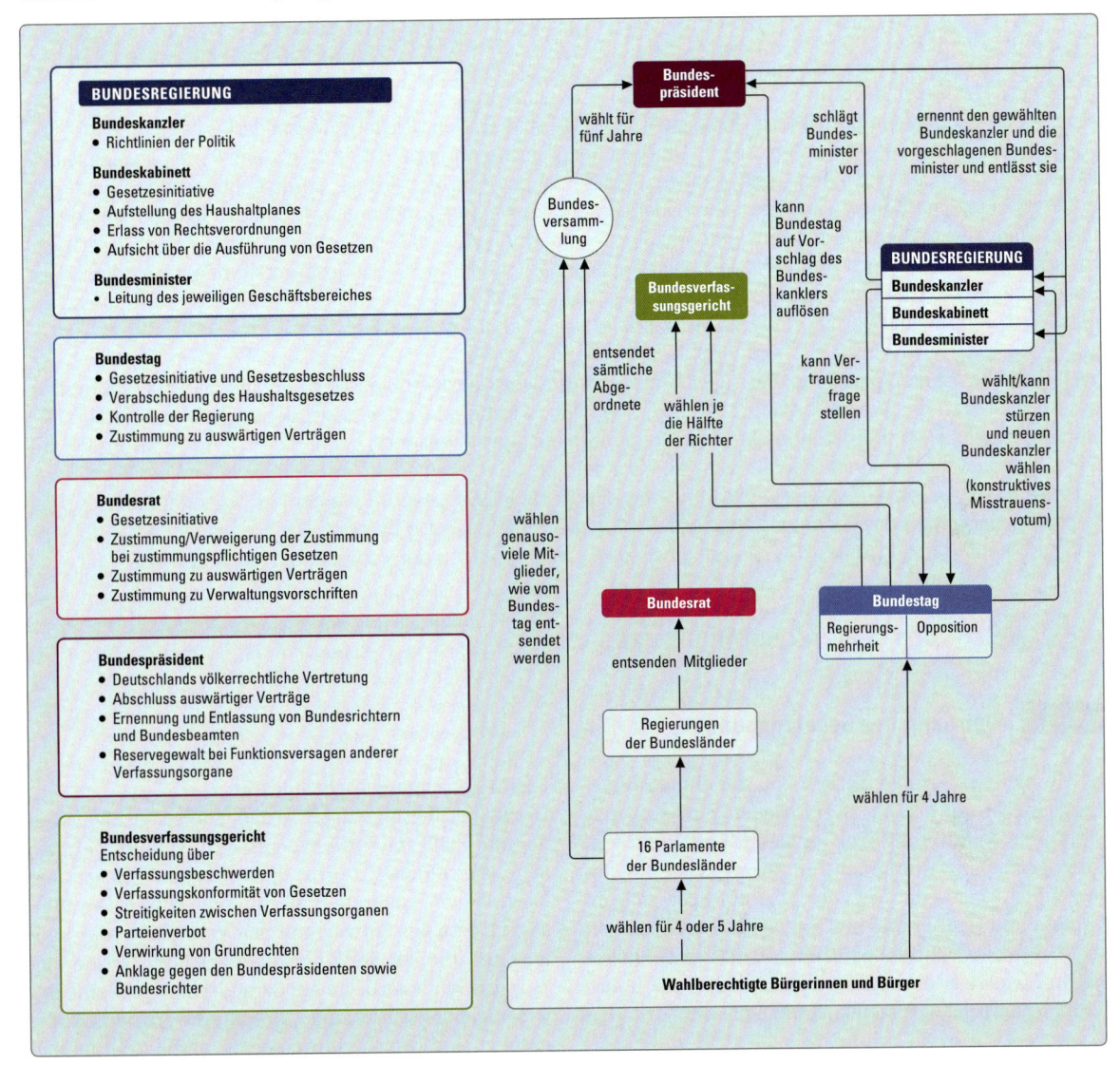

BUNDESREGIERUNG

Bundeskanzler
- Richtlinien der Politik

Bundeskabinett
- Gesetzesinitiative
- Aufstellung des Haushaltsplanes
- Erlass von Rechtsverordnungen
- Aufsicht über die Ausführung von Gesetzen

Bundesminister
- Leitung des jeweiligen Geschäftsbereiches

Bundestag
- Gesetzesinitiative und Gesetzesbeschluss
- Verabschiedung des Haushaltsgesetzes
- Kontrolle der Regierung
- Zustimmung zu auswärtigen Verträgen

Bundesrat
- Gesetzesinitiative
- Zustimmung/Verweigerung der Zustimmung bei zustimmungspflichtigen Gesetzen
- Zustimmung zu auswärtigen Verträgen
- Zustimmung zu Verwaltungsvorschriften

Bundespräsident
- Deutschlands völkerrechtliche Vertretung
- Abschluss auswärtiger Verträge
- Ernennung und Entlassung von Bundesrichtern und Bundesbeamten
- Reservegewalt bei Funktionsversagen anderer Verfassungsorgane

Bundesverfassungsgericht
Entscheidung über
- Verfassungsbeschwerden
- Verfassungskonformität von Gesetzen
- Streitigkeiten zwischen Verfassungsorganen
- Parteienverbot
- Verwirkung von Grundrechten
- Anklage gegen den Bundespräsidenten sowie Bundesrichter

Beziehungen im Schaubild:
- **Bundespräsident**: wird von der Bundesversammlung für fünf Jahre gewählt; schlägt Bundesminister vor; ernennt den gewählten Bundeskanzler und die vorgeschlagenen Bundesminister und entlässt sie; kann Bundestag auf Vorschlag des Bundeskanzlers auflösen.
- **Bundesversammlung**: wählt den Bundespräsidenten für fünf Jahre.
- **Bundesverfassungsgericht**: Bundestag und Bundesrat wählen je die Hälfte der Richter.
- **Bundeskanzler**: kann Vertrauensfrage stellen.
- **BUNDESREGIERUNG**: Bundeskanzler, Bundeskabinett, Bundesminister.
- **Bundestag**: wählt/kann Bundeskanzler stürzen und neuen Bundeskanzler wählen (konstruktives Misstrauensvotum); Regierungsmehrheit | Opposition.
- **Bundesrat**: entsenden Mitglieder; Regierungen der Bundesländer.
- Bundestag entsendet sämtliche Abgeordnete (in die Bundesversammlung); Bundesrat wählt genauso viele Mitglieder, wie vom Bundestag entsendet werden.
- 16 Parlamente der Bundesländer: wählen für 4 oder 5 Jahre.
- Wahlberechtigte Bürgerinnen und Bürger wählen für 4 Jahre (Bundestag).

AUFGABEN

1. Stellen Sie die Merkmale des präsidentiellen und des parlamentarischen Regierungssystems (M 1 und M 2) nach Kriterien geordnet gegenüber.
2. Versuchen Sie, die Abläufe nach Art. 67 und 68 GG (M 3) grafisch darzustellen. Beachten Sie dabei die Handlungsalternativen der genannten Verfassungsorgane.
3. Arbeiten Sie zunächst die Bewertungen der Kanzlerwahl nach Artikel 67 GG (M 4) heraus. Diskutieren Sie die Legitimität des Verfahrens.
4. Die Grafik M 5 fasst die Kernelemente der politischen Ordnung der Bundesrepublik Deutschland zusammen. Weisen Sie in der Grafik folgende Elemente nach: a) repräsentative Demokratie, b) parlamentarisches Regierungssystem, c) Verfassungsstaatlichkeit, d) Bundesstaatsprinzip.

4.2 Gesetzgebung im parlamentarisch-föderativen Regierungssystem – Ein komplizierter politischer Entscheidungsprozess

Am Beginn des Gesetzgebungsprozesses, der vielleicht bedeutendsten staatlichen Tätigkeit, stehen Probleme, deren Regelung die Öffentlichkeit als dringlich ansieht. Die Artikulation des Regelungsbedarfes kann im Prinzip von jedermann ausgehen; so von einzelnen Bürgern und Interessengruppen, die sich an eine Partei, an eine Parlamentsfraktion oder an die Regierung wenden. Abgesehen davon ergibt sich ein Gesetzgebungsbedarf häufig auch aus gesellschaftlichen, wirtschaftlichen oder technischen Veränderungen, auf die einfach reagiert werden muss, ohne dass sie in der Öffentlichkeit thematisiert werden. Als Ausdruck politischen Wollens finden gesetzgeberische Maßnahmen auch Aufnahme in Koalitionsvereinbarungen und Regierungsprogrammen. Eine erhebliche Bedeutung für die Gesetzgebungsarbeit haben schließlich die Richtlinien der Europäischen Union. Diese müssen nämlich innerhalb einer bestimmten Frist in nationales Recht umgesetzt werden.

Weit verbreitet ist die Vorstellung, dass die Gesetzgebung Sache des demokratisch gewählten Parlamentes, also des Bundestages, sei. Richtig daran ist, dass das Parlament im Mittelpunkt des Gesetzgebungsprozesses steht. Es steht aber nicht allein. Das Grundgesetz schreibt nämlich auch die Beteiligung der anderen Verfassungsorgane am Gesetzgebungsprozess vor. Diese Verfassungsorgane sind die Bundesregierung, der Bundesrat und der Bundespräsident. Falls ein Gesetz auf seine Übereinstimmung mit der Verfassung geprüft werden soll, ist sogar noch als fünftes Verfassungsorgan das Bundesverfassungsgericht an der Gesetzgebung beteiligt. Das Gesetzgebungsverfahren selbst ist in den Artikeln 76 bis 82 GG und in den Geschäftsordnungen der Verfassungsorgane geregelt.

4.2.1 Ablauf des Gesetzgebungsprozesses

M 1   Der Gang der Gesetzgebung

● Die meisten Gesetze werden von der Bundesregierung eingebracht. Das hat zwei Gründe: Erstens verfügt sie in den Ministerien über Fachleute und einen umfangreichen Verwaltungsapparat. Zweitens kann sie im Regelfall sicher sein, dass ihre Vorstellungen sich im Großen und Ganzen durchsetzen werden, weil sie von der Parlamentsmehrheit politisch gestützt wird. Ein Regierungsentwurf durchläuft deshalb mit sehr hoher Wahrscheinlichkeit folgende Stationen:

Referentenentwurf
Der zuständige Fachreferent eines Ministeriums fordert von den Verbänden und Organisationen, die von der geplanten Regelung betroffen sind, Informationen und Stellungnahmen an und lädt sie zu Besprechungen ein. Er hört Fachleute aus der Wissenschaft an und setzt sich mit den Behörden der Länder und Gemeinden in Verbindung. Der Entwurf wird innerhalb des Ministeriums und mit anderen beteiligten Ministerien abgestimmt.

Kabinettsvorlage
Der Gesetzentwurf wird vom Kabinett als Regierungsentwurf beschlossen.

Erster Durchgang im Bundesrat
Der Regierungsentwurf wird dem Bundesrat zugeleitet, der innerhalb von sechs Wochen dazu Stellung nehmen kann. Der Bundesrat prüft die Vorlage sehr genau und macht häufig konkrete Änderungsvorschläge. Der Bundestag, dem der Entwurf mit den Vorschlägen des Bundesrates und der Stellungnahme der Bundesregierung nun zugeleitet wird, ersieht daraus schon zu Beginn des Gesetzgebungsverfahrens, wo Interessen der Länder berührt sind, welche Einwände der Bundesrat geltend machen könnte und wie die Bundesregierung diese Einwände beurteilt.

Erste Lesung im Bundestag
Jeder Gesetzentwurf durchläuft im Plenum des Bundestages drei Beratungen (Lesungen). In der ersten Lesung findet nur bei politisch wichtigen Gesetzentwürfen eine Aussprache statt, wenn Regierung und Fraktionen der Öffentlichkeit ihre grundsätzlichen Auffassungen zu dem Vorhaben darlegen wollen. In jedem Fall wird der Entwurf am Ende der ersten Lesung an einen oder mehrere Ausschüsse überwiesen. Ein Ausschuss ist „federführend" und damit verantwortlich für den Fortgang des Verfahrens.

4.2 Gesetzgebung im parlamentarisch-föderativen Regierungssystem

Ausschussberatung
Dies ist die wichtigste Stufe im Gesetzgebungsverfahren. Hier wird die Vorlage in Anwesenheit von Mitgliedern der Regierung oder deren Vertretern, des Bundesrates und der zuständigen Ministerialbeamten unter allen denkbaren Gesichtspunkten geprüft. Bei politisch bedeutsamen Vorhaben findet fast immer eine öffentliche Anhörung (Hearing) von sachverständigen Wissenschaftlern und Verbandsvertretern statt. Während der Ausschussberatungen befassen sich Arbeitskreise und Arbeitsgruppen der Fraktionen mit dem Entwurf, um ihre Positionen festzulegen. Fast alle Gesetzentwürfe werden im Laufe der Ausschussberatungen mehr oder minder stark verändert. Nach Abschluss der Beratungen gibt der Ausschuss dem Plenum eine Beschlussempfehlung.

Zweite Lesung im Bundestag
In der zweiten Lesung wird jede Bestimmung des Entwurfs einzeln diskutiert und zur Abstimmung aufgerufen, ebenso Änderungsanträge, die häufig von der Opposition gestellt werden. Sie sind selten aussichtsreich und sollen vor allem der Öffentlichkeit die abweichenden Standpunkte der Opposition verdeutlichen.

Dritte Lesung im Bundestag
An die zweite schließt sich zumeist sofort die dritte Lesung an, in der nochmals die grundsätzlichen Probleme erörtert werden, bei herausragenden Gesetzesvorhaben in Reden von Spitzenpolitikern, deren Adressat die Öffentlichkeit ist. Die dritte Lesung endet mit der Schlussabstimmung.

Zweiter Durchgang im Bundesrat
Jedes vom Bundestag beschlossene Gesetz wird nochmals vom Bundesrat geprüft. Es gibt zwei Arten von Gesetzen und die dem Bundesrat zur Verfügung stehenden Möglichkeiten richten sich nach der Art des Gesetzes. Die für den Bundesrat wichtigeren Gesetze sind die so genannten zustimmungspflichtigen Gesetze. Sie liegen immer dann vor, wenn Rechte und Interessen der Länder berührt sind. Diese Gesetze können nur in Kraft treten, wenn der Bundesrat (ausdrücklich) zustimmt. Verweigert er die Zustimmung, ist das entsprechende Gesetz „gestorben". Der Bundesrat hat hier also ein absolutes Vetorecht. Bei allen übrigen Gesetzen, den so genannten einfachen Gesetzen, hat der Bundesrat lediglich ein Einspruchsrecht. In diesem Falle kann er Einspruch erheben, er muss es aber nicht. Erhebt er Ein-

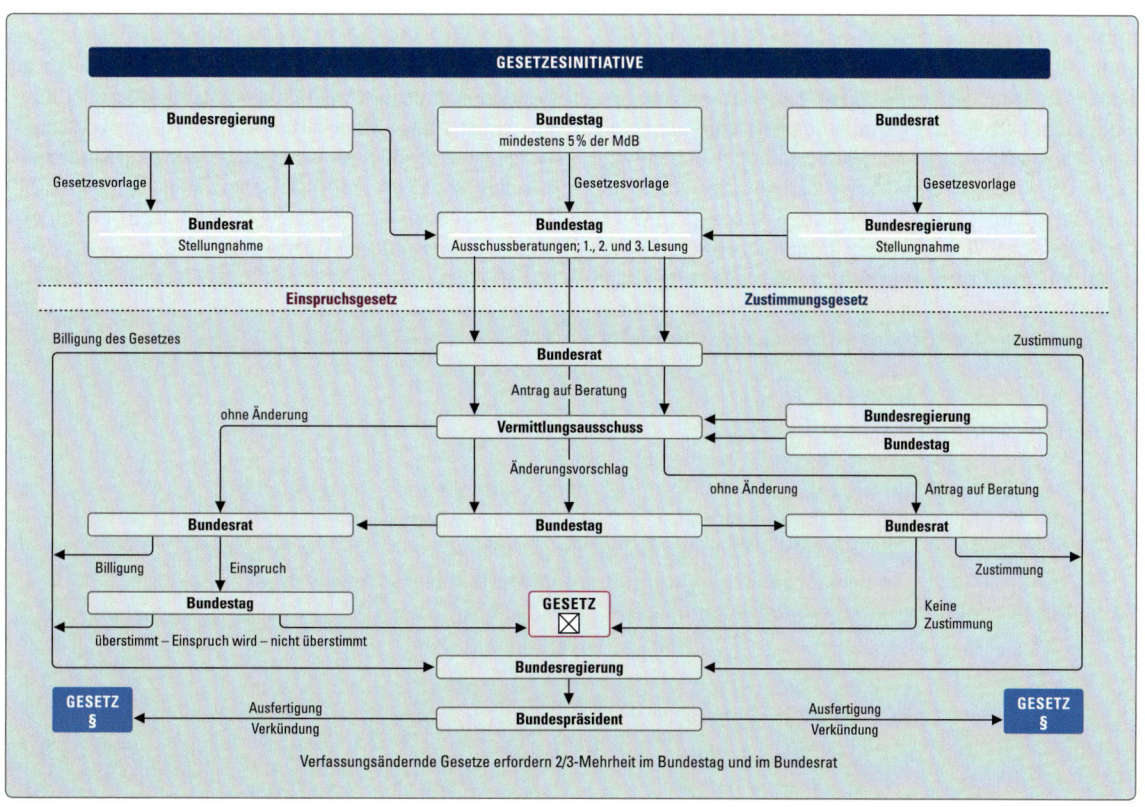

113.1 Der Gang der Gesetzgebung

spruch, kann der Bundestag diesen mit derselben Mehrheit zurückweisen, mit der der Bundesrat den Einspruch beschlossen hat. Das ist entweder eine absolute Mehrheit oder eine Zweidrittel-Mehrheit. Der Bundesrat verfügt bei einfachen Gesetzen also nur über ein „suspensives Vetorecht". Sowohl bei Zustimmungs- als auch bei Einspruchsgesetzen kann der Vermittlungsausschuss angerufen werden, um Änderungen des vorliegenden Gesetzes zu erreichen.

Ausfertigung und Verkündung
Wenn das Gesetzgebungsverfahren abgeschlossen ist, wird das beschlossene Gesetz „ausgefertigt", d.h. zunächst unterzeichnen es der oder die zuständigen Fachminister, anschließend der Bundeskanzler, danach der Bundespräsident. Damit kann es im Bundesgesetzblatt „verkündet" werden und in Kraft treten.

Autorentext

M 2 Das Vermittlungsverfahren – Überwindung eines legislativen Stillstandes

■ Das Grundgesetz sieht vor, dass bei Meinungsverschiedenheiten im Gesetzgebungsverfahren zwischen Bundestag und Bundesrat ein Ausschuss tätig wird, dem Mitglieder beider Gesetzgebungsorgane angehören (Art. 77 Abs. 2 GG). Dieser Ausschuss wird allgemein Vermittlungsausschuss genannt. [...] Die Einrichtung des Vermittlungsausschusses ist eine Folgerung aus der starken Stellung des Bundesrates im Gesetzgebungsverfahren. Er ist paritätisch besetzt mit je 16 Mitgliedern des Bundestages und des Bundesrates. Jedes Land entsendet durch Kabinettsbeschluss ein Mitglied, für das nur ein Vertreter bestellt wird. Beide müssen Mitglied des Bundesrates sein. Die 16 Bundestagsabgeordneten und ihre Vertreter werden nach der Fraktionsstärke vom Bundestag gewählt. [...] Um das Vermittlungsverfahren zu erleichtern, hat schon das Grundgesetz festgelegt, dass die in den Vermittlungsausschuss entsandten Mitglieder des Bundesrates nicht an Weisungen gebunden sind. [...] Die strenge Vertraulichkeit der Sitzungen und die Unabhängigkeit der Ausschussmitglieder sollen den Versuch einer Einigung erleichtern, die ja nur zustande kommen kann, wenn bisher eingenommene Positionen aufgegeben und Kompromissvorschläge gemacht werden können. [...] Die meisten Anrufungsbegehren kommen vom Bundesrat. Das liegt daran, dass er bei Einspruchsgesetzen den Vermittlungsausschuss einschalten muss. Bei Zustimmungsgesetzen, die er ablehnen will, hat der Bundesrat die Wahl, die Zustimmung sofort zu verweigern oder den Vermittlungsausschuss anzurufen, um wichtige Änderungen im Vermittlungsverfahren zu erreichen. [...] Die Zahl der Anrufungsfälle durch Bundesregierung oder Bundestag, die nur möglich ist, wenn der Bundesrat seine Zustimmung verweigert hat, ist relativ gering. [...] Es ist möglich, dass hintereinander Bundesrat, Bundesregierung und Bundestag in derselben Sache den Vermittlungsausschuss anrufen, jedoch jedes Verfassungsorgan nur einmal, sodass mehr als drei Anrufungen bei einem Gesetz nicht möglich sind. [...] Wegen seiner weitgehenden Gestaltungsmöglichkeiten ist der Vermittlungsausschuss [...] als „Überparlament" oder „Überausschuss" bezeichnet worden, der die Grenzen seiner Dispositionsfreiheit zu Lasten der Gesetzgebungskompetenz des Bundestages überschritten und diesem nur eine bloße Ratifikationsfunktion überlassen habe.

Aus: Diether Posser, Der Bundesrat und seine Bedeutung, in: Ernst Benda, Werner Maihofer, Hans-Jochen Vogel (Hg.), Handbuch des Verfassungsrechts. Studienausgabe Teil 2. Berlin/New York 1995, S. 1186 ff.

AUFGABEN

1. Der Gesetzgebungsprozess ist kompliziert, durchläuft viele Stationen und beteiligt alle Verfassungsorgane am Verfahren (M 1). Überlegen Sie, welche Absichten der Verfassunggeber damit wohl verbunden haben mag.
2. Vergleichen Sie die demokratische Legitimität des Vermittlungsausschusses (M 2) mit der des Bundestages und des Bundesrates.

4.2.2 Ein Fall zum Gesetzgebungsprozess: Der Streit um die Reform des Staatsbürgerschaftsrechts

Der Gesetzgebungsprozess verläuft nicht isoliert in den dafür von der Verfassung vorgesehenen Institutionen. Denn die in ein Gesetzesvorhaben einfließenden Inhalte werden zuvor im politisch-gesellschaftlichen Raum diskutiert und formuliert. Die hierfür maßgeblichen, wenn auch nicht einzigen Akteure sind die politischen Parteien. Sie entwickeln programmatische Vorschläge für die Lösung politischer Probleme und damit auch für die Gesetzgebungsarbeit. Parteien, die sich zu einer Regierungskoalition zusammenfinden, legen in einer Koalitionsvereinbarung fest, wie sie eine bestimmte Materie während der Regierungszeit regeln wollen. Opponierende Parteien nutzen solche Abmachungen, um in Wahlkämpfen für ihre davon abweichenden Vorstellungen zu werben. Gesetzesvorhaben können also Gegenstand heftiger Wahlkampfauseinandersetzungen sein.

Nicht zu unterschätzen für die Gesetzgebungsarbeit im föderalen System der Bundesrepublik Deutschland ist die (partei-)politische Zusammensetzung des Bundesrates. Unterscheidet sich nämlich die Mehrheit des Bundesrates von der des Bundestages, ist ein Gesetzesvorhaben häufig nur auf dem Wege des Kompromisses durchsetzbar. Da die Zusammensetzung des Bundesrates abhängig ist von den politischen Mehrheiten in den Bundesländern, werden Landtagswahlkämpfe oft mit bundespolitischen Themen geführt. Kritiker sehen hierin eine Verkehrung dessen, was die Verfassung will. Entgegnet wird solchen Vorbehalten, dass die Länder über den Bundesrat an der Gesetzgebung des Bundes beteiligt sind und aus diesem Grunde bundespolitische Streitthemen ganz legitim in Landtagswahlkämpfen zur Wahl gestellt werden.

M 1 Staatsbürgerschaftsrecht – die Grundlagen

Von 1913 bis 1999 bildete das Reichs- und Staatsangehörigkeitsrecht aus dem Kaiserreich die Grundlage für die deutsche Staatsangehörigkeit. Regelndes Prinzip war das so genannte „ius sanguinis" (wörtlich: das Recht des Blutes), d.h. als Deutscher galt, wer ein deutsches Elternteil hat. Nach Art. 116 GG haben die Volksdeutschen das Recht auf Einbürgerung (Anspruchseinbürgerung, 1997: 239 500 Personen).

In Deutschland hatten nach den Regeln des Ausländergesetzes über die so genannte „erleichterte Einbürgerung" Ausländer nach mindestens 15-jährigem und Kinder und Jugendliche nach 8-jährigem Aufenthalt und 6-jährigem Schulbesuch einen Anspruch auf den Erwerb der deutschen Staatsbürgerschaft (1997: 63 308 Personen). Darüber hinaus konnten im Rahmen der „Ermessungseinbürgerungen" Personen mit ausländischer Staatsangehörigkeit und Staatenlose eingebürgert werden, die keinen Einbürgerungsanspruch besaßen (1997: 39 162 Personen). Nach Schätzungen hatten Ende 1999 über zwei Millionen Ausländer in Deutschland die doppelte Staatsbürgerschaft. Mehrere Gesetzgebungsanläufe für ein neues Staatsbürgerschaftsrecht waren in den vergangenen Legislaturperioden gescheitert.

Autorentext

M 2 Die Positionen der Parteien zur Bundestagswahl am 27. 9. 1998

CDU
Deutschland ist ein weltoffenes und gastfreundliches Land. Wir setzen uns für das friedliche Zusammenleben von deutschen und ausländischen Mitbürgern ein. Die bei uns lebenden Ausländer sind auch menschlich und kulturell eine Bereicherung für uns. Wir wenden uns entschieden gegen jede Form der Diskriminierung und Gewalt gegen Ausländer. Wir wollen dazu beitragen, ein Klima wechselseitiger Partnerschaft und Toleranz zu schaffen, in dem sich das Miteinander von Deutschen und Ausländern freundschaftlich entwickeln kann.

Deutschland ist kein Einwanderungsland. Eine unbegrenzte und nicht steuerbare Zuwanderung nach Deutschland lehnen wir entschieden ab. Ein Einwanderungsgesetz wird es mit uns nicht geben. Im neuen Ausländerrecht und im Zusammenhang mit der Neuregelung des Asylrechts haben wir bereits wesentliche Erleichterungen für die Einbürgerung von Ausländern geschaffen, die Deutsche mit allen Rechten und Pflichten werden wollen. Doppelte Staatsbürgerschaften müssen Ausnahme bleiben. Wir lehnen daher Forderungen ab, dass jeder in Deutschland geborene Ausländer automatisch die deutsche Staatsangehörigkeit erhalten soll.

FDP

In Deutschland gibt es unter den mittlerweile 7 Mio. Ausländern etwa 2 Mio., die jünger als 20 Jahre sind. Schon allein dieses Zahlenverhältnis macht die Größe der Integrationsaufgabe für unsere Gesellschaft deutlich. Deshalb ist es wichtig, darauf hinzuweisen, dass es nicht nur darum geht, jungen Menschen bessere Chancen zu geben, sondern darum, dass es im Interesse unserer deutschen Gesellschaft insgesamt ist, die Kinder, die hier geboren werden, besser zu integrieren. Diese Kinder sprechen deutsch und die Sprache ihrer Eltern allenfalls mit einem deutschen Akzent. Es ist falsch, diese Kinder mit einem ausländischen Bewusstsein groß werden zu lassen, statt ihnen von Anfang an eine inländische Identität zu vermitteln. Denn sie werden aller Voraussicht nach immer in diesem Land leben. Wer die Gettoisierung in den Städten zu Recht beklagt, der muss die Gettoisierung in den Köpfen verhindern. Das Staatsangehörigkeitsrecht der Bundesrepublik Deutschland muss grundlegend novelliert werden. Das Recht, mit der Geburt auch die deutsche Staatsangehörigkeit zu erhalten, muss für die in der Bundesrepublik geborenen Ausländer der zweiten und nachfolgender Generationen gesetzlich verankert werden. Für diese Kinder wollen wir daher die befristete doppelte Staatsangehörigkeit einführen. Zwischen dem 18. und 25. Lebensjahr müssen sich die Jugendlichen endgültig für eine der beiden Staatsangehörigkeiten entscheiden.

SPD

Wir müssen gerade jetzt deutliche Zeichen setzen und die Integration der ausländischen Wohnbevölkerung voranbringen. Jedes in Deutschland geborene Kind rechtmäßig hier lebender ausländischer Eltern soll automatisch die deutsche Staatsangehörigkeit erhalten. Wir wollen in dem geänderten Staatsangehörigkeitsrecht auch Einbürgerungsansprüche und die Hinnahme der doppelten Staatsangehörigkeit verankern und ein Einwanderungsgesetz schaffen. Weniger als 40 % der Ausländerkinder erhalten in Deutschland eine berufliche Qualifikation. Wir werden dafür eintreten, dass Kinder aus ausländischen Familien die gleichen Aus- und Weiterbildungschancen bekommen wie ihre deutschen Altersgenossen.

Bündnis 90/Die Grünen

Ein neues Staatsbürgerschaftsrecht soll allen in Deutschland geborenen Kindern den deutschen Pass geben, wenn mindestens ein Elternteil hier seinen dauerhaften Lebensmittelpunkt hat. Sie sind InländerInnen und dürfen nicht länger als AusländerInnen behandelt werden. Das Staatsbürgerschaftsrecht muss so geändert werden, dass das Bodenprinzip gleichberechtigt neben das Abstammungsprinzip tritt. Nach fünf Jahren müssen hier lebende AusländerInnen das Recht zur Einbürgerung erhalten. Die Ermesseneinbürgerung muss bereits vorher möglich sein. Beide Instrumente sind von bürokratischen Schikanen zu entrümpeln. Die Anerkennung der doppelten Staatsbürgerschaft ist längst überfällig – nicht nur für diejenigen, denen die notwendige Ausbürgerung von Seiten ihrer Herkunftstaaten verweigert wird. Deutschland ist schon lange ein Einwanderungsland. Wir wollen mit transparenten Verfahren zukünftige Einwanderung regeln. [...]

PDS

Die PDS setzt sich für die Abschaffung aller Sondergesetze ein, die Nichtdeutsche schlechter stellen. Dazu zählt vor allem das Ausländergesetz und die dazu gehörenden Verordnungen. Sie tritt für die Integration der MigrantInnen, Flüchtlinge und AusländerInnen ein, ohne diese Gruppen zur bloßen Anpassung (Assimilation) zu zwingen. Das von ihr eingebrachte Antirassismusgesetz, von den anderen Bundesparteien vom Tisch gefegt, soll Menschen anderer Herkunft ein rechtliches Instrumentarium an die Hand geben, sich gegen Benachteiligungen auf der staatlichen und der privaten Ebene zur Wehr zu setzen. Die Staatsangehörigkeit darf nicht darüber entscheiden, welche demokratischen Rechte ein/e BewohnerIn dieses Landes in Anspruch nehmen kann. Deshalb ist die PDS für ein Niederlassungsrecht für alle MigrantInnen und Flüchtlinge, die ihren Lebensmittelpunkt in der BRD gewählt haben. Für ihre politische, gesellschaftliche und wirtschaftliche Gleichstellung ergeben sich folgende Forderungen:

— Allgemeines Wahlrecht für hier lebende MigrantInnen und Flüchtlinge zu allen Parlamenten auf kommunaler, Landes-, Bundes- und Europaebene unabhängig von ihrer Staatsangehörigkeit.
— Recht auf politische Betätigung für alle hier lebenden Menschen.
— Einführung der doppelten Staatsbürgerschaft.
— Rechtsanspruch auf die doppelte Staatsbürgerschaft für alle dauerhaft hier lebenden MigrantInnen und Flüchtlinge.
— Automatische Verleihung der deutschen Staatsangehörigkeit für hier geborene Kinder ausländischer Eltern(teile) und Abschaffung des völkischen Charakters des Staatsbürgerschaftsrechts.

Aus: CDU-Bundesgeschäftsstelle (Hg.), Regierungsprogramm von CDU und CSU, Bonn 1998, S. 32 und S. 42 f.; FDP-Bundesgeschäftsstelle (Hg.), Das Wahlprogramm der Liberalen zur Bundestagswahl 1998, Bonn 1998, S. 56 f.; SPD-Vorstand (Hg.), Das Regierungsprogramm der SPD, Bonn 1998, S. 59; Bündnis 90/Die Grünen (Hg.), Programm zur Bundestagswahl 98, Bonn, 2. Auflage 1998, S. 121; www.pds-online.de (15.3.1999).

AUFGABEN

1. Fassen Sie die Positionen der Parteien zur Frage der Staatsbürgerschaft in Thesen zusammen. Arbeiten Sie Parallelen und Unterschiede heraus.
2. Formulieren Sie arbeitsteilig in fünf Gruppen auf der Grundlage der Wahlaussagen der Parteien (M 2) eine Koalitionsvereinbarung zur Neuregelung des Staatsbürgerschaftsrechts für unterschiedliche Regierungskonstellationen.

M 3 Koalitionsvereinbarung von SPD und Bündnis 90 / Die Grünen vom Oktober 1998 zum Staatsbürgerschaftsrecht (Auszug)

Im Oktober 1998 erreichen SPD und Bündnis 90/Die Grünen zusammen die absolute Mehrheit der Sitze im Deutschen Bundestag. Beide Parteien hatten sich vor der Wahl für eine rot-grüne Koalition ausgesprochen. In ihrer Koalitionsvereinbarung verabredeten sie u. a., ihre Konzepte für ein neues Staatsbürgerschaftsrecht zügig in Gesetzesform zu gießen. Konkret wurde vereinbart:

1. Kinder ausländischer Eltern erhalten mit Geburt in Deutschland die deutsche Staatsangehörigkeit, wenn ein Elternteil bereits hier geboren wurde oder als Minderjähriger bis zum 14. Lebensjahr nach Deutschland eingereist ist und über eine Aufenthaltserlaubnis verfügt.

2. Unter den Voraussetzungen von Unterhaltsfähigkeit und Straflosigkeit erhalten Sie einen Einbürgerungsanspruch:
— minderjährige Ausländerinnen und Ausländer, von denen wenigstens ein Elternteil zumindest über eine unbefristete Aufenthaltserlaubnis verfügt und die seit fünf Jahren mit diesem Elternteil in familiärer Gemeinschaft in Deutschland leben;
— ausländische Ehegatten Deutscher nach dreijährigem rechtmäßigem Inlandsaufenthalt, wenn die eheliche Lebensgemeinschaft seit mindestens zwei Jahren besteht.

Zitiert nach: www.gruene.de

M 4 Koalitionsvereinbarung von SPD und Bündnis 90 / Die Grünen zur Zusammenarbeit im Bundestag (Auszug)

**CDU/CSU-Unterschriftenaktion:
„Ja zur Integration –
Nein zu doppelter Staatsangehörigkeit"**

Die Integration der dauerhaft und rechtmäßig in Deutschland lebenden ausländischen Mitbürgerinnen und Mitbürger ist für die Zukunft und den inneren Frieden unseres Landes von großer Bedeutung. Integration erfordert Toleranz für andere Lebensart und das Bemühen, in Deutschland heimisch zu werden.

Wir wollen diesen hier lebenden Ausländern und ihren Kindern die Integration und den Erwerb der deutschen Staatsangehörigkeit erleichtern.

Die Einbürgerung kann erst am Ende einer gelungenen Integration stehen. Eine klare Entscheidung für Deutschland und die deutsche Staatsangehörigkeit ist dazu unverzichtbar. Deshalb sind wir gegen die generelle Zulassung der doppelten Staatsangehörigkeit.

Im Bundestag und in allen von ihm beschickten Gremien stimmen die Koalitionsfraktionen einheitlich ab. [...] Wechselnde Mehrheiten sind ausgeschlossen.

Zitiert nach: www.gruene.de

M 5 Das Thema Staatsbürgerschaft im hessischen Landtagswahlkampf

Bei den Landtagswahlen in Hessen am 7.2.1999, vier Monate nach der Bundestagswahl, war die Frage der doppelten Staatsbürgerschaft ein wichtiges Wahlkampfthema. Die CDU hatte mit einer bundesweit angelegten Unterschriftenaktion ein Mobilisierungsthema auch außerhalb ihres eigenen parteipolitischen Lagers. Allein in Hessen unterschrieben bis zur Landtagswahl eine halbe Million Bürgerinnen und Bürger die Unterschriftenlisten (siehe Kasten). Dem Ergebnis der Landtagswahl in Hessen kam bundespolitische Bedeutung zu, weil der Regierungswechsel von einer SPD-

Bündnis 90/Die Grünen- zu einer CDU/FDP-Regierung den Verlust der rot-grünen Mehrheit im Bundesrat nach sich zog. In der Frage des Staatsbürgerschaftsrechts bedeutete dies den Zwang zum Kompromiss zwischen der Bundesregierung und einem Teil der Opposition. Dem von SPD und FDP regierten Bundesland Rheinland-Pfalz kam eine Schlüsselrolle zu, da das rheinland-pfälzische Stimmverhalten im Bundesrat von entscheidender Bedeutung war (vgl. M 6).

Autorentext

M 6 Die Stimmenverteilung im Bundesrat im Frühjahr 1999

Insgesamt 69 Stimmen der 16 Länder; die absolute Mehrheit beträgt 35, die Zweidrittel-Mehrheit 46 Stimmen.

Land	Regierungspartei(en)[1]	SPD allein	SPD + Grüne / SPD + PDS	SPD + F.D.P / SPD + CDU	alle A-Länder
Brandenburg	SPD	4			
Niedersachsen	SPD	6		SPD-geführte Landesregierungen	
Saarland	SPD	3 ⎬ 17			
Sachsen-Anhalt	SPD[2]	4			
Hamburg	SPD + B '90/Grüne		3		44
Nordrhein-Westfalen	SPD + B '90/Grüne		6 ⎬ 13		
Schleswig-Holstein	SPD + B '90/Grüne		4 ⎬ 16		
Mecklenburg-Vorpommern	SDP + PDS		3		
Rheinland-Pfalz	SPD + F.D.P.			4	
Bremen	SPD + CDU			3 ⎬ 7 ⎬ 11	
Thüringen	SPD + CDU			4	
Land	**Regierungspartei(en)[1]**	**CDU bzw. CSU allein**	**CDU + F.D.P**	**CDU + SPD**	**alle B-Länder**
Sachsen	CDU	4			
Bayern	CSU	6 ⎬ 10		CDU-geführte Landesregierungen	
Hessen	CDU + F.D.P.		5 ⎬ 11		25
Baden-Württemberg	CDU + F.D.P.		6		
Berlin	CDU + SPD			4	

1) Koalitionsregierungen treffen in der Regel im Koalitionsvertrag folgende Vereinbarung: „Die Koalitionspartner legen das Abstimmungsverhalten des Landes im Bundesgebiet fest. (...) Sofern (...) eine Einigung nicht erzielt wird, enthält sich das Land der Stimme." (Koalitionsvertrag zwischen SDP und Bündnis 90/Die Günen in NRW 1995)
2) In Sachsen-Anhalt wird die SPD-Minderheitsregierung von der PDS toleriert.

AUFGABEN

1. Kommentieren Sie M 3 und M 4 unter Berücksichtigung von S. 114 f. und Art. 38 GG.
2. Stellen Sie die Möglichkeiten der Opposition zusammen, für die eigene Position zu werben (M 5). Beachten Sie Art. 5, 8, 9 und 17 GG.
3. Kennzeichnen Sie die Unterschriftenaktion nach Form, Inhalt und Absicht (M 5).

M 7 Aus dem Gesetzgebungsverfahren zur Reform des Staatsbürgerschaftsrechts

● A) Bericht des Innenausschusses an das Plenum des Bundestages für die 2. Lesung:

Der Ablauf der Beratungen zur Reform des Staatsbürgerschaftsrechts
1. Der Gesetzesentwurf (Drucksache 14/533) wurde in der 28. Sitzung des Deutschen Bundestages dem Innenausschuss federführend sowie dem Rechtsausschuss, dem Ausschuss für Arbeit und Sozialordnung und dem Ausschuss für Familie, Senioren, Frauen und Jugend zur Mitberatung überwiesen. [...]

d) Der Innenausschuss hat in seiner 13. Sitzung am 21.4.1999 den Gesetzentwurf [...] abschließend beraten und mit den Stimmen der Fraktionen SPD, Bündnis 90/Die Grünen und FDP gegen die Stimmen der Fraktion der CDU/CSU und der Fraktion der PDS empfohlen, ihn in der aus anliegender Zusammenstellung ersichtlichen Fassung anzunehmen. [...]

2. [...] d) Der Innenausschuss hat [...] am 21.4.1999 den Gesetzentwurf [der CDU/CSU zum Staatsbürgerschaftsrecht, vgl. S. 120, der Verf.] auf Drucksache 14/535 ab-

schließend beraten und ihn mit den Stimmen der Fraktionen SPD, Bündnis 90/Die Grünen, FDP und PDS gegen die Stimmen der Fraktion der CDU/CSU zur Ablehnung empfohlen. [...]

Der Innenausschuss hat [...] am 13.4.1999 [...] eine öffentliche Anhörung durchgeführt, zu der die nachfolgenden Sachverständigen eingeladen worden waren: Prof. Dr. C. A. Groenendijk, Centre for Migration Law (Katholieke Universität Nijmegen); Prof. Dr. Josef Schmid, Lehrstuhl für Bevölkerungswissenschaft (Universität Bamberg); Dr. Joachim Gaertner, Oberkirchenrat (Bevollmächtigter des Rates der EKD); Ulrich Spallek (Katholisches Büro); Memet Tanriverdi, stv. Präsident der BAGIV e. V. u. a.

B) Ergebnis der Beratung des Innenausschusses (Auszug):

Änderung des § 85 AuslG
Gesetzgebungsentwurf (*kursiv gesetzt* sind die vom Innenausschuss beschlossenen Änderungen), Art. 1 (Änderung des Ausländergesetzes). Die §§ 85 bis 87 werden wie folgt gefasst:

„§ 85 (Einbürgerungsanspruch für Ausländer mit längerem Aufenthalt; Miteinbürgerung ausländischer Ehegatten und minderjähriger Kinder)

(1) Ein Ausländer, der seit acht Jahren [vorher 15, der Verf.] rechtmäßig seinen gewöhnlichen Aufenthalt im Inland hat, ist auf Antrag einzubürgern, wenn er
1. sich zur freiheitlichen demokratischen Grundordnung des Grundgesetzes für die Bundesrepublik Deutschland bekennt und erklärt, dass er keine Bestrebungen verfolgt oder unterstützt oder verfolgt oder unterstützt hat, die gegen die freiheitliche demokratische Grundordnung, den Bestand oder die Sicherheit des Bundes oder eines Landes gerichtet sind oder eine ungesetzliche Beeinträchtigung der Amtsführung der Verfassungsorgane des Bundes oder eines Landes oder ihrer Mitglieder zum Ziele haben oder die durch Anwendung von Gewalt oder darauf gerichtete Vorbereitungshandlungen auswärtige Belange der Bundesrepublik gefährden, *oder glaubhaft macht, dass er sich von der früheren Verfolgung oder Unterstützung derartiger Bestrebungen abgewandt hat*,
2. eine Aufenthaltserlaubnis oder eine Aufenthaltsberechtigung besitzt,
3. den Lebensunterhalt für sich und seine unterhaltsberechtigten Familienangehörigen ohne Inanspruchnahme von Sozial- oder Arbeitslosenhilfe bestreiten kann,
4. seine bisherige Staatsangehörigkeit aufgibt oder verliert und
5. nicht wegen einer Straftat verurteilt worden ist.

Von der in Satz 1 Nr. 3 bezeichneten Voraussetzung wird abgesehen, wenn der Ausländer aus einem von ihm nicht zu vertretenden Grunde den Lebensunterhalt nicht ohne Inanspruchnahme von Sozial- oder Arbeitslosenhilfe bestreiten kann.

(2) Der Ehegatte und die minderjährigen Kinder des Ausländers können nach Maßgabe des Absatzes 1 mit eingebürgert werden, auch wenn sie sich noch nicht seit acht Jahren rechtmäßig im Inland aufhalten. Absatz 1 Satz 1 Nr. 1 findet keine Anwendung, wenn ein minderjähriges Kind im Zeitpunkt der Einbürgerung das 16. Lebensjahr noch nicht vollendet hat.

(3) Bei einem Ausländer, der das 23. Lebensjahr noch nicht vollendet hat, ist Absatz 1 Satz 1 Nr. 3 nicht anzuwenden."

Begründung der Änderung: Durch den Zusatz wird klargestellt, dass etwa „Jugendsünden" dem Einbürgerungsanspruch nicht entgegenstehen [...].

[Hinweis: Die vom Innenausschuss verabschiedete Fassung des neuen Staatsbürgerschaftsrechts entspricht dem vom Bundestag verabschiedeten und auf S. 121 und 122 knapp zusammengefassten Gesetz, d. Verf.]

C) *Änderungsantrag der Abgeordneten Jelpke, Pau und der Fraktion der PDS zur zweiten Lesung des neuen Staatsbürgerschaftsrechts:*

Der Bundestag wolle beschließen: In Artikel 2 Nr. 1 wird in § 85 Abs. 1 Nr. 1 ersatzlos gestrichen. Die Nummern 2 bis 5 werden die Nummern 1 bis 4.

Begründung: [...] Es ist nicht nachvollziehbar, dass Einbürgerungswillige ein Bekenntnis zur Verfassung ablegen sollen, während jene, die mit der Geburt die deutsche Staatsbürgerschaft erhalten, dies nicht müssen. Die Arbeitsgemeinschaft der saarländischen Ausländerbeiräte schreibt zu § 85 Abs. 1 [...]: Wie soll die Verfassungstreue überprüft werden? Werden AusländerInnen in Deutschland zukünftig besonders überwacht? [...] Fragen wie diese führen dazu, dass AusländerInnen bei ihrer politischen Betätigung – welche ihr demokratisches Recht ist – sehr genau überlegen werden, ob sie sich überhaupt politisch betätigen sollen.

D) Aus der 3. Lesung des neuen Staatsangehörigkeitsrechts am 7. 5. 1999:

Marie-Luise Beck [MdB von Bündnis 90/Die Grünen, Ausländerbeauftrage der Bundesregierung]
Dieses Gesetz hat einen langen Weg genommen. In dieser Legislaturperiode waren es fünf Monate Beratungen; aber eine langjährige politische Auseinandersetzung – auch in diesem Hause – mit immer wieder neuen Anläufen und neuen Versuchen, Konsens herzustellen, denen sich [...] insbesondere die CSU immer wieder mit Beharrlichkeit verweigert hat, ist vorausgegangen. [...] Es geht um Demokratie, meine Damen und Herren. Es kann nicht angehen, dass viele Menschen, die seit Jahrzehnten in dieser Gesellschaft leben und damit faktisch, durch den Alltag, integriert sind, von staatsbürgerlichen Rechten ausgeschlossen werden. Das kann eine Demokratie nicht aushalten. Wir sind deswegen mit diesem Staatsbürgerschaftsrecht gefordert, mehr Bürgerinnen und Bürger zu Staatsbürgern zu machen.

Joachim Stünker [SPD]
[...] Dem Gang der CDU/CSU-Fraktion (zum Bundesverfassungsgericht) nach Karlsruhe – Sie haben ihn zwar nicht hier, aber in Interviews angekündigt – werden wir mit Gelassenheit entgegensehen. [...]

E) Zustimmung des Bundestages nach der dritten Lesung:

Vizepräsident [des Deutschen Bundestages] Dr. Hermann Otto Solms
Ich schließe die Aussprache. [...] Wir kommen nun zur Abstimmung [...] über den Gesetzentwurf [...] zur Reform des Staatsangehörigkeitsrechts [...]. Dazu liegen neun Änderungsanträge der Fraktion der PDS vor, über die wir zuerst abstimmen müssen. [...] Änderungsantrag auf Drucksache 14/992. Wer stimmt dafür? – Wer stimmt dagegen? – Enthaltungen? – Der Antrag ist [gegen die Stimmen aller Fraktionen mit Ausnahme der PDS-Fraktion] abgelehnt. [...]

Wir kommen zur dritten Lesung und Schlussabstimmung. Die Fraktion der SPD verlangt namentliche Abstimmung. [...]

Vizepräsidentin Petra Bläss
[...] ich gebe [...] das [...] ermittelte Ergebnis der namentlichen Abstimmung über den Gesetzentwurf zur Reform des Staatsangehörigkeitsrechts bekannt [...]: Abgegebene Stimmen 588. Mit Ja haben gestimmt 365, mit Nein haben gestimmt 184, Enthaltungen 39. Damit ist der Gesetzentwurf angenommen.

F) Der Bundesrat berät über das zustimmungspflichtige Gesetz am 21. 5. 1999:

Dr. Edmund Stoiber, bayerischer Ministerpräsident und CSU-Vorsitzender
Der jetzt vorgelegte Gesetzentwurf der Regierungskoalition [...] ist in der Praxis nicht vollziehbar, lässt die notwendige Folgenabschätzung vermissen und zeigt eine Fülle gesetzgeberischer Ungereimtheiten und Widersprüche. Dieses Gesetz wird den legitimen Interessen und dem Mehrheitswillen der deutschen Bevölkerung nicht gerecht. Deshalb sage ich schon heute: Wir werden dieses Gesetz bei anderen politischen Mehrheitsverhältnissen ändern. [...]

[Hinweis: Der Bundesrat stimmte dem Gesetz mit der Mehrheit SPD-geführter Länder zu, d. Verf.]

Aus: A) Bundestags-Drucksache 14/867, S. 17 f.; B) Bundestags-Drucksache 14/867, S. 10 und 21; C) Bundestagsdrucksache 14/992; D) und E) Bundestags-Drucksache, Plenarprotokoll 14/40; F) Zitiert nach: www.bayern.de/Politik/Reden/1 999/99-0521_1. html (22.2.2000)

AUFGABEN

1. Was bedeuten die Mehrheitsverhältnisse im Bundesrat für den Gesetzgebungsprozess zum Staatsbürgerschaftsrecht (M 6)?
2. Bestimmen Sie die Funktion der einzelnen Stationen des Gesetzgebungsprozesses mithilfe von M 7 und Kapitel 4.2.1.

M 8 Chronik der politischen Auseinandersetzung

■ September 1998: Die Parteien legen ihre Positionen zum Staatsbürgerschaftsrecht in Programmen zur Bundestagswahl fest.

Oktober 1998: Im Koalitionsvertrag legen die Regierungsparteien SPD und Bündnis 90/Die Grünen ihre gemeinsamen Ziele in der Frage des Staatsbürgerschaftsrechts fest.

Dezember/Januar 1998/99: CDU und CSU beschließen Unterschriftensammlungen gegen das Gesetzgebungsvorhaben der neuen Bundesregierung.

6.2.1999: Bei der Landtagswahl in Hessen verliert die bestehende rot-grüne Landesregierung ihre Mehrheit an CDU und FDP. Das Stimmenverhältnis im Bundesrat ändert sich.

8.3.: Der SPD-Parteirat entscheidet über einen Antrag des Vorsitzenden der Arbeitsgemeinschaft Sozialdemokratischer Juristen (ASJ), der den Gesetzgebungsentwurf der FDP für unzureichend hält. Dieser sieht vor, dass die in Deutschland geborenen Kinder ausländischer Eltern bis zum 23. Lebensjahr die Möglichkeit mehrerer Staatsangehörigkeiten haben (Optionslösung). Der Antrag des ASJ-Vorsitzenden wird von zwei Drittel der Anwesenden abgelehnt.

9.3.: Der noch amtierende hessische Ministerpräsident Eichel und der damalige SPD-Parteivorsitzende Lafontaine plädieren wegen der veränderten Entscheidungssituation im Bundesrat nachdrücklich für einen Konsens mit der FDP.

10.3.: Die Innen- und Rechtspolitiker der Koalition beraten Details des vorläufigen Gesetzentwurfes.

11.3.: Kritik der „Türkischen Gemeinde in Deutschland" gegen einen Entwurf des Innenministeriums vom 3. März 1999; der Entwurf „zementiere die bisherige Abschottungs- und Absonderungspolitik" in Deutschland.

11.3.: Treffen zwischen Bundesminister des Innern, Schily (SPD), dem rheinland-pfälzischen Ministerpräsident Beck (SPD) und dem Vorsitzenden der FDP in Rheinland-Pfalz und MdB Brüderle: Ein Kompromiss-Modell wird ausgehandelt.

11.3.: In einem Koalitionsgespräch zwischen SPD und Bündnis 90/Die Grünen wird das Kompromiss-Modell akzeptiert. Der damalige CDU-Vorsitzende Schäuble lehnt die Optionslösung ab.

12.3.: Christa Müller, die Fraktionsvorsitzende von Bündnis 90/Die Grünen, kritisiert, dass der Kompromiss hinter den eigentlichen Zielen ihrer Partei zurückbleibe. Der Bundesausländerbeirat bezeichnet das Optionsmodell als „völlig unzureichend". Es fehle ein echtes Angebot an die Ausländer der ersten und zweiten Generation. CDU und CSU kündigen an, einen eigenen Entwurf im Bundestag einbringen zu wollen [vgl. S. 120].

16.3.: Die Bundesregierung beschließt den Gesetzentwurf und veranlasst die Weiterleitung an Bundesrat und Bundestag. In Deutschland geborene Kinder, von denen ein Elternteil sich seit längerem rechtmäßig in Deutschland aufhält, sollen mit der Geburt die deutsche Staatsangehörigkeit erhalten. Bei Volljährigkeit müssen sie sich zwischen der deutschen und ausländischen Staatsangehörigkeit entscheiden. Wird bis zum 23. Lebensjahr keine Erklärung hierzu abgegeben, verlieren sie die deutsche Staatsangehörigkeit. Die Einbürgerungsfrist wird verkürzt. Vom Grundsatz, Mehrstaatigkeit zu vermeiden, kann in bestimmten Fällen abgewichen werden.

19.3.: Der von SPD, Bündnis 90/Die Grünen und FDP getragene Gesetzentwurf zur Änderung des Staatsangehörigkeitsrechts wird in erster Lesung im Bundestag beraten.

21.4.: Nach Anhörung von Sachverständigen stimmt der Innenausschuss des Bundestages mit den Stimmen von SPD, Bündnis 90/Die Grünen und FDP dem Optionsmodell zu.

7.5.: Der Gesetzentwurf wird in zweiter und dritter Lesung im Bundestag verabschiedet. Inzwischen hatten 5 Millionen Bürger die Unterschriftenlisten der CDU und CSU unterschrieben.

21.5.: Der Bundesrat billigt mit den Stimmen der SPD-geführten Länder die Reform des Staatsangehörigkeitsrechts.

1.1.2000: Nach Unterzeichnung durch den Bundespräsidenten und Veröffentlichung im Bundesgesetzblatt (23.7.1999) tritt das Gesetz mit Wirkung vom Jahresbeginn 2000 in Kraft.

Autorentext

M 9 Staatsangehörigkeit Deutsch

In der Regel muss bei der Erlangung der deutschen Staatsangehörigkeit die ausländische Staatsangehörigkeit aufgegeben werden. Ausnahmen gelten u. a. für ältere Personen, wenn die Entlassung aus der ausländischen Staatsangehörigkeit auf unverhältnismäßige Schwierigkeiten stößt, für anerkannte Flüchtlinge, bei unzumutbaren Bedingungen für die Entlassung aus der ausländischen Staatsangehörigkeit (u. a. zu hohe Entlassungsgebühren oder entwürdigende Entlassungsverfahren), bei erheblichen Nachteilen insbesondere wirtschaftlicher oder vermögensrechtlicher Art.

Autorentext nach www.einbuergerung.de (Kurzfassung des Gesetzestextes)

M 10 Verwaltungsvorschrift zum Staatsangehörigkeitsrecht

Bund und Länder haben sich nach langen Verhandlungen auf eine bundeseinheitliche Verwaltungsvorschrift zum neuen Staatsangehörigkeitsrecht verständigt. [...] Die Bundesregierung erreichte die Zustimmung der von CDU und CSU geführten Landesregierungen unter der Prämisse, dass die Vorschrift auf einen Passus zur Prüfung der Verfassungstreue der ausländischen Antragsteller verzichtet. Damit können die unionsregierten Länder zu diesem Zweck weiterhin eine so genannte „Regelanfrage" beim Verfassungsschutz vorschreiben. [...] Beim strittigen Punkt des Nachweises deutscher Sprachkenntnisse (Bayern hatte zu diesem Zweck ein Deutsch-Diktat verlangen wollen) gilt nun das Kriterium, der Betreffende müsse einen deutschsprachigen Text des täglichen Lebens, etwa einen Zeitungsartikel, lesen, verstehen und mündlich wiedergeben können.

Nach: FAZ, 2.12.1999, S. 2, Autor: Johannes Leithäuser

M 11 Nachfrage nach Einbürgerung

In der ausländischen Bevölkerung stößt die deutsche Staatsbürgerschaft, die seit Jahresbeginn unter leichteren Voraussetzungen erworben werden kann, auf großes Interesse. [...] in München und in Hamburg verzeichnete man jeweils ca. 1000 Anträge. Im Januar 1999 waren es 300 bzw. 400. [...] Das Echo auf die erleichterte Einbürgerung von Kindern unter zehn Jahren – sie müssen vorerst ebenfalls ihre alte Staatsangehörigkeit nicht abgeben – ist dagegen eher verhalten: In Hamburg hatte man mit 1000 Anträgen gerechnet, eingegangen sind bisher nur 28. Auch in Frankfurt verläuft die Einbürgerung der Kinder noch „sehr schleppend". Als Grund vermutet die dortige Einbürgerungsbehörde die hohen Gebühren: [Über 250 Euro] kostet der Antrag. Außerdem vermutet die Frankfurter Behörde ein nach wie vor großes Wissensdefizit bei den betroffenen Eltern.

Aus: Handelsblatt, 4.2.2000

AUFGABEN

1. Erarbeiten Sie die Unterschiede zwischen dem Gesetz, den Wahlprogrammen von SPD und Bündnis 90/Die Grünen und der Koalitionsvereinbarung (M 8 und M 9). Was bedeuten diese Unterschiede für den jeweiligen parteiinternen Entscheidungsprozess?
2. Beschreiben Sie die Rolle der Oppositionsparteien (FDP, CDU und CSU) im Gesetzgebungsprozess zum neuen Staatsbürgerschaftsrecht und bewerten Sie diese.
3. Welche Aufgaben ergeben sich aus M 10 und M 11 für Regierung und Verwaltung?
4. Diskutieren Sie Sinn und Zweck des komplizierten Gesetzgebungsverfahrens in Deutschland am Beispiel des neuen Staatsbürgerschaftsrechts. Beachten Sie Ergebnis, Verlauf und zeitliche Dauer des Prozesses.

4.3 Der Bundestag – Institutioneller Mittelpunkt des politischen Lebens

Der Bundestag ist das einzige Verfassungsorgan auf der Ebene des Bundes, das direkt vom Volk gewählt wird. Kraft dieser unmittelbaren demokratischen Legitimation repräsentiert er wie kein anderes Verfassungsorgan das Volk, von dem in der Demokratie alle Staatsgewalt ausgeht. Deshalb steht er im Zentrum des politischen Lebens der Nation. Die vielfältigen Zuständigkeiten des Bundestages lassen sich auf vier Grundfunktionen zurückführen, und zwar auf
_ die Artikulation der im Volke vorhandenen politischen Auffassungen,
_ die personelle Besetzung anderer Verfassungs- und Staatsorgane,
_ die Kontrolle der Regierungstätigkeit und
_ die Gesetzgebung, zu der auch das Budgetrecht gehört.

Die Artikulationsfunktion besteht aus zwei eng zusammengehörenden Teilfunktionen, nämlich der Öffentlichkeits- und der Repräsentationsfunktion. Gemäß der Öffentlichkeitsfunktion ist es Aufgabe des Bundestages, Forum der öffentlichen Diskussion über die Grundfragen der Nation zu sein. Die Repräsentationsfunktion erfüllt sich darin, dass das Spektrum der im Volk verbreiteten politischen Vorstellungen angemessen Ausdruck im Parlament findet. Umstritten ist die These, zur Repräsentationsfunktion gehöre, dass die personelle Zusammensetzung des Parlamentes ein Spiegelbild der Gesellschaft sein müsse.

Die Wahlfunktion des Bundestages besteht in erster Linie in der Wahl des Bundeskanzlers, womit die Voraussetzung für die Bestellung der übrigen Mitglieder der Bundesregierung geschaffen wird. Darüber hinaus wirkt der Bundestag auch an der personellen Besetzung des Bundesverfassungsgerichtes und anderer Staatsorgane mit.

Die Kontrollfunktion kann wahrgenommen werden als politische Richtungskontrolle, als Effizienzkontrolle und als Rechtskontrolle. Bei der ersten Variante geht es um die Auseinandersetzung um die Ziele der Politik, bei der zweiten um den sparsamen Umgang mit Steuergeldern und bei der dritten um die Prüfung, ob die Regierung in ihrem Handeln geltendes Recht respektiert hat. Naturgemäß nehmen Regierungsmehrheit und Opposition die Kontrolle der Regierung unterschiedlich wahr.

Die Gesetzgebung ist klassische Aufgabe jedes Parlamentes. Der Bundestag ist zwar nicht einziges Organ im Gesetzgebungsverfahren, insofern aber das wichtigste, als er die Gesetze öffentlich berät und beschließt.

Der Bundestag setzt sich aus Abgeordneten zusammen, die sich in aller Regel zu Fraktionen zusammenschließen. Diese bilden die politische Heimat und den organisatorischen Rahmen der Arbeit der Parlamentarier. Um Fraktionsstatus zu erlangen, müssen sich mindestens fünf Prozent der Mitglieder des Bundestages zusammenfinden. Das entspricht der Fünf-Prozent-Klausel im Wahlrecht. Zwar ist die verfassungsrechtliche Stellung des Abgeordneten durch das freie Mandat (Art. 38 GG), mithin durch Unabhängigkeit, gekennzeichnet, gleichwohl vermag er als „parlamentarischer Einzelkämpfer" nur sehr wenig zu bewirken.

Die eigentlichen politischen Akteure sind allein schon aus Gründen der Handlungsfähigkeit des Parlamentes die Fraktionen. Sie haben Rechte, die einzelnen Abgeordneten nicht zustehen. Beispielsweise bedürfen Gesetzesentwürfe und Anträge der Unterstützung mindestens einer Fraktion. Fraktionen steuern somit das politische Geschehen: Sie entsenden Abgeordnete in die diversen Ausschüsse, stellen sie als Redner bei Plenardebatten auf und versuchen generell, das Abstimmungsverhalten ihrer Mitglieder zu bestimmen. Geschlossene Abstimmungen der Fraktionen gehören zwar zur Funktionslogik des parlamentarischen Regierungssystems, dennoch gibt es eine Spannung zwischen der Fraktionsdisziplin und dem freien Mandat.

M 1 Die Funktionen des Parlamentes – Aussagen eines Klassikers der Parlamentarismustheorie

Die Wahlfunktion ist […] die wichtigste Funktion des House of Commons. […] Lord Lindhurst pflegte jahrelang die geringen Ergebnisse gesetzgeberischer Tätigkeit aufzuzählen […]. Die richtige Antwort auf solche Feststellungen […] sollte ein Minister in der ersten Person singularis erteilen […]: „Das Parlament hat mich im Amt gehalten und das war seine erste Pflicht; das Parlament hat […] die Regierung der Königin fortgeführt; es hat unterstützt, was es kluger- oder unklugerweise als die beste Exekutive der englischen Nation betrachtete."

Die zweite Funktion des House of Commons möchte ich die Funktion der Meinungsäußerung nennen. Es ist sein Amt, die Gedanken des englischen Volkes zu allen Angelegenheiten, mit denen es konfrontiert wird, zum Ausdruck zu bringen. […]

Die dritte Funktion […] möchte ich […] seine Lehrfunktion nennen. Eine große und öffentliche Körperschaft gewichtiger Männer […] sollte die Nation lehren, was sie nicht weiß. Ich möchte es fast als zweitwichtigste Funktion des Parlaments ansehen, dass es uns bis zu einem gewissen Grad zu Gehör bringt, was wir sonst nicht hören würden. […]

Viertens besitzt das House of Commons etwas, das als Beschwerdefunktion bezeichnet werden kann […]: In der Vergangenheit war es das Amt des House of Commons, den Souverän zu informieren, wenn etwas nicht stimmte. Es trug der Krone die Beschwerden und Klagen partikularer Interessen vor. Seit der Veröffentlichung der Parlamentsdebatten ist es dementsprechend Aufgabe des Parlaments, die gleichen Beschwerden, die gleichen Klagen der Nation als dem gegenwärtigen Souverän vorzulegen. […]

Schließlich ist die Funktion der Gesetzgebung zu nennen, deren große Bedeutung zu leugnen widersinnig wäre und die ich nur nicht für ebenso wichtig ansehe wie die exekutive Leitung des ganzen Staates oder die politische Erziehung, die das Parlament der ganzen Nation gibt.

Aus: Walter Bagehot, Die englische Verfassung. Hg. und eingeleitet von Klaus Streifthau, Neuwied/Berlin 1971, S. 137–139

M 2 Die soziale Zusammensetzung des Bundestages – Ein Verstoß gegen die Repräsentationsfunktion?

Philipp Mißfelder ist 26 Jahre alt […]. Der Nachwuchspolitiker […] paßt zum sozialstrukturellen Trend der deutschen Parlamentarier: Der angehende Akademiker, der noch keinen Beruf erlernt und ausgeübt hat, aber schon Bundesvorsitzender der Schülerunion war und seit dem Jahr 2002 Bundesvorsitzender der Jungen Union ist, gehört zur Gruppe der Berufspolitiker, der größten Berufsgruppe im 16. Deutschen Bundestag. […]

Eine idealistische Repräsentationsvorstellung geht davon aus, daß das Parlament die Gesellschaft „eins zu eins" widerspiegelt – geschlechtsgemäß, konfessionell sowie in Bezug auf Bildungshintergrund und Berufsgruppen. Der Blick in den 16. Deutschen Bundestag spiegelt indes ein anderes Bild wider – ein Bild, das gesellschaftliche Entwicklungen vorwegnimmt: Ganze drei Landwirte sitzen im Bundestag – allesamt für die CDU. Bergleute gibt es ebenso wenig wie etwa Vertreter des einst stolzen Druckerberufs. In der Metallerzeugung und -verarbeitung sowie im Maschinenbau waren vier Abgeordnete tätig. Seelsorger gibt es drei, Abgeordnete aus „künstlerischen Berufen" keine.

Aus: FAZ, 18.10.2005, S. 7, Autor: Majid Sattar

AUFGABEN

1. Beziehen Sie die in M 1 genannten Funktionen des Parlamentes auf die im Autorentext aufgeführten und prüfen Sie, ob beide Funktionenkataloge sachlich vereinbar sind. Überlegen Sie, welche Gründe Bagehot für die von ihm aufgestellte Reihenfolge der Funktionen gehabt haben könnte.
2. Wie erklären Sie sich die soziale Zusammensetzung des Bundestages (M 2)? Wie bewerten Sie diese?

M 3 Muss der Bundestag ein Spiegelbild der Gesellschaft sein?

■ Dass die soziale Distanz zwischen Wählern und Gewählten möglichst klein sein sollte, ist ein alter und traditionsreicher normativer Anspruch an politische Repräsentation. Mehr oder minder ausdrücklich geht dieses Konzept von der Vorstellung aus, dass das Parlament eine Art Mikrokosmos, also ein soziales Spiegelbild der Gesellschaft sein sollte […]. Nicht weniger traditionsreich ist die Gegenposition, wie sie von Edmund Burke [vgl. S. 180, der Verf.] vertreten wurde. Danach sollte ein Abgeordneter gerade nicht Vertreter spezieller Interessen, sondern „Anwalt" der ganzen Nation sein.

Diese Kontroverse um den Inhalt von „Repräsentation" hat bis in die Gegenwart nichts von ihrer Brisanz verloren. Die moderne empirische Repräsentationsforschung kommt weithin zu dem Ergebnis, dass die in dem normativen Modell sozialer Repräsentativität implizierte Kausalbeziehung zwischen sozialen Merkmalen der Abgeordneten und ihrem politischen Verhalten nicht existiert und beurteilt […] den Ansatz proportionaler Repräsentation als einen naiven Irrglauben. […] Der Mensch, auch der Abgeordnete, sei eben „nicht bloß Exponent seiner Sozialdaten".

Aus: Hilke Rebenstorf/Bernhard Weßels, Wie wünschen sich die Wähler ihre Abgeordneten? Ergebnisse einer repräsentativen Bevölkerungsumfrage zum Problem der sozialen Repräsentativität des Deutschen Bundestages, in: Zeitschrift für Parlamentsfragen, Heft 3/1989, S. 411

M 4 Bedingungen zur Erfüllung der Repräsentationsfunktion

■ Die Repräsentativität einer Vertretungskörperschaft bemisst sich keineswegs danach, in welchem Grad die Repräsentanten ein „verkleinertes Abbild" der Repräsentierten darstellen. Eine Repräsentationsbeziehung besteht vielmehr dann und nur dann, wenn dreierlei gegeben ist:
— Die Repräsentanten handeln im Interesse der Repräsentierten und responsiv bezüglich ihrer Wünsche.
— Repräsentanten und Repräsentierte können unabhängig voneinander handeln, sodass es jederzeit zu Konflikten zwischen dem Volk und seinen Vertretern kommen kann.
— Die Repräsentanten schaffen es sowohl durch praktizierte Responsivität[1] als auch durch tatkräftige politische Führung, solche Konflikte in halbwegs engen Grenzen und relativ selten zu halten […].

Zwei einander oft entgegengesetzte Vorstellungen von der Aufgabe eines Abgeordneten sind in einer so verstandenen Repräsentationsbeziehung aufgehoben. Denn von Repräsentation ist einerseits nur dort zu sprechen, wo Repräsentanten ihr Amt – gemäß dem Leitgedanken des imperativen Mandats – im Dienst und im Interesse der Repräsentierten versehen. Andernfalls werden diese nämlich nicht vertreten, sondern bloß beherrscht. Repräsentation ist aber andererseits überhaupt nur dann möglich, wenn die Repräsentanten sich gemäß dem Leitgedanken des freien Mandats verhalten können, also unabhängig von Weisungen des Volkes sich mit diesem auch auf Konflikte einzulassen vermögen. Sonst sind sie nämlich nicht Repräsentanten, sondern Marionetten. Auf die Kernforderungen des imperativen Mandats zu verzichten, degradierte die Repräsentierten zu Untertanen; und den Repräsentanten ihr freies Mandat zu nehmen, machte sie schlechterdings überflüssig. […] Wer wiedergewählt werden will, kann nämlich trotz freien Mandats während dessen Ausübung nicht allzu oft bzw. allzu weit von dem abweichen, was die für seine Wiederwahl ausschlaggebenden Mitbürger hinnehmen wollen. Damit ist – gemäß dem Leitgedanken des imperativen Mandats – die Rückbindung der Repräsentanten an Nominierungsgremien und Wähler sichergestellt.

[1] Responsivität: Ansprechbarkeit, Empfänglichkeit, Anregbarkeit, Antwortbereitschaft.

Aus: Werner Patzelt, Imperatives Mandat und plebiszitäre Elemente: Nötige Schranken der Abgeordnetenherrlichkeit?, in: Günther Rüther (Hg.), Repräsentative oder plebiszitäre Demokratie – eine Alternative? Grundlagen, Vergleiche, Perspektiven, Baden-Baden 1996, S. 183 f.

M 5 Artikel 63 (Wahl und Ernennung des Bundeskanzlers)

■ (1) Der Bundeskanzler wird auf Vorschlag des Bundespräsidenten vom Bundestage ohne Aussprache gewählt.

(2) Gewählt ist, wer die Stimmen der Mehrheit der Mitglieder des Bundestages auf sich vereinigt. Der Gewählte ist vom Bundespräsidenten zu ernennen.

(3) Wird der Vorgeschlagene nicht gewählt, so kann der Bundestag binnen vierzehn Tagen nach dem Wahlgange mit mehr als der Hälfte seiner Mitglieder einen Bundeskanzler wählen.

(4) Kommt eine Wahl innerhalb dieser Frist nicht zustande, so findet unverzüglich ein neuer Wahlgang statt, in dem gewählt ist, wer die meisten Stimmen erhält. Vereinigt der Gewählte die Stimmen der Mehrheit der Mitglieder des Bundestages auf sich, so muss der Bundespräsident ihn binnen sieben Tagen nach der Wahl ernennen. Erreicht der Gewählte diese Mehrheit nicht, so hat der Bundespräsident binnen sieben Tagen entweder ihn zu ernennen oder den Bundestag aufzulösen.

M 6 Die Wahrnehmung der Wahlfunktion durch den Bundestag

■ Der Bundestag kommt durch Wahlen zustande und ist selbst ein Wahlorgan. Seine wichtigste Wahlfunktion besteht in seiner Verantwortung für handlungsfähige Regierungen. Als handlungsfähig erweisen sich diese Regierungen nicht zuletzt in dem Maße, wie die Wähler den von Abgeordneten getroffenen Entscheidungen zu folgen bereit sind. Zwischen 1949 und 2005 fanden insgesamt 16 Wahlen zum Bundestag statt. Aus diesen 16 jeweils neu beginnenden Bundestagen heraus wurden bislang acht verschiedene Kanzler gewählt, die wiederum 20 verschiedene Regierungen bildeten. Im Vergleich mit der kurzlebigen Weimarer Republik, aber auch mit anderen europäischen Demokratien der Zeit nach dem Zweiten Weltkrieg zeugt dies von einer […] bemerkenswerten Stabilität […].

Der empirische Beweis für die mangelnde Leistungsfähigkeit der Regierung ist deren Ablösung durch den Bundestag selbst. Diese wurde immerhin viermal (1963, 1966, 1974 und 1982) erforderlich. Wichtig zu erwähnen ist, dass in allen vier Fällen der Wähler der Entscheidung des Bundestages bei erster sich bietender Gelegenheit, nämlich bei der jeweils nächsten Wahl, durchaus folgte. […]

Seit einiger Zeit werden als Indizien für die Schwächung der Wahlfunktion vor allem wahrgenommen: die allgemeine Rückläufigkeit der Wahlbeteiligung, der Ansehensverlust der Parteien und deren Mitgliederschwund sowie die größeren Probleme einer durch sechs Parteien im Bundestag hervorgerufenen und einer zwischen Bundestag und Bundesrat erschwerten Koalitionsarithmetik. An die Stelle demokratisch (verhältnismäßig) klar legitimierter Entscheidungen treten von außen nur schwer durchschaubare Verhandlungsergebnisse.

Aus: Uwe Thaysen, Repräsentative Demokratie: Ist der Deutsche Bundestag dem zunehmenden gesellschaftlichen Pluralismus noch gewachsen?, in: Günther Rüther (Hg.), Repräsentative oder plebiszitäre Demokratie – eine Alternative?, Wesseling-Eichholz 1996, S. 228 f. (Text aktualisiert)

AUFGABEN

1. Arbeiten Sie aus M 3 und M 4 die Argumente für die These heraus, dass ein Parlament kein soziales Spiegelbild der Gesellschaft sein muss. Beurteilen Sie die Eignung dieser Argumente, indem Sie sich hypothetisch die politische Arbeit eines Parlamentes vorstellen, dessen Zusammensetzung genau der Gesellschaft entspricht. Überlegen Sie darüber hinaus, ob ein solches Parlament überhaupt verwirklichbar wäre.
2. Die Wahl des Bundeskanzlers durch den Bundestag hat der Parlamentarische Rat sehr detailliert geregelt, dabei alle denkbaren Wahlausgänge bedacht und festgelegt, was jeweils zu geschehen hat (M 5). Versuchen Sie zunächst, das Kanzlerwahlverfahren in seinen Varianten grafisch darzustellen. Erörtern Sie dann, welche Absichten der Verfassungsgeber wohl mit den einzelnen Regelungen verfolgte.
3. Überlegen Sie, welche Faktoren dem Bundestag die Erfüllung der Wahlfunktion erleichtert oder gar erst ermöglicht haben.

M 7 Instrumente der parlamentarischen Kontrolle

1. Konstruktives Misstrauensvotum (Art. 67 GG) und Verweigerung des Vertrauens aufgrund von Art. 68 GG
2. Öffentlichkeit der Verhandlungen des Bundestages (Art. 42 I GG)
   — Große Anfragen, Kleine Anfragen, mündliche Anfragen in der Fragestunde, Aktuelle Stunde (Geschäftsordnung des Bundestages = GO-BT)
   — Zwischenfragen (GO-BT)
   — Hearing (GO-BT)
3. Budget
   — Haushalts- und Finanzkontrolle (Art. 110 und 114 GG)
4. Parlamentarische Mitwirkung bei der Gesetzgebung (Art. 76, Art. 43, Art. 45a GG)
   — Vorlagen, Anträge, Entschließungsanträge, Auskunftserteilung durch die Regierung über die Durchführung von Parlamentsbeschlüssen (GO-BT)
5. Enquête-Kommission zur Vorbereitung von Entscheidungen über umfangreiche und wichtige Sachkomplexe (GO-BT)
6. Petitionswesen (Art. 17 und Art. 45c GG)
7. Wehrbeauftragter (Art. 45b GG)
8. Untersuchungsausschüsse (Art. 44 GG)
9. Klagen beim Bundesverfassungsgericht
   — Anklage des Bundespräsidenten (Art. 61 GG)
   — Organstreit (Art. 93 I, Ziff. 1 GG)
   — Abstrakte Normenkontrolle (Art. 93 I, Ziff. 2 GG)

Vgl. dazu www.bundestag.de

M 8 Die Ausübung der Kontrollfunktion durch Regierungsmehrheit und Opposition

■ So wie Kontrolle den unterschiedlichsten Zwecken dient, so gibt es auch unterschiedliche Akteure und vielfältige Formen der Kontrolle. Regierungsmehrheit und Opposition nehmen die Kontrollfunktion des Bundestages auf je eigene Weise wahr: Die Mehrheit kontrolliert die Exekutive mit dem Ziel, der Öffentlichkeit – solange dies auch nur irgend machbar erscheint – eine effektive Regierung präsentieren zu können; die Opposition ist – sobald sich ihr dazu auch nur Anzeichen bieten – um den Nachweis einer desolaten und deshalb abzulösenden Regierung bemüht. Die Mehrheit kontrolliert, um ihre Regierung und sich selbst besorgt, vorzugsweise [...] im kleinen Kreis unter Ausschluss der Öffentlichkeit hinter zugezogener Gardine; die Opposition dagegen sucht, buchstäblich des Schadens froh, auf möglichst offenen und großen Bühnen ein möglichst grelles Licht auf die Fehler der Regierung zu richten. Die Mehrheit mahnt leise; die Opposition klagt laut. Die Mehrheit hat – „Mehrheit ist Mehrheit" – das gesamte Arsenal der Kontrollmittel zu ihrer Verfügung und damit auch die besseren Erfolgsaussichten für die von ihr ergriffenen Sanktionen auf ihrer Seite; die Opposition läuft mit ihrer Kritik keineswegs immer, aber eben auch nicht gerade selten, ins Leere, zuweilen spottet sie damit sogar nur ihrer eigenen Machtlosigkeit. Durch die Vielfalt der Kontrolleure, Kontrollformen und Kontrollziele erhält Repräsentation erst ihre zuvor in Wahlen verteilten umfassenden Chancen.

Aus: Uwe Thaysen, Repräsentative Demokratie: Ist der Deutsche Bundestag dem zunehmenden gesellschaftlichen Pluralismus noch gewachsen?, in: Günther Rüther (Hg.), Repräsentative oder plebiszitäre Demokratie – eine Alternative? Wesseling-Eichholz 1996, S. 239 f.

AUFGABEN

1. Ermitteln Sie arbeitsteilig anhand des Grundgesetzes und der Geschäftsordnung des Bundestages (www.bundestag.de) den genauen Inhalt der in M 7 aufgelisteten parlamentarischen Kontrollmittel.
2. Analysieren Sie die Kontrollmittel nach Maßgabe folgender Kriterien:
   a) Welche Institutionen bzw. Akteure (Regierung, Verwaltung, parteipolitischer Gegner) werden kontrolliert? b) Welche Handlungen unterliegen der Kontrolle? c) Welche Medienwirksamkeit geht von den einzelnen Kontrollinstrumenten aus? d) Welche Wirkung lösen die Kontrollinstrumente aus?
3. Erstellen Sie als Mitarbeiter einer Fraktion der Regierungsmehrheit bzw. der Opposition eine Expertise, die die Eignung der Kontrollmittel einer Prüfung unterzieht.

M 9 Gesetzgebung von 1949 bis 2005

WAHLPERIODE	1. 49–53	2. 53–57	3. 57–61	4. 61–65	5. 65–69	6. 69–72	7. 72–76	8. 76–80	9. 80–83	10. 83–87	11. 87–90	12. 90–94	13. 94–98	14. 98–02	15. 02–05
GESETZES-ENTWÜRFE	805	877	613	635	665	577	670	485	242	522	595	800	923	864	643
davon Regierungsentwürfe	472	446	401	378	417	362	461	322	146	280	321	407	443	443	320
davon Bundestagsentwürfe	301	414	207	245	227	171	136	111	58	183	227	297	329	328	211
davon Bundesratsentwürfe	32	17	5	12	21	44	73	52	38	59	47	96	151	93	112
VERABSCHIEDETE GESETZE[1]	545	507	424	427	453	335	516	354	139	320	369	507	566	559	400
davon Regierungsentwürfe	392	368	348	329	368	259	427	288	104	237	267	346	403	394	281
davon Bundestagsentwürfe	141	132	74	96	76	58	62	39	16	42	68	92	102	108	85
davon Bundesratsentwürfe	12	7	2	2	9	13	17	15	8	32	15	28	36	22	17
VERKÜNDETE GESETZE[*,2]	–	–	–	–	–	506	339	136	320	366	493	551	549	384
Zustimmungsgesetze (%)	41,8	49,8	55,7	53,4	49,4	51,7	53,2	53,7	52,2	60,6	55,2	56,6	59,2	54,8	50,5
Einspruchsgesetze (%)	58,2	50,2	44,3	46,6	50,6	48,3	46,8	46,3	47,8	39,4	44,8	43,4	40,8	45,2	49,5

[1] Verabschiedet: Vom Bundestag (mit jeweils vorgeschriebener Mehrheit) beschlossen.

[2] Verkündet: Abschluss des Gesetzgebungsverfahrens: Der Bundespräsident fertigt das Gesetz nach Gegenzeichnung durch die Bundesregierung aus und verkündet es im Bundesgesetzblatt. Zuvor hat der Bundestag das Gesetz beschlossen, und das Gesetz hat den Bundesrat passiert.

[*] Für 1. bis 6. Wahlperiode keine Daten vorhanden.

Quelle: 1.–12. WP: Peter Schindler, Datenhandbuch zur Geschichte des Deutschen Bundestages 1949–1999. Band II, Baden-Baden 2000, S. 2388 ff.; 13.–14. WP: Michael F. Feldkamp, Datenhandbuch zur Geschichte des Deutschen Bundestages 1994–2003, Baden-Baden 2005, S. 573 ff.; 15. WP: dip.bundestag.de/gesta/GESTA.online.15.pdf (Stand: 16. November 2005).

M 10 Kritik der Fraktionsdisziplin

• Die Machtpositionen der Fraktionen wurden, begründet auf Artikel 21 GG, instrumentell, finanziell und organisatorisch so ausgebaut, dass das „freie Mandat" des Abgeordneten in einem Parlament alles bestimmender Fraktionen im Laufe der Jahrzehnte zur bloßen Proklamation und seltenen Ausnahme verkümmerte. [...] Ein Abgeordneter, der wegen seines Abstimmungsverhaltens in wirkliche Überzeugungs- und Gewissenskonflikte gerät (und das geschieht öfter, als er zugibt) und der sich schließlich zu Gunsten „seiner Überzeugung und seines Gewissens" entscheidet, muss dies womöglich um den hohen Preis seiner politischen Karriere tun und dieser Preis erweist sich einfach als zu hoch. Dies war von den Vätern der Verfassung ganz sicher nicht vorgesehen. Zivilcourage ja, aber kein Selbstopfer! Hier klafft das eigentliche Glaubwürdigkeitsdefizit unseres parlamentarischen Systems. [...] Wenn Kontrolle, Initiative und Mitverantwortung für das Ganze verkümmern, dann gibt sich die „Vertretung des ganzen Volkes" auf, dann verliert das Parlament an eigenständigen und unabhängigen „Persönlichkeiten" und wird der – laut Grundgesetz – an Aufträge und Weisungen nicht gebundene Vertreter des ganzen Volkes zum weisungsgebundenen Fraktionsfunktionär.

Aus: Hildegard Hamm-Brücher, Ist unser parlamentarisches System in guter Verfassung?, in: Aus Politik und Zeitgeschichte, B 37/89, S. 14 ff.

M 11 Rechtfertigung der Fraktionsdisziplin

■ Wie aber ist die häufig praktizierte und meist heftig kritisierte Fraktionsdisziplin zu bewerten? Zunächst sei festgestellt, dass in der überwiegenden Mehrzahl der Fälle, in denen Fraktionen geschlossen abstimmen, die Ursache nicht in einer von der Fraktionsspitze verlangten Disziplin, sondern im hohen Grad interner Arbeitsteilung liegt. Jede Fraktion kennt heute für jedes einzelne Sachgebiet ihre Spezialisten. Nichts ist darum natürlicher, als wenn die Mehrheit der Fraktion bei den Abstimmungen den Vorschlägen ihrer jeweiligen Spezialisten folgt. Daraus ergibt sich meist fast selbstverständlich die Geschlossenheit der Fraktion, in deren Gesamtinteresse es ja ohnedies liegt, möglichst einheitlich aufzutreten. Nur eine geschlossen operierende Fraktion ist in der Lage, ihre Konzeption der Führung der Politik und ihre Überzeugung von der richtigen Ordnung des Gemeinwesens durchzusetzen. Fraktionsdisziplin wird in der Regel nur dort energisch gefordert, wo man sich nachdrücklich in Programm oder Tradition von anderen Parteien unterscheiden will. In den vielfachen Sachfragen, mit denen sich heute Parlamente zu beschäftigen haben, wird die Diskussion in den Fraktionen zuerst immer von den Fachleuten bestimmt, die z. B. Maßnahmen in der Krankenversicherung im Lichte der Ziele der eigenen Partei diskutieren und zu einer vertretbaren Meinung kommen, die dann als die Meinung der Fraktion ausgegeben wird. […] Überall dort, wo das Parlament wirklich die politischen Grundentscheidungen mitbestimmen soll, muss es zur Bildung einheitlich handelnder Gruppen von Abgeordneten kommen. Das schließt intensive interne Diskussionen nicht aus. Aber die von einer Partei oder einer Parteienkoalition abhängige Regierung kann nur handeln und ihre Ziele durchsetzen, wenn sie sich auch in der Praxis auf die Unterstützung der Mehrheit im Parlament verlassen kann. Die Einordnung in die Disziplin der Fraktion ist deswegen eine der Voraussetzungen dafür, dass eine demokratische Ordnung der Politik überhaupt funktioniert. Mit Rückgratlosigkeit hat sie in der Regel nichts zu tun. Fehlte die Fraktionsdisziplin, so würde sich der einzelne Abgeordnete bald stärkeren Pressionen durch lokale oder partikulare Interessengruppen ausgesetzt sehen. […] Natürlich darf man das Prinzip der Fraktionsdisziplin auch nicht überspannen. In echten Gewissensfragen, wie etwa bei einer Entscheidung über die Legalisierung des Schwangerschaftsabbruches, sollte jede vernünftige Fraktion die Abstimmung freigeben. Auch kann und darf die Einheit der Fraktion nicht durch bloße Anweisung der Fraktionsvorstände oder gar der Regierung erzwungen werden. Sie muss selbst das Ergebnis freimütiger Diskussionen im eigenen Kreise sein.

Aus: Waldemar Besson/Gotthard Jasper, Das Leitbild der modernen Demokratie. Bauelemente einer freiheitlichen Staatsordnung, Bonn 1990, S. 37 f.

AUFGABEN

1. Werten Sie die Gesetzgebungstätigkeit (M 9) nach folgenden Gesichtspunkten aus und versuchen Sie, Trends festzustellen: a) Verhältnis zwischen eingebrachten und verabschiedeten Gesetzen, b) prozentualer Anteil der von Bundesregierung, Bundestag und Bundesrat eingebrachten Gesetze, c) Erfolgsquote der jeweils eingebrachten Gesetze.
2. Versuchen Sie, Erklärungen zu finden a) für die Diskrepanz zwischen eingebrachten und verabschiedeten Gesetzen, b) für den hohen Anteil der von der Bundesregierung kommenden Gesetzesentwürfen, c) für den hohen Anteil gescheiterter Entwürfe von Bundestag und Bundesrat.
3. Kommentieren Sie M 10 bzw. M 11 jeweils aus der anderen Sichtweise.

4.4 Der Bundesrat – Mitwirkungsorgan der Gliedstaaten an der Politik des Gesamtstaates

In der Verfassungsordnung der Bundesrepublik Deutschland ist der Bundesrat der Repräsentant des föderativen Prinzips. Als gemeinsames Organ der Bundesländer auf Bundesebene ist er ein Bundesorgan und nicht einfach eine Interessenvertretung der Länder. Er wirkt nach Artikel 50 und 80 GG bei der Gesetzgebung, Verordnungstätigkeit und Verwaltung des Bundes mit. Er stellt mithin eine gewichtige Modifikation des parlamentarischen Regierungssystems dar.

Der Bundesrat besteht aus Mitgliedern der Regierungen der Länder, von denen sie bestellt und abberufen werden. Als Regierungsvertreter unterliegen sie Kabinettsanweisungen, d. h. einem imperativen Mandat, und haben für ein Bundesland einheitlich abzustimmen. Die Stimmenverteilung im Bundesrat ist Ausdruck eines Kompromisses zwischen dem föderativen Prinzip gleichberechtigter Länder und dem demokratischen Prinzip einer gleichen Repräsentanz der Bürger: Weder ist jedes Land mit der gleichen Stimmenzahl vertreten noch entspricht die Stimmenzahl proportional der jeweiligen Einwohnerzahl. Vielmehr gibt es eine von der Bevölkerungsgröße abhängige Stimmenspreizung von drei bis sechs Stimmen, die die einwohnerschwachen Bundesländer privilegiert.

Der Bundesrat hat zwei zentrale politische Aufgaben: Er soll den Föderalismus gegen eine Aushöhlung durch den Bundesgesetzgeber abschirmen und er soll die Verwaltungserfahrung der Länder in der Bundesgesetzgebung zur Geltung bringen. Diese Erfahrung resultiert aus der Verfassungsbestimmung (Art. 83 GG), dass die Länder den allergrößten Teil der Bundesgesetze ausführen müssen. Den beiden Aufgabenbestimmungen entspricht es, dass nur mit ausdrücklicher Zustimmung des Bundesrates solche Gesetze verabschiedet werden können, welche die Verfassung ändern (Art. 79 Abs. 2 GG) und die das Bund-Länder-Verhältnis berühren. Fast alle Gesetze, die Steuern und Finanzen betreffen sowie Auswirkungen auf die Behördenorganisation und Verwaltungsverfahren haben, sind deshalb zustimmungsbedürftige Gesetze. Zahlenmäßig ist etwa die Hälfte der Gesetze zustimmungspflichtig, d. h. der Bundesrat besitzt hier eine absolute Vetoposition.

Diese Vetoposition ist dann hochpolitisch, wenn Bundestag und Bundesrat unterschiedliche parteipolitische Mehrheiten aufweisen. Dann ist es nicht ausgeschlossen, dass die von der parlamentarischen Mehrheit getragene Bundesregierung ihr politisches Programm nicht verwirklichen kann, weil sie sich an der „Nebenregierung" des Bundesrates bricht.

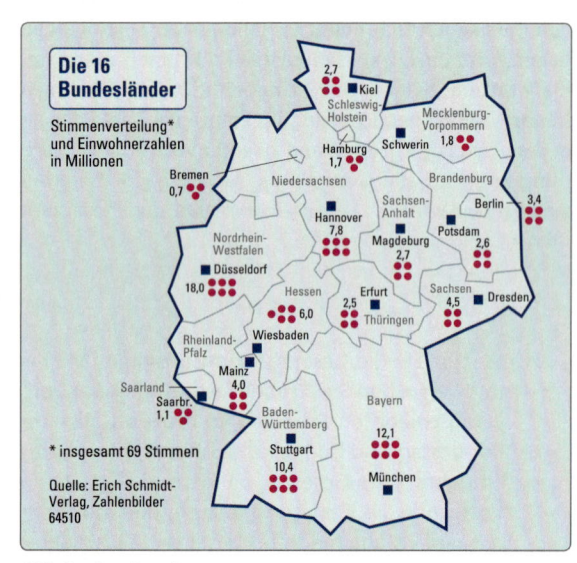

130.1 Der Bundesrat

M 1 Die politischen Funktionen des Bundesrates

■ **Die administrative Funktion**
Das Hauptaugenmerk der im Bundesrat Tätigen ist auf die Lösung von Verwaltungsproblemen gerichtet. Damit bestimmen die Kategorien des Bewahrens, der Zurückhaltung, des Erprobten und Bewährten, der Praktikabilität und des reibungslosen administrativen Ablaufes weitgehend die Bundesratstätigkeit. Gerade die Landesbeamten, die in den Bundesratsausschüssen als vollberechtigte Mitglieder häufig an die Stelle der Minister treten und die Arbeitsweise des Bundesrates wesentlich prägen, legen Wert darauf, dass die Arbeit des Bundesrates sachbezogen geschieht, er kein Erfüllungsgehilfe der in der Regierung oder der außerhalb von ihr wirkenden Parteien ist und durch ihn mehr Sachgerechtigkeit in die politische Auseinandersetzung gelangt. [...]

Die politisch-innovierende Funktion

Der Bundesrat ist zwar ein Mitwirkungs- und kein Leitungsorgan im deutschen Regierungssystem, gleichwohl wirkt er immer wieder anregend auf die politische Debatte und das staatliche Handeln. Das geschieht durch Gesetzesinitiativen, Stellungnahmen im Gesetzgebungsverfahren und durch gelegentliche Grundsatzdebatten.

Trotz der nicht allzu häufigen Gesetzesinitiativen des Bundesrats und ihrer geringen Erfolgsquote gibt der Bundesrat Anstöße für die Gesetzgebungsaktivitäten des Bundes (Gesundheitsbereich, Umweltschutz, Verkehr, Strafvollzug, Einwanderung, Familienpolitik). […] Das Plenum des Bundesrates ist die erste öffentliche Stätte zur Vorlage eines Gesetzesvorhabens der Bundesregierung, die dann auch dort durch den Bundeskanzler oder den zuständigen Bundesminister Zweck und Mittel ihrer Vorlage begründet. Die Vertreter der Landesregierungen prüfen nicht nur die verfassungsrechtliche Qualität und Zulässigkeit, die verwaltungspraktische Verwendbarkeit und die zu erwartenden Kosten, sondern argumentieren politisch-prinzipiell, fragen nach Alternativen und verlangen Veränderungen. […] Gelegentlich werden auch Grundsatzdebatten über existenzielle Fragen oder akute Herausforderungen des politischen Systems geführt.

Die opponierende Funktion

Der Bundesrat vertritt als Verfassungsorgan Landesinteressen. Daher kommt ihm auch die Aufgabe zu, gegen Bundestagsmehrheit und Bundesregierung zu opponieren, sofern durch diese eine Beeinträchtigung von Interessen der Länder zu befürchten ist. Als Beispiele hierfür lassen sich u. a. nennen: Kompetenzverlagerungen zugunsten des Bundes oder der EU, eine Reduzierung der Finanzausstattung der Länder oder Eingriffe in deren Verwaltungsstruktur. Diese Oppositionsfunktion ist ein kontinuierlicher Faktor in den Entscheidungsprozessen des Bundesrates. Von größerer Bedeutung für das politische System ist jedoch, wenn die Mehrheit des Bundesrates von Landesregierungen gebildet wird, die denselben Parteien angehören wie die Opposition des Bundestages. Schon der Gedanke daran ist jeder Bundesregierung und den Regierungsfraktionen unangenehm […].

> Wolfgang Schäuble im Interview mit dem Tagesspiegel am 4. November 2002: „Dass der Bundesrat für uns kein Blockadeinstrument ist, hat Frau Merkel ganz verbindlich und offiziell in ihrer ersten Rede als Fraktionsvorsitzende gesagt. Wir werden nicht machen, was Schröder, Eichel und Lafontaine vor der Wahl 1998 gemacht haben."
>
> Quelle: archiv.tagesspiegel.de/archiv/04.11.2002/288632.asp

Denn das Parteienstaatsprinzip wirkt sich auch auf das Bundesstaatsprinzip aus, überlagert dies häufig und bestimmt damit Zusammensetzung und Entscheidungen des Bundesrates. Wenn die oben genannte Konstellation eintritt, dann kann es geschehen, dass die Mehrheit des Bundesrates das zu erreichen versucht, was der oppositionellen Minderheit im Bundestag nicht gelungen ist, nämlich entweder ein Gesetz überhaupt zu verhindern oder ihre parteipolitischen Zielvorstellungen durchzusetzen. Das ist verfassungsrechtlich zulässig; ob es demokratischen Legitimitätsvorstellungen entspricht, ist umstritten. Die Gesetzgebungspraxis hat gezeigt, dass kaum Gesetze am Bundesrat scheitern, sondern dass dessen Mehrheit vielmehr über den Vermittlungsausschuss [vgl. S. 114, der Verf.] mit Erfolg versucht, Gesetzesbeschlüsse der anderen parteipolitischen Mehrheit in ihrem Sinne zu verändern. Das Ergebnis ist oft ein Kompromiss, der gegensätzliche Interessen ausgleicht und nicht selten dem Gemeinwohl zuträglicher ist als die ursprüngliche Konzeption.

Aus: Ursula Münch, Artikel „Bundesrat", in: Uwe Andersen/Wichard Woyke (Hg.), Handwörterbuch des politischen Systems der Bundesrepublik Deutschland, Opladen, 5. Auflage 2003, S. 62 f.

AUFGABEN

1. Fassen Sie mit eigenen Worten die vom Bundesrat erfüllten Funktionen zusammen (M 1). Stellen Sie Spannungen zwischen diesen Funktionen heraus.
2. Vergleichen Sie Bundesrat und Bundestag unter dem Gesichtspunkt ihrer demokratischen Legitimation.
3. Darf die Opposition im Bundestag ihre parteipolitischen Zielvorstellungen mithilfe des Bundesrates durchzusetzen versuchen? Bedenken Sie bei Ihrer Antwort die den Parteien von der Verfassung zugewiesene Rolle und die Funktionslogik des parlamentarischen Regierungssystems.

4.5 Die Bundesregierung – Politisches Entscheidungszentrum

Die Bundesregierung ist das Verfassungsorgan, dem die politische Führung und damit die innere Gestaltung des Landes sowie die Regelung der auswärtigen Beziehungen obliegt. Führen heißt, Ziele zu setzen, Mittel zu bestimmen und diese einzusetzen. In einem parlamentarischen Regierungssystem ist die Regierung bei der Leitung der Staatsgeschäfte auf die Unterstützung des Parlamentes, genauer: auf den Gleichklang ihres Willens mit dem Willen der Parlamentsmehrheit, angewiesen. Neben der Führungsaufgabe ist der Regierung auch aufgetragen, den Gesetzesvollzug sicherzustellen. Bei der Wahrnehmung der ersten – und politisch wichtigeren – Aufgabe ist die Regierung *Gubernative*, bei der zweiten, die sich als Aufsicht über die Verwaltung darstellt, *Exekutive*.

Die Bundesregierung besteht aus dem Bundeskanzler und den Bundesministern. Die Zahl der Minister ist nicht vom Grundgesetz vorgeschrieben. Sie ist abhängig von der politischen Problemlage, von bewussten politischen Akzentsetzungen, von der Personalpolitik des Bundeskanzlers sowie, unter der Bedingung von Koalitionsregierungen, von der Berücksichtigung der Erwartungen der Koalitionspartner. Die meisten Bundesregierungen umfassten etwa fünfzehn bis zwanzig Minister. Im 19. Jahrhundert reichten zum Regieren meistens noch fünf Minister aus, die die klassischen Ressorts für Außenpolitik, Innenpolitik, Verteidigung, Justiz und Finanzen leiteten. Diese Ministerien gibt es auch heute noch und sie gehören zu den wichtigsten und begehrtesten Geschäftsbereichen. Die gestiegene Zahl der Ministerien zeigt die enorme Ausweitung staatlicher Aufgaben an.

Das Grundgesetz legt in Artikel 65 Verantwortung und Zuständigkeit innerhalb der Bundesregierung fest. Danach nimmt der Bundeskanzler eine herausgehobene Stellung ein. Er bestimmt nämlich die Richtlinien der Politik und trägt dafür die Verantwortung. Diese Stellung leitet sich von seiner Wahl durch den Bundestag her. Nur er wird von der Volksvertretung gewählt (Art. 63 GG), nur er kann von ihr gestürzt werden (Art. 67 GG), nur er kann im Parlament die Vertrauensfrage stellen (Art. 68 GG), und nur er kann die Auflösung des Bundestages beim Bundespräsidenten beantragen (Art 68 GG). Was ein Bundeskanzler aus der Richtlinienkompetenz macht, hängt von seiner Persönlichkeit, seinem Rückhalt in seiner Partei sowie vom politischen Gewicht eines möglichen Koalitionspartners ab. Die mit seinem Amt verbundene Verantwortung bedeutet, dass er in erster Linie für seine Politik gegenüber Parlament und Wählerschaft geradestehen muss. Wahlen sind nicht zuletzt deshalb Plebiszite über die Person des Kanzlers und seines Herausforderers.

Die Bundesminister leiten ihren Geschäftsbereich selbstständig und unter eigener Verantwortung. Die Bundesregierung als Ganze (Bundeskabinett) entscheidet über Meinungsverschiedenheiten zwischen den Ministerien. Daneben steht dem Kabinett (und nicht dem Kanzler oder dem einzelnen Minister) eine Reihe von Kompetenzen zu, so das Recht der Gesetzesinitiative und das Antragsrecht beim Bundesverfassungsgericht. Insgesamt spielt das Kabinett aber keine bedeutsame politische Rolle. Viel wichtiger sind unter der Bedingung von Koalitionsregierungen die so genannten Koalitionsrunden, informelle, von der Verfassung nicht vorgesehene Treffen, wo die Spitzen der Koalitionsparteien zusammenkommen und das politische Vorgehen besprechen.

M 1 Regierung oder Koalitionsrunde – Wo ist der Ort der politischen Führung?

Beim Ausscheiden des Bundespostministers [Christian Schwarz-Schilling, der Verf.] ließ die Bemerkung aufhorchen, daß er als Minister für Entscheidungen der Regierung haftbar gemacht werde, an denen er nicht mitwirken konnte. Er erinnerte an die Gesamtverantwortung des Kabinetts. Die wichtigsten politischen Beschlüsse würden nicht mehr in der Regierung vorbereitet und getroffen, sondern in einer konstitutionellen „Grauzone" der Koalitionszirkel und Parteigremien. [...]

Da liegt der Einwand nahe, Schwarz-Schilling wolle das Kabinett zu einem Debattierclub von Ministern machen. Auch Schmidt (Bundeskanzler von 1974 bis 1982) und Adenauer (Bundeskanzler von 1949 bis 1963) hätten das Kabinett ziemlich autokratisch geführt, weil es anders nicht gehe, lautet eine Antwort. Damit wäre freilich die ganze Frage mißverstanden. Schwarz-Schilling geht es um die Stellung der Bundesregierung im politischen Prozeß. In dem Maße, in dem die faktische Beschlußgewalt aus den von der Verfassung dafür vorgesehenen Organen – der Regierung und den Parlamenten – in die unbestimmte graue Zone der Parteien auswandert, wird nicht nur das Kabinett schwächer, sondern auch der Bundeskanzler. [...]

4.5 Die Bundesregierung – Politisches Entscheidungszentrum

Einflussnahme von außen:
- Fraktionen
- Parteien
- Abgeordnete
- Presse/Öffentlichkeit
- Interessenverbände

Parteiführer/Koalitionsausschuss — Fraktionsführung

Kabinett
K¹⁾
BKA²⁾
Kabinettsausschuss³⁾
Fachminister
Ministerialbürokratie

Stationen des Entscheidungsprozesses:

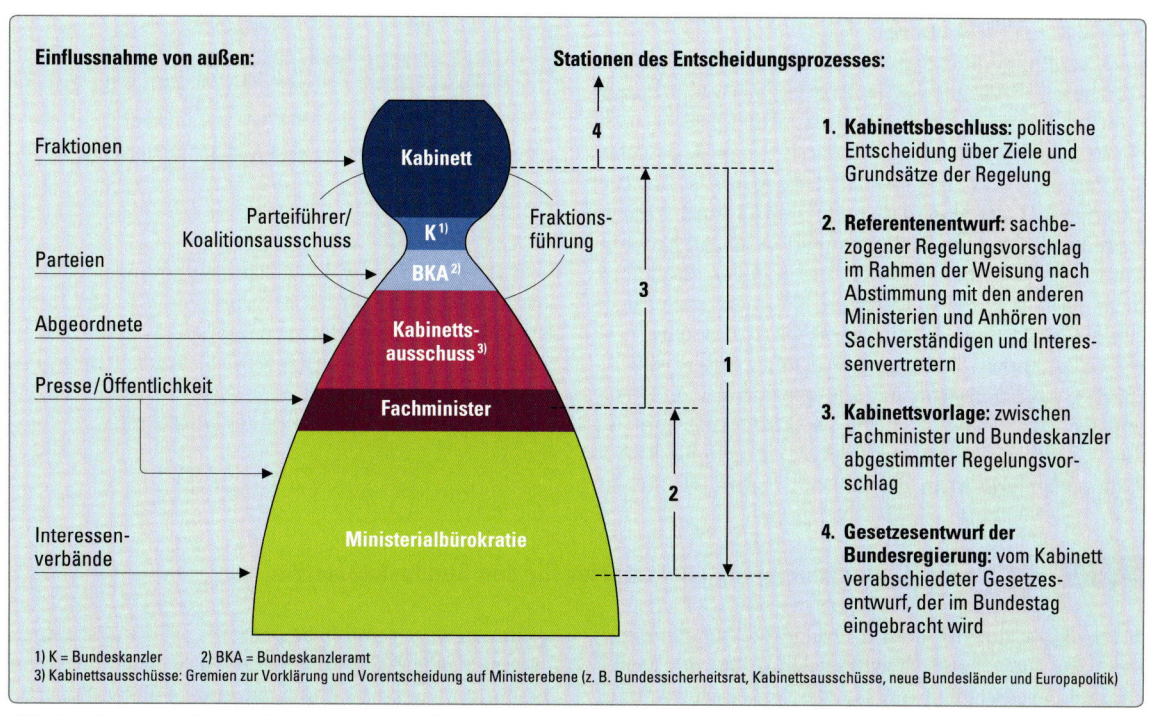

1. **Kabinettsbeschluss:** politische Entscheidung über Ziele und Grundsätze der Regelung
2. **Referentenentwurf:** sachbezogener Regelungsvorschlag im Rahmen der Weisung nach Abstimmung mit den anderen Ministerien und Anhören von Sachverständigen und Interessenvertretern
3. **Kabinettsvorlage:** zwischen Fachminister und Bundeskanzler abgestimmter Regelungsvorschlag
4. **Gesetzesentwurf der Bundesregierung:** vom Kabinett verabschiedeter Gesetzesentwurf, der im Bundestag eingebracht wird

1) K = Bundeskanzler 2) BKA = Bundeskanzleramt
3) Kabinettsausschüsse: Gremien zur Vorklärung und Vorentscheidung auf Ministerebene (z. B. Bundessicherheitsrat, Kabinettsausschüsse, neue Bundesländer und Europapolitik)

133.1 Schema des Entscheidungsprozesses in der Bundesregierung

---

Das Grundgesetz will, daß die Bundesrepublik nicht bloß demokratisch regiert wird, sondern „parlamentarisch". Schon die Verlagerung der Vorbereitung von Kabinettsbeschlüssen in Koalitionsrunden ist in diesem Sinne eine Fehlentwicklung.

Doch macht es wirklich einen großen Unterschied, ob die interne Abstimmung einer Koalition statt im Kabinett in einer Runde von Parteiführern stattfindet? Kompromisse sind so oder so nötig. [...] Nein – die Reihenfolge ist nicht gleichgültig. Gibt der Kanzler dem Regierungsamt den Vorzug, stärkt er damit alle Institutionen an diesem Strang: die Regierung, das Parlament, die Fraktionen und sogar das Verfassungsorgan „Volk" (gegenüber der „Parteibasis"). Die politischen Entscheidungen verbleiben dann auf der Linie des verfassungsmäßig Gewollten. [...]

Eine zweite Überlegung führt unmittelbar ins Praktische. Wenn ein Bundeskanzler sich darauf einläßt, die politischen Entscheidungen nicht vor allem im Kabinett und im Parlament zu suchen, sondern in der „Grauzone" der Koalitionszirkel [...], ist er dort ein Parteiführer unter anderen und gegenüber seinem Koalitionspartner in einer Eins-zu-eins-Konstellation. Daraus folgt der Zwang, den Konsens dort zu finden. Im Kabinett dagegen muss er zwar auch um Einigkeit ringen und wird dazu auch Arbeitsgruppen einsetzen – aber sie rapportieren dann jedenfalls dem Kabinett. Der Kanzler kann notfalls abstimmen lassen – mit seiner Richtlinienkompetenz in der Hinterhand. Ein Koalitionspartner hat zwar immer ein praktisches Vetorecht, doch im Kabinett fällt es ihm schwerer als außerhalb, sein Veto einzulegen und den Partner aufzuhalten.

Aus: FAZ, 6.1.1993, S. 1, Autor: Günther Gillessen

M 2 Kabinettsbildung zwischen Norm und Wirklichkeit

● Frage an Theodor Eschenburg
Was halten Sie davon, dass, wie 1992 geschehen, Außenminister Genscher zurücktritt, die Parteiführung des kleinen Koalitionspartners FDP mit Irmgard Schwaetzer eine Kandidatin präsentiert und die Bundestagsfraktion der FDP sagt, nein, die wollen wir nicht, wir wollen Herrn Kinkel haben, und dass der Kanzler auf diese Auswahl überhaupt keinen Einfluss hat?

Antwort von Eschenburg

[…] Der Bundespräsident ernennt auf Vorschlag des Kanzlers. […] Daraus ergibt sich ja, weil er [d.h. der Kanzler, der Verf.] besonders genannt ist, dass er auch ein besonderes Recht hat. Nun ist es möglich, dass der Kanzler sagt, ich will Meier haben als Minister, und die Fraktion sagt, den kriegst du nicht. Dann kann der Kanzler sagen, ich will ihn doch ernennen lassen. Das kommt selten vor. […] Aber dass hier der Kanzler überhaupt nicht gefragt wird, sondern die Fraktion präsentiert jemanden. Das finde ich einfach skandalös. Und das hätte sich der Kanzler nicht gefallen lassen müssen. Aber er ist eben Koalitions-Kanzler, und der will keinen Krach mit der Partei haben […]. Die „Fraktionskoalition" ist die Trägerin der Regierung. Aber sie ist nicht die Regierung selber und kann deshalb auch nicht die Regierungsmitglieder auswählen. Das ist eine Angelegenheit des Kanzlers. Und der hat das Vorrecht, d. h., der Kanzler kann sich den Fraktionsvorsitzenden kommen lassen und sagen, ich muss jetzt das Ministerium neu besetzen, ich habe die und die Idee, aber er kann sich nicht hinsetzen und warten, dass die Fraktion beschließt.

Aus: Theodor Eschenburg, Letzten Endes meine ich doch. Erinnerungen 1933–1999, Berlin 1999, S. 261 f. (Text leicht verändert)

> **Artikel 64 Abs. 1 GG (Ernennung und Entlassung der Bundesminister)**
>
> Die Bundesminister werden auf Vorschlag des Bundeskanzlers vom Bundespräsidenten ernannt und entlassen.

M 3 Ist die Richtlinienkompetenz ein Freibrief für den Bundeskanzler?

■ Ich fragte Ludwig Erhard [Bundeswirtschaftsminister 1949–1963, Bundeskanzler 1963–1966, der Verf.], wie es denn geschehen konnte, dass der Kanzler [Konrad Adenauer, der Verf.] ohne Begleitung des Ressortministers vor den Industrieführern aufgetreten sei. „Wieso?", meinte Erhard ganz erstaunt, „der Kanzler kann doch tun und lassen, was er will." Er reagierte verblüfft, als ich erwiderte, das sei ganz und gar nicht der Fall. Er, Erhard, sei verantwortlich für die Wirtschaftspolitik und der Kanzler könne vor den Industriellen nur mit seiner Einwilligung und in seiner Begleitung auftreten, es sei denn, er habe ausdrücklich darauf verzichtet. „Ja", sagte Erhard bekümmert, „so ist es gewesen. Ich habe auf den Besuch verzichtet." Fritz Berg [damaliger Präsident des Bundesverbandes der Industrie, der Verf.] sei bei ihm gewesen und habe bemerkt, man wolle einmal unter sich sein, die Teilnehmer seien so gehemmt, wenn der Bundeswirtschaftsminister anwesend sei. Da habe er eingelenkt […]. Ich fragte Erhard, ob er denn gewusst habe, dass Adenauer an der Zusammenkunft teilnehmen würde. „Nein, natürlich nicht! Das habe ich erst am nächsten Tag aus der Presse erfahren." Ich habe Erhard auseinandergesetzt, dass der Bundeskanzler ohne Zustimmung des Ressortministers keine Einladung dieser Art annehmen dürfe.

Aus: Theodor Eschenburg, Letzten Endes meine ich doch. Erinnerungen 1933–1999, Berlin 1999, S. 174. Theodor Eschenburg war nach 1945 hoher Verwaltungsbeamter, dann Professor für Politikwissenschaft in Tübingen, Publizist und Berater mehrerer Bundeskanzler.

AUFGABEN

1. Setzen Sie das Schema des politischen Führungsprozesses (in M 1) in einen Text um. Gehen Sie dabei darauf ein, welche Einflussnahmen von außen und welche politischen Überlegungen innerhalb der Regierung in den einzelnen Phasen stattfinden.
2. Formulieren Sie auf der Grundlage eines aktuellen politischen Prozesses (recherchiert mit www.paperball.de) Erfolgsbedingungen für das Verhalten der politischen Akteure in den einzelnen Phasen.
3. Arbeiten Sie aus M 1 und M 2 heraus, wo die politische Wirklichkeit dem Bundeskanzler die Grenzen seiner Macht aufzeigt. Erörtern Sie die Erfolgsaussichten der in den Materialien angedeuteten Änderungsvorschläge.
4. Erörtern Sie den Sinn der in M 3 ausgebreiteten Regelung der Geschäftsordnung der Bundesregierung. Was mag Theodor Eschenburg während Gespräches wohl über den Politiker Adenauer und den Minister Erhard gedacht haben?

4.6 Der Bundespräsident – Staatsoberhaupt und Nothelfer in parlamentarischen Krisen

Der Bundespräsident ist Staatsoberhaupt der Bundesrepublik Deutschland. In einem parlamentarischen Regierungssystem ist das Organ Staatsoberhaupt aber eigentlich nicht erforderlich. Dass es in den parlamentarischen Demokratien Europas dennoch Staatsoberhäupter gibt, erklärt sich aus der monarchischen Tradition der meisten europäischen Staaten. In der Weimarer Republik war der monarchische Gedanke noch so stark verankert, dass die Reichsverfassung mit dem Reichspräsidenten ein Organ schuf, welches ein mächtiges Gegengewicht zum Reichstag und zum Reichskanzler bildete. Mit dem Oberbefehl über die Reichswehr, dem Recht der Kanzlerernennung und -entlassung, dem Recht der Reichstagsauflösung sowie einem umfassenden Notverordnungsrecht hatte der Reichspräsident Möglichkeiten, die vorher dem Monarchen zustanden und die mit einem parlamentarischen Regierungssystem nicht vereinbar waren. Die Grundentscheidung des Parlamentarischen Rates zugunsten eines konsequent parlamentarischen Regierungssystems bedeutete zugleich die Entscheidung für ein schwaches Staatsoberhaupt. Ausdruck der gewollten politischen Schwäche ist die reduzierte demokratische Legitimität des Bundespräsidenten: Er wird von der ausschließlich zu diesem Zweck zusammenkommenden Bundesversammlung für fünf Jahre gewählt.

Die dem Bundespräsidenten zugesprochenen Funktionen beschränken sich im Wesentlichen darauf, Repräsentant des Staates im Inneren und nach außen, über den Parteien stehende Integrationsfigur sowie „Staatsnotar" bei genau bestimmten Vorgängen zu sein. In diesen Eigenschaften tritt er überall dort in Aktion, wo „staatliche Weihe" notwendig erscheint. Zu seinen Aufgaben als Repräsentant gehören Staatsbesuche und Staatsempfänge, Ordensverleihungen sowie Beglaubigung und Empfang von Gesandten fremder Staaten. Als Integrationssymbol hält er öffentliche Reden und Ansprachen, in denen er moralisch und allgemein politisch anmahnt, empfiehlt oder fordert. Als Staatsnotar ernennt und entlässt er (hohe) Beamte, Richter und Soldaten, schließt Verträge mit auswärtigen Staaten und fertigt alle Gesetze aus. Bei allen Tätigkeiten als Staatsnotar bedarf er aber gemäß Artikel 58 GG der Gegenzeichnung durch den Bundeskanzler oder den jeweils zuständigen Bundesminister. Das bedeutet, dass die Bundesregierung die politische Verantwortung für diese Handlungen hat.

Der Bundespräsident hat ein echtes politisches Gewicht in parlamentarischen Krisensituationen. Ihm kommt dann eine Nothelferfunktion zu. Man kann auch von der präsidentiellen Reservefunktion sprechen, die darauf gerichtet ist, den parlamentarischen Betrieb bei unklaren Mehrheitsverhältnissen vor dem Stillstand zu bewahren.

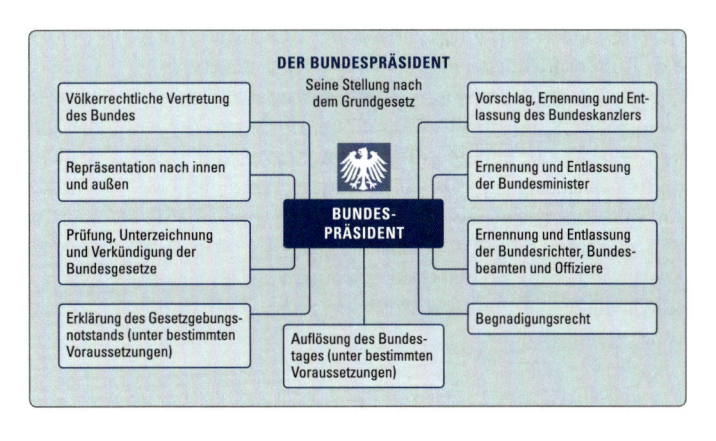

DER BUNDESPRÄSIDENT
Seine Stellung nach dem Grundgesetz

- Völkerrechtliche Vertretung des Bundes
- Repräsentation nach innen und außen
- Prüfung, Unterzeichnung und Verkündigung der Bundesgesetze
- Erklärung des Gesetzgebungsnotstands (unter bestimmten Voraussetzungen)
- Vorschlag, Ernennung und Entlassung des Bundeskanzlers
- Ernennung und Entlassung der Bundesminister
- Ernennung und Entlassung der Bundesrichter, Bundesbeamten und Offiziere
- Begnadigungsrecht
- Auflösung des Bundestages (unter bestimmten Voraussetzungen)

M 1 Das Amtsverständnis von Bundespräsident Horst Köhler – Interview mit der „Welt" am 10.7.2004

■ **Herr Bundespräsident, Sie wollen ein politischer Präsident sein. Was ist das?** Das ist ein Präsident, der sich darum kümmert, dass es dem Land und seinen Menschen gut geht. Wir sind ein Land, das dringend Veränderung braucht, damit wieder Wirtschaftswachstum und Arbeitsplätze entstehen können. Ich will darauf achten, dass die Veränderung allen dient.

Aber das galt für alle Ihre Vorgänger. Was ist Ihr Unterschied? Das wird sich zeigen. Vorabankündigungen sind nicht angezeigt. Ich will mich in dieses Amt hineinarbeiten, herausfinden, welche Spielräume bestehen. Darüber werde ich mit den Menschen selbst sprechen. […]

Sie agieren im politischen Raum. Wie sehen Sie Ihr Verhältnis zu den Parteien, wie zu Ihrer eigenen, der CDU? Meine Mitgliedschaft in der CDU ruht, wie es gute Übung für die Bundespräsidenten geworden ist. Angesichts mancher berechtigten Kritik an den Parteien will ich sagen: Ich sehe keinen besseren Weg der politischen Willensbildung als den über die Parteien. Ich will sie ermutigen, wieder mehr Profil zu zeigen. […]

Was ist das Profil der Union? Mir scheint, dass die Idee der Freiheit in der Union eine ganz entscheidende Revitalisierung erfahren hat. Die Union begreift wieder, dass Freiheit die entscheidende Idee ist. […]

Und was macht die SPD? Diese große, alte Partei ist gegenwärtig in einer besonders schwierigen Phase, weil sie in der Regierungsverantwortung den Sozialstaat umbauen muss. Das ist eine große Last. Und niemand sollte das mit Häme verfolgen. […]

Wenn Sie gegen das Kartell der Besitzstandwahrer zu Felde ziehen, kommen Sie an den Gewerkschaften nicht vorbei. Die Gewerkschaften haben in der Geschichte dieser Republik eine gute Rolle gespielt. Wir brauchen sie auch in Zukunft. Wir können bei der Reform des Sozialstaats nicht auf sie verzichten. Im Übrigen sind nicht nur die Gewerkschaften kartellverdächtig. Das gilt genauso für die Wirtschaftsverbände. Darüber hat schon Ludwig Erhard geklagt. […]

Zitiert nach: www.bundespraesident.de/-,11057/Reden-und-Interviews.htm

M 2 Die verfassungsrechtliche Sonderstellung des Bundespräsidenten

■ Der Bundespräsident ist nicht abhängig von einem Votum parlamentarischer Körperschaften. Er unterliegt auch in seiner Amtsführung nicht der parlamentarischen Kontrolle. Die Verfassungskompetenz des Bundeskanzlers, die Richtlinien der Politik zu bestimmen, gilt nur für die Regierungsarbeit. Sie bindet den Bundespräsidenten nicht. […] Dieses Amt ist keine „vierte Gewalt" neben Parlament, Regierung und Justiz. Aber der Bundespräsident kann als politisch neutraler – keineswegs meinungsloser – Faktor steuern, was des Miteinanders der drei Gewalten bedarf. Er verkörpert und vertritt die übergeordneten Interessen von Staat und Gesellschaft. […] Das Grundgesetz weist ihm die Aufgabe zu, jedes Gesetz auf seine Verfassungsmäßigkeit zu prüfen, bevor er es durch seine Unterschrift in Kraft setzt. Was er materiell und formell für verfassungswidrig hält, unterschreibt er nicht. Kein Kabinettsbeschluss, keine Richtlinie des Bundeskanzlers, ja keine noch so große parlamentarische Mehrheit kann den Bundespräsidenten zu irgendeiner Handlung zwingen. Das Bundesverfassungsgericht ist die einzige Instanz, die ihn seines Amtes entheben kann. Auf das Vertrauen des Parlaments ist er nicht angewiesen.

[Der ehemalige Bundespräsident Carl Carstens sagte über die Rechte des Bundespräsidenten:] „Die Stärke seiner Stellung beruht auf der moralischen Autorität, die das Amt verleiht und die die Person nach Möglichkeit ausfüllen und ausüben sollte. Im Gegenteil: Es würde vielleicht sogar diese moralische Autorität schwächen, wenn man ihm mehr Rechte geben würde."

Aus: Günther Scholz/Martin E. Süskind, Die Bundespräsidenten. Von Theodor Heuss bis Horst Köhler, München 2004, S. 16 ff., 323

AUFGABEN

1. Prüfen Sie, welche Kompetenzen des Bundespräsidenten (Grafik und Art. 58–60, 63, 68, 69 und 81 GG) dem Amtsinhaber einen eigenständigen politischen Spielraum ermöglichen, d. h., keine Gegenzeichnung durch den Bundeskanzler oder den zuständigen Bundesminister erfordern.
2. Prüfen Sie die Interviewaussagen (M 1), ob Bundespräsident Köhler sich parteipolitisch neutral oder parteiisch geäußert hat.
3. Zeichnen Sie nach, worin die Autoren von M 2 die Sonderstellung des Bundespräsidenten sehen.
4. Welche Folgen für das politische Leben sowie für das Zusammenwirken der Verfassungsorgane wären zu erwarten, würde das Amt des Bundespräsidenten einmal abgeschafft werden?

4.7 Das Bundesverfassungsgericht – Interpret und Hüter der Verfassung

Das Bundesverfassungsgericht ist einerseits ein Gericht und gehört in dieser Eigenschaft wie alle Gerichte zur rechtsprechenden Gewalt. Andererseits ist es ein Verfassungsorgan, das aufgrund seiner umfassenden Zuständigkeiten das klassische Schema der Gewaltenteilungslehre sprengt. Das wird deutlich, wenn man seinen Kompetenzbereich anschaut. Das Gericht entscheidet nämlich verbindlich 1. bei Zuständigkeitsstreitigkeiten zwischen Verfassungsorganen, 2. über die Verfassungskonformität von Gesetzen und Einzelentscheidungen sowie 3. über Maßnahmen zum Schutz der freiheitlichen demokratischen Grundordnung. Dabei übt es letztlich im Namen der Verfassung eine Kontrolle über den Gesetzgeber sowie über Behörden und Gerichte aus und steht bei der Streitschlichtung zwischen Verfassungsorganen gewissermaßen oberhalb der beteiligten Parteien.

Zuständigkeitsstreitigkeiten kann es geben zwischen Verfassungsorganen des Bundes (z. B. zwischen Bundestag und Bundesrat), aber auch zwischen Bund und Ländern (Art. 93 GG). Die Prüfung der Verfassungskonformität geschieht im Verfahren der abstrakten und konkreten Normenkontrolle sowie bei der Behandlung von Verfassungsbeschwerden (Art. 93 und 100 GG). Zu den Maßnahmen zum Schutz der Demokratie zählen die Auflösung von Parteien (Art. 21 Abs. 2 GG) und die Verwirkung von Grundrechten für einzelne Personen (Art. 18 GG). Zuständig ist das Gericht darüber hinaus noch für die Entscheidung über Präsidenten- und Richteranklagen (Art. 61 und 98 Abs. 2 GG) sowie über Beschwerden gegen Entscheidungen des Bundestages bei der Wahlprüfung (Art. 41 Abs. 2 GG).

Die besondere Rolle des Bundesverfassungsgerichtes zeigt sich bei Entscheidungen mit politischem Effekt. Dies ist meistens bei der abstrakten Normenkontrolle der Fall, bei der die politisch unterlegene Parlamentsminderheit das Gericht mit dem Begehren anruft, das von der Mehrheit verabschiedete Gesetz als mit der Verfassung nicht vereinbar zu erklären und folglich zu verwerfen. Zahlreiche große politische Kontroversen sind so verfassungsgerichtlich ausgetragen worden. Insgesamt sind deutlich mehr als 200 Gesetze und Rechtsverordnungen bisher für nichtig erklärt worden. Es liegt auf der Hand, dass das Bundesverfassungsgericht mit seinen Entscheidungen tief in den Kompetenzbereich von Parlament und Bundesregierung eingreift. Indem das Bundesverfassungsgericht die Verfassungsnormen verbindlich auslegt, setzt es Richt- und Begrenzungspunkte für das Wollen und Können der anderen Verfassungsorgane.

M 1 Das Bundesverfassungsgericht – Ein von der Verfassung nicht vorgesehenes „Superparlament"?

● Das Bundesverfassungsgericht (BVerfG) hat in vielen Fragen des privaten, gesellschaftlichen und staatlichen Lebens in der Bundesrepublik Deutschland das letzte Wort. Da [der] Rechtsschutz in Deutschland in großen Bereichen dreistufig angelegt ist, könnte man das dem Bürger eingeräumte Recht, die Verletzung seiner Grundrechte mit der Verfassungsbeschwerde zu rügen, für rechtsstaatlichen Luxus halten. Man mag sich auch fragen, ob nicht in einer Demokratie der parlamentarische Gesetzgeber das letzte Wort haben sollte und ob es nicht ein Widerspruch sei, in einem System, das auf Mehrheitsentscheidungen aufbaut, den überstimmten Minderheiten, nachdem sie auf dem parlamentarischen Weg gescheitert sind, über die besonderen Verfahrensarten des Verfassungsprozeßrechts, wie etwa die abstrakte Normenkontrolle oder den Organstreit, zum Siege zu verhelfen. Die Verfassungsbeschwerde ist der außerordentliche Rechtsbehelf der Verlierer und manchmal auch nur der Rechthaber; Organstreit und abstrakte Normenkontrolle sind dagegen die Niederlagenkorrektive der jeweiligen Opposition. […]

Wer ist das BVerfG, und welche Rolle spielt es? Das Grundgesetz schreibt vor, daß die Mitglieder des BVerfG je zur Hälfte vom Bundestag und vom Bundesrat gewählt werden. In Wahrheit wird aber überhaupt nicht gewählt. Die „Wahl" ist, sowohl im Bundestag als auch im Bundesrat, das Ergebnis politischer Abreden. Die politischen Parteien suchen sich ihre Kandidaten aus. Die wechselseitig anerkannten Kandidaten werden dann zu einem „Paket" verschnürt, nicht selten unter Einschluß weiterer zu besetzender Spitzenämter. Die Abstimmung im Ausschuß ist eine Formsache. Da es keine Anhörung gibt, bleibt der Pakethandel verschwiegen, von einigen gezielten, manchmal auch erfolgreichen Indiskretionen abgesehen. Die demokratische Legitimation der Mitglieder des Gerichts ist also dünn. Sie macht die Letztentscheidungskompetenz fragwürdig, unbeschadet des tatsächlichen Ansehens der Richter.

Zum Wesen des Gerichts gehört, daß es angerufen werden muß, um tätig werden zu können. Das BVerfG betont deshalb immer wieder, es sei kein selbstständiger politischer Machtfaktor, weil es warten müsse, bis es um seine Meinung gefragt werde. Das ist aber tatsächlich nicht richtig. Die jeweilige Opposition bringt jeden politisch bedeutsamen Fall vor das Gericht. Unabhängig davon sorgen die Verfassungsbeschwerden dafür, daß [...] jeder gesellschaftspolitische Streit vor dem Bundesverfassungsgericht landet. Das Gericht hat so Zugriff auf alle Fragen des gesellschaftlichen und staatlichen Lebens. Es sucht sich dort, wo es Handlungsspielraum hat, die Fälle heraus, mit denen es sich beschäftigen will, und es bestimmt den Zeitpunkt, an dem es das tun will [...].

Eine andere Folge ist die zunehmende Abhängigkeit des Parlaments vom BVerfG. Man führt Vorgaben des BVerfG aus. Man macht, wo man sich noch frei fühlt, das Gesetz, bezogen auf die zu erwartende Entscheidung des BVerfG verfassungsgerichtsfest, so wie ein Berufungsgericht bemüht ist, seine Entscheidung revisionssicher zu machen, und wenn man schon nicht weiß, wie das BVerfG entscheiden wird, macht man lieber gar nichts. [...] Da das Gericht im Ergebnis vollen Zugriff auf alle Lebenssachverhalte hat, kann es diese Freiräume benutzen. Versteht es sich als *acitivist court*, steuert es auf diese Art und Weise die Bundesrepublik [...].

Es gibt dafür Beispiele. Besonders eindrucksvoll ist die jüngste Entscheidung des BVerfG (Berichterstatter: Richter Kirchhof), mit der das Gericht die bisherige, übrigens ihrerseits auf Entscheidungen des BVerfG beruhende Familienpolitik früherer Bundesregierungen für verfassungswidrig erklärt hat. Das Gericht hat entschieden, die Leistungsfähigkeit von Eltern werde durch den generellen Betreuungsbedarf eines Kindes gemindert. Dieser Betreuungsbedarf müsse als notwendiger Bestandteil des familiären Existenzminimums einkommensteuerlich unbelastet bleiben. Dabei dürfe nicht danach unterschieden werden, wie dieser Bedarf tatsächlich gedeckt werde. Darüber hinaus müsse der Gesetzgeber bei der gebotenen Neugestaltung des Kinderlastenausgleichs auch den Erziehungsbedarf des Kindes unabhängig vom Familienstand bei den Eltern, die einen Kinderfreibetrag oder Kindergeld erhalten, berücksichtigen. [...] Der Zweite Senat des BVerfG hat erklärt, die verfassungswidrigen Regelungen seien bis zum 31.12.1999 (Kinderbetreuungskosten) und bis zum 31.12.2001 (Haushaltsfreibetrag) weiterhin anzuwenden. [...] Für beide Daten sagt [...] das BVerfG im autoritären Stil des Alleingesetzgebers: Bis zu diesem Zeitpunkt „hat" der Gesetzgeber die erforderliche Neuregelung vorzunehmen. [...]

> „Sollte der Gesetzgeber mit Wirkung bis zum 1.1.2000 noch keine Neuregelung der Kinderbetreuungskosten in Kraft gesetzt haben, sind ab diesem Zeitpunkt [...] 4000 DM im Jahr bei der Feststellung des zu versteuernden Einkommens [...] abzuziehen, wenn der Steuerpflichtige für ein Kind einen Kinderfreibetrag oder Kindergeld erhält. Der Betrag erhöht sich pro Veranlagungsjahr um 2000 DM für jedes weitere Kind, für das der Steuerpflichtige einen Kinderfreibetrag oder Kindergeld erhält. [...] Sollte die Neuregelung [für den Haushaltsfreibetrag] nicht spätestens mit Wirkung zum 1.1.2002 in Kraft getreten sein, so fehlt aufgrund der festgestellten Unvereinbarkeit der Regelung über den Haushaltsfreibetrag mit dem Grundgesetz für die Besteuerung des Einkommens der Eltern, denen ein Kinderfreibetrag oder Kindergeld für ein oder mehrere Kinder zusteht, in Höhe von 5616 DM die gesetzliche Grundlage."

Das BVerfG setzt sich also insoweit im Detail an die Stelle des Parlaments. Es verfügt damit zugleich über etwa zwanzig Milliarden DM (= etwa fünf Prozent) des Bundeshaushalts, d.h. über den gesamten Betrag, den der Bund für ein Jahr außerhalb seiner gesetzlichen Verpflichtungen zur freien Verfügung hat. [...]

Endlich, haben auch die Parlamentarier aller Fraktionen gesagt, endlich ist eine sachgerechte, schon längst überfällige Lösung gefunden worden. Man ist verwundert: Wer ist denn für das Gemeinwohl verantwortlich? Wer hat denn die Ressourcen, um eine sachgerechte Lösung zu erarbeiten? [...] Die Antwort lautet immer gleich: Es ist das Parlament. Es bleibt völlig unverständlich, wie man nicht nur die eigenen Versäumnisse beklatschen konnte, sondern es sich auch gefallen läßt, zum Ausführungsorgan des BVerfG gemacht zu werden.

Hier [...] geschieht [...] eine Machtverlagerung, die das Gleichgewicht der Kräfte, das System von *check and balance*, gefährlich zu stören droht: ein Machtwechsel bis hin zur Durchsetzung der ordnungspolitischen Vorstellung eines einzelnen Bundesverfassungsrichters auf Kosten des Steuerzahlers. [...] Es geht [...] nicht an, die Konsequenzen solcher Überzeugungen einseitig im Wege des Gerichtszwangs durchzusetzen. Das Grundgesetz hat sich vorgestellt, daß dies Aufgabe des parlamentarischen Gesetzgebers sei, und wenn der seit Jahrzehnten ist, wie er nun eben ist, dann bekommt das Volk doch das, was es mehrheitlich gewählt hat. Unser demokratisches System verbietet jedes von oben verordnete Wohl, mag es noch so wohl gemeint sein.

Aus: FAZ, 24.7.1999, S. III, Autor: Rüdiger Zuck

M 2 Verfassungsgerichtsbarkeit im Spannungsfeld zwischen Recht und Politik

■ Als neutrale Instanz hat das Bundesverfassungsgericht keinen Auftrag zu unmittelbar schöpferischer Gestaltung des politischen Lebens. [...] Anders als der Gesetzgeber darf das Bundesverfassungsgericht daher nicht etwa besonders „reizvolle" Probleme an sich ziehen und auf diese Weise unmittelbar schöpferisch das politische Leben mitgestalten. Das Mandat zu politischen Primärentscheidungen hat allein der Gesetzgeber. [...]

Es ist nicht Aufgabe des Bundesverfassungsgerichts, Entscheidungen von Regierung und gesetzgebenden Körperschaften etwa daraufhin zu überprüfen, ob diese von ihrem durch die Verfassung eingeräumten Ermessen einen zweckmäßigen und weisen Gebrauch gemacht haben. Insbesondere darf das Gericht nicht *seine* politisch-sachlichen Erwägungen an die Stelle der Erwägungen der anderen Verfassungsorgane setzen. Der Gerichtshof darf vielmehr nur die Verletzung des in der Verfassung geschriebenen *Rechts* rügen. [...]

In den Zusammenhang der richterlichen Selbstbeschränkung (engl. *judicial self-restraint*) gehört es auch, von der Kompetenz zur Verwerfung von Gesetzen erst dann Gebrauch zu machen, wenn ihre Verfassungswidrigkeit klar zutage tritt. Lässt eine Rechtsvorschrift mehrere Auslegungen zu, von denen eine verfassungswidrig, die andere aber verfassungsgemäß ist, so erklärt das Bundesverfassungsgericht die Rechtsvorschrift in der verfassungsmäßigen Auslegung für gültig (sog. verfassungskonforme Auslegung): Der *judicial self-restraint* gebietet auch die Berücksichtigung der politischen Folgen einer Entscheidung, besonders wenn diese zu einer Gefährdung der Funktionsfähigkeit des Staates führen können.

Aus: Horst Säcker, Das Bundesverfassungsgericht, München, 6. Auflage 2003, S. 20 f., 23 f.

AUFGABEN

1. M 1 enthält eine heftige Kritik am Bundesverfassungsgericht. Gliedern Sie zunächst den Text in Abschnitte, die Sie mit Überschriften versehen. Arbeiten Sie dann für jeden Abschnitt die vorgebrachte Kritik heraus.
2. Formulieren Sie unter Rückgriff auf M 2 und Ihre Kenntnisse über die Verfassungsgerichtsbarkeit (siehe hierzu S. 48–50) eine sich auf das Beispiel konzentrierende Gegenkritik zu M 1. Die Überlegung, welche Gründe das Verfassungsgericht wohl gehabt haben könnte, dem Gesetzgeber das Urteil ins Stammbuch zu schreiben, kann Ihnen dabei helfen.
3. Diskutieren Sie mögliche Inhalte einer Reform der Bestellung der Richter sowie der Kompetenzen des Gerichtes.
4. Eine Reform der Verfassungsgerichtsbarkeit verlangt eine Grundgesetzänderung und somit Zwei-Drittel-Mehrheiten im Bundestag und im Bundesrat. Wie schätzen Sie die politischen Chancen einer solchen Reform ein?

WEITERFÜHRENDE INFORMATIONEN

Informationen zum staatlichen Entscheidungsprozess

Das Internet ist heute ein selbstverständlicher Baustein der Presse- und Öffentlichkeitsarbeit aller Verfassungsorgane.

Bundestag .... www.bundestag.de
Bundesrat .... www.bundesrat.de
Bundesregierung .... www.bundesregierung.de und www.bundeskanzler.de
(vgl. dazu auch den Internetservice der einzelnen Bundesministerien, z.B. www.bmwa.bund.de)
Bundespräsident .... www.bundespraesident.de
Bundesverfassungsgericht .... www.bundesverfassungsgericht.de

Dieser Service ermöglicht Ihnen den schnellen Zugriff auf aktuelle und z. T. kostenlose Publikationen und den Kontakt mit der jeweiligen Institutionen und sogar den politischen Entscheidungsträgern. Der Internetservice wird – z.B. beim Bundestag – kontinuierlich weiter ausgebaut, nicht zuletzt um Transparenz und Responsivität des politischen Handelns zu gewährleisten, d.h. Rückkoppelung des politischen Handelns in Legislative und Exekutive an die Interessen und Forderungen der Wähler.

FACHLITERATUR

Isensee, Josef/Böckenförde, Ernst-Wolfgang: Handbuch des Staatsrechts der Bundesrepublik Deutschland. Bd. III: Demokratie – Bundesorgane, Heidelberg, 3. Auflage 2005
Beyme, Klaus von: Der Gesetzgeber. Der Bundestag als Entscheidungszentrum, Opladen 1997
Ismayr, Wolfgang: Der Deutsche Bundestag im politischen System der Bundesrepublik Deutschland, Opladen, 2. Auflage 2001
Patzelt, Werner J.: Abgeordnete und Repräsentation, Passau 1993
Schick, Rupert/Zeh Wolfgang: So arbeitet der Deutsche Bundestag, Rheinbreitbach, 17. Auflage 2003
Schindler, Peter: Datenhandbuch zur Geschichte des Deutschen Bundestages, 3 Bände, Baden-Baden 1999
Feldkamp, Michael F.: Datenhandbuch zur Geschichte des Deutschen Bundestages 1994 bis 2003, Baden-Baden 2005
Kilper, Heiderose/Lhotta, Roland: Föderalismus in der Bundesrepublik Deutschland, Hagen, Neubearbeitung 2004
Ziller, Gebhard/Oschatz, Georg-Berndt: Der Bundesrat, Düsseldorf, 10. Auflage 1998
Busse, Volker: Bundeskanzleramt und Bundesregierung, Heidelberg, 4. Auflage 2005
Haungs, Peter: Kanzlerprinzip und Regierungstechnik im Vergleich, in: Aus Politik und Zeitgeschichte B 1–2/89, S. 28 ff.
Niclauß, Karl-Heinz: Kanzlerdemokratie. Regierungsführung von Konrad Adenauer bis Gerhard Schröder, Paderborn u.a. 2004
Kaltefleiter, Werner: Die Funktionen des Staatsoberhauptes in der parlamentarischen Demokratie, Köln u.a. 1970
Scholz, Günther: Die Bundespräsidenten. Von Theodor Heuss bis Horst Köhler, München 2003
Säcker, Horst: Das Bundesverfassungsgericht, München, 6. Auflage 2003
Schlaich, Klaus: Das Bundesverfassungsgericht, München, 6. Auflage 2004

VORSCHLÄGE FÜR REFERATE UND FACHARBEITEN

— Wie erfüllt der Bundestag die Parlamentsfunktionen?
— Verlässliche Partner? – Das Zusammenspiel von Bundesregierung und Mehrheitsfraktion
— Der Bundesrat: Ein Blockadeinstrument der Opposition im Bundestag?
— Bundesrepublik Deutschland – Eine Kanzlerdemokratie?
— Der Bundespräsident: Mehr als ein Repräsentant?
— Das Bundesverfassungsgericht: Eine Nebenregierung?

Wie ist der politische Prozess in der Europäischen Union organisiert? 5.0

Das Europäische Parlament muss in sehr vielen Fällen mit der abgegebenen Stimmen oder sogar der Mehrheit der Mitglieder Absolute Mehrheiten erreichen zu müssen ist immer schwieri sich auf das Verhalten der Abstim

5.1 Die Europäische Union – Eine supranationale Föderation eigener Art

Die Europäische Union (EU) ist eine seltsam anmutende Konstruktion. Sie wird deshalb auch sehr unterschiedlich etikettiert, so als „intensive Staatenverbindung", als „neuartige politische Superstruktur" und als „Staatenverbund".

Die EU ist nur schwer mit den Begriffen des hergebrachten Staats- und Völkerrechts einzuordnen. Sie ist einerseits, obwohl durch einen völkerrechtlichen Vertrag der Mitgliedstaaten gegründet, weit mehr als eine normale internationale Organisation oder ein gewöhnlicher Staatenbund. Ein Staatenbund ist ein Zusammenschluss von Staaten, in dem die Mitgliedstaaten ihre Souveränität behalten und in dem die gemeinsamen Organe nur wenige, zudem eng begrenzte Aufgaben wahrnehmen. Die EU reicht dagegen hinsichtlich der Fülle an Zuständigkeiten weit über das bei internationalen Organisationen übliche Maß hinaus. Vor allem aber verfügt sie über die Fähigkeit, Recht zu setzen, welches gegenüber den Einzelnen unmittelbar verbindlich ist und hierbei auch noch Vorrang vor dem Recht der Mitgliedstaaten beansprucht. Deshalb kann man ihr das Prädikat einer supranationalen öffentlichen Gewalt zusprechen.

Andererseits ist es unbestritten, dass die Europäische Union trotz ihrer staatsähnlichen Kompetenzfülle keine Staatsqualität besitzt. Sie ist auch kein Bundesstaat. Denn die Mitgliedstaaten haben trotz des hohen Grades an Integration ihre souveräne Staatlichkeit nicht verloren. Sie sind keineswegs zu bloßen Gliedstaaten in einem europäischen Bundesstaat herabgesunken. Das bedeutet unter anderem, dass die EU Kompetenzen nicht aus eigener Souveränität heraus wahrnimmt, sondern nur in dem Maße über sie verfügt, in dem ihr diese Kompetenzen durch die Mitgliedstaaten zur gemeinschaftlichen Erledigung übertragen wurden. Die EU darf sich deshalb auch nicht selbst Kompetenzen verschaffen.

Die EU ist also weder Staatenbund noch Bundesstaat. Sie ist eine supranationale Föderation eigener Art, für die das Bundesverfassungsgericht die Bezeichnung Staatenverbund gefunden hat. Die Unsicherheit über den politischen und rechtlichen Status der Europäischen Union kommt nicht von ungefähr. Sie ist ganz erheblich verursacht durch die komplexe rechtliche Struktur, die der Vertrag über die Europäische Union („Maastricht-Vertrag") von 1992 schuf. Dieser Vertrag stülpte die Europäische Union über die bestehende Europäische Gemeinschaft (EG) und ergänzte den vergemeinschafteten Bereich der EG durch die intergouvernementale Zusammenarbeit der Regierungen der Mitgliedstaaten in der Außen- und Sicherheitspolitik sowie in der Innen- und Rechtspolitik. Die Europäische Union handelt im vergemeinschafteten Bereich mittels der Institutionen der EG und im intergouvernementalen Bereich mittels der Regierungen der EU-Staaten. Wirklich supranational agiert die EU also nur im ersten Bereich.

M 1 Die Europäische Union als „Staatenverbund" – Was heißt das?

■ Das Bundesverfassungsgericht hat in seiner Maastricht-Entscheidung von 1993 den gelungenen Begriff des Staatenverbundes eingeführt. Der Staatenverbund besitzt danach zwei Legitimationsstränge demokratischer Willensbildung: den aus den Mitgliedstaaten über nationale Parlamente und Exekutivspitzen sowie den neuen eigenen für das Europäische Parlament. [...]

Der alte Nationalstaat bleibt als maßgeblicher Bezugspunkt Resonanzboden demokratischer Einheitsbildung, er teilt und überträgt Hoheitsrechte, kooperiert und bindet sich rechtlich so stark, dass er als stets präsente, alltägliche Einheit für die Ausübung des Gewaltmonopols faktisch nicht mehr taugt, sondern diese Einheit nur noch schwach repräsentiert. [...]

Der Staatenverbund dagegen ist eine supranationale Gemeinschaft ohne eigenen Souveränitätsanspruch, aber eine wachsende und sich bewährende, auch elastische Rechtsgemeinschaft. Er prägt seine Mitglieder und fordert von ihnen Anpassung, bleibt aber auf ihre Zustimmung angewiesen. [...] Als Rechtsgemeinschaft verfügt die Union über umfangreiche Hoheitsrechte, vergleichbar bundesstaatlicher Quantität und Qualität, insbesondere über Gesetzgebungskompetenzen, eigene Verwaltungsstellen und eigene Gerichtsbarkeit.

Aus: FAZ, 6.4.1999, S. 11, Autor: Udo di Fabio

M2 Die drei Säulen der Europäischen Union

Europäische Union

Gemeinsame Außen- und Sicherheitspolitik (GASP)
Politikbereiche:
- Außenpolitik: Koordination der nationalen Politiken, Erhaltung des Friedens, Förderung von Demokratie und Menschenrechten durch gemeinsame Strategien, Standpunkte und Aktionen
- Sicherheitspolitik: schrittweise Festlegung einer gemeinsamen Verteidigungspolitik, rüstungspolitische Zusammenarbeit, Krisenbewältigung

Regierungszusammenarbeit (intergouvernemental)

Europäische Gemeinschaften (EG)
Politikbereiche:
- Zollunion und Binnenmarkt
- Wettbewerbspolitik
- Visa-, Asyl- und Einwanderungspolitik
- justizielle Zusammenarbeit in Zivilsachen
- Wirtschafts- und Währungsunion
- Agrarpolitik
- Handelspolitik
- Sozial- und Beschäftigungspolitik
- Bildung und Kultur
- Gesundheitswesen
- Verbraucherschutz
- Regionalpolitik, wirtschaftlicher und sozialer Zusammenhalt
- Forschung
- Umwelt

Gemeinschaftspolitik (supranational)

Polizeiliche und Justizielle Zusammenarbeit
Politikbereiche:
- Justizielle Zusammenarbeit in Strafsachen
- Polizeiliche Zusammenarbeit

Regierungszusammenarbeit (intergouvernemental)

Vertrag über die Europäische Union (EUV)

Quelle: Dietmar Herz, Die Europäische Union, München 2002, S. 70

M3 Der Grundsatz der Subsidiarität

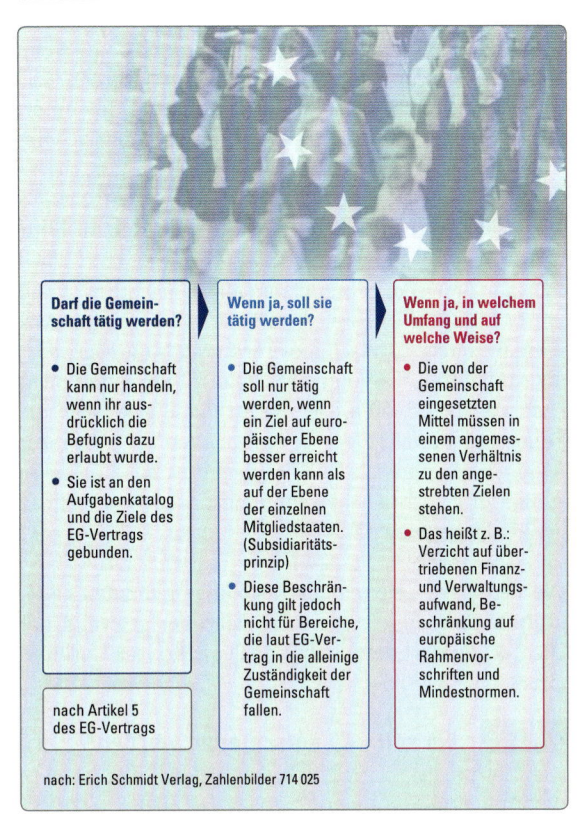

Darf die Gemeinschaft tätig werden?
- Die Gemeinschaft kann nur handeln, wenn ihr ausdrücklich die Befugnis dazu erlaubt wurde.
- Sie ist an den Aufgabenkatalog und die Ziele des EG-Vertrags gebunden.

Wenn ja, soll sie tätig werden?
- Die Gemeinschaft soll nur tätig werden, wenn ein Ziel auf europäischer Ebene besser erreicht werden kann als auf der Ebene der einzelnen Mitgliedstaaten. (Subsidiaritätsprinzip)
- Diese Beschränkung gilt jedoch nicht für Bereiche, die laut EG-Vertrag in die alleinige Zuständigkeit der Gemeinschaft fallen.

Wenn ja, in welchem Umfang und auf welche Weise?
- Die von der Gemeinschaft eingesetzten Mittel müssen in einem angemessenen Verhältnis zu den angestrebten Zielen stehen.
- Das heißt z. B.: Verzicht auf übertriebenen Finanz- und Verwaltungsaufwand, Beschränkung auf europäische Rahmenvorschriften und Mindestnormen.

nach Artikel 5 des EG-Vertrags

nach: Erich Schmidt Verlag, Zahlenbilder 714 025

M4 Die Rechtsakte der EU (Artikel 249 EG-Vertrag)

- _Die Verordnung hat allgemeine Geltung. Sie ist in allen ihren Teilen verbindlich und gilt unmittelbar in jedem Mitgliedstaat.

_Die Richtlinie ist für jeden Mitgliedstaat, an den sie gerichtet wird, hinsichtlich des zu erreichenden Ziels verbindlich, überlässt jedoch den innerstaatlichen Stellen die Wahl der Form und Mittel.

_Die Entscheidung ist in allen ihren Teilen für diejenigen verbindlich, die sie bezeichnet. [Anmerkung: Das kann ein Staat, aber auch ein Unternehmen sein.]

M5 Warum wird so viel in Europa entschieden?

- Schon heute ist die EU für rund 80 Prozent der Wirtschafts-Gesetzgebung zuständig. Allein auf dem Gebiet des Umweltschutzes gibt es nach einer Untersuchung des Deutschen Industrie- und Handelskammertages (DIHK) derzeit 500 Richtlinien und Verordnungen. Insgesamt sind im Laufe der Zeit über 2 200 EU-Richtlinien verabschiedet worden. Die Frage ist, ob es sich dabei immer um notwendige Vorschriften handelte oder teilweise um bürokratische Regelungen, die die Unternehmen mit zusätzlichen Kosten belasten und ihre Handlungsfreiheit beschränken.

Die „Architekten" des Binnenmarktes weisen den Vorwurf zurück, dass die Angleichung der Rechts-Vorschriften das Ergebnis eines übertriebenen Regulierungseifers der „Brüsseler Technokraten" sei. Wenn die Nationalstaaten ihre Gesetze nur auf heimische Produkte angewandt hätten – so argumentieren sie – wäre kein Handelshemmnis entstanden und die Notwendigkeit einer grenzüberschreitenden Rechtsangleichung entfallen. Bis in die 80er Jahre habe zum Beispiel französisches Mineralwasser in Deutschland nicht verkauft werden dürfen. [...]

Inzwischen ist es anerkanntes europäisches Recht, dass der Import oder der Verkauf von Waren aus anderen EU-Ländern nur dann untersagt werden kann, wenn sachliche Begründungen dafür geliefert werden. [...] Nur wenn eine gegenseitige Anerkennung der unterschiedlichen nationalen Vorschriften verweigert wird, muss eine Harmonisierung auf europäischer Ebene erreicht werden. Sie hat immerhin zur Folge, dass nur eine einzige Regelung an die Stelle zahlreicher nationaler Bestimmungen tritt.

Aus: Das Parlament, 17./24.5.2004, S. 3, Autor: Wilhelm Hadler

M 6 Legt die EU bald die Kreisbehörde lahm?

■ Wahnsinn ist die Flut unsinniger EU-Richtlinien und -Verordnungen. Beispiel: Abfallwirtschaft. Die EU-Maschinen-Geräte-Lärmschutzverordnung sagt aus, dass die Müllabfuhr in Wohngebieten nicht vor 7 und nicht nach 19 Uhr erfolgen darf. Selbst der Bürger darf die Tonnen nicht vom Fleck bewegen. Wer vor 7 Uhr zur Arbeit muss und seinen Abfallbehälter an die Straße stellen will: Pech gehabt – zumindest, wenn man sich an die EU-Richtlinien hält.

Werden diese weltfremden Regelungen von den Landkreisen überhaupt umgesetzt? „Darüber schweigt der Dichter", erklärt der Landrat des Landkreises Harburg, Axel Gedaschko. Er hat für die aufgezwungene Bürokratie aus Brüssel kein Verständnis. „Die bekommen dort gar nicht mit, dass wir hier durch schlankere Verwaltungen Kosten sparen wollen." Die Zahl der EU-Verordnungen sei nicht mehr festzustellen, da die Brüsseler Ideenlieferanten täglich neue produzieren. Wollte man alle bewältigen, müsste das Kreis-Personal verdreifacht werden. Für Gedaschko ist klar: „Wenn wir die EU-Verordnungen alle beachten, legen wir den Landkreis lahm." Und das Schlimme: Der Landkreis Harburg ist überall in Europa.

Aus: Neue Buxtehuder Wochenblatt, 16.4.2003, S. 1, Autor: Lars Wiezorek

M 7 Wo soll was entschieden werden?

Drogenbekämpfung	Zusammenarbeit mit den Entwicklungsländern	Gleichberechtigung von Männern und Frauen
Handel mit Ländern außerhalb der EU	Forschung in Naturwissenschaft und Technik	Umweltschutz
Einwanderungspolitik	Verkehrspolitik	Verbraucherschutz
Verteidigung	Außenpolitik	Regelungen zum politischen Asyl
Bekämpfung der Arbeitslosigkeit	Struktur des Schulwesens	Gesundheitspolitik
Mehrwertsteuersätze	Regeln für Rundfunk, Fernsehen und Presse	Schulabschlüsse
Versorgung mit Energie	Polizei	Strafgesetzbuch

AUFGABEN

1. Beschreiben Sie unter Rückgriff auf den einleitenden Text, M 1 und M 2 die EU. Gehen Sie dabei auf den staats- und völkerrechtlichen Charakter, die demokratische Legitimation und die Zuständigkeiten der EU ein.
2. Welche Gründe könnten die Mitgliedstaaten dazu veranlasst haben, die Gemeinsame Außen- und Sicherheitspolitik sowie die polizeiliche und justizielle Zusammenarbeit nicht vergemeinschaftet zu haben (M 2)?
3. Erläutern Sie, was Subsidiarität bedeutet (M 3). Prüfen Sie, ob im System der Rechtsakte der EU (M 4) der Subsidiaritätsgedanke enthalten ist. Überlegen Sie, warum der Subsidiaritätsgedanke das Handeln der EU bestimmen soll.
4. Erörtern Sie unter Bezugnahme auf M 5 und M 6, ob die EU gegen den Grundsatz der Subsidiarität verstößt.
5. Diskutieren Sie, welche der in M 7 aufgelisteten Politikfelder a) regional, b) von den Mitgliedstaaten, c) von der EU entschieden werden sollen.

5.2 Das Gefüge der europäischen Institutionen – Ausgleich gemeinschaftlicher und mitgliedstaatlicher Interessen

Die Europäische Union verfügt über eine Reihe von Institutionen, die ihr die nötige Handlungsfähigkeit verleihen. Sofern diese Institutionen verbindliche Entscheidungen treffen können, spricht man von Organen. Es gibt fünf Organe, nämlich das Europäische Parlament, den Europäischen Rat, den Ministerrat (auch Rat der Europäischen Union oder einfach nur Rat genannt), die Europäische Kommission (auch einfach Kommission genannt) und den Europäischen Gerichtshof (auch Gerichtshof der Europäischen Union genannt).

Neben den erwähnten Organen gibt es einige weitere bedeutsame Einrichtungen, so den Europäischen Rechnungshof und die Europäische Zentralbank. Lediglich beratende Funktionen haben der Ausschuss der Regionen und der Wirtschafts- und Sozialausschuss. Der Ausschuss der Regionen setzt sich aus Vertretern der regionalen und lokalen Gebietskörperschaften zusammen. Im Wirtschafts- und Sozialausschuss sitzen Vertreter von Arbeitgeber- und Arbeitnehmerorganisationen.

Die Institutionen sind so konstruiert, dass im Ganzen ein Ausgleich von gemeinschaftlichen und mitgliedstaatlichen Interessen gewährleistet ist. Das bedeutet, dass einige Institutionen sich primär als Sachwalter der Interessen der Union verstehen und die Integration vorantreiben wollen, während andere Institutionen eher auf die Wahrung der mitgliedstaatlichen Belange achten, was gegebenenfalls weitere Integrationsschritte bremst. Am sich so bildenden institutionellen Gleichgewicht sind vor allem das Europäische Parlament, die Kommission, der Ministerrat und der Europäische Rat beteiligt.

Die Institutionen der Europäischen Union sind nicht einfach mit denen der Bundesrepublik Deutschland gleichzusetzen, obwohl es durchaus Strukturähnlichkeiten gibt. Gleichwohl begründen die europäischen Verträge kein parlamentarisches Regierungssystem. So ist die Mehrheit im Europäischen Parlament nicht automatisch zugleich Regierungsmehrheit. Denn es gibt in der EU keine eigentliche Regierung und folglich auch keine politische Handlungseinheit zwischen ihr und der Parlamentsmehrheit. Die Unterschiede zum deutschen Regierungssystem dürfen bei der Bewertung der europäischen Institutionen nicht außer Acht gelassen werden.

M 1 Kurzporträts der EU-Organe

■ Das Europäische Parlament
Die 732 Abgeordneten aus den 25 Mitgliedstaaten der EU werden alle fünf Jahre von den Unionsbürgern direkt gewählt, allerdings nicht nach einem einheitlichen europäischen Wahlrecht, sondern gemäß den Bestimmungen in den Mitgliedsländern. Die Sitzordnung richtet sich nicht nach nationaler Zugehörigkeit, sondern nach länderübergreifenden politischen Orientierungen. Das Parlament hat Gesetzgebungs-, Haushalts- und Kontrollrechte. Dabei muss es sich die Gesetzgebung mit dem Ministerrat teilen. Zusammen mit dem Rat berät es den EU-Haushaltsentwurf. Am Ende obliegt es dem Parlament, dem Haushalt entweder zuzustimmen oder ihn abzulehnen. Die Kontrollrechte erstrecken sich ausschließlich auf die Kommission, nicht hingegen auf den Europäischen Rat und den Ministerrat. Das Parlament kann die gesamte Kommission durch ein Misstrauensvotum zum Rücktritt zwingen. Hierzu bedarf es allerdings einer Mehrheit von zwei Dritteln der abgegebenen Stimmen.

Der Europäische Rat
Die 25 Staats- und Regierungschefs der Mitgliedstaaten bilden zusammen mit dem Präsidenten der Kommission den Europäischen Rat. Er trifft sich mehrmals im Jahr zu Gipfelgesprächen. Der Europäische Rat gibt der EU die für ihre Entwicklung erforderlichen Impulse und legt die allgemeinen politischen Zielvorstellungen und Prioritäten hierfür fest. Er ist in das wichtigste Organ der Union, obwohl er nicht gesetzgeberisch tätig wird.

Der Ministerrat (Rat)
Der Ministerrat ist im wörtlichen Sinne ein „entscheidendes" Organ der EU. Denn er beschließt alleine oder zusammen mit dem Parlament die Gesetze der EU. Er tagt, abhängig von der zu regelnden Materie, in unterschiedlichen Zusammensetzungen 70- bis 80-mal im Jahr. Jedes Mitgliedsland ist mit einem Minister vertreten. Als Mitglied einer nationalen Regierung achtet jeder Minister darauf, dass die Interessen seines Landes berücksichtigt werden.

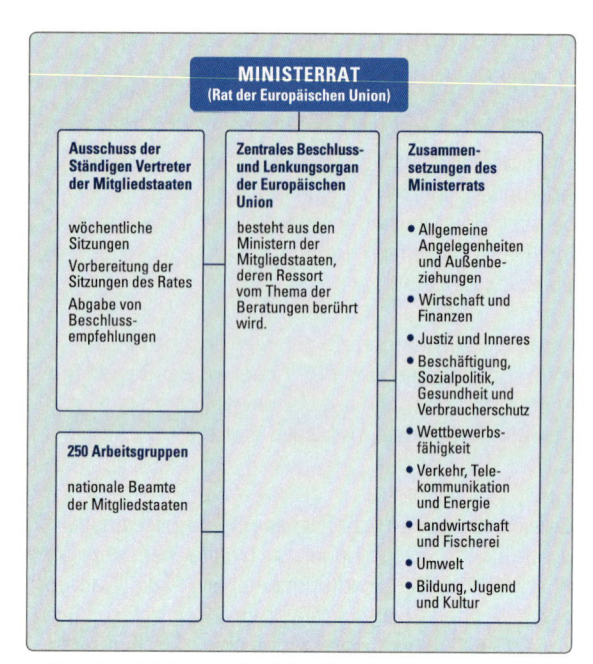

146.1 Der Ministerrat (Rat) der EU

MINISTERRAT
(Rat der Europäischen Union)

- **Ausschuss der Ständigen Vertreter der Mitgliedstaaten**
  - wöchentliche Sitzungen
  - Vorbereitung der Sitzungen des Rates
  - Abgabe von Beschlussempfehlungen
- **250 Arbeitsgruppen**
  - nationale Beamte der Mitgliedstaaten
- **Zentrales Beschluss- und Lenkungsorgan der Europäischen Union**
  - besteht aus den Ministern der Mitgliedstaaten, deren Ressort vom Thema der Beratungen berührt wird.
- **Zusammensetzungen des Ministerrats**
  - Allgemeine Angelegenheiten und Außenbeziehungen
  - Wirtschaft und Finanzen
  - Justiz und Inneres
  - Beschäftigung, Sozialpolitik, Gesundheit und Verbraucherschutz
  - Wettbewerbsfähigkeit
  - Verkehr, Telekommunikation und Energie
  - Landwirtschaft und Fischerei
  - Umwelt
  - Bildung, Jugend und Kultur

Die Europäische Kommission

Die Kommission mit ihren 25 Kommissaren und etwa 20 000 Bediensteten nimmt eine Schlüsselstellung in der EU ein. Die Kommissare stammen zwar aus den Mitgliedstaaten, sie üben ihre Tätigkeit aber nicht als Vertreter ihres Landes aus, sondern in voller Unabhängigkeit zum allgemeinen Wohl der EU. Als Motor der europäischen Integration hat die Kommission das Initiativrecht in der Gesetzgebung. Von ihr werden deshalb Vorschläge zur Weiterentwicklung der Gemeinschaftspolitik erwartet. Als Hüterin der Verträge hat sie darauf zu achten, dass in den Mitgliedstaaten die europäischen Rechtsvorschriften eingehalten werden. Schließlich ist sie als Exekutivorgan der EU verantwortlich für die Umsetzung der Gemeinschaftspolitik. Obwohl man es ab und zu lesen kann, ist es nicht richtig, die Kommission als Regierung der EU zu bezeichnen. Denn zum Regieren gehört auch die Kompetenz, allgemeingültige Regeln (Gesetze) durchzusetzen. Dies jedoch obliegt dem Ministerrat und dem Parlament.

Der Europäische Gerichtshof

Der Gerichtshof dient der Durchsetzung des europäischen Rechts. Als eine Art Verfassungsgericht entscheidet er Streitigkeiten zwischen den EU-Organen. Als Verwaltungsgericht überprüft er, ob das Verwaltungshandeln der EU- und der einzelstaatlichen Behörden mit dem EU-Recht vereinbar ist. Als Strafgericht überprüft er Bußgeld-Entscheidungen der Kommission.

Autorentext

M 2 Einstimmigkeit, qualifizierte Mehrheit, absolute Mehrheit

● Die Handlungsfähigkeit von Institutionen hängt stark davon ab, welche Mehrheiten für bestimmte Aktionen gewonnen werden müssen. An die Organe der EU werden insgesamt hohe Ansprüche gestellt. So ist im Europäischen Rat und im Ministerrat häufig Einstimmigkeit vorgeschrieben. Der Ministerrat kennt aber auch die hohe Hürde der qualifizierten Mehrheit. Selten genügt die einfache Mehrheit der Stimmen.

Das Europäische Parlament muss in sehr vielen Fällen mit der Mehrheit der abgegebenen Stimmen oder sogar der Mehrheit der Mitglieder abstimmen. Absolute Mehrheiten zu erreichen ist immer schwierig und wirkt sich auf das Verhalten der Fraktionen aus: So neigen die zur Mehrheitsbildung benötigten Fraktionen ungeachtet ideologischer Differenzen zu einem kooperativen und nicht zu einem konfrontativen Verhalten. Zum Vergleich: Im Deutschen Bundestag genügen für Gesetzesbeschlüsse einfache Mehrheiten der Anwesenden. Eine einfache Mehrheit ist gegeben, wenn es eine Ja-Stimme mehr gibt als Nein-Stimmen. Dabei ist es unerheblich, wie viele Enthaltungen abgegeben werden.

Qualifizierte Mehrheit – was ist das?
Eine qualifizierte Mehrheit im Ministerrat ist an drei Bedingungen geknüpft: Unter der Voraussetzung, dass die EU in wenigen Jahren wahrscheinlich 27 Mitglieder haben wird, bedeutet diese Mehrheit Folgendes:
1. Mehrheit der Mitgliedsländer (also 14 von 27).
2. Deutliche Mehrheit der von den betreffenden Mitgliedsländern repräsentierten Bevölkerung (mindestens 62 Prozent, also 300 von 484 Millionen Menschen).
3. Sehr große Mehrheit der Stimmen des Ministerrats (mindestens 74,8 Prozent der nach Ländergröße gewichteten Stimmen, d.h. 258 von 345 Stimmen). Die einwohnerstarken Staaten Deutschland, Frankreich, Großbritannien und Italien haben je 29 Stimmen. Spanien und Polen verfügen über 27 Stimmen. Je nach Einwohnerzahl haben mittelgroße Länder 14, 13, 12, zehn und sieben Stimmen. Kleine Länder wie Lettland, Slowenien, Estland, Zypern und Luxemburg haben je vier Stimmen. Malta als der kleinste Mitgliedstaat verfügt über drei Stimmen.

Der noch nicht in Kraft getretene Europäische Verfassungsvertrag sieht eine Vereinfachung der qualifizierten Mehrheit vor. Danach sind nur noch zwei Bedingungen zu erfüllen. 1. Deutliche Mehrheit der Mitgliedsländer (mindestens 55 Prozent, also 15 Staaten).

2. Deutliche Mehrheit der von den betreffenden Mitgliedsländern repräsentierten Bevölkerung (mindestens 65 Prozent, also 315 von 484 Millionen Menschen).

Autorentext

M 3 Skepsis gegenüber Mehrheitsbeschlüssen im Ministerrat – Frage an den britischen Europa-Minister Denis McShane

■ **Großbritannien hat die Ausweitung von Mehrheitsabstimmungen auf etlichen Gebieten bekämpft. [...] Wäre Europa heute dort, wo es ist, ohne Mehrheitsabstimmungen?** Zum Feld der Außenpolitik. Wir sind auf diesem Feld nicht so weit, daß wir Kompetenzen so wie in der Handelspolitik an eine Zentrale abgeben können. Außenpolitik endet nach vielem Bla-Bla häufig bei der Entscheidung, ob ein Soldat irgendwo sein Leben riskieren soll. Die Vorstellung, daß eine Institution in Brüssel zum heutigen Zeitpunkt einen jungen Mann aus meinem Wahlkreis oder aus einer deutschen oder spanischen Stadt hinausschickt, um sein Leben zu riskieren oder gar zu sterben, ist für mich undenkbar. Wenn wir unsere Jungs heute rausschicken, dann hat dies unsere dem Parlament verantwortliche Regierung beschlossen. Das ist der Unterschied.

Aus: FAZ, 20.6.2003, S. 6

M 4 Das Europäische Parlament: Gegenpol zum Ministerrat

■ Europas Abgeordnete sind besonders dann gefragt, wenn sich der eine oder andere Ministerrat nach oftmals langen Sitzungen, weil jeder seine nationalen Interessen einbringen möchte, auf die eine oder andere Kompromissformel geeinigt hat und sie dann dem Parlament zur Abstimmung vorlegen muss. Das sind dann die eigentlichen Sternstunden des Europäischen Parlaments. Es kann dem Ministerrat, aber auch der EU-Kommission auf die Finger klopfen. [...]

Das Recht der Mitentscheidung hat bei den Europaabgeordneten, egal welcher politischen Couleur, ganz entschieden dazu beigetragen, dass sie sich loslösen konnten von Rücksichtnahmen auf nationale oder sogar heimische parteipolitische Interessen. Für sie ist nicht ausschlaggebend, wer zu Hause an der Regierung oder in der Opposition ist. Sie müssen ja nicht über einen heimischen Regierungsvorschlag entscheiden, sondern ab Mai dieses Jahres über das, was 25 Regierungen im Ministerrat der EU aushecken. Und dabei geht es gar nicht anders, als die Interessen aller Bürger Europas zu wahren, und nicht nur an die heimischen Wähler zu denken, die einem ihre Stimme gegeben haben. Nationale politische Absichten werden im Ministerrat ausgefochten. Ob dies auch allen Bürgern der Union gerecht wird, darüber haben die Abgeordneten des Europäischen Parlaments zu wachen. Und das macht einen deutschen, niederländischen oder französischen Abgeordneten eben zum Anwalt nicht nur der eigenen Wähler, sondern ab jetzt auch der Esten, Slowenen, Polen oder Malteser [...].

Aus: Das Parlament, 17./24.5.2004, S. 4, Autor: Heribert Korfmacher

---

AUFGABEN

1. Entwickeln Sie unter Zuhilfenahme von M 1 eine grafische Darstellung, die die Aufgaben der EU-Organe und die Beziehungen zwischen ihnen veranschaulicht.
2. Um Entscheidungen zu fällen, müssen im Europäischen Parlament und im Ministerrat jeweils große Mehrheiten gefunden werden (M 2). Erörtern Sie, warum die Mitgliedstaaten als „Herren der Verträge" diese hohen Hürden aufgebaut haben. Ziehen Sie zur Beantwortung der Frage auch M 3 heran. Halten Sie die hohen Hürden für zukunftsfähig?
3. Was ist nach Auffassung des Autors von M 4 der Grund dafür, dass das Europäische Parlament als „Anwalt aller Bürger Europas" fungiert?

5.3 Politische Entscheidungsprozesse in der Europäischen Union – Politisches Gestalten im verflochtenen Mehrebenensystem

Die Europäische Union produziert im vergemeinschafteten Bereich eine Fülle von Rechtsnormen. Sie ist also gesetzgeberisch tätig. Dennoch nennt sich keine einzige europäische Rechtsvorschrift Gesetz. Im europäischen Recht kennt man stattdessen Verordnungen, Richtlinien und Entscheidungen. Der – noch nicht in Kraft getretene – Vertrag über eine Verfassung für Europa verwendet neue, sinnvollere Begriffe, die zudem der deutschen Begrifflichkeit sehr nahe kommen. So ersetzt er Verordnungen durch Europäische Gesetze, Richtlinien durch Europäische Rahmengesetze und Entscheidungen durch Europäische Beschlüsse. Als neuen Rechtsakt führt er Europäische Verordnungen ein. Diese sind etwas völlig anderes als die Verordnungen in der bisherigen Terminologie. Den Europäischen Verordnungen entsprechen in Deutschland die Rechtsverordnungen.

Bei der europäischen Gesetzgebungsarbeit wirken die Europäische Kommission, der Ministerrat und das Europäische Parlament zusammen. Wie in Deutschland gibt es also auch in der EU nicht nur ein Organ, das die legislative Arbeit erledigt. Es gibt aber einen großen Unterschied zu Deutschland: Abhängig von der jeweiligen Materie sind die Beteiligungsrechte des Parlaments nämlich ganz unterschiedlich ausgeprägt. Im Wesentlichen handelt es sich um die Anhörung, die Zustimmung und die Mitentscheidung.

Die Verfahren zur Produktion von Rechtsvorschriften sind vielfältig und äußerst kompliziert. Es gibt weit über 30 unterschiedliche Formen für die Kombination der Entscheidungsmodalitäten im Ministerrat mit den Beteiligungsmöglichkeiten des Parlaments. Für jeden Politikbereich muss man folglich den betreffenden Vertragsartikel heranziehen, um sich Klarheit über die jeweils vorgesehene Form der Zusammenarbeit und die dabei verlangten Mehrheiten zu verschaffen.

Die europäischen Rechtsnormen müssen in den Mitgliedstaaten umgesetzt und vollzogen werden. Dies erfolgt innerhalb der einzelstaatlichen Verwaltungsorganisation und nach einzelstaatlichen Verwaltungsvorschriften. Die Kommission wacht aber darüber, dass die Mitgliedstaaten das Gemeinschaftsrecht auch beachten. Sie kann notfalls gegen die Mitgliedstaaten Klage vor dem Europäischen Gerichtshof erheben.

Der Sachverhalt, dass das auf europäischer Ebene geschaffene Recht auf der mitgliedstaatlichen Ebene exekutiert wird, deutet an, dass es sich bei der Europäischen Union um ein Mehrebenensystem handelt. Der Ausdruck macht darauf aufmerksam, dass man sich die EU nicht als von den Mitgliedstaaten getrennte Ebene politischer Gestaltung vorstellen darf. Es gibt sogar vielfältige Verflechtungen zwischen der EU-Ebene und der Ebene der Mitgliedstaaten.

Man kann drei Handlungs- und Verhandlungsebenen unterscheiden: Erstens die intra-gemeinschaftliche Ebene, auf der nur die EU-Institutionen interagieren. Zweitens die inter-nationale Ebene: Ministerialbeamte der Mitgliedstaaten agieren in Expertengruppen und in den so genannten Komitologie-Ausschüssen der Europäischen Kommission. Sie nehmen auch teil an den Beratungen des EU-Organs Ministerrat. Sie sind ebenfalls tätig im Ausschuss der Ständigen Vertreter der Mitgliedstaaten in Brüssel. Drittens die intra-nationale Handlungsebene: Die Mitgliedstaaten ermitteln und formulieren ihren jeweiligen nationalen „Standpunkt" zu europäischen Politiken.

M 1 Die Rechte des Europäischen Parlaments im Gesetzgebungsverfahren

■ Für das Zustandekommen von Rechtsakten sind immer Beschlüsse des Ministerrates mit einem jeweils vorgeschriebenen Quorum notwendig. In den meisten Fällen muss der Rat das Europäische Parlament dann am weiteren Verfahren beteiligen. Dabei variieren die Mitbeteiligungsrechte des Parlaments je nach entsprechender Vertragsvorschrift. Im Wesentlichen gibt es drei Verfahren:

—Beim Anhörungsverfahren hat das Parlament lediglich das Recht, Stellungnahmen zu beschließen und Änderungsvorschläge zu unterbreiten. Der Ministerrat ist hieran aber nicht gebunden.

—Beim Zustimmungsverfahren nach Artikel 252 EG-Vertrag ist die Zustimmung des Parlaments mal mit der absoluten Mehrheit der Abstimmenden, mal sogar mit der absoluten Mehrheit der Mitglieder erforderlich. Ohne diese Zustimmung ist der Rechtsakt gescheitert. Das Parlament kann also zustimmen oder ablehnen. Es kann aber keine Änderungen durchsetzen.

_Das besonders komplizierte Mitentscheidungsverfahren nach Artikel 251 EG-Vertrag verleiht dem Parlament die stärksten Gestaltungsmöglichkeiten. Denn in diesem Verfahren kann es Änderungen durchsetzen. Ist es sich mit dem Ministerrat nicht einig, kann nämlich ein paritätisch besetzter Vermittlungsausschuss einberufen werden. Gelangt der Ausschuss zu einer Einigung, in der Regel auf der Basis eines Kompromisses, kommt der Rechtsakt zustande, wenn anschließend der Rat mit qualifizierter Mehrheit und das Parlament mit der absoluten Mehrheit der abgegebenen Stimmen zustimmen. Verweigert eines der beiden Organe die Zustimmung, ist der Rechtsakt gescheitert.

Autorentext

M2 Rechte des Europäischen Parlaments in ausgewählten Politikbereichen der EU

● Anhörungsverfahren
Polizeiliche und justizielle Zusammenarbeit in Strafsachen – Änderung der EU-Verträge – Unionsbürgerschaft – Landwirtschaft – Visa, Asyl, Einwanderung – Wettbewerbsregeln – steuerliche Vorschriften – Wirtschaftspolitik – „verstärkte Zusammenarbeit", d.h. die Regelung, nach der eine Gruppe von Mitgliedstaaten in einem bestimmten Bereich kooperieren kann, selbst wenn die anderen Länder dazu noch nicht bereit sind.

Zustimmungsverfahren
Aufgaben der Europäischen Zentralbank – Struktur- und Kohäsionsfonds – Modalitäten der Wahlen zum Europäischen Parlament – Beitritt neuer Mitgliedstaaten – internationale Abkommen.

Mitentscheidungsverfahren
Verbot der Diskriminierung aufgrund der Staatsangehörigkeit – Freizügigkeit der Arbeitnehmer – Niederlassungsrecht – Verkehr – Binnenmarkt – Beschäftigung – Zusammenarbeit im Zollwesen – Bekämpfung der sozialen Ausgrenzung – Chancengleichheit und Gleichbehandlung – Durchführungsbeschlüsse in Bezug auf den Europäischen Sozialfonds – Bildung – Berufsausbildung – Kultur – Gesundheit – Verbraucherschutz – Transeuropäische Netze – Forschung – Umwelt.

Autorentext

M3 Der Politikzyklus im Mehrebenensystem der Europäischen Union

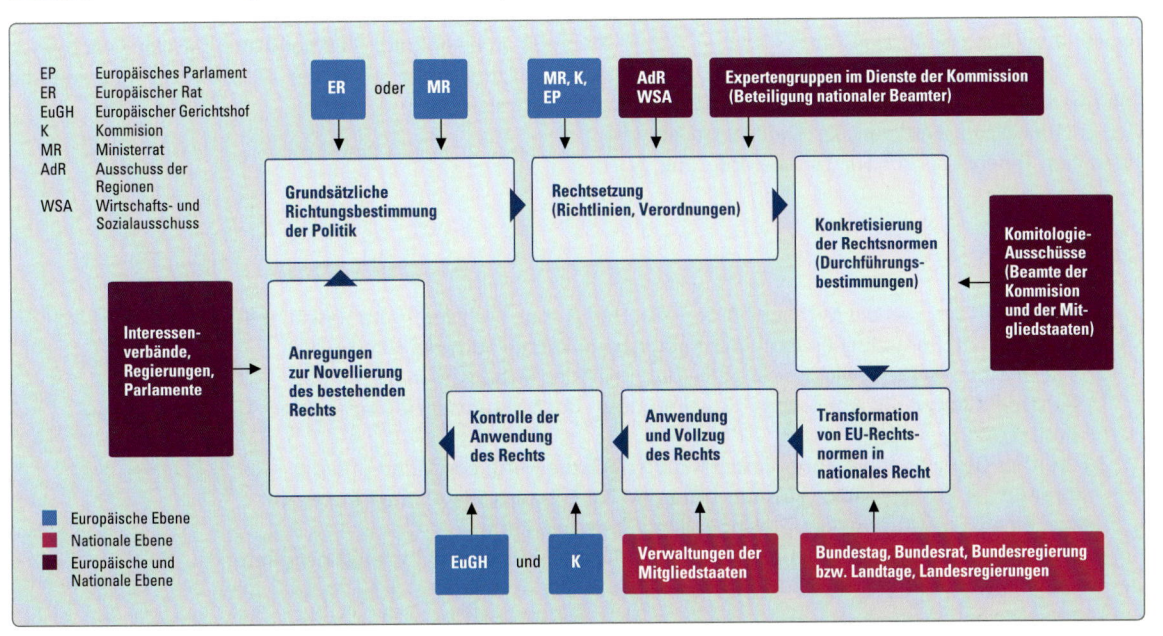

Legende:
- EP: Europäisches Parlament
- ER: Europäischer Rat
- EuGH: Europäischer Gerichtshof
- K: Kommission
- MR: Ministerrat
- AdR: Ausschuss der Regionen
- WSA: Wirtschafts- und Sozialausschuss

Ablauf:
- ER oder MR → Grundsätzliche Richtungsbestimmung der Politik
- MR, K, EP → Rechtsetzung (Richtlinien, Verordnungen)
- AdR, WSA → Konkretisierung der Rechtsnormen (Durchführungsbestimmungen)
- Expertengruppen im Dienste der Kommission (Beteiligung nationaler Beamter)
- Komitologie-Ausschüsse (Beamte der Kommission und der Mitgliedstaaten)
- Interessenverbände, Regierungen, Parlamente → Anregungen zur Novellierung des bestehenden Rechts
- Kontrolle der Anwendung des Rechts ← EuGH und K
- Anwendung und Vollzug des Rechts ← Verwaltungen der Mitgliedstaaten
- Transformation von EU-Rechtsnormen in nationales Recht ← Bundestag, Bundesrat, Bundesregierung bzw. Landtage, Landesregierungen

Ebenen:
- Europäische Ebene
- Nationale Ebene
- Europäische und Nationale Ebene

M 4 Die Herrschaft der Beamten: 250 Ausschüsse und 1200 Expertengruppen arbeiten meist im Verborgenen

■ Ein EU-Ausschuß macht Karriere. Vogelpest und Gentechnik bringen den „Ständigen Ausschuß für die Lebensmittelkette und Tiergesundheit" in die Schlagzeilen. Ob die EU ihre Grenzen für Geflügelfleisch aus Fernost schließt oder gentechnisch veränderte Lebensmittel in die Supermärkte gelangen: die richtungweisenden Vorentscheidungen fallen in einem Gremium, das außerhalb der EU-Zirkel niemand kennt. Der Lebensmittelausschuß ist einer von rund 250 so genannten Komitologie-Ausschüssen. Sie tagen hinter verschlossenen Türen und formulieren viele Detailvorschriften [...].

„Komitologie" kommt aus dem Französischen (*comité*) und bezieht sich im EU-Jargon auf das Zusammenspiel der Ausschüsse mit der EU-Kommission. Daraus gehen im Jahr durchschnittlich mehr als 3 000 Durchführungsverordnungen, Verwaltungsentscheidungen und andere Rechtsakte hervor. [...]

Wer wissen will, wie und wo EU-Initiativen vorbereitet werden, sollte seinen Blick auch auf die wichtigsten der rund 1 200 von der Kommission eingesetzten und meist auch gelenkten Expertengruppen richten. Sie haben zwar keine legislative Aufgabe, und die meisten – rund 750 – sind nur zeitlich befristet tätig. Doch viele Expertengruppen bilden wichtige „Netzwerke oder politische Zirkel" in der Vorbereitungsphase von EU-Initiativen heißt es in einer Studie des schwedischen Politikwissenschaftlers Torbjörn Larsson über die Strategiebildung der Kommission. [...]

Die rund 250 Komitees beschäftigen sich mit fast allen Gemeinschaftspolitiken: von der Landwirtschaft über Justiz und Inneres bis zur Forschungsförderung. Nach einer Studie der Stiftung Marktwirtschaft in Berlin bilden diese Gremien die Keimzelle für mehr als 80 Prozent aller EU-Rechtsakte. Gemeinsam mit der Kommission sei das Komitologie-Verfahren „eine wesentliche Ursache der großen Regelungsdichte in Europa und eines relevanten Teils der Bürokratie, die wir in Deutschland beklagen". [...]

Besetzt sind die Ausschüsse mit Regierungsbeamten aus den EU-Hauptstädten. Sie nehmen zu den von der Kommission ausgearbeiteten Regelungsentwürfen Stellung und üben so eine Kontrollfunktion aus. In Streitfällen geht die Angelegenheit an den Ministerrat. [...] Dennoch ist das Verfahren politisch umstritten. Es mangelt an demokratischer Kontrolle. Das Ausschußwesen verlagert große Teile der EU-Gesetzgebung auf die Verwaltungen [...].

Aus: FAZ, 3. 2. 2004, S. 19, Autoren: Helmut Bünder und Hajo Friedrich

AUFGABEN

1. Überlegen Sie, was die Mitgliedstaaten als „Herren der Verträge" veranlasst haben könnte, dem Europäischen Parlament abgestufte Rechte zu verleihen (M 1).
2. Welches politische Gewicht messen Sie den Politikbereichen zu, in denen das Parlament entweder Anhörungs-, Zustimmungs- oder Mitentscheidungsrechte besitzt (M 2)?
3. Welches Gewicht haben Ihrer Einschätzung nach die Mitgliedstaaten und die Organe der EU im Politikzyklus der Union (M 3)? Erörtern Sie, ob man insgesamt von einem „institutionellen Gleichgewicht" sprechen kann.
4. Diskutieren Sie Sinn, Zusammensetzung und Notwendigkeit der Expertengruppen und der Komitologie-Ausschüsse (M 4).

5.4 Demokratiedefizit oder eine eigene Form der Demokratie? – Legitimationsprobleme der Europäischen Union

Seit jeher sieht sich die Europäische Union mit dem Vorwurf konfrontiert, ein Defizit an Demokratie aufzuweisen. Im Kern basiert die Kritik auf zwei Argumenten. Zum einen wird gesagt, dass die Mitgliedstaaten Hoheitsrechte auf die EU übertragen hätten, wodurch die demokratisch gewählten Parlamente dieser Staaten einen erheblichen Kompetenzverlust erlitten hätten. Zum anderen wird angeführt, dass die Hoheitsrechte Organen anvertraut seien, denen die demokratische Legitimation weitgehend fehle (wie im Fall der Europäischen Kommission) oder die sie nur mittelbar besäßen (wie im Fall des Ministerrates). Demgegenüber gebiete das Europäische Parlament über zu geringe Kompetenzen, obwohl es als einziges Organ der Europäischen Union über eine eigene demokratische Legitimation verfüge. Das Parlament sei insbesondere kein Gesetzgeber im vollen Sinne. Darüber hinaus habe es auch kein Recht, die europäische „Regierung", d. h. die Kommission, zu bestimmen. Zwar sei die Kommission samt Kommissionspräsident von einem Zustimmungsvotum des Parlaments abhängig, das Parlament sei aber an den Vorschlag des Europäischen Rates gebunden. Außerdem liege die politische Richtungsweisung ohnehin nicht bei der Kommission, sondern beim Europäischen Rat sowie beim Ministerrat und damit bei Organen, die dem Parlament von vornherein nicht verantwortlich seien.

Es ist die Frage, ob man die gerügten Mängel bei Einsatz guten Willens leichthin beseitigen könnte. Dagegen spricht, dass die Ordnung der Institutionen ja Ausdruck des Willens souveräner Staaten ist, die bewusst keine politische Superstruktur nach dem Muster der parlamentarischen Demokratie schaffen wollten. Aber selbst wenn sie es gewollt hätten, bleibt zu bezweifeln, ob sich die Europäische Union zu einer wirklichen Demokratie entwickeln könnte. Man darf nicht übersehen, dass eine Demokratie einen gesellschaftlichen Unterbau benötigt. Zu einer europäischen Demokratie könnte es nur kommen, wenn sich die Menschen vorrangig als europäische Bürger verstünden und es folglich einen europäischen politischen Diskurs gäbe. Aber weder gibt es das Bewusstsein, Angehöriger eines europäischen Staatsvolkes zu sein, noch eine europaweite politische Kommunikation auf der Basis einer einheitlichen Sprache.

Gegen die These des Demokratiedefizits wird angeführt, dass die EU zwar nicht die Kriterien einer parlamentarischen Demokratie erfülle, aber deshalb noch lange nicht einfach als undemokratisch zu qualifizieren sei. In ihr kämen durchaus Elemente der Demokratie zum Zuge, wenn auch nicht in den herkömmlichen Bahnen des parlamentarischen Systems.

M 1 Starke Demokratiedefizite in der Europäischen Union

■ Bis heute halten Regierungen wie Kommission die Abgeordneten gerne in Abhängigkeit. Sie werden nicht gefragt und müssen nicht ratifizieren, wenn die Regierungen den EU-Vertrag ändern – obwohl das die Verfassung der Gemeinschaft und damit die Parlamentsrechte direkt betrifft. Über etwa drei Viertel der Gesetze entscheiden die Parlamentarier heute schon mit, immer gemeinsam mit den im Rat vertretenen Ministern der Mitgliedstaaten. Doch anders als der Bundestag hat das Europaparlament gegenüber dem Rat nie das letzte Wort. Umgekehrt bleiben den Abgeordneten ganze Domänen wie die Agrarpolitik vollkommen entzogen […]

Das Parlament befindet zusammen mit den Ministern zwar über den Haushalt – aber auch hier ist der 45 Milliarden Euro fette Agrartopf für die Abgeordneten tabu. Außerdem haben sie praktisch keinerlei Einfluss auf die Besetzung der Kommission. Deren Präsident und die Kommissare werden nach wie vor von den Regierungen ausgewählt. Die Abgeordneten haben keine Wahl: Sie können die Kandidaten zwar ins Parlament zitieren und anhören – aber dann nur bestätigen oder ablehnen. Letzteres haben sie noch nie gewagt. […]

Angesichts solcher Zahnlosigkeit ist es kein Wunder, dass die Wahlbeteiligung bei Europawahlen von Mal zu Mal sinkt. Denn egal ob die Wähler sozial- oder christdemokratisch wählen, ob sie grün oder liberal stimmen – auf die Besetzung der Kommission hat das bis heute keinerlei Einfluss.

Aus: Andreas Oldag/Hans-Martin Tillack, Raumschiff Brüssel. Wie die Demokratie in Deutschland scheitert. Berlin 2003, S. 105 ff.

M 2 Von einem Demokratiedefizit kann keine Rede sein

Die Demokratie ist ein Verfahren der Erkundung und der Befriedigung des Bedarfs der Menschen, das dann und nur dann erforderlich ist, wenn marktliche Verfahren der Bedarfserkundung und Bedarfsbefriedung versagen. Demokratie ist Mittel, nicht Zweck. Das Demokratieprinzip verlangt, alles staatliche Handeln am Willen des Volkes – Ökonomen sprechen von Präferenzen – auszurichten. Demgemäß kann man von einem Demokratiedefizit erst sprechen, wenn die Transmission des Bürgerwillens in Kollektiventscheidungen mißlingt. Mit anderen Worten: Wer ein Demokratiedefizit beklagt, muß nachweisen, daß die staatlichen Leistungen nicht den Präferenzen der Bürger entsprechen. Und wer mit Verweis auf das Demokratiedefizit Verbesserungsvorschläge unterbreitet, sollte überzeugend begründen, warum sie zielführend sind, das heißt, inwiefern sie zu vertretbaren Kosten tatsächlich die staatlichen Leistungen besser an die Präferenzen der Bürger koppeln als bisher. […]

Die Kommission betrachtet man funktional (und historisch) am besten als einen Ausschuß, den demokratisch verfaßte Mitgliedstaaten zur Vorbereitung vor Entscheidungen eingesetzt haben, welche auf die gemeinsame Verfolgung von Zwecken gerichtet sind. Im Sinne der so genannten Prinzipal-Agenten-Theorie ist die Kommission ursprünglich ein Agent der Mitgliedstaaten als Prinzipale (Auftraggeber). […] Weil die Regierungen der Mitgliedstaaten demokratisch legitimiert sind, ist es auch der von ihnen eingesetzte und ihnen verantwortliche Agent. Es handelt sich also um eine abgeleitete (vermittelte) demokratische Legitimation. Tatsächlich erfährt die Kommission eine weitere Legitimation dadurch, daß das Europäische Parlament den vom Europäischen Rat vorgeschlagenen Präsidenten der Kommission bestätigen muss. Auch kann das Parlament einen Mißtrauensantrag gegen die Kommission stellen. […]

Die Europäische Kommission besitzt das Monopol zur Gesetzesinitiative; allerdings können das Europäische Parlament und der Ministerrat die Kommission auffordern, in bestimmten Gebieten aktiv zu werden. Dieses Monopol stellt jedoch keinen Verstoß gegen das Demokratieprinzip dar. Es ist der Kommission von den Völkern Europas durch die europäischen Verträge verliehen worden. Mit der Nutzung des Monopols maßt sich die Kommission nicht die Kompetenz eines Gesetzgebers an. Man sollte im übrigen nicht vergessen, daß in Demokratien neben den Abgeordneten auch die von ihnen gewählte Regierung Gesetzesvorschläge einbringen darf und daß die Ministerialbürokratie beauftragt wird, Referentenentwürfe vorzulegen.

Es gehört nicht zum Wesen der Demokratie, daß ein Parlament auch die Regierung bildet. Man denke nur an Frankreich und die Vereinigten Staaten, wo die Regierungschefs separat vom Volk gewählt werden. Entscheidend ist vielmehr, daß ein Parlament die Legislativkompetenz besitzt, also daß ohne seine Zustimmung keine Gesetze erlassen werden können (Vetorecht). Dies ist in vielen Politikbereichen in der EU der Fall; allerdings teilt sich das Europäische Parlament die Gesetzgebungsrechte mit dem Rat. Heute versteht sich das Europäische Parlament vor allem als Kontrollorgan gegenüber Kommission und Rat. Würde die Kommission vom Europäischen Parlament gebildet, wäre dies unter dem Gesichtspunkt der Kontrolle der Kommission durch das Parlament ein Rückschritt. Die Kontrolle würde nicht verbessert, sondern verschlechtert. Die Parlamentsmehrheiten würden sich unter der Hand in Regierungsunterstützer verwandeln. […]

Ein Insider hat das einmal so formuliert: „Da die Abgeordneten des Europäischen Parlaments noch keine europäische Regierung zu stützen oder zu bekämpfen haben, sondern mit großer Mehrheit der europäischen Integration verschrieben sind, kommen sie ihrer Aufgabe als Gesetzgeber weniger ideologisch, sondern eher sachbezogen nach."

Aus: FAZ, 27.11.2004, S. 15, Autor: Dieter Schmidtchen

AUFGABEN

1. Arbeiten Sie die Argumente von M 1 und M 2 heraus. Prüfen Sie, ob entgegengesetzte Auffassungen vertreten oder nur verschiedene Aspekte betont werden.
2. Diskutieren Sie, welche Aspekte der These vom Demokratiedefizit der EU Sie für berechtigt und welche für unberechtigt halten.
3. Wie beurteilen Sie die These des Autors von M 2, dass die Qualität der Parlamentsarbeit leiden würde, wenn die Kommission vom Parlament gewählt würde.

5.5 Eine Verfassung für Europa – Ein Erfolg versprechender Weg zu mehr Akzeptanz der Europäischen Union bei den Europäern?

Im Jahr 2001 beschlossen die Staats- und Regierungschefs der seinerzeit 15 Mitgliedstaaten, einen Europäischen Konvent einzuberufen und ihn mit der Erstellung eines Entwurfs zur Änderung der geltenden europäischen Verträge zu beauftragen. Dahinter stand das Bedürfnis, Grundlagen und Zuständigkeiten der EU durchschaubar und zukunftsweisend zu regeln. Denn die politische Architektur der EU gleicht der eines Bauwerks, das nicht nach einem festen Plan errichtet, sondern von Fall zu Fall erweitert und verändert wurde, so dass sich kaum noch jemand in ihm zurechtfindet.

Der Konvent legte im Sommer 2003 einen Entwurf für eine Europäische Verfassung vor, der mit geringfügigen Änderungen im Herbst 2004 von den Staats- und Regierungschefs der EU-Mitgliedstaaten unterzeichnet wurde. Als völkerrechtlicher Vertrag muss er von den Mitgliedstaaten noch ratifiziert werden, um in Kraft treten zu können. Die Ratifizierung erfolgt entsprechend den verfassungsrechtlichen Bestimmungen der Mitgliedstaaten entweder durch Parlamentsbeschluss oder durch Volksabstimmung. Das Schicksal des Verfassungsvertrages ist ungewiss, da Volksabstimmungen in mehreren Staaten negativ ausfielen.

Der Vertrag über eine Verfassung für Europa weist eine Reihe von Vorzügen auf. So fasst er die vielen Verträge zu einem einzigen Dokument zusammen, lichtet also den bisherigen Vertragsdschungel. Angesichts der Komplexität der Regelungsmaterien und des komplizierten institutionellen Gefüges der Union ist die Verfassung allerdings kein straffes Dokument, sondern mit weit über 400 Artikeln eine Art Handbuch des europäischen Verfassungsrechts. Weiterhin stärkt der Verfassungsvertrag die Rechte des Europäischen Parlaments sowie die Teilhaberechte der Unionsbürger. Er vereinfacht das Abstimmungsverfahren im Ministerrat und führt mit dem Außenminister der Union ein neues Amt ein. Es bleibt jedoch abzuwarten, ob der Verfassungsvertrag die verbreitete Europaskepsis und Europamüdigkeit überwinden wird.

M 1 Mehr Bürgerfreundlichkeit durch die Europäische Verfassung?

Artikel I-47 EU-Verfassungsvertrag (Grundsatz der partizipativen Demokratie)

(1) Die Organe geben den Bürgerinnen und Bürgern und den repräsentativen Verbänden in geeigneter Weise die Möglichkeit, ihre Ansichten in allen Bereichen des Handelns der Union öffentlich bekannt zu geben und auszutauschen.

(2) Die Organe pflegen einen offenen, transparenten und regelmäßigen Dialog mit den repräsentativen Verbänden und der Zivilgesellschaft.

(3) Um die Kohärenz und die Transparenz des Handelns der Union zu gewährleisten, führt die Kommission umfangreiche Anhörungen der Betroffenen durch.

(4) Unionsbürgerinnen und Unionsbürger, deren Anzahl mindestens eine Million betragen und bei denen es sich um Staatsangehörige einer erheblichen Anzahl von Mitgliedstaaten handeln muss, können die Initiative ergreifen und die Kommission auffordern, im Rahmen ihrer Befugnisse geeignete Vorschläge zu Themen zu unterbreiten, zu denen es nach Ansicht jener Bürgerinnen und Bürger eines Rechtsakts der Union bedarf, um die Verfassung umzusetzen. […]

Artikel I-50 EU-Verfassungsvertrag (Transparenz der Arbeit der EU-Organe)

(1) Um eine verantwortungsvolle Verwaltung zu fördern und die Beteiligung der Zivilgesellschaft sicherzustellen, handeln die Organe, Einrichtungen und sonstigen Stellen der Union unter weitestgehender Beachtung des Grundsatzes der Offenheit.

(2) Das Europäische Parlament tagt öffentlich; dies gilt auch für den Rat, wenn er über Entwürfe zu Gesetzgebungsakten berät oder abstimmt. […]

M 2 Was das Europäische Parlament künftig entscheiden wird

■ Wie kommen europäische Gesetze zustande? Für die Bürger war das in der Vergangenheit häufig ein Buch mit sieben Siegeln. In der neuen Verfassung ist es mit erfreulicher Klarheit geregelt: Europäische Gesetze und Rahmengesetze werden [...] auf Vorschlag der Kommission vom Europäischen Parlament und vom Ministerrat gemeinsam erlassen. Gelangen die beiden Organe nicht zu einer Einigung, so kommt der betreffende Gesetzgebungsakt nicht zustande. [...]

Diese Mitentscheidung des Europäischen Parlaments ist nicht neu, aber erst jetzt kommt dieses Prinzip auf breiter Basis zum Tragen. Ein Blick auf folgende Zahlen zeigt, wie das Parlament Schritt für Schritt vorrücken konnte: Weil das demokratische Defizit Regierungschefs wie Bürgern zunehmend Kopfschmerzen bereitete, erhielt das Parlament 1992 im Maastrichter Vertrag erstmals Mitentscheidungsrechte in 15 ausgewählten Feldern der Gesetzgebung. Diese Zahl wurde in Amsterdam 1997 auf 38 aufgestockt, in Nizza gab es 2001 einen Nachschlag auf 43. In der europäischen Verfassung wird es für alle 84 Felder des normalen Gesetzgebungsverfahrens gelten. Lediglich in 22 Ausnahmefällen, geprägt von besonderen nationalen Empfindlichkeiten, wird der Ministerrat das Heft nicht aus der Hand geben. [...]

Der Stellenwert der Europawahlen steigt auch vor einem anderen Hintergrund: Der Präsident der Europäischen Kommission wird in Zukunft von den Staats- und Regierungschefs unter Berücksichtigung der Wahlen zum EU-Parlament vorgeschlagen. Der Kommissionschef erhält seine demokratische Legitimation aus der Volksvertretung. Das Europäische Parlament wählt diesen Kandidaten mit der Mehrheit seiner Mitglieder. [...]

Aus: Das Parlament, 3.11.2003, S. 7, Autor: Klaus Löffler

M 3 Kann die Verfassung Europa in den Herzen der Unionsbürger verankern?

■ Mit der Verfassung werden Ziele verfolgt, die [über eine Klärung rechtlicher Zuständigkeiten der EU, der Verf.] hinausgehen. Zum einen erhofft man sich von einer Verfassung die Deckung des seit langem beklagten europäischen Demokratiedefizits. Zum anderen verspricht man sich von ihr die Überbrückung der Kluft zwischen den Unionsbürgern und den europäischen Organen sowie die Überwindung der Indifferenz der meisten Europäer gegenüber der Union, welche sich zusehends als Hindernis einer fortschreitenden Integration erweist. Anders als die Verträge soll die Verfassung nicht nur auf der juristischen, sondern auch auf der symbolischen Ebene Wirkung entfalten und die Europäische Union in den Herzen der Bürger verankern sowie den Kristallisationspunkt für eine europäische Identität bilden. [...]

[Es ist nicht] zu erwarten, daß eine europäische Verfassung die identitätsstiftende Kraft entfalten würde, welche gelungene nationalstaatliche Verfassungen wie das Grundgesetz besitzen. Nach allem, was man über Verfassungen weiß, denen eine solche, ihren juristischen Regelungsgehalt übersteigende symbolische Wirkung eignet, müssen sie aus einer außergewöhnlichen Situation einer triumphalen Revolution oder der Erhebung aus einer katastrophalen Niederlage, hervorgegangen sein, die sich ins kollektive Gedächtnis eingegraben hat, in der Verfassung stets von neuem erinnert wird und imstande ist, diejenige Solidarität und Opferbereitschaft wachzuhalten, die eine politische Einheit von einer bloßen Zweckgemeinschaft unterscheidet. In Europa gibt es einen solchen „constitutional moment" wie Bruce Ackerman es genannt hat, derzeit nicht.

Aus: FAZ, 16.6.2003, S. 35, Autor: Dieter Grimm

AUFGABEN

1. Arbeiten Sie aus M 1 heraus, welche Maßnahmen die EU gemäß Verfassungsvertrag für mehr Bürgerfreundlichkeit ergreifen will.
2. Welche Chancen, Leben zu gewinnen, räumen Sie dem Initiativrecht der Bürger gemäß Artikel I-47, Absatz 3 EU-Verfassungsvertrag (M 1), ein? Berücksichtigen Sie den zu erbringenden Aufwand und den zu erwartenden Ertrag einer Initiative.
3. Erörtern Sie vor dem Hintergrund von M 2 und M 3, ob die EU-Verfassung imstande sein wird, die emotionale Distanz der Bürger zur EU zu überwinden.

5.6 Die Europäisierung des deutschen Regierungssystems – Reaktionen der Institutionen auf den europäischen Anpassungsdruck

Der europäische Integrationsprozess hat in den Mitgliedstaaten das Verhältnis der Regierungen und Parlamente zueinander nachhaltig verändert. Die nationalen Parlamente fühlen sich benachteiligt, weil sie legislative Zuständigkeiten an die Europäische Union abgeben mussten. Da in der EU der Ministerrat das maßgebliche Legislativorgan ist und die Regierungen den Ministerrat personell besetzen, ist die europäische Gesetzgebungskompetenz letztlich bei den mitgliedstaatlichen Regierungen angekommen. Viele Fachleute in den Bundesministerien sind deshalb auch mit Fragen der europäischen Gesetzgebung befasst.

Dem Prozess der „Entparlamentarisierung" steht eine „Europäisierung" der Parlamentsarbeit gegenüber, die sich in Deutschland in einer immer umfangreicheren Auseinandersetzung des Bundestages mit Angelegenheiten der Europäischen Union (Unionsvorlagen) niederschlägt. Der Bundesrat ist ebenfalls von der Europäisierung der Politik stark betroffen. Hat er im Rahmen der Bundesgesetzgebung bei zustimmungspflichtigen Gesetzen ein Vetorecht, so entfällt dieses, wenn die betreffende Materie auf die EU übertragen wurde. Europäisierung bedeutet in diesen Fällen also Machtverlust. Für die Länder sieht die Situation ähnlich aus, wenn ihre Gesetzgebungskompetenz in den Sog der Europäisierung gerät.

M 1 Artikel 23 GG (Europäische Union) [Auszug]

(2) In Angelegenheiten der Europäischen Union wirken der Bundestag und durch den Bundesrat die Länder mit. Die Bundesregierung hat den Bundestag und den Bundesrat umfassend und zum frühest möglichen Zeitpunkt zu unterrichten.
(3) Die Bundesregierung gibt dem Bundestag Gelegenheit zur Stellungnahme vor ihrer Mitwirkung an Rechtsetzungsakten der Europäischen Union. Die Bundesregierung berücksichtigt die Stellungnahmen des Bundestages bei den Verhandlungen. [...]
(4) Der Bundesrat ist an der Willensbildung des Bundes zu beteiligen, soweit er an einer entsprechenden innerstaatlichen Maßnahme mitzuwirken hätte oder soweit die Länder innerstaatlich zuständig wären.

(5) [...] Wenn im Schwerpunkt Gesetzgebungsbefugnisse der Länder, die Einrichtung ihrer Behörden oder ihre Verwaltungsverfahren betroffen sind, ist bei der Willensbildung des Bundes insoweit die Auffassung des Bundesrates maßgeblich. [...]

(6) Wenn im Schwerpunkt ausschließliche Gesetzgebungsbefugnisse der Länder betroffen sind, soll die Wahrnehmung der Rechte, die der Bundesrepublik Deutschland als Mitgliedstaat der Europäischen Union zustehen, vom Bund auf einen vom Bundesrat benannten Vertreter der Länder übertragen werden. [...]

M 2 Anzahl der EU-Vorlagen im Deutschen Bundestag

1990–1994	1994–1998	1998–2002	2002–2005
1860	2070	2131	1522

Aus: Roland Sturm/Heinrich Pehle, Das neue deutsche Regierungssystem, Wiesbaden, 2. Auflage 2005, S. 64; 2002–2005: Recherche des Autors.

AUFGABEN

1. Bewerten Sie aus der Sicht eines Ministerpräsidenten eines Landes die Vorkehrungen, die Artikel 23 GG getroffen hat, um die Belange der Länder im europäischen Gesetzgebungsprozess zu gewährleisten (M 1).
2. Erörtern Sie unter Rückgriff auf den einleitenden Text, M 1 und M 2, ob der Bundestag wirklich der Verlierer der Europäisierung der Politik ist.

WEITERFÜHRENDE INFORMATIONEN

Informationen zum politischen Prozess der Europäischen Union

FACHLITERATUR

Brunn, Gerhard: Die Europäische Einigung. Von 1945 bis heute, Stuttgart 2002
Jopp, Mathias/Matl, Saskia (Hg.): Der Vertrag über eine Verfassung für Europa – Analysen zur Konstitutionalisierung der EU, Baden-Baden 2005
Läufer, Thomas (Hg.): Verfassung der Europäischen Union (Schriftenreihe der Bundeszentrale für politische Bildung, Bd. 474), Bonn 2005
Mickel, Wolfgang W./Bermann, Jan M. (Hg.): Handlexikon der Europäischen Union. Neuausgabe, Baden-Baden, 3. Auflage 2005
Möstl, Markus: Verfassung für Europa. Einführung und Kommentierung mit vollständigem Verfassungstext, München 2005
Siedentopf, Heinrich (Hg.): Der Europäische Verwaltungsraum, Baden-Baden 2004
Sturm, Roland/Pehle, Heinrich: Das neue deutsche Regierungssystem. Die Europäisierung von Institutionen, Entscheidungsprozessen und Politikfeldern in der Bundesrepublik Deutschland, Wiesbaden 2005
Töller, Annette Elisabeth: Dimensionen der Europäisierung – Das Beispiel des deutschen Bundestages, in: Zeitschrift für Parlamentsfragen 35 (2004), S. 25–50
Weidenfeld, Werner (Hg.): Die Europäische Union. Politisches System und Politikbereiche (Schriftenreihe der Bundeszentrale für politische Bildung, Bd. 442), Bonn 2004
ders.: Die Staatenwelt Europas (Schriftenreihe der Bundeszentrale für politische Bildung, Bd. 443), Bonn 2004
ders./Wessels, Wolfgang (Hg.): Europa von A bis Z. Taschenbuch der europäischen Integration, Bonn, 9. Auflage 2005

INTERNETADRESSEN

Europawebseite des Auswärtigen Amtes	www.auswaertiges-amt.de/www/de/europa/index_html
Ausschuss der Regionen (in deutscher Sprache)	www.cor.eu.int/de/index.htm
Homepage des Europäischen Bürgerbeauftragten	www.euro-ombudsman.eu.int/home/de
Nachrichten zu EU-Themen und Hinweise auf weitere Webseiten, die über Europa informieren	www.europa-digital.de
Portalseite, über die man auf die Webseite der EU mit aktuellen Informationen zu allen Europafragen gelangt	www.europa.eu.int
Eurostat (Statistisches Amt der EU)	www.europa.eu.int/comm/eurostat
Zukunftsaspekte der EU	www.europa.eu.int/futurum/index_de.htm
Beschlüsse der Europaministerkonferenz der deutschen Länder	www.europaminister.de

VORSCHLÄGE FÜR REFERATE UND FACHARBEITEN

» Welche Schwierigkeiten hindern die Europäer, die „Vereinigten Staaten von Europa" zu bilden?
» Vergleich des Bundestages mit dem Europäischen Parlament
» Anhörungsverfahren, Zustimmungsverfahren, Mitentscheidungsverfahren: Welche Möglichkeiten hat das Europäische Parlament in diesen Verfahren, seine Sichtweise gegenüber dem Ministerrat durchzusetzen?
» Was kann „Demokratisierung der EU" im Einzelnen bedeuten? Welche Chancen räumen Sie einer Demokratisierung ein?
» Welche Möglichkeiten sehen Sie, das Europabewusstsein der Deutschen zu stärken?

Welche theoretischen Konzeptionen der Demokratie gibt es?

6.0

Um politische Gewalt richtig zu verstehen und sie von ihrem Ur[sprung] abzuleiten, müssen wir erwägen, in welchem Zustand sich die Me[nschen] von Natur aus befinden. Es ist ein Zustand vollkommener Fre[iheit] innerhalb der Grenzen des Gesetzes der Natur ihre Handlung[en] [...] und ihre Persönlichkeit so zu ver[...]

6.1 Verfassungsdemokratie oder Souveränitätsdemokratie?

Historisch versteht es sich keineswegs von selbst, in der Demokratie die beste und den Menschen am meisten angemessene politische Ordnung zu sehen. Die Demokratie hatte vielmehr lange Zeit einen ziemlich schlechten Ruf. Vorbereitet vom Aufklärungsdenken im 17. und 18. Jahrhundert, genießt der Gedanke der Volkssouveränität, der das legitimatorische Fundament der demokratischen Herrschaftsordnung bildet, erst seit Ende des Ersten Weltkrieges allgemeine Anerkennung. Seitdem hat allerdings die Demokratie einen unvergleichlichen Siegeszug durch die Welt angetreten. Mit Ausnahme einiger arabischer Monarchien bekennen sich praktisch alle Staaten der Welt, selbst Diktaturen, dazu, Herrschaft von Volkes Gnaden auszuüben. Aus diesem Sachverhalt kann man bereits schließen, dass sich hinter dem Wort Demokratie sehr Unterschiedliches verbirgt.

Ein Blick in die politische Theoriengeschichte zeigt, dass es kontroverse Auffassungen über die Demokratie gibt. Im Grunde lassen sich zwei in ihren Prämissen und ihren Folgen extrem unterschiedliche Richtungen der Demokratietheorie unterscheiden. Für die eine Richtung steht unangefochten Jean-Jacques Rousseau (1712–1778) als maßgeblicher Begründer.

Die andere Richtung geht nicht in dieser Ausschließlichkeit, aber in der Wirkungsgeschichte doch sehr stark auf einen anderen Denker der Aufklärung zurück, nämlich auf John Locke (1632–1704). Das von Locke zum Teil nur umrisshaft Angedeutete ist im Verlauf der Geschichte von der politischen Praxis mit Leben gefüllt und von späteren Demokratietheoretikern mit Begriffen versehen worden.

Hält man es für richtig, dass dem Willen des Volkes in dem Sinne unbeschränkte Geltung zukommt, dass er oberstes, an keine vorrangige Norm gebundenes Gesetz ist, bewegt man sich in Rousseauschen Gedankenbahnen. Hält man es entgegen der Überzeugung Rousseaus und seiner Anhänger für richtig, dass die Menschen immer schon moralisch-rechtlich an bestimmte, aus ihrem Menschsein resultierende Normen gebunden sind, sodass es auch den gesetzgebenden Institutionen nicht zusteht, hierüber souverän zu entscheiden, folgt man John Locke und mit ihm der gesamten europäischen naturrechtlichen Tradition. Dem Denken Rousseaus entspricht die Souveränitätsdemokratie. Aus Lockes Konzeption lässt sich die Verfassungsdemokratie ableiten.

M 1 Merkmale der Souveränität

1. Der Souverän kann unbeschränkt über das Recht verfügen. Er kann neues Recht schaffen, er kann altes abschaffen, und zwar unbeschränkt durch irgendwelches Verfassungsrecht. Er kann zwar Verfassungsrecht „gewähren", er kann es aber auch wieder zurücknehmen. Ihn selbst bindet es nicht. Seine Souveränität kann folglich auch nicht durch Verfassungsrecht verliehen sein. Vielmehr ist der Souverän selbst die Quelle allen Rechts, auch des Verfassungsrechts. [...]

2. Der Souverän kann das Recht brechen. Das heißt, er braucht das Recht nicht selbst zu beachten, weder das von ihm selbst gesetzte noch das überkommene Recht, das er weiter gelten lässt. Er braucht es also, wenn er sich nicht daran halten will, nicht abzuändern, er kann es vielmehr bestehen lassen und sich dennoch darüber hinwegsetzen. Alle anderen sind an das vom Souverän gesetzte Recht gebunden, er selbst bildet die Ausnahme. [...]

3. Der Souverän kann jede Kompetenz jederzeit an sich ziehen. Er hält damit die Gewalt ungeteilt in seiner Hand. Alle Staatsgewalt, die sich in anderen Händen befindet, ist von ihm delegierte Staatsgewalt. Es gibt keine Gewaltenteilung. [...] Eine auf verschiedene Organe aufgeteilte Souveränität wäre ein Widerspruch in sich. [...]

4. Die Souveränität des Souveräns gilt unbedingt, unwiderruflich und zeitlich unbeschränkt. Jeder ihr Unterworfene muss deshalb vorbehaltlos vor ihr resignieren. [...]

5. Die Souveränität des Souveräns gilt inhaltlich unbeschränkt. Deshalb kann es gegen den Souverän kein Widerstandsrecht geben [...]. Infolgedessen kann es auch kein irgendwie verbindliches Naturrecht geben [...]. Denn sonst könnte mithilfe der Behauptung, der Souverän habe das Naturrecht verletzt, das Widerstandsrecht doch begründet werden. [...]

Aus: Martin Kriele, Einführung in die Staatslehre, Stuttgart, 6. Auflage 2003, S. 42 f.

M 2 Die „Führerverfassung" des nationalsozialistischen Staates

■ Die Amtsgewalt des Führers ist keine Kompetenz. Nicht den Führer macht das Amt, sondern der Führer gestaltet das Amt nach seiner Mission. Er hat alle Kompetenzen, deren er bedarf, um das Volk nach dem Ziel zu führen, welches ihm von der Vorsehung gesteckt ist. […] Die frühere rechtsstaatliche Lehre unterschied bekanntlich zwischen der ordentlichen und der Ausnahmegewalt der Staatsleitung. Nur die erste entsprach wirklich dem Rechtsideal des damaligen Rechtsstaates. Die Ausnahmegewalt stand im Verdacht der Willkür und wurde deshalb in ein möglichst engmaschiges Netz von Kontrollen verstrickt. Heute zählt auch die Bewältigung „außerordentlicher" Lagen zu den ordentlichen Pflichten und Rechten der Führung. Es bedarf deshalb keiner nachträglichen Anerkennung oder gar „Legalisierung" solcher Akte. […]

Aus: Johannes Heckel, Die Führerrede und das sog. Ermächtigungsgesetz vom 30. Januar 1937, in: Martin Hirsch u. a. (Hg.), Recht, Verwaltung und Justiz im Nationalsozialismus, Köln 1984, S. 144 f.

M 3 Pouvoir constituant[1] oder Pouvoir constitué[2]? Als was erscheint das Volk im Grundgesetz?

■ Präambel: Im Bewusstsein seiner Verantwortung vor Gott und den Menschen, von dem Willen beseelt, als gleichberechtigtes Glied in einem vereinten Europa dem Frieden der Welt zu dienen, hat sich das Deutsche Volk kraft seiner verfassungsgebenden Gewalt dieses Grundgesetz gegeben.

Art. 1 Abs. 2: Das Deutsche Volk bekennt sich […] zu unverletzlichen und unveräußerlichen Menschenrechten als Grundlage jeder menschlichen Gemeinschaft, des Friedens und der Gerechtigkeit in der Welt.

Art. 20 Abs. 2: Alle Staatsgewalt geht vom Volke aus. Sie wird vom Volke in Wahlen und Abstimmungen und durch besondere Organe der Gesetzgebung, der vollziehenden Gewalt und der Rechtsprechung ausgeübt.

Art. 29 Abs. 2: Maßnahmen zur Neugliederung des Bundesgebietes ergehen durch Bundesgesetz, das der Bestätigung durch Volksentscheid bedarf. […]

Art. 38 Abs. 1: Die Abgeordneten des Deutschen Bundestages werden in allgemeiner, unmittelbarer, freier, gleicher und geheimer Wahl gewählt.

Art. 146: Dieses Grundgesetz, das nach Vollendung der Einheit und Freiheit Deutschlands für das gesamte deutsche Volk gilt, verliert seine Gültigkeit an dem Tage, an dem eine Verfassung in Kraft tritt, die von dem deutschen Volke in freier Entscheidung beschlossen worden ist.

1 Pouvoir constituant: Verfassunggebende Gewalt (= Souverän)
2 Pouvoir constitué: Verfasste Gewalt (= Träger zugewiesener Kompetenzen)

AUFGABEN

1. Geben Sie mit eigenen Worten wieder, welche Merkmale die Souveränität auszeichnen (M 1).
2. Wenden Sie den Begriff der Souveränität (M 1) auf die politische Ordnung der Bundesrepublik Deutschland an und prüfen Sie, ob es in dieser Ordnung einen Souverän gibt. Konzentrieren Sie sich dabei auf das Volk, die Regierung, das Parlament und das Staatsoberhaupt. Nehmen Sie bei der Prüfung das Grundgesetz zur Hand und studieren Sie die einschlägigen Bestimmungen.
3. Diskutieren Sie, ob es nicht ein Zeichen echter Demokratie wäre, wenn das Volk im Sinne von M 1 die unbeschränkte Souveränität ausübte.
4. Überlegen Sie, ob man die Aussagen von M 2 auf die theoretischen Ausführungen von M 1 beziehen kann. Falls ja: Wie würden Sie diese Form der Souveränität bezeichnen?
5. Prüfen Sie die Grundgesetzbestimmungen in M 3, ob sie das Volk als oberhalb der Verfassung stehenden Souverän oder als innerhalb der Verfassung stehenden Träger zugewiesener Kompetenzen ansprechen.

M 4 Die Verfassungsdemokratie

● Wenn wir vom Verfassungsstaat sprechen, so verstehen wir unter dem Begriff des „Staates" das Gesamt der Staatsorgane und des Staatsrechts, nicht etwa nur die Staatsorgane. Im Verfassungsstaat gibt es zwar „staatsrechtliche Souveränität", d.h., der Staat als das Gesamt der Staatsorgane und des Staatsrechts ist gegenüber der Gesellschaft souverän. Aber es gibt innerhalb des Verfassungsstaates keinen Souverän, d.h. niemanden, der Souveränität besitzt, also die […] ungeteilte, unbedingte, unbeschränkte Macht, Recht zu durchbrechen und zu schaffen. […]

Indessen gibt es im Verfassungsstaat nur Kompetenzen, die vom vorgegebenen Verfassungsrecht umgrenzt sind. Die Staatsgewalt ist auf Organe verteilt, und jedes Organ hat nur diejenige Rechtsmacht, die ihm von der Verfassungsordnung zugewiesen ist. Zwar haben die Verfassungsorgane verschieden gewichtete Kompetenzen […], aber es sind doch bloß Kompetenzen. Wenn eines von diesen Organen, z.B. die Regierung, sich gegenüber allen anderen absolut durchsetzen, deren Kompetenzen an sich ziehen und Souveränität erlangen würde, so wäre ein solcher Staatsstreich gleichbedeutend mit dem Ende des Verfassungsstaates.

Wenn also die Verfassung alle Kompetenzen sowohl zuweist als auch beschränkt, ist dann die Verfassung souverän? Das ist eine Vorstellung, die man aus der Lehre von der Herrschaft des Rechts, der „rule of law and not of men" gefolgert hat. Dem ist zweierlei entgegenzuhalten: […] Zur Souveränität gehört das Element der tatsächlichen Herrschaftsmacht. Normen als solche herrschen nicht, sondern sie werden durch Herrschende zur Geltung gebracht. Zum anderen könnte man von Souveränität der Verfassung nur dann reden, wenn die Verfassung absolut gälte, wenn sie also unveränderbar wäre. Sie steht aber doch zur Disposition des verfassungsändernden Gesetzgebers.

Kann man also folgern: Souverän sei, wer die Verfassung abändern kann? Dem steht wiederum entgegen, dass das Recht zur Verfassungsänderung selbst eine verfassungsrechtliche Kompetenz ist, die an bestimmte Verfahrensvorschriften und qualifizierte Mehrheiten gebunden ist. Außerdem ist sie fast überall auf mehrere Organe verteilt, bei uns z.B. auf Bundestag und Bundesrat (Art. 79 Abs. 2 GG).

Kann man also folgern: Souverän sei das Volk? Hier muss man unterscheiden: Das Volk hat bestimmte, ihm von der Verfassung zugewiesene Kompetenzen, z.B. bei Wahlen, bei Plebisziten, bei der politischen Mitwirkung. Soweit es sich um fest umgrenzte Kompetenzen handelt, kann es sich nicht um Souveränität handeln. Das Volk hat aber auch die Möglichkeit, in einer Volksabstimmung die Verfassung insgesamt außer Kraft zu setzen, evtl. indem es sich bei dieser Gelegenheit eine neue Verfassung gibt (vgl. Art. 146 GG). Dann handelt es in der Tat nicht im Rahmen einer verfassungsrechtlichen Kompetenz, […] es steht insofern außerhalb des Verfassungsstaates oder, zeitlich gesehen, vor dem Verfassungsstaat. […]

Außerdem: Die verfassunggebende Gewalt des Volkes ist zwar tatsächlich die ungeteilte, unbedingte, unbeschränkte Macht, Recht zu durchbrechen und Recht zu schaffen. Insofern ist es also berechtigt, von Volkssouveränität zu sprechen. Aber diese Macht kann sich nur in dem einen Akt der Verfassungsschöpfung verwirklichen.

Aus: Martin Kriele, Einführung in die Staatslehre, Stuttgart, 6. Auflage 2003, S. 102 f.

AUFGABEN

1. Geben Sie den Gedankengang von M 4 mit eigenen Worten wieder.
2. Verifizieren Sie die Aussage in M 4, dass es im Verfassungsstaat nur Kompetenzen gibt, indem Sie aus dem Grundgesetz die Zuständigkeiten der Verfassungsorgane Bundestag, Bundesrat, Bundesregierung, Bundespräsident und Bundesverfassungsgericht herausarbeiten.
3. Ermitteln Sie anhand von M 4, in welcher Weise das Prinzip der Volkssouveränität im Verfassungsstaat zur Geltung kommt.

M 5 Zwei Entwürfe für einen Gesellschaftsvertrag zur Gründung eines demokratischen Gemeinwesens

GESELLSCHAFTSVERTRAG I

§ 1
Ich gründe zusammen mit anderen ein staatliches Gemeinwesen, indem wir einstimmig beschließen, eine gesetzgebende Körperschaft und eine Exekutive zu errichten.

§ 2
Ich habe gewisse natürliche Rechte. Es sind dies das Recht auf Leben, Freiheit und Eigentum. Diese Rechte gebe ich nicht an das Gemeinwesen ab, sondern behalte sie als unveräußerlich.

§ 3
Die gesetzgebende Körperschaft besteht aus gewählten Repräsentanten. Diese haben den Auftrag, das Gemeinwohl zu verwirklichen, welches in der Gewährleistung der natürlichen Rechte sowie in der Sorge für die allgemeine Wohlfahrt und die öffentliche Sicherheit besteht.

§ 4
Die gesetzgebende Körperschaft entscheidet nach dem Mehrheitsprinzip.

§ 5
Ich habe das Recht auf Widerstand gegen die gesetzgebende Körperschaft und die Exekutive, wenn diese gegen ihren Auftrag verstoßen.

GESELLSCHAFTSVERTRAG II

§ 1
Ich gründe zusammen mit anderen ein staatliches Gemeinwesen, indem ich mich unter der Bedingung, dass es alle anderen auch tun, der Leitung des allgemeinen Willens" unterstelle.

§ 2
Ich trete alle meine natürlichen Rechte an das Gemeinwesen ab in der Erwartung, von diesem diese Rechte nach Maßgabe des Gleichheitsprinzips zurückverliehen zu bekommen.

§ 3
An der Formulierung des allgemeinen Willens wirken alle auf der Basis der Gleichheit in der Volksversammlung mit.

§ 4
Alle sollen frei bleiben. Das heißt, dass keiner der Fremdbestimmung durch andere unterliegen darf. Daher müssen die Beschlüsse der Volksversammlung immer einstimmig ausfallen.

§ 5
Ich akzeptiere, dass das Gemeinwesen Vorkehrungen treffen darf, um dem allgemeinen Willen Geltung zu verschaffen, wie beispielsweise das Verbot von Parteien und Interessengruppen sowie die Beauftragung eines weisen Staatsmannes mit der Formulierung von verbindlichen Gesetzesvorschlägen.

§ 6
Ich verzichte auf ein Widerstandsrecht, da dieses aufgrund der mir nach § 4 garantierten Freiheit sowie der Richtigkeit des allgemeinen Willens gemäß § 5 überflüssig ist.

AUFGABEN

1. Prüfen Sie beide Entwürfe (M 5) auf Chancen und Risiken.
2. Sie stehen vor der Alternative, sich für einen Gesellschaftsvertrag entscheiden zu müssen. Welchen Vertrag würden Sie unterschreiben? Begründen Sie Ihr Votum.
3. Formulieren Sie gegebenenfalls einen eigenen Gesellschaftsvertrag. Vergleichen Sie die Entwürfe und deren demokratietheoretische Konzeption.

M 6 John Locke – Begründung der Verfassungsdemokratie (1690)

§ 4

Um politische Gewalt richtig zu verstehen und sie von ihrem Ursprung abzuleiten, müssen wir erwägen, in welchem Zustand sich die Menschen von Natur aus befinden. Es ist ein Zustand vollkommener Freiheit, innerhalb der Grenzen des Gesetzes der Natur ihre Handlungen zu regeln und über ihren Besitz und ihre Persönlichkeit so zu verfügen, wie es ihnen am besten scheint, ohne dabei jemanden um Erlaubnis zu bitten oder vom Willen eines anderen abhängig zu sein. Es ist darüber hinaus ein Zustand der Gleichheit, in dem alle Macht und Rechtsprechung wechselseitig sind, da niemand mehr besitzt als ein anderer […].

§ 6

[…] Der Mensch hat in diesem Zustand eine unkontrollierbare Freiheit, über seine Person und seinen Besitz zu verfügen; er hat dagegen nicht die Freiheit, sich selbst oder irgendein in seinem Besitz befindliches Lebewesen zu vernichten, wenn es nicht ein edlerer Zweck als seine bloße Erhaltung erfordert. Im Naturzustand herrscht ein natürliches Gesetz, das jeden verpflichtet. Und die Vernunft, der dieses Gesetz entspricht, lehrt die Menschheit […], dass niemand einem anderen, da alle gleich und unabhängig sind, an seinem Leben und Besitz, seiner Gesundheit und Freiheit Schaden zufügen soll. […]

§ 123

Wenn der Mensch im Naturzustand so frei ist, wie gesagt worden ist, wenn er der absolute Herr seiner eigenen Person und seiner Besitztümer ist, dem Größten gleich und niemandem untertan, warum soll er auf seine Freiheit verzichten […], seine Selbstständigkeit aufgeben und sich der Herrschaft und dem Zwang einer anderen Gewalt unterwerfen? Die Antwort darauf liegt auf der Hand: Obwohl er nämlich im Naturzustand ein solches Recht hat, so ist doch die Freude an diesem Recht sehr ungewiss, da er fortwährend den Übergriffen anderer ausgesetzt ist. […]

§ 131

Mit ihrem Eintritt in die Gesellschaft verzichten nun die Menschen zwar auf die Gleichheit, Freiheit und exekutive Gewalt des Naturzustandes, um sie in die Hände der Gesellschaft zu legen, damit die Legislative so weit darüber verfügen kann, wie es das Wohl der Gesellschaft erfordert. Doch geschieht das nur mit der Absicht jedes Einzelnen, um damit sich selbst, seine Freiheit und sein Eigentum besser zu erhalten […]. Man kann deshalb auch nie annehmen, dass sich die Gewalt der Gesellschaft oder der von ihr eingesetzten Legislative weiter erstrecken soll als auf das gemeinsame Wohl. […] Wer immer daher die Legislative oder höchste Gewalt eines Staatswesens besitzt, ist verpflichtet, nach festen, stehenden Gesetzen zu regieren, die dem Volke verkündet und bekannt gemacht wurden, und nicht nach Beschlüssen des Augenblicks; durch unparteiische und aufrechte Richter, die Streitigkeiten nach jenen Gesetzen entscheiden müssen. Weiter ist er verpflichtet, die Macht dieser Gemeinschaft im Innern nur zur Vollziehung dieser Gesetze, nach außen zur Verhütung und Sühne fremden Unrechts und zum Schutz der Gemeinschaft vor Überfällen und Angriffen zu verwenden. Und all dies darf zu keinem anderen Ziel führen als zum Frieden, zur Sicherheit und zum öffentlichen Wohl des Volkes.

§ 134

Das große Ziel, das Menschen, die in eine Gesellschaft eintreten, vor Augen haben, liegt im friedlichen und sicheren Genuss ihren Eigentums und das große Werkzeug und die Mittel dazu sind die Gesetze, die in dieser Gesellschaft erlassen worden sind. So ist das erste und grundlegende positive Gesetz aller Staaten die Begründung der legislativen Gewalt, so wie das erste und grundlegende natürliche Gesetz, das sogar über der legislativen Gewalt gelten muss, die Erhaltung der Gesellschaft und (soweit es mit dem öffentlichen Wohl vereinbar ist) jeder einzelnen Person in ihr ist. Diese Legislative ist nicht nur die höchste Gewalt des Staates, sondern sie liegt auch geheiligt und unabänderlich in den Händen, in welche die Gemeinschaft sie einmal gelegt hat. Keine Vorschrift irgendeines anderen Menschen, in welcher Form sie auch verfasst, von welcher Macht sie auch gestützt sein mag, kann die verpflichtende Kraft eines Gesetzes haben, wenn sie nicht ihre Sanktion von derjenigen Legislative erhält, die das Volk gewählt und ernannt hat. Denn ohne sie könnte das Gesetz nicht haben, was absolut notwendig ist, um es zu einem Gesetz zu machen, nämlich die Zustimmung der Gesellschaft. […]

§ 135

Obwohl die Legislative – mag sie nun in den Händen eines Einzelnen oder bei mehreren liegen, mag sie dauernd oder nur zeitweilig bestehen – die höchste Gewalt in jedem Staate darstellt, so ist sie doch […] nicht eine absolute, willkürliche Gewalt über Leben und Schicksal des Volkes […]. Sie ist nichts als die vereinigte Gewalt aller Glieder der Gesellschaft, die jener Person oder Versammlung übertragen wurde, die der Gesetzgeber ist.

Sie kann daher auch nicht größer sein als die Gewalt, die jene Menschen im Naturzustand besaßen, bevor sie in die Gesellschaft eintraten [...].

§ 212
Die Begründung der Legislative ist der erste und grundlegende Akt der Gesellschaft, mit dem sie Vorsorge trifft für die Fortdauer ihrer Vereinigung unter der Leitung von Personen und unter der Verpflichtung von Gesetzen, die von Menschen geschaffen werden, welche durch Zustimmung und Ernennung des Volkes dazu ermächtigt wurden, ohne die weder ein einzelner Mensch noch eine Anzahl von Menschen Macht haben kann, Gesetze zu erlassen, die für die übrigen bindend sein sollen. [...]

§ 213
[...] Wir wollen daher annehmen, die Legislative sei so angelegt, dass in ihr gleichzeitig drei verschiedene Instanzen mitwirken:
1. eine einzige erbliche Person als Träger der ständigen höchsten Exekutivgewalt und damit im Besitz der Macht, die beiden anderen Gewalten innerhalb bestimmter Zeitintervalle einzuberufen und aufzulösen,
2. eine Versammlung des Erbadels,
3. eine Versammlung von Repräsentanten, die vom Volke auf Zeit gewählt wurden. [...]

§ 222
[...] Der Zweck, zu dem die Menschen eine Legislative wählen und bevollmächtigen, ist, dass Gesetze erlassen und Regeln festgelegt werden, um das Eigentum der Glieder der Gesellschaft [...] zu beschützen und so die Gewalt und die Herrschaft jedes Teiles und Gliedes der Gesellschaft zu beschränken und zu mäßigen. [...] Wann immer daher die Gesetzgeber bestrebt sind, dem Volk sein Eigentum zu nehmen und zu vernichten oder das Volk in Sklaverei unter ihre willkürliche Gewalt zu bringen, versetzen sie sich dem Volk gegenüber in einen Kriegszustand. Dadurch wird es von jedem weiteren Gehorsam befreit [...]. So oft daher die Legislative [...] versucht, selbst eine absolute Gewalt über Leben, Freiheit und Vermögen des Volkes an sich zu reißen oder in die Hände eines anderen zu legen, verwirkt sie durch einen solchen Vertrauensbruch die Macht, die das Volk ihr [...] übertragen hat. Die Macht fällt an das Volk zurück, das dann ein Recht hat, seine ursprüngliche Freiheit wieder aufzunehmen und durch die Errichtung einer neuen Legislative [...] für seine eigene Wohlfahrt und Sicherheit zu sorgen [...].

Was ich hier ganz allgemein über die Legislative gesagt habe, gilt auch von dem höchsten Inhaber der Exekutive. Denn da man in ihn ein zweifaches Vertrauen gesetzt hat, einerseits durch seine Teilnahme an der Legislative, andererseits durch die höchste Vollziehung der Gesetze, handelt er im Gegensatz zu beidem, wenn er versucht, seinen eigenen willkürlichen Willen zum Gesetz der Gesellschaft zu erheben.

Aus: John Locke, Zwei Abhandlungen über die Regierung. Zweite Abhandlung (1690), Frankfurt a. M. 1977

AUFGABEN

1. Arbeiten Sie heraus, wie Locke (M 6) den Naturzustand beschreibt. Welche Wirkungskraft geht von diesem für den zu gründenden Staat aus?
2. Welche Motive hat der Einzelne nach Locke, mit anderen eine Gesellschaft zu gründen?
3. Ermitteln Sie, was Locke hinsichtlich der institutionellen Gestalt, der Aufgaben und der Bindungen der Legislative ausführt.
4. Klären Sie die politische Rolle des Volkes, indem Sie herausarbeiten, zu welchen Gelegenheiten es selbst aktiv wird.
5. In M 6 taucht weder das Wort Demokratie noch das Wort Verfassung auf. Überlegen Sie, inwiefern Lockes Konzeption demokratische Züge trägt und eine Verfassungsdemokratie begründet.

M 7 Der Mayflower Compact (1620)

Puritanische Pilgerväter, die England vorwiegend aus religiösen Gründen verlassen hatten, landeten mit ihrem Schiff „Mayflower" im November 1620 an der amerikanischen Ostküste bei Cape Cod. Mit dem „Mayflower Compact" formulierten sie entsprechend ihrem kalvinistischen Gemeindeverständnis einen „Gesellschaftsvertrag" für ihre Ansiedlung in der „neuen Welt" – Vorbild für zahlreiche andere Siedlungen.

In Gottes Namen, Amen. Wir, Untertanen unseres erhabenen Herrschers König Jakob, durch Gottes Gnade König von Großbritannien, Frankreich und Irland, Hüter des Glaubens etc., die wir zum Ruhme Gottes, zur Aus-
5 breitung des christlichen Glaubens und zur Ehre unseres Königs und Landes eine Fahrt unternommen haben, um die erste Kolonie in den nördlichen Teilen von Virginia zu gründen, kommen durch den gegenwärtigen Vertrag feierlich und gegenseitig vor Gottes Angesicht und untereinander überein und verbinden uns zu einem 10 bürgerlichen Gemeinwesen, zu unserer besseren Ordnung, Bewahrung und Förderung der genannten Ziele; und kraft dessen erlassen wir, setzen fest und entwerfen solche gerechten und billigen Gesetze, Verordnungen, Akte, Satzungen und Ämter, von Zeit zu Zeit, wie 15 wir sie für am geeignetsten und zweckmäßigsten für das allgemeine Wohl der Kolonie halten; und welchen wir alle gebührende Unterwerfung und Gehorsam geloben. [...]

Aus: Henry Steele Commager (Hg.), Documents of American History. Bd. 1, New York, 6. Auflage 1973, S. 15 f.

M 8 Aus der Unabhängigkeitserklärung der Vereinigten Staaten von Amerika (1776)

*Folgende Wahrheiten erachten wir als selbstverständlich: dass alle Menschen gleich geschaffen sind; dass sie von ihrem Schöpfer mit gewissen unveräußerlichen Rechten ausgestattet sind; dass dazu Leben, Frei-
5 heit und das Streben nach Glück gehören; dass zur Sicherung dieser Rechte Regierungen unter den Menschen eingesetzt werden, die ihre rechtmäßige Macht aus der Zustimmung der Regierten herleiten; dass, wenn immer irgendeine Regierungsform sich als diesen Zielen abträglich erweist, es Recht des Volkes ist, sie zu 10 ändern oder abzuschaffen und eine neue Regierung einzusetzen und diese auf solchen Grundsätzen aufzubauen und ihre Gewalten in der Form zu organisieren, wie es ihm zur Gewährleistung seiner Sicherheit und seines Glückes geboten zu sein scheint. [...]

Aus: Henry Steele Commager (Hg.), Documents of American History. Bd. 1, New York, 6. Auflage 1973, S. 100 ff.

AUFGABEN

1. Vergleichen Sie den „Mayflower Compact" (M 7) und den Text der Unabhängigkeitserklärung (M 8) mit dem Textauszug aus Lockes Staatsphilosophie (M 6). Wo sehen Sie Gemeinsamkeiten, wo Abweichungen?
2. Prüfen Sie, ob die Unabhängigkeitserklärung eine Souveränitätsdemokratie oder eine Verfassungsdemokratie konstituiert.

Hermeneutik: Anleitung zum Textverstehen

Die Texte in diesem Kapitel befassen sich mit Gegenständen, die auf den ersten Blick sehr weit von der Lebenswirklichkeit junger Menschen entfernt sind und zudem in ihrer Argumentationsweise nicht leicht zu verstehen sind. Dies dürfte insbesondere für die Rousseau-Texte gelten. Die Erschließung solcher Texte erfordert ein sorgfältiges, mehrphasiges Lesen, für das die Hermeneutik, die Lehre des Verstehens oder Auslegens, die Instrumente bereithält.

Am Beispiel von M 9 (Rousseau-Text) können Sie Schritt für Schritt den hermeneutischen Vorgang durchspielen. Ihre dabei gewonnenen Erfahrungen werden Ihnen in Zukunft das Verstehen von Texten wesentlich erleichtern.

Der hermeneutische Prozess beginnt mit dem Bewusstwerden des Vorverständnisses der betreffenden Sache. Dieses gewinnt man aus der bisherigen Beschäftigung mit der Sache, insbesondere aus der Lektüre von Texten und dem gemeinsamen Gespräch über den Gegenstand. Es empfiehlt sich, das Vorverständnis in einigen Sätzen schriftlich festzuhalten.

Dann folgt das Gewinnen eines vorläufigen Textverständnisses. Dieses ergibt sich aus einem intensiven Lesen des zugrunde liegenden Textes. Dabei sollte das Lesen grundsätzlich „mit dem Bleistift bzw. Markierer" vorgenommen werden. Denn so lässt sich (auf einer Kopie von M 9) Auffälliges unterstreichen, Fragliches mit Zeichen markieren und können Eindrücke sofort notiert werden. Hilfreich ist die Beachtung einiger Tipps für diese Phase der Texterschließung.

UNTERSTREICHUNGEN IM TEXT	Rot = Deskriptive Kernaussagen
	Blau = Normative Kernaussagen
MARKIERUNGEN AM RAND	! = Zustimmung
	?! = Zweifel
	? = Unklarheit
	D = Definition
	N = Nachlesen und Klären

Bei schwierigen Texten muss man nötigenfalls Satz für Satz lesen. Das kostet Zeit, ist aber unerlässlich. Ob man einen Satz verstanden hat, lässt sich daran ersehen, dass man in der Lage ist, ihn mit eigenen Worten wiederzugeben. Gegebenenfalls sollte dieser Test auf Absätze angewendet werden, die man zusätzlich mit Überschriften versieht.

Verbessert wird das vorläufige Textverständnis, wenn man seine Ergebnisse mit anderen austauscht und ggf. bestimmte Zusammenhänge durch einfache Grafiken darstellt. Auf diese Weise lassen sich Verstehensschwierigkeiten beheben und ergeben sich möglicherweise neue und besser begründete Sichtweisen. Eine Ursache für diese Ausdehnung des Verstehenshorizontes liegt in den jeweils anderen Vorverständnissen, die das vorläufige Textverständnis unterschiedlich prägen.

Zu einem vertieften Textverständnis gelangt man, wenn man den Umstand berücksichtigt, dass jeder Text in einen Handlungszusammenhang eingebettet ist und insofern die Antwort des Autors auf eine Frage oder ein Problem darstellt. Falls der Autor seine Problemstellung nicht selbst klar ausspricht, muss man sie rekonstruieren. Die Ermittlung der Frage-Antwort-Relation führt zum Erfassen der Intention des Autors. Sinnvoll ist auch zu fragen, an welche Adressaten der Autor wohl gedacht hat und zu welchen Einstellungen er sie vermutlich bringen will. Erweitert wird das Textverständnis schließlich durch Einbeziehung der Biografie des Autors, der zeitgeschichtlichen Situation, in der er schrieb, und der Wirkungsgeschichte des Textes von seiner Erstveröffentlichung bis zur Gegenwart.

Zu einer Art Gesamtverständnis gelangt der hermeneutische Prozess, wenn der Leser den Text abschließend auf sich selbst bezieht. Zunächst sollte man prüfen, ob die Verstehensbemühung einen Zugewinn an Verständnis im Verhältnis zum Vorverständnis gebracht hat. Dann heißt es, sich zu fragen, welche Bedeutung der Text für das eigene politische Denken hat und ob er gegebenenfalls eine Antwort auf eine den Leser beschäftigende Frage darstellt. Falls man mit dem Text inhaltlich nicht einverstanden ist, sollte am Schluss der geistigen Auseinandersetzung mit ihm eine eigene kritische Stellungnahme stehen.

Ein vertieftes Textverständnis kann man auch dadurch erreichen, dass man einen der in diesem Schulbuchkapitel zitierten „Klassiker" der politischen Theorie als Ganzschrift liest; die Ausgaben sind bei Reclam preisgünstig zu erwerben; eine (andere) Textausgabe ist in der Regel auch in der Schulbibliothek greifbar.

M9 Jean-Jacques Rousseau – Vordenker der Souveränitätsdemokratie (1762)

■ Vom Gesellschaftsvertrag

Ich unterstelle, dass die Menschen jenen Punkt erreicht haben, an dem die Hindernisse, die ihrem Fortbestehen im Naturzustand schaden, in ihrem Widerstand den
5 Sieg davongetragen haben über die Kräfte, die jedes Individuum einsetzen kann, um sich in diesem Zustand zu halten. Dann kann dieser ursprüngliche Zustand nicht weiterbestehen und das Menschengeschlecht würde zugrunde gehen, wenn es die Art seines Daseins nicht
10 änderte.

Da die Menschen nun keine neuen Kräfte hervorbringen, sondern nur die vorhandenen vereinen und lenken können, haben sie kein anderes Mittel, sich zu erhalten, als durch Zusammenschluss eine Summe von Kräften
15 zu bilden, stärker als jener Widerstand, und diese aus einem einzigen Antrieb einzusetzen und gemeinsam wirken zu lassen.

[…] Da aber Kraft und Freiheit jedes Menschen die ersten Werkzeuge für seine Erhaltung sind – wie kann er
20 sie verpfänden, ohne sich zu schaden […]?

Diese Schwierigkeit lässt sich, auf meinen Gegenstand angewandt, so ausdrücken: Finde eine Form des Zusammenschlusses, die mit ihrer ganzen gemeinsamen Kraft die Person und das Vermögen jedes einzelnen Mitglieds
25 verteidigt und schützt und durch die doch jeder, indem er sich mit allen vereinigt, nur sich selber gehorcht und genauso frei bleibt wie zuvor. Das ist das grundlegende Problem, dessen Lösung der Gesellschaftsvertrag darstellt.

30 Die Bestimmungen dieses Vertrages sind durch die Natur des Aktes so vorgegeben, dass die geringste Abänderung sie null und nichtig machen würde; sodass sie, wiewohl sie vielleicht niemals förmlich ausgesprochen wurden, allenthalben die gleichen sind, allenthalben
35 stillschweigend in Kraft und anerkannt; bis dann, wenn der Gesellschaftsvertrag verletzt wird, jeder wieder in seine ursprünglichen Rechte eintritt, seine natürliche Freiheit wiedererlangt und dadurch die auf Vertrag beruhende Freiheit verliert, für die er die seine aufge-
40 geben hatte.

Diese Bestimmungen lassen sich bei richtigem Verständnis sämtlich auf eine einzige zurückführen, nämlich die völlige Entäußerung jedes Mitglieds mit allen seinen Rechten an das Gemeinwesen als Ganzes. Denn
45 erstens ist die Ausgangslage, da jeder sich voll und ganz gibt, für alle die Gleiche […]. Darüber hinaus ist die Vereinigung […] so vollkommen, wie sie nur sein kann und kein Mitglied hat mehr etwas zu fordern: Denn wenn den Einzelnen einige Rechte blieben, würde jeder – da
50 es keine allen übergeordnete Instanz gäbe, die zwischen ihm und der Öffentlichkeit entscheiden könnte – bald den Anspruch erheben, weil er in manchen Punkten sein eigener Richter ist, es auch in allen zu sein; der Naturzustand würde fortdauern, und der Zusammen-
55 schluss wäre dann notwendig tyrannisch oder inhaltslos. […]

Wenn man also beim Gesellschaftsvertrag von allem absieht, was nicht zu seinem Wesen gehört, wird man finden, dass er sich auf Folgendes beschränkt: Gemeinsam
60 stellen wir alle, jeder von uns seine Person und seine ganze Kraft unter die oberste Richtschnur des Gemeinwillens; und wir nehmen, als Körper, jedes Glied als untrennbaren Teil des Ganzen auf. Dieser Akt des Zusammenschlusses schafft augenblicklich anstelle der
65 Einzelperson jedes Vertragspartners eine sittliche Gesamtkörperschaft, die aus ebenso vielen Gliedern besteht, wie die Versammlung Stimmen hat, und die durch eben diesen Akt ihre Einheit, ihr gemeinschaftliches Ich, ihr Leben und ihren Willen erhält.

70 Diese öffentliche Person, die so aus dem Zusammenschluss aller zustande kommt, trug früher den Namen Polis, heute trägt sie den der Republik oder der staatlichen Körperschaft, die von ihren Gliedern Staat genannt wird, wenn sie passiv, Souverän, wenn sie aktiv
75 ist, und Macht im Vergleich mit ihresgleichen. Was die Mitglieder betrifft, so tragen sie als Gesamtheit den Namen Volk, als Einzelne nennen sie sich Bürger, sofern sie Teilhaber an der Souveränität, und Untertanen, sofern sie den Gesetzen des Staates unterworfen sind. […]

Vom Souverän

80 Man sieht aus dieser Formel, dass […] jeder Einzelne, indem er sozusagen mit sich selbst einen Vertrag schließt, sich in doppelter Hinsicht verpflichtet findet, nämlich als Glied des Souveräns gegenüber den Einzelnen und
85 als Glied des Staates gegenüber dem Souverän. Hier kann man jedoch nicht die Vorschrift des Bürgerlichen Rechts anwenden, wonach niemand an Verträge mit sich selbst gebunden ist; denn es ist ein großer Unterschied, sich gegenüber sich selbst zu verpflichten oder gegenüber einem Ganzen, dessen Teil man ist. […]

90 Darüber hinaus muss beachtet werden, dass der öffentliche Beschluss, der alle Untertanen gegenüber dem Souverän verpflichten kann aufgrund der zwei unter-

schiedlichen Beziehungen, unter denen jeder von ihnen gesehen werden muss, aus dem entgegengesetzten Grund den Souverän nicht gegen sich selber verpflichten kann, und dass es infolgedessen gegen die Natur der politischen Körperschaft ist, dass sich der Souverän ein Gesetz auferlegt, das er nicht brechen kann. Da er sich nur in ein und derselben Beziehung sehen kann, ist er dann in der Lage eines Einzelnen, der einen Vertrag mit sich selbst schließt: Daraus sieht man, dass es für den Volkskörper keinerlei verpflichtendes Grundgesetz gibt noch geben kann, welcher Art auch immer, nicht einmal den Gesellschaftsvertrag. […]

Da nun der Souverän nur aus den Einzelnen besteht, aus denen er sich zusammensetzt, […] kann er auch kein dem ihren widersprechendes Interesse haben; folglich braucht sich die souveräne Macht gegenüber den Untertanen nicht zu verbürgen, weil es unmöglich ist, dass die Körperschaft allen ihren Gliedern schaden will; und wir werden im Folgenden sehen, dass sie auch niemandem im Besonderen schaden kann. Der Souverän ist, allein weil er ist, immer alles, was er sein soll.

Nicht so verhält es sich aber mit den Untertanen gegenüber dem Souverän, dem nichts, trotz des gemeinsamen Interesses, für deren Verpflichtung einstünde, wenn er nicht Mittel fände, sich ihrer Treue zu versichern. In der Tat kann jedes Individuum als Mensch einen Sonderwillen haben, der dem Gemeinwillen, den er als Bürger hat, zuwiderläuft oder sich von diesem unterscheidet. Sein Sonderinteresse kann ihm ganz anderes sagen als das Gemeininteresse; sein selbstständiges und natürlicherweise unabhängiges Dasein kann ihn das, was er der gemeinsamen Sache schuldig ist, als eine unnütze Abgabe betrachten lassen, deren Einbuße den anderen weniger schadet, als ihn ihre Leistung belastet, und er könnte gar seine Rechte als Staatsbürger in Anspruch nehmen, ohne die Pflichten eines Untertanen erfüllen zu wollen, da er die moralische Person, die der Staat darstellt, als Gedankending betrachtet, weil sie kein Mensch ist; eine Ungerechtigkeit, deren Umsichgreifen den Untergang der politischen Körperschaft verursachen würde.

Damit nun aber der Gesellschaftsvertrag keine Leerformel sei, schließt er stillschweigend jene Übereinkunft ein, die allein die Anderen ermächtigt, dass, wer immer sich weigert, dem Gemeinwillen zufolgen, von der gesamten Körperschaft dazu gezwungen wird, was nichts anderes heißt, als dass man ihn zwingt, frei zu sein; […].

Dass die Souveränität unveräußerlich ist
Die erste und wichtigste Folge der oben aufgestellten Prinzipien ist, dass allein der Gemeinwille die Kräfte des Staates gemäß dem Zweck seiner Errichtung, nämlich dem Gemeinwohl, leiten kann; denn wenn der Widerstreit der Einzelinteressen die Gründung von Gesellschaften nötig gemacht hat, so hat der Einklang derselben Interessen sie möglich gemacht. Das Gemeinsame nämlich in diesen unterschiedlichen Interessen bildet das gesellschaftliche Band und wenn es nicht irgendeinen Punkt gäbe, in dem alle Interessen übereinstimmen, könnte es keine Gesellschaft geben. Nun darf aber die Gesellschaft nur gemäß diesem Gemeininteresse regiert werden. Ich behaupte deshalb, dass die Souveränität, da sie nichts anderes ist als die Ausübung des Gemeinwillens, niemals veräußert werden kann und dass der Souverän, der nichts anderes ist als ein Gesamtwesen, nur durch sich selbst vertreten werden kann; die Macht kann wohl übertragen werden, nicht aber der Wille. […]

Dass die Souveränität unteilbar ist
Aus dem gleichen Grund, aus dem die Souveränität unveräußerlich ist, ist sie auch unteilbar. Denn der Wille ist entweder allgemein oder er ist es nicht; er ist derjenige des Volkskörpers oder nur der eines Teils. Im ersten Fall ist dieser erklärte Wille ein Akt der Souveränität und hat Gesetzeskraft. Im zweiten Fall ist er nur ein Sonderwille oder ein Verwaltungsakt; es handelt sich bestenfalls um eine Verordnung. […]

Von den Grenzen der souveränen Gewalt
Wenn der Staat […] nur eine moralische Person ist, deren Leben in der Einheit ihrer Glieder besteht, und wenn die wichtigste ihrer Sorgen die Selbsterhaltung ist, bedarf sie einer allumfassenden, zwingenden Kraft, um jedes Teil auf die für das Ganze vorteilhafteste Art zu bewegen und auszurichten. Wie die Natur jedem Menschen eine unumschränkte Gewalt über alle seine Glieder gegeben hat, so gibt der Gesellschaftsvertrag der politischen Körperschaft eine unumschränkte Gewalt über all die ihren, und ebendiese Gewalt ist es, die […] vom Gemeinwillen geleitet, den Namen Souveränität trägt. […]

Von welcher Seite aus man sich dem Ursprung nähert, man gelangt immer zu der gleichen Folgerung; dass nämlich der Gesellschaftsvertrag unter den Bürgern eine Gleichheit von der Art schafft, dass sie sich alle unter den gleichen Bedingungen verpflichten und sich der gleichen Rechte erfreuen dürfen. […]

Hieraus sieht man, dass die souveräne Gewalt, völlig unumschränkt, geheiligt und unverletzlich wie sie ist, die Grenzen der allgemeinen Übereinkünfte weder überschreitet noch überschreiten kann und dass jeder voll und ganz über das verfügen kann, was ihm durch diese Übereinkünfte von seinen Gütern und seiner Freiheit gelassen wurde; dergestalt, dass der Souverän niemals das Recht hat, einen Untertan stärker zu belasten als einen anderen. […]

Wie die souveräne Gewalt erhalten werden kann
Von dem Augenblick an, da das Volk rechtmäßig als souveräne Körperschaft versammelt ist, endet jede Rechtsprechung der Regierung, ist die Exekutive ausgesetzt und die Person des letzten Bürgers genauso geheiligt und unverletzlich wie die des ersten Beamten.

Aus: Jean-Jacques Rousseau, Vom Gesellschaftsvertrag (1762), Stuttgart 1977, Erstes Buch, 6. und 7. Kapitel, Zweites Buch, 1., 2. und 4. Kapitel, Drittes Buch, 12. Kapitel, Übersetzung von Hans Brockard und Eva Pietzcker

AUFGABEN

1. Was lässt sich Rousseaus Andeutungen entnehmen über den Naturzustand?
2. Arbeiten Sie heraus, welchen Anspruch Rousseau an das vertraglich zu gründende Gemeinwesen stellt und wie seine Lösung in ihrer zentralen Bestimmung aussieht.
3. Aufgrund welcher Mechanismen sieht Rousseau gewährleistet, dass das vertraglich gegründete Gemeinwesen (auch Republik, Staat, Souverän und Macht genannt) Entscheidungen trifft, die dem Zweck des Vertragsschlusses genau entsprechen?
4. Prüfen Sie, was Rousseau unter dem Gemeinwillen versteht, worauf dieser inhaltlich gerichtet ist und wer ihn zu formulieren befugt ist.
5. Untersuchen Sie Rousseaus Ausführungen über den Souverän. Versuchen Sie möglichst präzise folgende Fragen zu beantworten: Wer übt die Souveränität aus? Welche Aufgabe hat der Souverän? Wie ist sein Verhältnis zu den Untertanen? Welche Schranken oder Grenzen hat er? Kann der Souverän falsch handeln?
6. In M 9 taucht das Wort Demokratie nicht auf. Überlegen Sie, inwiefern Rousseaus Konzeption die Demokratie thematisiert und eine Souveränitätsdemokratie begründet.
7. Vergleichen Sie Lockes und Rousseaus Konzeption hinsichtlich der Frage, wie es mit dem Schutz der persönlichen Freiheit bestellt ist. Erörtern Sie die Plausibilität der beiden Ansätze hinsichtlich der persönlichen Freiheit.

6.2 Identitätsdemokratie oder Konkurrenzdemokratie?

Rousseaus Einfluss auf die Demokratietheorie zeigt sich auch hinsichtlich der Frage, ob Demokratie das Versprechen der Herrschaftsfreiheit einschließt. Verbindet man mit der Demokratie die Vorstellung, dass sie Fremdherrschaft, verstanden als Herrschaft der einen über andere, ausschließt und Freiheit dadurch bewirkt, dass jeder nur selbst gesetzten Regeln folgen muss, folgt man den Spuren Rousseaus. Eine solche Demokratie, in der die Gesetzesunterworfenen zugleich Gesetzgeber sind und folglich nur sich selbst gehorchen, heißt Identitätsdemokratie.

Hält man es dagegen für unvermeidlich, dass es eine Arbeitsteilung zwischen Regierenden und Regierten gibt, und sieht man es als hinreichende Berücksichtigung des Demokratieprinzips an, dass die Regierenden aus einer Wahl unter Bedingungen offener Konkurrenz hervorgegangen sind, hängt man einer Demokratietheorie an, die politische Führung nicht als Verstoß gegen den Demokratiegedanken ansieht. Eine solche Demokratie, die die Existenz politischer Eliten anerkennt, nennt man Konkurrenzdemokratie. Diese Demokratietheorie verbindet sich ohne Schwierigkeiten mit dem Gedanken, dass die Menschen ihre divergierenden Interessen verbandsmäßig organisieren und dass diese Interessenverbände Einfluss auf die Regierenden nehmen. Konzeptionellen Ausdruck hat diese Weiterentwicklung der Konkurrenzdemokratie in der pluralistischen Demokratietheorie gefunden. Diese Theorie entspricht in besonderer Weise der Wirklichkeit des demokratischen Verfassungsstaates.

Identitäts- und Konkurrenzdemokratie sind genauso wie Souveränitäts- und Verfassungsdemokratie nicht miteinander vereinbar. Man muss sich entscheiden, welcher Demokratievorstellung man anhängen möchte.

M 1 Die Identitätsdemokratie

■ In der Staatslehre und der politischen Rhetorik gibt es einen alternativen Begriff der Demokratie: Demokratie bedeute „Identität von Herrschenden und Beherrschten" (z. B. Carl Schmitt). In einer solchen Demokratie sei das Volk souverän, präsent und handlungsfähig und beherrsche sich selbst. […] Bei der „Identität von Herrschenden und Beherrschten" handelt es sich um ein Ideal, einen theoretischen Grenzfall, dessen praktische Unmöglichkeit für die modernen Flächenstaaten allgemein anerkannt wird. Dieser Grenzfall macht lediglich die „Idee der permanenten Volkssouveränität" anschaulich, die in einer Zielvorstellung, einer Hoffnung, einer Forderung besteht, nämlich: so viel Identität wie möglich. Schranken ergeben sich nur aus der praktischen Undurchführbarkeit. Parlamentarische Repräsentation, Gewaltenteilung, verfassungsmäßige Kompetenzzuweisung usw. werden nur mit dem Argument akzeptiert, dass die praktischen Erfordernisse sie erzwingen. […]

Den Kern dieser Theorie bildet die Annahme, dass Identität von Herrschenden und Beherrschten und Freiheit dasselbe seien. Daraus folgt die Hypothese: je mehr Identität, desto mehr Freiheit. […] Identität von Herrschenden und Beherrschten sei schließlich nur eine andere Formel für Fehlen von Fremdherrschaft. Das Ideal sei Selbstbestimmung und Abwehr von Fremdbestimmung. Die tatsächlich überall vorhandene Fremdbestimmung im Staat wird interpretiert als […] Kompromiss mit prinzipiell überwindbaren Notwendigkeiten. Man erwartet Freiheit nicht von der rechtlichen Einbindung der Herrschaftsinstitutionen, sondern von ihrer Überwindung […].

Aus: Martin Kriele, Einführung in die Staatslehre, Stuttgart, 6. Auflage 2003, S. 242 ff.

AUFGABEN

1. Arbeiten Sie aus M 1 heraus, worin eine Identitätsdemokratie besteht. Erläutern Sie, was Identität von Herrschenden und Beherrschten eigentlich bedeutet.
2. Überlegen Sie, wie die Willensbildung und die Entscheidungsfindung in einer Identitätsdemokratie beschaffen sein müssen, wenn der Identitätsanspruch erfüllt werden soll.

M 2 Jean-Jacques Rousseau: Begründung der Identitätstheorie

■ Es gibt oft einen beträchtlichen Unterschied zwischen dem Gesamtwillen *(volonté de tous)* und dem Gemeinwillen *(volonté générale)*; dieser sieht nur auf das Gemeininteresse, jener auf das Privatinteresse und ist nichts anderes als eine Summe von Sonderwillen: Aber nimm von ebendiesen das Mehr und das Weniger weg, das sich gegenseitig aufhebt, so bleibt als Summe der Unterschiede der Gemeinwille.

Wenn die Bürger keinerlei Verbindung untereinander hätten, würde, wenn das Volk wohl unterrichtet entscheidet, aus der großen Zahl der kleinen Unterschiede immer der Gemeinwille hervorgehen und die Entscheidung wäre immer gut. Aber wenn Parteiungen entstehen, Teilvereinigungen auf Kosten der großen, wird der Wille jeder dieser Vereinigungen ein allgemeiner hinsichtlich seiner Glieder und ein besonderer hinsichtlich des Staates; man kann dann sagen, dass es nicht mehr so viele Stimmen gibt wie Menschen, sondern nur noch so viele wie Vereinigungen. [...] Wenn schließlich eine dieser Vereinigungen so groß ist, dass sie stärker ist als alle anderen, erhält man als Ergebnis nicht mehr die Summe der kleinen Unterschiede, sondern einen einzigen Unterschied; jetzt gibt es keinen Gemeinwillen mehr und die Ansicht, die siegt, ist nur eine Sonderanschauung.

Um wirklich die Aussage des Gemeinwillens zu bekommen, ist es deshalb wichtig, dass es im Staat keine Teilgesellschaften gibt und dass jeder Bürger nur seine eigene Meinung vertritt. [...] Je mehr Übereinstimmung bei den Versammlungen herrscht, d. h. je näher die Meinungen der Einstimmigkeit kommen, umso mehr herrscht auch der Gemeinwille vor; lange Debatten jedoch, Meinungsverschiedenheiten, Unruhe zeigen das Emporkommen der Sonderinteressen und den Niedergang des Staates an. [...]

[...] Die Stimme der Mehrzahl [verpflichtet, der Verf.] immer alle anderen; gerade das ist eine Folge des Gesellschaftsvertrages. [...] Wie können Andersdenkende zugleich frei und Gesetzen unterworfen sein, denen sie nicht zugestimmt haben? Ich antworte, dass die Frage so nicht richtig gestellt ist. Der Bürger stimmt allen Gesetzen zu, selbst jenen, die man gegen seinen Willen verabschiedet, und sogar solchen, die ihn bestrafen, wenn er es wagt, eines davon zu verletzen. Der beständige Wille aller Glieder des Staates ist der Gemeinwille; durch ihn sind sie Bürger und frei. Wenn man in der Volksversammlung ein Gesetz einbringt, fragt man genau genommen nicht danach, ob die Bürger die Vorlage annehmen oder ablehnen, sondern ob diese ihrem Gemeinwillen entspricht; jeder gibt mit seiner Stimme seine Meinung darüber ab; und aus der Auszählung der Stimmen geht die Kundgebung des Gemeinwillens hervor. Wenn also die meiner Meinung entgegengesetzte siegt, beweist dies nichts anderes, als dass ich mich getäuscht habe und dass das, was ich für den Gemeinwillen hielt, es nicht war. Wenn mein Sonderwille gesiegt hätte, hätte ich gegen meinen eigenen Willen gehandelt und wäre deshalb nicht frei gewesen.

Aus: Jean-Jacques Rousseau, Vom Gesellschaftsvertrag (1762), Stuttgart 1977, Erstes Buch, 6. Kapitel, Zweites Buch, 3. Kapitel, Viertes Buch, 2. Kapitel, Übersetzung von Hans Brockard und Eva Pietzcker

AUFGABEN

1. Drei Aspekte der Demokratie werden in M 2 angesprochen: 1. der Anspruch auf Selbstbestimmung, 2. förderliche und abträgliche Faktoren der Realisierung des Gemeinwillens, 3. Abstimmungsminderheiten (Opposition) und ihre Bewertung. Arbeiten Sie Satz für Satz heraus, was Rousseau zu den drei Aspekten ausführt.
2. Erörtern Sie – gegebenenfalls unter Rückgriff auf M 1 –, inwiefern Rousseau Begründer der Identitätsdemokratie ist.
3. Setzen Sie die Vorstellungen Rousseaus in Beziehung zur politisch-gesellschaftlichen Wirklichkeit in Deutschland, z. B. mithilfe der Titelseite einer Tageszeitung. Welches Urteil müsste Rousseau über diese Wirklichkeit fällen? Formulieren Sie unter Berücksichtigung dieser Perspektive ein Urteil über Rousseaus Konzeption.

M3 Carl Schmitt (1888–1985): Homogenität als Voraussetzung der Identitätsdemokratie

■ Jede wirkliche Demokratie beruht darauf, dass nicht nur Gleiches gleich, sondern, mit unvermeidlicher Konsequenz das nicht Gleiche nicht gleich behandelt wird. Zur Demokratie gehört also notwendig erstens Homo-
5 genität und zweitens – nötigenfalls – die Ausscheidung oder Vernichtung des Heterogenen. [...]

Die Gleichheit aller Menschen als Menschen ist nicht Demokratie, sondern eine bestimmte Art Liberalismus, nicht Staatsform, sondern individualistisch-humanitäre
10 Moral und Weltanschauung. Auf der unklaren Verbindung beider beruht die moderne Massendemokratie. Trotz aller Beschäftigung mit Rousseau und trotz der richtigen Erkenntnis, dass Rousseau am Anfang der modernen Demokratie steht, scheint man noch nicht be-
15 merkt zu haben, dass schon die Staatskonstruktion des *Contrat social* diese beiden verschiedenen Elemente inkohärent nebeneinander enthält. Die Fassade ist liberal: Begründung der Rechtmäßigkeit des Staates auf freiem Vertrag. Aber im weiteren Verlauf der Darstellung und
20 bei der Entwicklung des wesentlichen Begriffes, der *volonté générale,* zeigt sich, dass der wahre Staat nach Rousseau nur existiert, wo das Volk so homogen ist, dass im Wesentlichen Einstimmigkeit herrscht. [...]

Die *volonté générale,* wie Rousseau sie konstruiert, ist in
25 Wahrheit Homogenität. Aus ihr ergibt sich die demokratische Identität von Regierenden und Regierten. [...]

Was bleibt also von der Demokratie? Für ihre Definition eine Reihe von Identitäten. Es gehört zu ihrem Wesen, dass alle Entscheidungen, die getroffen werden, nur für
30 die Entscheidenden selbst gelten sollen. Dass hierbei die überstimmte Minderheit ignoriert werden muss, macht nur theoretisch und nur scheinbar Schwierigkeiten. In Wirklichkeit beruht auch das auf der Identität, die in der demokratischen Logik immer wiederkehrt, und auf
35 der – wie sich gleich zeigen wird – wesentlich demokratischen Argumentation, dass der Wille der überstimmten Minderheit in Wahrheit mit dem Willen der Mehrheit identisch ist.

Rousseaus oft zitierte Ausführungen im *Contrat social*
40 [...] sind für das demokratische Denken fundamental [...]: In der Demokratie stimmt der Bürger auch dem Gesetze zu, das gegen seinen Willen geht; denn das Gesetz ist die *volonté générale,* und das ist wiederum der Wille der freien Bürger; der Bürger gibt also eigentlich nie-
45 mals einem konkreten Inhalt seine Zustimmung, sondern *in abstracto* dem Resultat, dem aus der Abstimmung sich ergebenden Generalwillen, und er gibt diese Stimme nur ab, um die Kalkulation der Stimmen, aus der man diesen Generalwillen erkennt, zu ermöglichen.
50 Weicht das Resultat von dem Inhalt der Abstimmung des Einzelnen ab, so erfährt der Überstimmte, dass er sich über den Inhalt des Generalwillens geirrt hat.

Und weil, wie Rousseau ausdrücklich fortfährt, der Generalwille der wahren Freiheit entspricht, so war der
55 Überstimmte nicht frei. Mit dieser Logik kann man bekanntlich auch die Herrschaft der Minderheit über die Mehrheit rechtfertigen, und zwar gerade unter Berufung auf die Demokratie. Der Kern des demokratischen Prinzips bleibt dabei gewahrt, nämlich die Behauptung
60 einer Identität von Gesetz und Volkswillen, und für eine abstrakte Logik macht es eigentlich gar keinen Unterschied, ob man den Willen der Mehrheit oder den Willen der Mehrheit mit dem Willen des Volkes identifiziert. [...]

"Unruhe links"   "Gelächter rechts"

171.1 „Parlamentarisches", Karikatur von K. Arnold (1927)

171.2 Th. Heine (1927)

172.1 Reichsparteitag der NSDAP 1936 in Nürnberg. SS huldigt dem „Führer".

Der Wille des Volkes ist natürlich immer identisch mit dem Willen des Volkes, ob nun aus dem Ja oder Nein von Millionen abgegebenen Stimmzetteln eine Entscheidung abgegeben wird, oder ob ein einzelner Mensch auch ohne Abstimmung den Willen des Volkes hat oder das Volk auf irgendeine Weise „akklamiert". […]

Das Ganze zeigt, dass Diktatur nicht der Gegensatz zu Demokratie ist. Auch während einer solchen vom Diktator beherrschten Übergangszeit kann die demokratische Identität herrschen und der Wille des Volkes allein maßgeblich sein.

Aus: Carl Schmitt, Die geistesgeschichtliche Lage des heutigen Parlamentarismus (1923), Berlin, 4. Auflage 1969, S. 13 f., 18 f., 20, 34 f., 36 f. (Text leicht verändert)

AUFGABEN

1. Carl Schmitt nimmt Bezug auf Rousseau und zieht bestimmte Schlussfolgerungen aus dessen Demokratietheorie. Ermitteln Sie mit M 2 und M 3 die von Schmitt hervorgehobenen Aspekte von Rousseaus Konzeption. Stellen Sie heraus, welche Schlussfolgerungen er daraus zieht.
2. Erörtern Sie, ob die Schlussfolgerungen in der Logik Rousseaus liegen (wenn sie auch nicht von ihm ausgesprochen wurden).
3. Versuchen Sie, eine politische Ordnung zu beschreiben, „in der ein einzelner Mensch auch ohne Abstimmung den Willen des Volkes hat oder dass das Volk auf irgendeine Weise ‚akklamiert'". Prüfen Sie, ob eine solche Ordnung Identität zwischen Herrschenden und Beherrschten realisiert und folglich das Prädikat „identitätsdemokratisch" verdient.
4. Prüfen Sie mithilfe von M 3, ob Carl Schmitt den Reichsparteitag der NSDAP als Ausdruck der Demokratie bezeichnet hätte.

M 4 Herrschaftsmomente in der Identitätsdemokratie

■ Demokratie als Identität von Herrschenden und Beherrschten bedeutet im strengen Sinne Selbstbeherrschung des Volkes. Das ist nicht dasselbe wie Freiheit oder wie Herrschaftslosigkeit. Selbstbeherrschung bedeutet weder Gesetzlosigkeit noch Verzicht auf Gesetzesdurchsetzung. Zur Selbstbeherrschung gehören Gesetze, die man sich selbst auferlegt. Angenommen, ein Gesetz ist im Universalkonsens angenommen worden, nachträglich bedauern aber einige ihre Zustimmung und lehnen sich gegen das Gesetz auf. Käme es auf die aktuelle Zustimmung an und hätte das Gesetz ohne diese keine Verbindlichkeit, so wäre es überflüssig und kein Gesetz. Identität bedeutet also nicht, dass sich der jeweilige aktuelle Wille behauptet, sondern der Wille, der sich in der Zustimmung zu einem generellen Gesetz niedergeschlagen hat und alsdann durch dieses Gesetz repräsentiert wird. Nur in diesem Sinne kann man von „Selbst-Beherrschung" sprechen: Sie bewährt sich in dem Augenblick, in dem sich die aktuelle Neigung gegen das selbst gegebene Gesetz auflehnt und das Gesetz sich behauptet. Selbstbeherrschung setzt also Gesetze geradezu voraus. [...]

Es ist eine landläufige Vorstellung, dass reine Identitätsdemokratie in kleinen politischen Einheiten – z.B. [...] im Schweizer Kanton – möglich wäre [vgl. S. 206, der Verf.]. Indessen ist selbst hier Fremdbestimmung unentbehrlich. Zunächst einmal: Wenn „alle" Bürger der kleinen Demokratie mitberaten und entscheiden, so sind sie doch so gut wie niemals wirklich „alle": Kinder, Greise, Kranke, auf Reisen Abwesende, Strafgefangene usw. fehlen und werden durch die Entscheidenden „repräsentiert". Vielleicht fehlen auch einige Bürger aus mangelndem Interesse an der Sache oder sie sind anwesend, enthalten sich aber der Stimme.

Ferner muss die zur Abstimmung stehende Frage formuliert und zu diesem Zweck oft in ihrer Komplexität auf eine einfache, mit „ja oder nein" zu beantwortende Alternative reduziert sein, die ihre Problematik nicht ausschöpft. Wenn ein Vorsitzender ermächtigt ist, über die Formulierung der Frage zu entscheiden, so übt er eine gewisse Herrschaft aus, in der er das Ganze repräsentiert, ohne es zu sein. [...] Ferner kann das Volk immer nur vorübergehend zusammentreten. In der Zwischenzeit aber gibt es laufende Geschäfte, die durch einen Repräsentanten wahrgenommen werden müssen.

Ferner: Die Anwesenden auf der Volksversammlung werden schwerlich immer in allen zur Entscheidung anstehenden Fragen Konsens erzielen; es bedarf also der Mehrheitsentscheidung. Die Mehrheit repräsentiert dann das Ganze einschließlich der Minderheit. Identität besteht dann nur noch mittelbar, nämlich durch die Anerkennung der Verfassungsregel „Mehrheit entscheidet", und nur dann, wenn über diese Regel Einstimmigkeit erzielt ist. [...]

Jedes unbefristete Gesetz, das die kleine Demokratie sich selbst gibt, bindet die nachwachsenden Generationen, die nicht selbst darüber bestimmt haben. Diese können das Gesetz zwar wieder aufheben. Aber [...] die Geltung des Gesetzes hängt nicht von der ausdrücklichen Zustimmung ab, sondern umgekehrt gilt das Gesetz so lange, bis es ausdrücklich aufgehoben ist. [...]

Ferner müssen Gesetze auf den Einzelfall angewandt und deshalb ausgelegt werden. Immer wenn es Zweifel und Meinungsverschiedenheiten über die Auslegung gibt, könnte die Identität nur durch authentische Interpretation der Volksversammlung gewährleistet werden. Mindestens muss der Richterspruch durch die Volksversammlung aufgehoben und der Richter durch sie abgesetzt werden können. Man muss also entweder auf den unabhängigen Richter oder auf die Durchsetzung des Prinzips Identität verzichten.

Aus: Martin Kriele, Einführung in die Staatslehre, Stuttgart, 6. Auflage 2003, S. 259 ff.

AUFGABEN

1. Gliedern Sie M 4, indem Sie jeden Absatz mit einer Überschrift versehen, die aus einem vollständigen Satz besteht.
2. Erläutern Sie – möglichst anhand konkreter Beispiele –, warum Identität nicht Herrschaftslosigkeit, sondern – im besten Falle – Selbstbeherrschung, im Regelfall aber Fremdbestimmung bedeutet.

METHODEN

Hinweise für die Anfertigung und Präsentation von Referaten

Die Texte in diesem Kapitel sind z. T. sehr abstrakt. Sie sind mit einer bestimmten Aussageabsicht vor einem bestimmten zeitgeschichtlichen Hintergrund entstanden. Diesen können Sie z. B. mithilfe eines Referates erhellen (vgl. S. 184): Eine Schülerin/ein Schüler beschäftigt sich gesondert mit einem Thema und bringt die Ergebnisse in den Unterricht ein. Dadurch sollen die Mitschülerinnen und Mitschüler informiert und zum Mitdenken und Diskutieren angeregt werden. Folgende Aspekte müssen bei der Referatsarbeit bedacht werden:

Vorgabe eines Referatsthemas durch den Fachlehrer bzw. die Fachlehrerin
- präzise Festlegung des Themas, das einen Bezug zum Unterricht aufweist
- Vorgabe der Referatszeit (max. 20 Minuten)
- Hilfen zur Informationsbeschaffung (Literaturbereitstellung bzw. Hinweise zur Recherche)

Inhaltliche Vorbereitung
- Führen Sie eine Analyse des Materials durch, gliedern Sie es mithilfe eigener Zwischenüberschriften oder Stichworte in Abschnitte und stellen Sie diese in den Zusammenhang Ihres Themas.
- Notieren Sie auffällige oder gedanklich schwer nachvollziehbare Formulierungen und stellen Sie sie (z. B. als Zitat) in Ihrem Vortrag besonders heraus. Hier kann auch die spätere Diskussion ansetzen.
- Durchdenken Sie die im Text dargestellten komplizierten Sachverhalte und versuchen Sie sie im Vortrag anhand von konkreten Beispielen zu erläutern.

Vorbereitung der freien Rede
Bei einem Referat sollten keine vorformulierten Sätze abgelesen werden, sondern es sollte ein „freier" Vortrag auf der Basis eines Stichwortzettels (Konzept) präsentiert werden. Die Vorbereitung sieht wie folgt aus:
- Versuchen Sie die Motivation Ihrer Zuhörer durch einen interessanten Einstieg ins Thema zu fördern. Das kann z. B. ein Zitat, eine These oder auch eine Abbildung (Karikatur) sein.
- Werden Sie sich klar über das Ziel des Referats, die Struktur der gedanklichen Abfolge, den möglichen Einstieg und die Einordnung des Themas in den Unterrichtszusammenhang.
- Formulieren Sie den Kerngedanken kurz, sehr präzise und entwickeln Sie eine logische Gedankenabfolge auf diesen Gedanken hin.

174.1 Bei der Präsentation

- Ordnen Sie die Gedanken auf einem Stichwortzettel, der Ihren Gedankengang widerspiegelt (z. B. durch Pfeile oder Unterstreichungen). Argumente, Zitate und Beispiele notieren Sie auf Karteikarten. Definitionen, wichtige Überleitungen und Kernsätze werden ausformuliert und ebenfalls festgehalten.
- Planen Sie den Einsatz von Medien (Tafel, Overheadprojektor etc.).
- Koordinieren Sie Stichwortzettel, Karteikarten, lose Blättersammlung und Medieneinsatz und führen Sie einen ersten lauten Sprechversuch durch (hilfreich ist ein Zuhörer oder ein Tonband). Korrigieren Sie Fehler (Lücken, Gedankensprünge, Wiederholungen etc.), die Sie bei diesem ersten Vortrag festgestellt haben.
- Erstellen Sie einen verbesserten und endgültigen Stichwortzettel und prüfen Sie nochmals die Koordination mit den Karteikarten und dem Medieneinsatz.
- Führen Sie einen zweiten Sprechversuch durch und kontrollieren Sie dabei die Zeit.

Präsentation und Vortrag des Referats
- Geben Sie vor dem Vortrag an, ob Sie Zwischenfragen zulassen oder im Anschluss klären wollen. Hilfreich ist ein kurzer Überblick über den Aufbau des Referats (auf Folie, Tafel etc.).
- Sprechen Sie langsam, laut und deutlich. Halten Sie den Blickkontakt zu Ihren Zuhörern.
- Fachbegriffe sollten Sie an der Stelle, an der sie zum ersten Mal vorkommen, erklären.
- Planen Sie kurze Pausen ein.

M 5 Joseph Schumpeter (1883–1950): Die Konkurrenztheorie der Demokratie

● Die demokratische Methode ist diejenige Ordnung der Institutionen zur Erreichung politischer Entscheidungen, bei welcher Einzelne die Entscheidungsbefugnis vermittels eines Konkurrenzkampfes um die Stimmung des Volkes erwerben. [Diese Definition der Demokratie enthält eine Reihe von Implikationen. Diese Implikationen erlauben ein angemessenes Verständnis der Demokratie.]

Erstens gelangen wir in den Besitz eines leidlich brauchbaren Kriteriums, mit welchem demokratische Regierungen von anderen unterschieden werden können. [...]

Zweitens lässt uns die in dieser Definition verkörperte Theorie allen wünschbaren Raum für eine angemessene Anerkennung der lebenswichtigen Tatsache der Führung. [...]

Drittens jedoch, soweit es überhaupt echte Willensäußerungen von Gruppen gibt – zum Beispiel der Arbeitslosen, Arbeitslosenunterstützung zu bekommen, oder den Willen anderer Gruppen, zu helfen – werden auch diese von unserer Theorie nicht vernachlässigt. Im Gegenteil vermögen wir ihnen nun gerade die Rolle zuzuweisen, die sie tatsächlich spielen. Solche Willensäußerungen setzen sich in der Regel nicht unmittelbar durch. Selbst wenn sie kräftig und bestimmt sind, bleiben sie oft während Jahrzehnten latent, bis sie von irgendeinem politischen Führer, der sie in politische Faktoren verwandelt, zum Leben erweckt werden. Dies tut er – oder sonst tun es seine Agenten für ihn –, indem er diese Willensäußerungen organisiert, indem er sie aufstachelt und indem er zuletzt geeignete Punkte in seine Werbeschriften aufnimmt. [...]

Viertens: [...] Eigentlich ist der Konkurrenzbegriff sehr vage. Unsere Theorie legt Wert auf die Feststellung, dass Konkurrenz um die Führung in erster Linie bedeutet: freie und unbehinderte Konkurrenz um freie Stimmen. [...]

Fünftens scheint unsere Theorie die Beziehung zu klären, die zwischen der Demokratie und der individuellen Freiheit besteht. [...] Wenn, wenigstens im Prinzip, jedermann die Freiheit hat, sich dadurch um die politische Führung zu bewerben, dass er sich der Wählerschaft vorstellt, dann wird dies in den meisten [...] Fällen ein beträchtliches Quantum Diskussionsfreiheit für alle bedeuten. Namentlich wird es normalerweise ein beträchtliches Quantum Pressefreiheit bedeuten. [...]

Sechstens sollte beachtet werden, dass indem ich es zur Hauptfunktion der Wählerschaft machte, (direkt oder durch eine dazwischengeschobene Körperschaft) eine Regierung hervorzubringen, ich in diese Formulierung auch die Funktion ihrer Absetzung einschließen wollte. Das eine bedeutet einfach die Akzeptierung eines Führers oder einer Gruppe von Führern, das andere einfach die Rücknahme dieser Akzeptierung. [...]

Siebtens: [...] Das Prinzip der Demokratie bedeutet [...], dass die Zügel der Regierung jenen übergeben werden sollten, die über mehr Unterstützung verfügen als die anderen, in Konkurrenz stehenden Individuen oder Teams. [...] In einer Demokratie besteht [...] die Hauptfunktion der Stimmabgabe des Wählers darin, eine Regierung hervorzubringen.

Nach: Joseph A. Schumpeter, Kapitalismus, Sozialismus und Demokratie (1950), München 1972, S. 428 ff. und S. 433

AUFGABEN

1. Fassen Sie M 5 so zusammen, dass Sie die verschiedenen Implikationen der Demokratie-Definition mit jeweils einem Schlagwort benennen.
2. Prüfen Sie, ob sich die Implikationen wirklich aus der Demokratie-Definition ergeben.
3. Versuchen Sie in Anlehnung an die Demokratie-Definition in M 5 nichtdemokratische Regierungen zu definieren.
4. Schumpeter spricht von der „lebensnotwendigen Tatsache der Führung". Erörtern Sie, ob Führung in der Demokratie „lebensnotwendig" ist.
5. Bewerten Sie aus der Position der Identitätsdemokratie die Demokratie-Definition Schumpeters.

M 6   Ernst Fraenkel (1898–1975): Die pluralistische Demokratietheorie

■ Gehen wir vom Sprachlichen aus, so erinnern wir uns, dass Demokratie Volksherrschaft heißt. Prima facie[1] bedeutet politische Demokratie […] ein Regierungssystem, in dem die Legitimität der Ausübung staatlicher Macht letzten Endes auf dem Willen des Volkes beruht und von ihm ausgeht. Demokratie ist Herrschaft von Volkes Gnaden. Wie jeder echte politische Begriff war Demokratie ursprünglich ein polemischer Begriff. Herrschaft von Volkes Gnaden stand und steht in einem begrifflichen Gegensatz zur Herrschaft von Gottes Gnaden. Herrschaft von Volkes Gnaden schließt den Gedanken der autonomen Bildung des Staatswillens ein; Herrschaft von Gottes Gnaden beruht auf der Vorstellung eines von außen kommenden Herrschaftsauftrags, dessen Vollziehung in der Begründung und Ausübung heteronom legitimierter Staatsgewalt resultiert. […]

Nur wenn wir in der Lage sind, den Begriff der Demokratie zu präzisieren und des Näheren zu qualifizieren, ist er heute noch politisch relevant. Die Notwendigkeit einer solchen Qualifikation ergibt sich bereits aus der weiten Verbreitung der landläufigen Definition der Demokratie als Volksherrschaft. Diese Definition ist vom wissenschaftlichen Gesichtspunkt aus nicht zuletzt deshalb unzulänglich, weil sie sich des äußerst vieldeutigen Begriffes „Volk" unkritisch bedient. Wollen wir uns nicht mit einer provisorischen Definition der Demokratie begnügen, so müssen wir den Begriff „Volk" näher umreißen. Das deutsche Wort „Volk" ist ein Singular; das englische Wort „the people" ist ein Plural. Volksherrschaft kann denkbarerweise Herrschaft eines vorgegebenen einheitlichen Volkswillens, es kann aber auch Herrschaft einer Vielzahl von Einzel- und Gruppenwillen bedeuten, die sich jeweils zu einem als Willen des Volkes hypostasierten Staatswillen formieren. […]

Ob wir es wahrhaben wollen oder nicht: In unserem unreflektierten politischen Unterbewusstsein spukt nach wie vor die Vorstellung, dass das Gemeinwohl nur verwirklicht werden kann, wenn ein universaler Konsensus über alle das Gemeinwesen berührenden Angelegenheiten begründet und aufrechterhalten werden kann. Jean Jacques Rousseau, auf den diese Vorstellung zurückgeht, ist vermutlich der einflussreichste politische Denker des Abendlandes. […]

Die moderne parlamentarische Demokratie gestattet ihren Bürgern, auch in ihrer Eigenschaft als Bürger um die Förderung ihrer Interessen besorgt zu sein. Sie ermuntert sie geradezu, dies auf dem einzig wirksamen Wege – nämlich kollektiv – zu tun. […] Die Gretchenfrage der dem modernen Industriezeitalter adäquaten Staatsform der parlamentarischen Demokratie lautet, ob es angängig ist, unter ihrer Herrschaft trotz des heterogenen Charakters ihrer Gesellschaftsstruktur von einem Gemeinwohl zu sprechen. […]

Unter Gemeinwohl soll im Folgenden eine in ihrem Kern auf einem als allgemein gültig postulierten Wertkodex basierende, in ihren Einzelheiten den sich ständig wandelnden ökonomisch-sozialen Zweckmäßigkeitserwägungen Rechnung tragende regulative Idee verstanden werden, die berufen und geeignet ist, bei der Gestaltung politisch nicht kontroverser Angelegenheiten als Modell und bei der ausgleichenden Regelung politisch kontroverser Angelegenheiten als bindende Richtschnur zu dienen. Ich wiederhole, dass mit der für den demokratischen Staat kennzeichnenden Vorstellung der Autonomie politischer Willensbildung der Gedanke eines a-priori-Gemeinwohls[2] in Form eines politischen Aktionsprogramms nicht in Einklang zu bringen ist. Schließt dies aber – so müssen wir uns fragen – die Möglichkeit eines a-posteriori-Gemeinwohls[3] aus – eines Gemeinwohls, das nicht vorgegeben, sondern das als Resultante aus dem Parallelogramm der divergierenden ökonomischen, sozialen und ideellen Kräfte entsteht und den optimalen Ausgleich der antagonistischen Gruppeninteressen darstellt? […]

Pluralismus darf nicht mit einem *laissez-faire* auf kollektiver Ebene gleichgesetzt werden. Ein richtig verstandener Pluralismus schließt die Erkenntnis ein, dass auch in der heterogensten Gesellschaft stets neben dem kontroversen auch ein nicht kontroverser Sektor des gesellschaftlichen Lebens besteht. Ein richtig verstandener Pluralismus ist sich der Tatsache bewusst, dass das Mit- und Nebeneinander der Gruppen nur dann zur Begründung eines a-posteriori-Gemeinwohls zu führen vermag, wenn die Spielregeln des politischen Wettbewerbs mit Fairness gehandhabt werden, wenn die Rechtsnormen, die den politischen Willensbildungsprozess regeln, unverbrüchlich eingehalten werden und wenn die Grundprinzipien gesitteten menschlichen Zusammenlebens uneingeschränkt respektiert werden, die als regulative Idee den Anspruch auf universale Geltung zu erheben vermögen. Sie tragen einen modifizierenden und korrigierenden Charakter und stellen kein unmittelbar realisierbares Aktionsprogramm dar. […]

Die pluralistischen Verbände sind dazu berufen, dem Einzelnen die Möglichkeit zu eröffnen, einen Ausweg

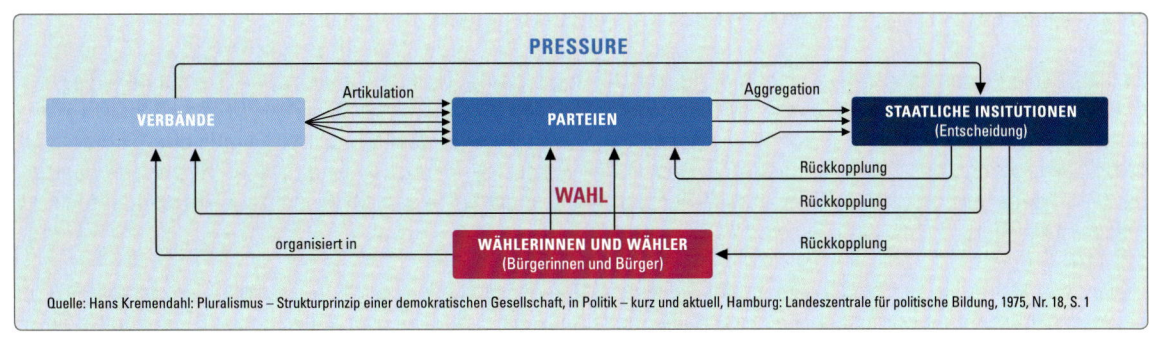

6.2 Identitätsdemokratie oder Konkurrenzdemokratie?

177.1 Pluralismus

aus der Isolierung und Vereinsamung zu finden, die ihn im Industriezeitalter ständig bedroht. Denn die Mitwirkung des Bürgers an öffentlichen Angelegenheiten darf sich nicht darauf beschränken, alle vier Jahre zur Wahlurne zu gehen und durch seine Stimmabgabe Einfluss darauf auszuüben, welches Team im Bereich der hohen Politik regieren soll – so wichtig dies auch ist. Die Mitwirkung des Bürgers muss die Möglichkeit einschließen, durch Mitgliedschaft und Mitarbeit in den Interessenorganisationen an der Regelung der Alltagsfragen teilzunehmen, die ihn unmittelbar berühren. [...]

Pluralismus ermöglicht eine durch die Parteien und Gruppen zu bewerkstelligende demokratische Mitwirkung der Bürger im Staat nur dann, wenn die Gruppen und Parteien selber demokratisch konstituiert sind und sich gegenüber dem ehernen Gesetz der Partei- und Gruppenoligarchie[4] immun erweisen. Die Existenz einer pluralistischen Demokratie setzt nicht nur voraus, dass der Staat pluralistisch, sie setzt auch voraus, dass die pluralistischen Parteien und Verbände demokratisch sind, das heißt, dass sie offene Gesellschaften darstellen, die nicht von Eliten, die sich durch Kooptation[5] ergänzen, beherrscht werden, sondern als Stätten zu dienen vermögen, an denen jeder Bürger sich aktiv zu betätigen in der Lage ist, an denen er nicht nur reden kann, sondern auch eine Chance besitzt, gehört zu werden, an denen er nicht nur fragen kann, sondern auch eine Antwort erhält, an denen er nicht als Nummer behandelt, sondern als Mitglied respektiert wird.

1 Prima facie (lat.): Auf den ersten Blick.
2 A priori (lat.): Vom Früheren. Hier: Von vornherein feststehend.
3 A posteriori (lat.): Vom Späteren. Hier: Nachträglich festgestellt.
4 Oligarchie (griech.): Herrschaft einer kleinen Gruppe.
5 Kooptation (lat.): Ergänzung durch Nachwahl oder Berufung.

Aus: Ernst Fraenkel, Deutschland und die westlichen Demokratien. Erweiterte Ausgabe, Frankfurt a. M., 2. Auflage 1991, S. 261 f., 264–267, 271–276. Grafik aus: Hans Kremendahl, Pluralismus – Strukturprinzip einer demokratischen Gesellschaft, in: Politik – kurz und aktuell, Hamburg 1975, Nr. 18, S. 1

AUFGABEN

1. Verschaffen Sie sich einen Überblick über den Inhalt von M 6, indem Sie jeden Absatz mit einer passenden Überschrift versehen.
2. M 6 setzt sich mit der Demokratietheorie von Rousseau auseinander. Arbeiten Sie heraus, was der Autor der Konzeption von Rousseau vorwirft.
3. Prüfen Sie vor dem Hintergrund Ihrer Kenntnis über Rousseaus Theorie die Berechtigung der Kritik von Ernst Fraenkel.
4. Skizzieren Sie die pluralistische Demokratietheorie, indem Sie analytisch die zentralen Kategorien herausstellen: a) Volksbegriff, b) Gemeinwohlbegriff, c) Rolle von Konflikt und Konsens, d) Akteure des politischen Willensbildungsprozesses und deren Funktion.
5. Überlegen Sie, ob die pluralistische Demokratietheorie (M 6) Berührungspunkte mit der Konkurrenztheorie der Demokratie aufweist (M 5).
6. Bewerten Sie die Ihnen vorgestellten Demokratieauffassungen – Identitätsdemokratie, Konkurrenzdemokratie, pluralistische Demokratie – hinsichtlich ihrer Übereinstimmung mit der politisch-gesellschaftlichen Wirklichkeit in Deutschland.

6.3 Repräsentative oder plebiszitäre Demokratie?

Ein klassischer Gegenstand demokratietheoretischer Überlegungen ist die Frage, wer in einer Demokratie die Entscheidungen treffen soll, die für alle rechtlich verbindlich sind. Auch in dieser Hinsicht gibt es zwei prinzipielle Antworten, deren eine wiederum von Rousseau stammt. Seine Antwort lautet, dass Demokratie die ständige Selbstgesetzgebung des Volkes, am besten in Gestalt der Volksversammlung, verlangt. Dieses Verständnis begründet die so genannte plebiszitäre Demokratie. Hiernach soll das Volk seine gemeinsamen Angelegenheiten tunlichst selbst entscheiden.

Die andere Antwort geht vom Gedanken der politischen Verantwortlichkeit gewählter Personen sowie vom Prinzip der diesen Personen übertragenen Gemeinwohlrichtigkeit aus. Sie sieht die Lösung des Problems, wem die politischen Entscheidungen nach Maßgabe dieser Kriterien anzuvertrauen sind, darin, demokratisch gewählte Repräsentanten hiermit zu beauftragen. Die repräsentative Demokratie ist nicht bloßer Ersatz für die in großräumigen Staaten nicht zu verwirklichende Volksversammlung, sondern eine eigenständige Synthese aus dem bereits im antiken Rom praktizierten Amtsprinzip mit dem demokratischen Prinzip der Wahl der Amtsinhaber.

In der politischen Praxis können repräsentative und plebiszitäre Demokratie sich insofern verbinden, als eine im Kern repräsentativ verfasste Demokratie plebiszitär ergänzt werden kann.

M 1 Die repräsentative Demokratie als Synthese von Demokratieprinzip und Amtsprinzip

■ Der demokratische Verfassungsstaat, inzwischen etwa 200 Jahre alt, ist die erfolgreichste Institutionalisierung politischer Freiheit in der Geschichte der Menschheit, die wir kennen. Gleichwohl liegt seit seinen Anfängen der Schatten eines [...] Verdachtes [...] über ihm. Die Rede ist von dem Verdacht, dass er nur eine zweitbeste Lösung oder – wenn man den gleichen Sachverhalt mit herausfordernder Schärfe formulieren will – eine Notlösung sei. Denn er ist repräsentativ verfasst, ist repräsentative Demokratie. Und deshalb erscheint er, am Maßstab des Ideals wahrer und wirklicher Volksherrschaft gemessen, bestenfalls als „popular government of the second degree of purity" (Thomas Jefferson). [...]

Die moderne repräsentative Demokratie ist nicht das Kind eines revolutionären Augenblicks, auch wenn Revolutionen Geburtshilfe geleistet haben, sondern die Frucht eines langen Reifeprozesses. [...] Von den beiden Kernelementen ist das repräsentative das viel ältere – repräsentative Verfassungen haben sich bekanntlich in fast allen europäischen Staaten westlich Russlands vom späten Mittelalter an ausgebildet, wenn sie auch dem Absolutismus nicht standhielten –, das demokratische das viel jüngere. Die Demokratie ist [...] auf die Repräsentativverfassung aufgepfropft worden, nicht die Repräsentativverfassung auf die Demokratie. Das meint: Die freiheitliche Repräsentativverfassung ist, historisch gesehen, keineswegs aus der Versammlungsdemokratie hervorgewachsen. [...]

Die repräsentative Demokratie ist die zugleich harmonische und spannungsreiche Synthese zweier Prinzipien, des Demokratieprinzips und des Amtsprinzips. Demokratieprinzip und Amtsprinzip, die Idee der Bürgerfreiheit und die Idee der Rechtsgebundenheit aller Herrschaft und der Verpflichtung aller Regierung auf das Gemeinwohl – das ist die Essenz der europäischen politischen Kultur. [...]

Die beiden Prinzipien fügen sich nicht leicht zueinander, aber sie sind doch [...] aufeinander angewiesen: Einzig ihre Verschmelzung ergibt eine legitime Verfassung der Freiheit. Das Demokratieprinzip spricht jedem Bürger das gleiche Recht auf freie Mitwirkung an den gemeinsamen Angelegenheiten zu und bündelt diese Rechte in der Denkfigur der Volkssouveränität. Das Amtsprinzip besagt, dass alle Befugnis, für andere verbindlich zu entscheiden, als Amt verfasst sein solle.

Als Amt verfasst – damit sind mindestens vier Aussagen gemacht:
— Die Befugnis, für andere verbindlich zu entscheiden, wird nicht aus eigenem, ursprünglichem Recht ausgeübt, sondern als übertragene Vollmacht.
— Die Befugnis, für andere verbindlich zu entscheiden, ist rechtlich eingegrenzt. Die Idee des Amtes ist mit unbegrenzter Handlungsfreiheit unvereinbar.
— Die Befugnis, für andere verbindlich zu entscheiden, hat eine Bestimmung, die nicht zur Disposition des Amtsinhabers steht, sondern ihm vorgegeben ist. Die Bestimmung des Amtes ist das Gemeinwohl.

Wer befugt ist, für andere verbindlich zu entscheiden, muss sich verantworten. Verantwortlichkeit ist möglicherweise das konstitutive Element des Amtes überhaupt.

In der Idee des Amtes, so lassen sich alle vier Aussagen zusammenfassen, stellt sich die Befugnis, für andere zu entscheiden, nicht als Recht, sondern als Pflicht dar. [...]

Repräsentative Demokratie als Synthese – das heißt [...] konkret: Die Befugnis, für das Ganze verbindlich zu entscheiden, ist in Ämtern verfasst, aber diese Ämterverfassung steht auf dem Fundament allgemeiner Wahlen, sie ist, was den Zugang zu den Ämtern betrifft, offen für alle Bürger und sie hat ihren Ort in einer Arena, in der Politik als öffentlicher und kontroverser Prozess ausgetragen wird. Im Grunde kennzeichnet der angelsächsische Begriff „responsible government" diese Synthese besser als der Begriff repräsentative Demokratie.

Aus: Peter Graf Kielmansegg, Das Experiment der Freiheit. Zur gegenwärtigen Lage des demokratischen Verfassungsstaates, Stuttgart 1988, S. 43, 54, 58 f., 64

M 2 Merkmale eines repräsentativen Regierungssystems

- Repräsentation ist die rechtlich autorisierte Ausübung von Herrschaftsfunktionen durch verfassungsmäßig bestellte, im Namen des Volkes, jedoch ohne dessen bindenden Auftrag handelnde Organe eines Staates oder sonstigen Trägers öffentlicher Gewalt, die ihre Autorität mittelbar oder unmittelbar vom Volk ableiten und mit dem Anspruch legitimieren, dem Gesamtinteresse des Volkes zu dienen und dergestalt dessen wahren Willen zu vollziehen.

Ein idealtypisches repräsentatives Regierungssystem geht von der These eines vorgegebenen und objektiv feststellbaren Gesamtinteresses und der Hypothese aus, dass der Wille des Volkes auf die Förderung des Gesamtinteresses gerichtet sei (hypothetischer Volkswille). In der politischen Realität ist ein jedes Repräsentativsystem bestrebt, den Ansichten der Volksmehrheit Rechnung zu tragen, soweit sich dies mit der Förderung des Gemeinwohls in Einklang bringen lässt; in jeder Nichtbeachtung des empirisch feststellbaren Volkswillens erblickt es eine Gefährdung des Gemeinwohls. Aufgabe einer Repräsentativverfassung ist es somit, die Realisierung des Volkswillens optimal zu ermöglichen mit der Maßgabe, dass bei einer etwaigen Divergenz zwischen hypothetischem und empirischem Volkswillen dem hypothetischen Volkswillen der Vorzug gebührt.

In der Gegenwart bekennen sich die Verfechter des Repräsentativgedankens zu den Grundsätzen der Volkssouveränität. [...] Darüber hinaus sind sie – bewusst oder unbewusst – bestrebt, den Minoritätsgruppen und Individualinteressen ein Maximum von Rechtssicherheit und Einflussmöglichkeit zu gewähren.

Aus: Ernst Fraenkel, Deutschland und die westlichen Demokratien. Erweiterte Ausgabe, Frankfurt a. M., 2. Auflage 1991, S. 153 f.

AUFGABEN

1. Nach Auffassung des Autors von M 1 ist die repräsentative Demokratie eine „zugleich harmonische und spannungsreiche Synthese" von Demokratie- und Amtsprinzip. Worin könnte das harmonische und worin das spannungsreiche Moment bestehen?
2. In welchem Verhältnis steht die repräsentative Demokratie zur Identitätstheorie und zur Konkurrenztheorie der Demokratie?
3. Der erste Satz in M 2 enthält in gedrängter Form die Definition von demokratischer Repräsentation. Zerlegen Sie den Satz zum besseren Verständnis in mehrere Einzelsätze und formulieren Sie daraus eine Definition, die leichter verstanden werden kann.
4. Erläutern Sie die Begriffe „hypothetischer" und „empirischer Volkswille". Klären Sie ihr Rangverhältnis in einem Repräsentativsystem.

M3 Das Selbstverständnis des Repräsentanten – zwei Auffassungen

• Am 3. November 1774 wurden Henry Cruger und Edmund Burke für die englische Hafenstadt Bristol ins britische Unterhaus gewählt. In ihren Dankansprachen an die Wähler von Bristol führten sie aus:

Henry Cruger

Es war stets meine Auffassung, dass den Wählern das Recht zusteht, ihren Parlamentsmitgliedern Weisungen zu erteilen. Ich für meinen Teil werde es im Parlament stets als meine Pflicht ansehen, eurem Rat und eurer Instruktion zu folgen. Ich werde mich als Diener meiner Wähler verstehen, nicht als ihr Herr, ihrem Willen unterworfen, nicht ihnen überlegen. Und lasst mich hinzufügen, ich fühle mich euch gegenüber bei all meinen öffentlichen Handlungen verantwortlich. Eurem rechtschaffenen Urteil will ich mich beugen – oder fallen.

Edmund Burke

[…] Sicherlich, meine Herren, es sollte die Freude und der Stolz eines jeden Repräsentanten sein, mit seinen Wählern in der innigsten Eintracht, der engsten Übereinstimmung und der freimütigsten Verbindung zu leben. Deren Wunsche sollten für ihn größtes Gewicht haben. […] Vor allem hat er stets und in allen Fallen deren Interessen den seinen vorzuziehen. Aber seine unvoreingenommene Meinung, sein reifes Urteil, sein erleuchtetes Gewissen, die darf er ihnen nicht opfern. Diese verdankt er nicht Ihrer Gunst noch dem Gesetz oder der Verfassung. Sie sind vielmehr ein Vertrauenspfand Gottes, für dessen Missbrauch er zutiefst verantwortlich ist. Ihr Repräsentant schuldet Ihnen nicht nur seinen Fleiß, sondern sein Urteilsvermögen. Und er verrät Sie, anstatt Ihnen zu dienen, wenn er es Ihrer Meinung zuliebe aufopfern würde. […] Das Regieren und die Gesetzgebung sind […] Angelegenheiten der Vernunft und des Urteils und nicht der Vorliebe. […] Eine Meinung zu äußern ist das Recht aller Menschen. Die Meinung der Wähler ist eine gewichtige und respektvolle Meinung, die zu hören ein Repräsentant sich immer bemühen sollte und die er auch stets mit äußerster Ernsthaftigkeit zu bedenken haben wird. Aber autoritative Instruktionen, Mandatserteilungen, an die ein Parlamentsmitglied blindlings gebunden ist und denen er strikt zu gehorchen hat, wenn sie im Gegensatz zu den festen Überzeugungen seines Urteils und Gewissens stehen – dies sind Dinge, die dem Recht dieses Landes völlig unbekannt sind und die einem fundamentalen Missverständnisses der gesamten Ordnung und des Tenors unserer Verfassung entspringen.

Ein Parlament ist kein Kongress von Gesandten verschiedener und miteinander verfeindeter Interessen, deren unterschiedliche Interessen jeder als dessen Agent und Anwalt gegenüber anderen Agenten und Anwälten zu verteidigen hat. Ein Parlament ist vielmehr die beratend-abwägende Versammlung einer Nation mit einem Interesse, dem des Ganzen. Dort dürfen nicht lokale Zwecke oder lokale Vorurteile die Richtschnur sein, sondern das Gemeinwohl, das aus der allgemeinen Vernünftigkeit des Ganzen resultiert. Sie haben sicherlich ein Mitglied gewählt; aber wenn Sie es gewählt haben, dann ist es nicht mehr ein Mitglied Bristols, sondern ein Mitglied des Parlaments. Wenn die lokale Wählerschaft ein Interesse oder eine eilfertig zustande gekommene Auffassung vertreten sollte, die offenkundig mit dem Wohl des übrigen Gemeinwesens unvereinbar ist, so darf ein Mitglied dieses Wahlkreises einem derartigen Streben ebenso wenig wie jedes andere Parlamentsmitglied nachgeben. […]

Ein gutes Parlamentsmitglied zu sein, ist – lassen Sie mich das sagen – keine leichte Aufgabe. Insbesondere in dieser unserer Zeit, wo die Neigung, in die gefahrvollen Extreme serviler Willfährigkeit oder ungestümer Popularitätssucht zu verfallen, so deutlich ausgeprägt ist.

Aus: Winfried Steffani, Edmund Burke – Zur Vereinbarkeit von freiem Mandat und Fraktionsdisziplin, in: Zeitschrift für Parlamentsfragen, Nr. 1/81, S. 112 ff.

AUFGABEN

1. Fassen Sie mit Ihren Worten die Erklärungen von Henry Cruger und Edmund Burke bezüglich ihrer Sichtweisen des richtigen politischen Verhaltens eines Abgeordneten zusammen.
2. Prüfen Sie mithilfe von M 1 und M 2, welche der in M 3 vertretene Auffassungen der repräsentativen Demokratie entspricht. Begründen Sie Ihre Auffassung.

M 4 Jean-Jacques Rousseau – Anwalt der plebiszitären Demokratie

■ Der Souverän handelt, da er keine andere Macht hat als die Legislative, nur mittels Gesetzen, und da Gesetze nichts anderes als die eigentlichen Akte des Gemeinwillens sind, kann der Souverän nur dann handeln, wenn das Volk versammelt ist. […] Es genügt nicht, dass das versammelte Volk die Verfassung des Staates einmal dadurch festgelegt hat, dass es ein Gesetzeswerk in Kraft setze; es genügt nicht, dass es eine immer während Regierung eingesetzt oder ein für allemal Vorsorge für die Wahl der Beamten getroffen hat. Neben außerordentlichen Volksversammlungen, die durch unvorhersehbare Fälle nötig werden können, bedarf es fester und regelmäßig wiederkehrender Versammlungen, die durch nichts aufgehoben oder verschoben werden können, dergestalt, dass das Volk am festgesetzten Tag durch das Gesetz rechtmäßig einberufen wird, ohne dass es hierfür einer anderen formellen Einberufung bedürfte. […]

Die Souveränität kann aus dem gleichen Grund, aus dem sie nicht veräußert werden kann, auch nicht vertreten werden; sie besteht wesentlich im Gemeinwillen und der Wille kann nicht vertreten werden: Er ist derselbe oder ein anderer; ein Mittelding gibt es nicht. Die Abgeordneten des Volkes sind also nicht seine Vertreter, noch können sie es sein, sie sind nur seine Beauftragten; sie können nicht endgültig beschließen. Jedes Gesetz, das das Volk nicht selbst beschlossen hat, ist nichtig: Es ist überhaupt kein Gesetz. Das englische Volk glaubt frei zu sein, es täuscht sich gewaltig, es ist nur frei während der Wahl der Parlamentsmitglieder; sobald diese gewählt sind, ist es Sklave, ist es nichts. Bei dem Gebrauch, den es in den kurzen Augenblicken seiner Freiheit von ihr macht, geschieht es ihm recht, dass es sie verliert.

Aus: Jean-Jacques Rousseau, Vom Gesellschaftsvertrag (1762), 3. Buch, 12., 13. und 15. Kapitel, Stuttgart 1977

M 5 Auszug aus der französischen Verfassung von 1793 (Jakobinische Verfassung)

■ **Art. 1:** Die Französische Republik ist einheitlich und unteilbar.
Art. 2: Das französische Volk ist zur Ausübung seiner Souveränität in Urversammlungen nach Kantonen eingeteilt.
Art. 8: Es wählt unmittelbar seine Abgeordneten.
Art. 10: Es beschließt über die Gesetze.
Art. 12: Die Urversammlungen bestehen aus mindestens 200, höchstens 600 Bürgern, die zusammengerufen sind, um abzustimmen.
Art. 29: Jeder Abgeordnete gehört der gesamten Nation an.
Art. 53: Die gesetzgebende Körperschaft schlägt Gesetze vor […].
Art. 56: Die Gesetzesvorschläge werden von einem Bericht begleitet.
Art. 58: Der Vorschlag wird gedruckt und allen Gemeinden der Republik unter der Aufschrift „Vorgeschlagenes Gesetz" übersandt.
Art. 59: Wenn 40 Tage nach Übersendung des vorgeschlagenen Gesetzes in der um eines größeren Hälfte der Departements ein Zehntel ihrer regelmäßig gebildeten Urversammlungen nicht reklamiert hat, ist der Vorschlag angenommen und wird „Gesetz".
Art. 60: Wenn eine Reklamation erfolgt, beruft die gesetzgebende Körperschaft die Urversammlungen ein.

AUFGABEN

1. Wie begründet Rousseau, dass das Volk die Gesetze selbst beschließen muss (M 4)?
2. Rousseau spricht von „Abgeordneten des Volkes". Prüfen Sie, ob es sich bei den Abgeordneten um Repräsentanten handelt.
3. Überprüfen Sie, inwieweit die jakobinische Verfassung (M 5) Gedanken Rousseaus übernommen hat.
4. Wie beurteilen Sie die Praktikabilität des Gesetzgebungsprozesses der jakobinischen Verfassung? Formulieren Sie dazu einen Kommentar aus der Sicht a) von Jean-Jacques Rousseau und b) von Edmund Burke.

M 6 Die Pariser Kommune – ein Demokratiemodell?

■ Als Pariser Kommune wurde der Gemeinderat von Paris bezeichnet (1. während der Französischen Revolution vom 14. 7. 1789 bis 1795; 2. von Ende März 1871 bis Ende Mai 1871). Die Pariser Kommune von 1871 war aus Enttäuschung über den Waffenstillstand im Deutsch-Französischen Krieg von 1870/71 und als Reaktion auf eine unsoziale Innenpolitik der überwiegend monarchistischen Nationalversammlung entstanden. Die Entscheidung der Regierung, die Nationalgarde zu entwaffnen, führte am 18. 3. 1871 zum Aufstand der Pariser Bevölkerung. Nach der Flucht der Regierung übernahm das im Februar gewählte „Comité central" der Nationalgarde die Macht. Die im März gewählte Kommune und der Rat der Kommune setzten sich überwiegend aus republikanisch-revolutionären Kräften zusammen. In Kämpfen mit Regierungstruppen unterlag die politisch zerstrittene Kommune in der „blutigen Woche" vom 21.–28. 5. 1871, in der etwa 25 000 „communards" getötet wurden. Vor allem von Karl Marx, Lenin und August Bebel wurde die Kommune als Arbeiteraufstand interpretiert und als Modell gepriesen.

Am Morgen des 18. März 1871 wurde Paris geweckt durch den Donnerruf: „Es lebe die Kommune!" Was ist die Kommune [...]? Die Proletarier von Paris [...] haben begriffen, dass die Stunde geschlagen hat, wo sie die Lage dadurch retten müssen, dass sie die Leitung der öffentlichen Angelegenheiten in ihre eigenen Hände nehmen [...]. Sie haben begriffen, dass es ihre höchste Pflicht ist und ihr absolutes Recht ist, sich zu Herren ihrer eigenen Geschicke zu machen und die Regierungsgewalt zu ergreifen. Aber die Arbeiterklasse kann nicht die fertige Staatsmaschinerie einfach in Besitz nehmen und diese für ihre eigenen Zwecke in Bewegung setzen. [...]

Der Ruf nach der „sozialen Republik", womit das Pariser Proletariat die Februarrevolution einführte, drückte nur das unbestimmte Verlangen aus nach einer Republik, die nicht nur die monarchische Form der Klassenherrschaft beseitigen sollte, sondern die Klassenherrschaft selbst. Die Kommune war die bestimmte Form dieser Republik. [...]

Die Kommune bildete sich aus den durch allgemeines Stimmrecht in den verschiedenen Bezirken von Paris gewählten Stadträten. Sie waren verantwortlich und jederzeit absetzbar. Ihre Mehrzahl bestand selbstredend aus Arbeitern oder anerkannten Vertretern der Arbeiterklasse. Die Kommune sollte nicht eine parlamentarische, sondern eine arbeitende Körperschaft sein, vollziehend und gesetzgebend zu gleicher Zeit. Die Polizei, bisher das Werkzeug der Staatsregierung, wurde sofort aller ihrer politischen Eigenschaften entkleidet und in das verantwortliche und jederzeit absetzbare Werkzeug der Kommune verwandelt. Ebenso die Beamten aller anderen Verwaltungszweige. [...] Die erworbenen Anrechte und die Repräsentationsgelder der hohen Staatswürdenträger verschwanden mit diesen Würdenträgern selbst. Die öffentlichen Ämter hörten auf, das Privateigentum der Handlanger der Zentralregierung zu sein. Nicht nur die städtische Verwaltung, sondern auch die ganze, bisher durch den Staat ausgeübte Initiative wurde in die Hände der Kommune gelegt. [...]

Die richterlichen Beamten verloren jene scheinbare Unabhängigkeit, die nur dazu gedient hatte, ihre Unterwürfigkeit unter alle aufeinander folgenden Regierungen zu verdecken, deren jeder sie [...] den Eid der Treue geschworen und gebrochen hatten. Wie alle übrigen öffentlichen Diener sollten sie fernerhin gewählt, verantwortlich und absetzbar sein.

Die Pariser Kommune sollte selbstverständlich allen großen gewerblichen Mittelpunkten Frankreichs zum Muster dienen. [...] In einer kurzen Skizze der nationalen Organisation [...] heißt es ausdrücklich, dass die Kommune die politische Form selbst des kleinsten Dorfes sein [...] sollte. Die Landgemeinden eines jeden Bezirks sollten ihre gemeinsamen Angelegenheiten durch eine Versammlung von Abgeordneten in der Bezirkshauptstadt verwalten, und diese Bezirksversammlungen dann wieder Abgeordnete zur Nationaldelegation in Paris schicken; die Abgeordneten sollten jederzeit absetzbar und an die bestimmten Instruktionen ihrer Wähler gebunden sein. Die wenigen, aber wichtigen Funktionen, welche dann noch für eine Zentralregierung übrig blieben, sollten nicht [...] abgeschafft, sondern an kommunale, d. h. streng verantwortliche Beamte übertragen werden. [...]

Während es galt, die bloß unterdrückenden Organe der alten Regierungsmacht abzuschneiden, sollten ihre berechtigten Funktionen einer Gewalt, die über der Gesellschaft zu stehen beanspruchte, entrissen und den verantwortlichen Dienern der Gesellschaft zurückgegeben werden. Statt einmal in drei oder sechs Jahren zu entscheiden, welches Mitglied der herrschenden Klasse das Volk im Parlament ver- und zertreten soll, sollte das allgemeine Stimmrecht dem in Kommunen konstituierten Volk dienen, wie das individuelle Stimmrecht jedem anderen Arbeitgeber dazu dient, Arbeiter, Aufseher und Buchhalter in seinem Geschäft auszusuchen. Und es ist bekannt genug, dass Gesellschaft ebenso gut wie Einzelne in wirklichen Geschäftssachen gewöhnlich den rechten Mann zu finden und, falls sie sich einmal täuschen, dies bald wieder gutzumachen wissen.

Aus: Karl Marx/Friedrich Engels, Der Bürgerkrieg in Frankreich (1891), zitiert nach: dies., Ausgewählte Werke, Moskau 1971, S. 298 f., 301–303

M 7 Varianten der „kritischen Demokratietheorie"

■ Die kritische Demokratietheorie konfrontiert die Wirklichkeit mit rigorosen normativen Postulaten, in deren Zentrum das Ideal der individuellen Selbstbestimmung steht. Diese Orientierung an der Autonomie des Einzelnen kann zu zwei ganz unterschiedlichen, ja geradezu gegensätzlichen Konsequenzen führen: zur Forderung nach allseitiger politischer Partizipation und gesamtgesellschaftlicher Demokratisierung einerseits und zur Forderung nach genereller Herrschaftsfreiheit andererseits.

Beide Varianten der kritischen Demokratietheorie, die „partizipatorische" und die „anarchistische", sind in der Praxis oft schwer auseinander zu halten, da sie sich sowohl in der Kritik als auch in ihren Wertberufungen ähnlicher Argumente und Topoi bedienen. Das Partizipationskonzept fasst Selbstbestimmung als Mitbestimmung; sämtliche Lebensbereiche werden in der Tendenz als mitbestimmungsbedürftig begriffen. Es gibt keine unpolitischen privaten oder gesellschaftlichen Räume. Ziel ist die umfassende Demokratisierung aller Lebensbereiche. Pendant dieses Demokratieverständnisses ist ein expansionistischer Politikbegriff, der auch die gesellschaftlichen und privaten Lebensfelder einbegreift.

Liegt in der Konsequenz des partizipatorischen Demokratieverständnisses die „Totalpolitisierung", so zielt umgekehrt die anarchistische Variante eher auf „Totalprivatisierung". Ziel und Funktion der Demokratie ist der Abbau von Herrschaft jedweder Art. Die Verfechter des Ideals der Herrschaftsfreiheit setzen auf den herrschafts- und repressionsfreien Diskurs, welcher das unverzichtbare Mindestmaß an Gemeinsamkeit erzeugen soll, indem er täuschungsfrei die Interessen aller Beteiligten offenkundig macht. Das Diskursmodell [...] mündet konsequent in die Forderung nach konsensuellen Einigungsverfahren. Wo keiner mehr überstimmt wird, kann keiner sich mehr beherrscht und fremdbestimmt empfinden. An diesem utopischen Fluchtpunkt berühren sich die partizipatorische und die anarchistische Variante der kritischen Demokratietheorie: Die Partizipationsforderung setzt die Volkssouveränität absolut und begreift mit rousseauscher Konsequenz das Volk als ein mit einem einheitlichen Willen ausgestattetes Subjekt; die Forderung nach Herrschaftsfreiheit setzt die individuelle Autonomie und Selbstentfaltung absolut, sodass es zu verbindlichen Kollektivaktionen nur kommen kann, wenn alle ein gemeinsamer Wille eint.

Aus: Bernd Guggenberger, Artikel „Demokratie/Demokratietheorien", in: Dieter Nohlen (Hg.), Wörterbuch Staat und Politik, München 1995, S. 86 f.

AUFGABEN

1. Stellen Sie fest, welche Demokratieauffassung M 6 zugrunde liegt.
2. Setzen Sie sich mit M 6 auseinander, indem Sie das Modell der Kommune auf das politische System der Bundesrepublik Deutschland übertragen.
3. Listen Sie in einer Tabelle die Merkmale der partizipatorischen und der anarchistischen Demokratietheorie (M 7) auf.
4. Überlegen Sie, welche Institutionen und Verfahrensweisen bei Anwendung der beiden in M 7 erwähnten Demokratieverständnisse eingerichtet werden müssten.

Weiterführende Informationen

Informationen zu den theoretischen Konzeptionen der Demokratie

Die Positionen der wichtigsten Staatsdenker sind nach wie vor aktuell, vor allem auch bedeutsam für jedes Nachdenken über die Zukunft der Demokratie (vgl. S. 185–217). Sie können in der Lerngruppe zusammen einen (oder verteilt auf einzelne Schülerinnen und Schüler mehrere) der in diesem Kapitel zitierten „Klassiker" der politischen Theorie begleitend zum Schulbuchkapitel als Ganzschrift lesen; die Reclamausgaben sind (immer noch) preisgünstig. In der Stadt- oder Schulbibliothek sind sicher auch andere Ausgaben, die Sie z. B. mithilfe von www.amazon.de schnell bibliographieren können, gut greifbar.

Zur Vertiefung einzelner thematischer Aspekte und zur Vorbereitung von Referaten und Facharbeiten zu Themen aus diesem Schulbuchkapitel empfehlen wir folgende

Fachliteratur

Beyme, Klaus von: Die politischen Theorien der Gegenwart, Wiesbaden, 8. Auflage 2000
Fenske, Hans u. a.: Geschichte der politischen Ideen. Von der Antike bis zur Gegenwart. Aktualisierte Neuausgabe, Frankfurt a. M., 2. Auflage 2004
Fetscher, Iring u. a.: Pipers Handbuch politischer Ideen. 5 Bde., München 1985–1993
Fraenkel, Ernst: Deutschland und die westlichen Demokratie. Mit einem Nachwort über Leben und Werk von Ernst Fraenkel, Frankfurt a. M., 2. Auflage 1991
Holmsten, Georg: Jean-Jacques Rousseau. Mit Selbstzeugnissen und Bilddokumenten, Reinbek bei Hamburg, 15. Auflage 1997
Kersting, Wolfgang: Die politische Philosophie des Gesellschaftsvertrags, Darmstadt 1996
Leisner, Walter: Demokratie. Betrachtungen zur Entwicklung einer gefährdeten Staatsform, Berlin 1998
Maier, Hans/Denzer, Horst (Hg.): Klassiker des politischen Denkens. 2 Bde, München, 2. Auflage 2004
Neumann, Franz (Hg.): Handbuch der Politischen Theorien und Ideologien. 2 Bde., Opladen, 2. Auflage 1998/2000
Noack, Paul: Carl Schmitt. Eine Biographie, Frankfurt a. M. u. a. 1996
Nohlen, Dieter (Hg.): Lexikon der Politik. 7 Bde. (Taschenbuchausgabe); Bd. 1: Politische Theorien und Bd. 7: Politische Begriffe, München 1992–1998
Politische Bildung 32/1999, Heft 2: Ideengeschichtliche Grundlagen der Demokratie
Sartori, Giovanni: Demokratietheorie. Sonderausgabe, Darmstadt 1997
Schmidt, Manfred G.: Demokratietheorien. Eine Einführung, Opladen, 3. Auflage 2000
Stammen, Theo/Riescher, Gisela/Hofmann, Wilhelm (Hg.): Hauptwerke der politischen Theorie, Stuttgart 1997
Thiel, Udo: John Locke. Mit Selbstzeugnissen und Bilddokumenten, Reinbek bei Hamburg, 2. Auflage 2000
Waschkuhn, Arno: Demokratietheorien. Politiktheoretische und ideengeschichtliche Grundzüge, München u. a. 1998

Vorschläge für Referate und Facharbeiten

- Naturzustand und Gesellschaftsvertrag: Das Entstehen des Staates bei Jean Jacques Rousseau und John Locke (Hugo Grotius und Thomas Hobbes)
- Biographie und politische Theorie: John Locke – Jean Jacques Rousseau – Carl Schmitt – Ernst Fraenkel (vgl. S. 165: vertieftes Textverständnis)
- Der demokratische Verfassungsstaat und seine theoretischen Wurzeln: Der Beitrag von ... (z. B. Locke)
- Der demokratische Verfassungsstaat – eine kritische Einschätzung aus der Perspektive von ... (z. B. Carl Schmitt)
- Herausforderungen des demokratischen Verfassungsstaates – ein „Gespräch" zwischen Jean-Jacques Rousseau und ... (z. B. John Locke)

Wie soll die Demokratie der Zukunft aussehen?

7.0

Im Mittelpunkt unserer gesamten Rechts- und Staatsordnung der selbstbewusste, mündige Bürger, der frei und verantwort unsere Gesellschaft mitgestalten soll. Es ist also nur konseq wenn wir die Beteiligung der Bürger an politischen Entscheid auch auf Bundesebene ausba und Bürger auch stärker an E

Volksentscheid zur Kinderbetreuung am 23.01.2005

attac-netzwerk

METHODEN

Zukunftswerkstatt: Die Zukunft der Demokratie

Die Demokratie ist keine ein für allemal feststehende politische Ordnung. So wie in den verschiedenen demokratischen Staaten die Verfassungsorgane, die politischen Willensbildungsmuster und die Verfahrensweisen zur Entscheidungsfindung sich zum Teil deutlich unterscheiden, so gibt es viele Varianten der normativen Demokratietheorie und ebenso vielfältige Überlegungen, die Demokratie weiterzuentwickeln. Denn die Demokratie steht unter hohem Erwartungsdruck: Sie unterliegt dem Anspruch, das große Versprechen der Französischen Revolution, Freiheit und Gleichheit, einzulösen und dabei das Gemeinwohl zu fördern. Wie das am besten geschehen kann, wird in Gegenwart und Zukunft immer Anlass zu einem Wettbewerb der Ideen sein.

Zukunftswerkstatt

Die Zukunftswerkstatt stammt aus der Praxis der sozialen Bewegungen (Friedens- und Umweltbewegung). In diesem Kontext wurde die Zukunftswerkstatt als ein basisdemokratisches, kreatives und kommunikatives Instrument der Problem- und Lösungsformulierung angesehen. Sie drückt somit ein bestimmtes demokratisches Selbstverständnis aus, nämlich dass Betroffene (und nicht lediglich gewählte Repräsentanten) sich Gedanken über die Bewältigung drängender Zukunftsprobleme machen. Daher kann man sagen, dass die Durchführung einer Zukunftswerkstatt einen Akt demokratischen Handelns darstellt.

Die Zukunftswerkstatt ist zugleich auch eine Methode der Politischen Bildung, die intuitiv-emotionale und rational-analytische Elemente miteinander verknüpft. Ihr Einsatz kann das politische Denken in zweierlei Hinsicht fördern: Zum einen eröffnet sie Chancen für die Entwicklung utopischer Vorstellungen, denn sie fordert dazu auf, mithilfe der Fantasie wünschbare Ziele zunächst ohne Rücksicht auf ihre Umsetzbarkeit zu formulieren. Zum anderen schult sie das Verständnis für institutionelle Gegebenheiten und trainiert strategisches Denken. Denn die utopischen Entwürfe werden konfrontiert mit den Realitäten von Politik und Verfassung, die den Bedingungsrahmen für die Verwirklichung politische Wünsche setzen.

Im Rahmen einer Zukunftswerkstatt der Demokratie könnte folgendes Thema Gegenstand der Überlegungen sein: Wie soll die Demokratie in zehn Jahren aussehen?

Eine Zukunftswerkstatt benötigt viel Zeit. Ein Schulvormittag von vier bis sechs Stunden sollte zur Verfügung stehen. Die Werkstatt besteht aus drei Hauptphasen (1. Kritikphase, 2. Fantasiephase, 3. Verwirklichungsphase) sowie einer vorbereitenden und einer nachbereitenden Phase. Die Zeiteinteilung der drei Hauptphasen sollte im Verhältnis 1:2:2 erfolgen. Der Lehrer (oder ein Schüler, der bereits Erfahrung mit der Zukunftswerkstatt hat) fungiert als Moderator.

Vorbereitungsphase

1. Herstellung von Arbeitsbedingungen: Man benötigt einen großen Raum, in dem die Teilnehmerinnen und Teilnehmer sich frei bewegen können und Platz für Kleingruppen ist. Sitzecken und Nebenräume sind hilfreich. Es müssen genügend Tafeln, Stellwände und Zimmerwände zum Anbringen von Papierbögen vorhanden sein. Benötigt werden große Papierbögen (z. B. Tapetenrollen oder Packpapier), viele Papierstreifen (etwa 8x20 cm), Klebeband, Scheren und viele dick schreibende Filzstifte in unterschiedlichen Farben.

2. Vorstellung des methodischen Vorgehens: Die drei Hauptphasen werden genau beschrieben und die jeweils geltenden Spielregeln vorgestellt. Es wird darauf hingewiesen, dass alles in Stichworten auf Papier sichtbar gemacht werden muss. Am besten schreibt man die Spielregeln auf ein großen Bogen Papier und hängt diesen gut sichtbar an eine Wand. Alle Teilnehmer verpflichten sich zur Einhaltung der Spielregeln. Eine wichtige Spielregel lautet: In der Kritik- und der Fantasiephase darf niemand die Ideen anderer kritisch kommentieren oder gar zurückweisen. Alles muss hier gedacht und artikuliert werden können.

3. Einstimmung in das Thema: Der Moderator umreißt das Themenfeld (Gestaltung der demokratischen Ordnung). Er erwähnt gegebenenfalls zur Erinnerung einige Stationen der Entwicklungsgeschichte der Demokratie (z. B. Ausdehnung des Wahlrechts, Anwendung des Demokratieprinzips in nichtstaatlichen Lebensbereichen, Versammlungsdemokratie in der Antike und in einigen Schweizer Kantonen). Möglich ist auch, dass er einige politische Skandale in Demokratien in Erinnerung ruft.

Kritikphase

1. **Kritiksammlung:** Der Moderator formuliert die Schlüsselfrage: „Was missfällt Ihnen an der bestehenden Demokratie in Deutschland? Worüber empfinden Sie Wut und Empörung?" Die Teilnehmer denken drei Minuten schweigend über die Frage nach. Danach notieren sie in Stichworten auf den Papierstreifen ihre Empfindungen. Auch hier muss geschwiegen werden.

2. **Bildung thematischer Schwerpunkte:** Die Papierstreifen werden nach Sachgesichtspunkten geordnet an der Tafel oder an einer Stellwand für alle sichtbar befestigt. Die Teilnehmer verschaffen sich einen Überblick. Dann gewichten sie die angeführten Punkte nach Problemschwere und Dringlichkeit. Es kristallisieren sich einige Schwerpunktthemen heraus, über die noch explizit Einverständnis hergestellt wird. Diese (und nur diese) bilden den Gegenstand der weiteren Bearbeitung.

3. **Bildung von Arbeitsgruppen (Teams):** Entweder bearbeiten die Teams (maximal vier Personen) parallel alle Kritikpunkte, oder sie konzentrieren sich arbeitsteilig auf jeweils einen Punkt (oder zwei Punkte). Die erste Möglichkeit bietet sich an, wenn nur sehr wenige Kritikpunkte auf der Agenda stehen.

Fantasiephase

1. **Positive Umkehrung der Kritikpunkte:** Die Teilnehmer versuchen, zu jedem Kritikpunkt einen oder mehrere positive Gegenvorstellungen zu formulieren. Dieser eher nüchtern-reflexive Vorgang ist die Vorbereitung für den folgenden Schritt, der im Zentrum der Phase steht.

2. **Intensives Brainstorming:** Die Teilnehmer entwickeln möglichst fantasievolle Vorschläge zur Problemlösung. Dabei nehmen sie keine Rücksicht auf die Verfassung, Gesetze, Vorschriften, ökonomische oder soziale Zwänge. Alles ist im Prinzip möglich und machbar. Es darf also auch Außergewöhnliches, Unfertiges und am Rande Liegendes geäußert werden. Die Ideen werden auf Papierstreifen geschrieben und somit allen zugänglich gemacht. Es ist streng verboten, Äußerungen von Gruppenmitgliedern zu kritisieren oder abzuwerten.

3. **Systematisierung, Bewertung und Ausarbeitung der Ideen:** Die Ideen werden nach Sachgruppen zusammengestellt und von den Teilnehmerinnen und Teilnehmern danach bewertet, welche die schönsten Utopien darstellen. Nach einer Einigung wird die betreffende Idee zu einem Programmentwurf ausgearbeitet.

187.1 *Eine Zukunftswerkstatt in Aktion: Kritikphase*

METHODEN

4. Präsentation der utopischen Entwürfe: Die Arbeitsgruppen überlegen sich, wie sie ihre Idee den anderen Teilnehmerinnen und Teilnehmern möglichst anschaulich präsentieren können (Kurzgeschichte, Rollenspiel, Collage usw.). Die Präsentationen müssen so erfolgen, dass die Entwürfe in der folgenden Phase präsent sind. Daher müssen sie schriftlich in Stichworten fixiert und auf einer Stellwand optisch zugänglich sein.

Verwirklichungsphase
1. Kritische Prüfung der utopischen Entwürfe: Entweder im Plenum oder in den Arbeitsgruppen werden die Entwürfe auf ihre Realisierbarkeit unter den gegenwärtigen verfassungsrechtlichen, politischen, soziokulturellen und ökonomischen Bedingungen geprüft. Gefragt wird unter anderem, welche Faktoren die Verwirklichung erleichtern bzw. erschweren.

2. Erörterung von Durchsetzungsstrategien: Falls es zu der Einschätzung kommt, dass die Verwirklichung einer Idee oder von Teilen einer Idee möglich ist, überlegen die Teilnehmerinnen und Teilnehmer, welche Strategien eingeschlagen werden sollten, um der Idee zur Durchsetzung zu verhelfen (Suche nach Bündnispartnern, offenes oder geheimes Vorgehen, kompromisshaftes oder kompromissloses Vorgehen).

3. Planung eines gemeinsamen Projektes: Die Teilnehmer stellen sich vor, sie selbst wollten die Verwirklichung ihrer Idee in die Hand nehmen. Sie überlegen die einzelnen Schritte ihrer Aktion, die Finanzierung, die Öffentlichkeitsarbeit, die möglichen Reaktionen auf Widerstände.

Nachbereitungsphase
Am Ende steht das gemeinsame Nachdenken über den Ablauf der durchgeführten Zukunftswerkstatt: Angesprochen werden sollten die Lerneffekte hinsichtlich des Themas Demokratie, die soziale Atmosphäre während der Werkstattarbeit, die Anwendbarkeit der Methode auf andere Themen.

188.1 Eine Zukunftswerkstatt in Aktion: Fantasiephase

7.1 Vorschläge zur Optimierung der repräsentativen Demokratie

Die repräsentative Demokratie ist in den demokratischen Verfassungsstaaten fest verankert und wird von den meisten Bürgern als die normale Form der Demokratie angesehen. Wenn auch ihre Legitimität prinzipiell nicht infrage steht, sieht sie sich gleichwohl ständig mit dem Problem konfrontiert, die dreifache Bindung der parlamentarischen Mandatsträger in ein Gleichgewicht zu bringen, nämlich die Bindung
_an das Wohl des Gemeinwesens,
_an die Erwartungen der lokalen Wählerschaft und
_an die Parteien, die die Kandidatur ermöglichen.
Vor allem die Loyalität der Parlamentarier zu ihren Parteien – man könnte auch von Abhängigkeit sprechen – ist Gegenstand kritischer Betrachtungen und reformorientierter Überlegungen.

Es gehört zur Funktionslogik der parlamentarischen Demokratie, dass Regierungs- und Oppositionsfraktionen jeweils geschlossen abstimmen. Insbesondere die Regierungsfraktionen versprechen sich in Koalitionsverträgen, dass wechselnde Mehrheiten im Plenum und in den Ausschussberatungen ausgeschlossen sind. Ein solches Abstimmungsverhalten wird jedoch von vielen kritisch gesehen.

M 1 Plädoyer für geheime Abstimmungen im Parlament

● Eine wirkliche Demokratie beruht auf den Voraussetzungen von allgemeinen, unmittelbaren, freien, gleichen und geheimen Wahlen. Diese hehren Prinzipien sollten auch für unsere an Aufträge und Weisungen
5 nicht gebundenen und nur ihrem Gewissen unterworfenen Abgeordneten eingeführt werden: Um alle Abstimmungen in den Parlamenten frei, unbeauftragt, nicht weisungsgebunden und nur gewissensunterworfen zu gestalten, sollten sie in allen Fällen geheim vorzuneh-
10 men sein. Das bedeutet, dass die namentliche Abstimmung, die Abstimmung durch Handzeichen, Hammelsprung und jede andere Technik der Abstimmung, die es erlaubt, die Entscheidung eines einzelnen Abgeordneten zu identifizieren, abzuschaffen sind. Und zwar
15 auf allen Ebenen, bis hin zu den Gemeinderäten.

Darin, dass man dem Wähler die Benutzung von Wahlkabinen vorschreibt, aber dem Mandatsträger die charakterliche Unabhängigkeit unterstellt, diese nicht zu benötigen, sehe ich einen sehr undemokratischen Rest
20 von Unterscheidung zwischen dem überlegenen Herrschaftshandeln der von Gottes Gnaden mit Weisheit gesegneten „Obrigkeit" und dem „beschränkten Untertanenverstand" des „Volkes". Wandeln wir unsere faktische Parteien-Oligarchie endlich um in eine echte Demokratie! Wenn man unseren gewählten Repräsen- 25
tanten ermöglicht, tatsächlich nach ihrem Gewissen zu entscheiden – vielleicht stellt sich dann heraus, dass sie ihre Sache gar nicht so schlecht machen.

Aus einem Leserbrief von Dr. Manfred Bühner in: DIE ZEIT, 29. 4. 1998

189.1 Hammelsprung: Alle Abgeordneten verlassen den Saal und betreten ihn (hinter ihren „Leithammeln") wieder durch die „Ja"-Tür, durch die „Nein"-Tür oder die Tür für Stimmenthaltungen. Er erfolgt, wenn trotz Gegenprobe Unklarheiten über das Abstimmungsergebnis bestehen.

__AUFGABEN__

1. Arbeiten Sie heraus, was sich der Verfasser von geheimen Abstimmungen verspricht.
2. Beurteilen Sie vor dem Hintergrund Ihrer Kenntnisse der Funktionsweise einer von Parteien geprägten parlamentarischen Demokratie die Plausibilität der Forderung nach durchgängiger geheimer Abstimmung.

M 2 Plädoyer für offene Abstimmungen im Parlament

Sobald sich jemand dem Wähler zur Wahl stellt, sei es als Einzelperson oder als persönlich verantwortliches Mitglied eines Kollektivs (Partei), macht er sich damit dem Wähler gegenüber rechenschaftspflichtig. Nur so ist pluralistische, d. h. Opposition und Parteienkonkurrenz zulassende Demokratie möglich. Dies gilt erst recht für Parlamentarier, die sich dem wahlberechtigten Bürger zur Wiederwahl präsentieren und um deren Vertrauen werben. Solch ein Werben kann allein dann glaubwürdig sein, wenn die zur Wahl anstehenden Kandidaten kontrollierbar sind. Anderenfalls wäre eine verantwortliche Wahlentscheidung kaum denkbar.

Aus diesen Gründen ist es im demokratischen Verfassungsstaat selbstverständlich, dass Parlamente dem Öffentlichkeitsgebot unterworfen sind. Demgemäß erklärt das Grundgesetz in Art. 42 Abs. 1 Satz 1: „Der Bundestag verhandelt öffentlich." Wohl kann die Öffentlichkeit eingeschränkt werden, jedoch nur in Ausnahmesituationen und unter erschwerten Bedingungen.[1] [...] Als höchst problematisch muss es jedoch erscheinen, wenn im Plenum selbst politisch gewichtige Entscheidungen der Öffentlichkeit und damit der Rechenschaftspflicht gegenüber dem mündigen Wähler entzogen werden. Genau das geschieht aber im Bundestag mit der geschäftsordnungsgemäß geheimen Wahl des Bundeskanzlers. [...]

Die von den Parteien nominierten und nach der Wahl ihnen zuzurechnenden Bundestagsabgeordneten haben sodann die Erwartung zu rechtfertigen, dass sie gemäß ihren Wahlversprechen abstimmen werden. Die lässt sich aber nur bei öffentlich kontrollierbaren Wahlen im Parlament nachvollziehen. Andernfalls würden sich die Abgeordneten bei einer der wichtigsten politischen Entscheidungen der demokratischen Kontrolle des Wählers entledigen. Bei geheimer Abstimmung erfährt der Wähler nur das Gesamtergebnis, nicht das Einzelverhalten der Abgeordneten. Geheime Wahl bedeutet: Der Abgeordnete übt kein freies Mandat aus, für dessen Wahrnehmung er dem Wähler rechenschaftspflichtig ist; vielmehr wird er zum Anonymus in einem Entscheidungskollektiv, dessen Ergebnis kein einzelner Abgeordneter verantworten kann. Wenn sich Parlamentsmitglieder auf diese Weise der Rechenschaftspflicht und damit der Kontrolle durch den Wähler entziehen, entmündigen sie ihn bei einer wesentlichen Grundentscheidung. [...]

Der Bundestagsabgeordnete wird nach seiner Wahl mit der Mandatsübernahme Inhaber eines öffentlichen Amtes [vgl. S. 178 f., der Verf.], das ihn verfassungsrechtlich zu freier Beschlussfassung befugt. Da es für die Bundestagsmitglieder [im Gegensatz zum Kongress in den USA, der Verf.] bisher keinen Abgeordneteneid gibt, steht – wie schon in der Weimarer Verfassung – der Hinweis auf die Gewissensfreiheit des Parlamentariers im Grundgesetz (Art. 38 Abs. 1). Mit dem Hinweis, dass die Abgeordneten „nur ihrem Gewissen unterworfen" seien, ist aber nicht das Privatgewissen einer Mutter oder eines Familienvaters gemeint, sondern das Amtsgewissen eines Parlamentariers. Zu diesem Parlamentsamt gehört in einer pluralistischen Demokratie die Pflicht zur öffentlichen Beschlussfassung. Anderenfalls könnte der Wähler – etwa im Fall einer beabsichtigten Wiederwahl – seinen Abgeordneten bzw. die ihn nominierende oder nicht wieder aufstellende Partei in keinerlei Form zur Rechenschaft ziehen. Ein Abgeordneter, der zu dieser Öffentlichkeit nicht bereit ist, weil er etwa hierdurch ermöglichte Anfeindungen nicht ertragen kann, bezeugt damit seine Unfähigkeit, die mit diesem Amt verbundenen Belastungen zu übernehmen.

1 Vgl. §§ 48, 51 und 52 der Geschäftsordnung des Deutschen Bundestages.

Aus: Winfried Steffani, Demokratische Offenheit bei der Wahl des Regierungschefs?, in: Jahrbuch für Politik 1991, 1. Halbband, S. 34 ff.

AUFGABEN

1. Stellen Sie die Argumente heraus, die in M 2 für offene Abstimmungen im Parlament angeführt werden. Prüfen Sie, ob sich dadurch der politische Entscheidungsprozess im Deutschen Bundestag verändern würde.
2. Erörtern Sie, welche Abstimmungsweise dem Ansehen der repräsentativen Demokratie am ehesten förderlich ist.

M 3 Mehr Demokratie wagen?

■ Durch die Möglichkeit des Kumulierens, d.h. des Stimmenhäufelns zugunsten bestimmter Kandidaten, sollen Wählerinnen und Wähler die von den Parteien vorgegebene Reihenfolge der Kandidatenliste verändern können. Das macht die Parlamente wieder repräsentativer und sollte deshalb nicht nur in den Kommunen, sondern auch in den Ländern und im Bund möglich sein.

Der Bürger muss sich vor allem in seinem unmittelbaren Umfeld stärker an Entscheidungen beteiligen können. Eine Direktwahl der Bürgermeister und Landräte in allen Bundesländern ist dafür ein ebenso möglicher Schritt wie die Ausdehnung von Bürgerentscheiden, Bürgerbegehren und Bürgerbefragungen auch auf Landes- und Bundesebene. Die Bürgerinnen und Bürger könnten außerdem das Recht haben, auch den Bundespräsidenten in Direktwahl zu bestimmen. Eine Amtszeit von sieben Jahren ohne Möglichkeit der Wiederwahl würde zugleich das Amt soweit als möglich von parteitaktischen Erwägungen frei halten.

> Bundeskanzler Schröder plädiert dafür, die Amtszeit des Bundeskanzlers auf zwei Legislaturperioden von fünf Jahren zu begrenzen.
>
> Aus: FAZ, 23.2.2000, S. 1

Überaus lange Regierungszeiten einer Person fördern erkennbar die Einbindung eines Machtzentrums in ein System von Verflechtungen, Abhängigkeiten und persönlichen Loyalitäten. Mit der Dauer der Amtszeit nimmt die Macht zu und die Kontrolle ab. Deshalb muss über eine Begrenzung der Amtszeit der Regierungschefs in Bund und Ländern auf zwei Legislaturperioden von jeweils fünf Jahren nachgedacht werden.

Aus: die liberale depesche. Mitgliederzeitung der FDP, Januar/Februar 2000, S. 1 (Zusammenfassung eines Thesenpapiers von Guido Westerwelle, damals FDP-Generalsekretär)

M 4 Die „Löschstimme"

■ Die Nichtwähler sind die mächtigste außerparlamentarische Opposition [...]. Sie negieren den Parlamentarismus in seinem Kern, dem Wahlakt. Sie sind das schwarze Loch, in dem alle Programme verschwinden, das Schweigen, das jede Rede zersetzt. Sie machen reine Existenzpolitik: Das Einzige, womit sie auf sich aufmerksam machen, ist der Umstand, daß es sie gibt. So könnte das weitergehen. Wäre da nicht Heinz. Heinz hat lange studiert, sitzt gerne in der Sonne auf einer Bank im Berliner Tiergarten und erklärt jedem, der Zeit hat, die Politik. Vielleicht, weil er selbst einer ist, grübelt Heinz seit geraumer Zeit über die Nichtwähler nach.

Wissen Sie, doziert er, das einzige Mittel, das gegen eine außerparlamentarische Opposition hilft, ist ihre Parlamentarisierung. Ich habe dieses Mittel entdeckt: die Löschstimme. Man fügt sie einfach dem traditionellen Wahlakt hinzu. Es gibt also künftig zwei Wahlzettel, einen positiven für die Leute, die irgendwelche Parteien wählen wollen, und einen negativen für solche Leute, die irgendeine Partei vor allem nicht wählen wollen. [...] Man kann die Nichtwähler als Faktor der Negativität nur parlamentarisieren, wenn man Elemente der Negativität in den Wahlakt selbst aufnimmt. [...] Natürlich, am Ende könnte es mehr Löschstimmen geben als positive. Aber das ist ja das Beste an der Löschstimme, kichert er. Sie ist ein positiver Demokratietest für Parteien, Wähler und Nichtwähler. Alle müssen beweisen, daß es sie zu Recht gibt. [...]

Aus: FAZ, 26.9.1998, S. 33

AUFGABEN

1. Stellen Sie Ursachen und Wirkungen der einzelnen Vorschläge in M 3 zusammen.
2. Diskutieren Sie die in M 4 vorgestellte Idee einer „Löschstimme": Könnte eine solche Stimmmöglichkeit das Wählen attraktiver machen und dem Willen der Wählerinnen und Wähler besser Ausdruck verleihen? Wie würde dieses Verfahren den Parteienwettstreit im politischen System verändern?

7.2 Demokratisierung des Wahlrechts durch Einführung des Kinderwahlrechts?

Die Legitimität der Demokratie ist aufs Engste mit dem Gleichheitsprinzip verbunden. Daher wird beispielsweise ein nach Steuerleistung differenziertes Wahlrecht, wie es in Preußen bis 1918 in Geltung war (Dreiklassenwahlrecht), nicht akzeptiert. Gleichheit ist ein tragender Wahlgrundsatz (Art. 38 GG). Gleichheit heißt, dass jeder Bürger eine Stimme hat. Der Grundsatz der Allgemeinheit der Wahl „verbietet dem Gesetzgeber, bestimmte Bevölkerungsgruppen aus politischen, wirtschaftlichen oder sozialen Gründen von der Ausübung des Wahlrechts auszuschließen" (BVerfGE 36, 139).

Um dem Anspruch der Demokratie wirklich Genüge zu tun, müsste eigentlich jeder Angehörige des Volkes (griech. *demos*) das Wahlrecht besitzen. Davon sind die existierenden demokratischen Verfassungsstaaten aber weit entfernt. Denn sie binden das Wahlrecht an das Erreichen eines bestimmten Alters, in der Regel an die Vollendung des achtzehnten Lebensjahres. Dieser Sachverhalt wird von manchen für unbefriedigend gehalten und ist deshalb Gegenstand von Änderungsvorschlägen.

M 1 Plädoyer für ein Kinderwahlrecht

● Knapp 15 Mio. minderjährige Bürgerinnen und Bürger unseres Staates sind nach Art. 38 Abs. 2 GG von der Teilnahme an den Wahlen und damit von der Mitwirkung an der Legitimation der Staatsgewalt ausgeschlossen. [...] Minderjährige sind eigenständige Rechtspersonen. Sie sind auch Inhaber von Grundrechten. In vielfältiger Weise nehmen sie am gesellschaftlichen, finanziellen und politischen Leben teil – sei es unmittelbar, sei es vertreten durch ihre Eltern. [...] Schon frühzeitig werden sie auch in die Pflichten eines Staatsbürgers eingebunden: So beginnt die strafrechtliche Verantwortung z. B. vor dem Eintritt in die Volljährigkeit. [...] An der Konstitution der Staatsgewalt wirken sie aber nicht mit, sie haben – obwohl unbezweifelbar Mitglied unseres Staatsvolkes – nicht teil an der Volkssouveränität nach Art. 20 Abs. 2 GG, von ihnen scheint keine Staatsgewalt auszugehen. [...]

Die Rechtsstellung Minderjähriger bringt es mit sich, dass sie in nahezu jeder Hinsicht [...] von ihren Eltern vertreten werden. Der Stimmabgabe bei einer politischen Wahl liegt eine Entscheidung zugrunde, die unmittelbare Konsequenzen für den einzelnen Wähler nicht hat. Die Auswirkungen für jeden und damit auch für den minderjährigen Wähler sind weit weniger entscheidend als manche Verfügung, die die Eltern etwa in finanzieller Hinsicht mit Wirkung für ihre Kinder treffen. Zudem wären Eltern [...] stets verpflichtet, ihre Wahl am Wohl des Kindes auszurichten. Und im Übrigen hätten sie die wachsende Fähigkeit und das wachsende Bedürfnis des Kindes [...] stets zu berücksichtigen. Sie hätten, wenn und soweit die Entwicklung des Kindes dies zulässt, die Frage der politischen Entscheidung mit dem Kinde zu besprechen und Einvernehmen anzustreben (§ 1626 BGB). [...]

Könnte sich eine Zweidrittelmehrheit im Bundestag dazu entschließen, Art. 38 Abs. 2 GG entsprechend den vorherigen Ausführungen zu ändern, so wäre ein großer Schritt in Richtung Familien- und Kindergerechtigkeit unserer Gesellschaft getan [...]. Die Bedeutung des Staatsziels aus Art. 20a GG, wonach der Staat in der Verantwortung für die künftigen Generationen steht, würde erheblich aufgewertet werden, wenn die Interessen der nachwachsenden Generationen schon jetzt ihrer Zahl entsprechend ihren Niederschlag in dem Wahlverhalten finden könnten. [...] Eine solche Änderung im Wahlrecht würde die soziale Symmetrie, die verloren gegangen ist, wieder herstellen oder doch verbessern. Andere Schwerpunkte könnten in der Politik gesetzt werden, weil Familien mit minderjährigen Kindern auf dem Markt der knappen öffentlichen Ressourcen mit anderen starken Interessengruppen endlich konkurrieren könnten.

Aus: Neue Juristische Wochenschrift (NJW), Heft 43/1997, S. 2861 f., Autorin: Dr. Lore Maria Peschel-Gutzeit, frühere Hamburger Justizsenatorin und Vorsitzende des Kuratoriums der Deutschen Liga für das Kind

M 2 Äußerungen zum Thema Kinderwahlrecht

Wolfgang Brammen: Wer wählt stellvertretend für ein Waisenhaus?

Folgt man der Überlegung der SPD-Justizsenatorin, wäre eine fundamentale Änderung des bestehenden Wahlrechts die Folge. Die qualitative Stimmabgabe würde sozusagen einer quantitativen weichen. [...] Damit käme es [...] erneut zu einem Mehrklassenwahlrecht; mit dem Unterschied, dass damals nach der Standeszugehörigkeit – Proletariat, Bürgertum bzw. Mittelstand oder Adel – die Anzahl der Wahlstimmen für den Einzelnen vergeben wurde. Im Falle des Kinderwahlrechts hätten somit Eltern mit Kindern entsprechend mehr Wahlstimmen zur Verfügung als allein Lebende oder Kinderlose. Da der individuelle Wahlwille der Kinder nicht bekannt bzw. nicht ernsthaft in Erwägung zu ziehen ist, würden die Erziehungsberechtigten folglich nach eigenen politischen Überlegungen abstimmen, die nicht einmal den vermeintlichen Interessen des Kindes von Nutzen sein müssten. Von den Schwierigkeiten ganz zu schweigen, sollten die Eltern unterschiedlicher Auffassung über die zutreffende Wahlentscheidung sein. Wer, z. B., ginge für die Kinderschar in einem Waisenhaus zur Wahlurne? [...] Wer hätte das Wahlrecht bei getrennt lebenden Eltern? [...]

Dr. Klaus G. Conrad: Alte und sehr junge Wähler

[...] Schon bald wird die Mehrheit der Wähler über 50 Jahre alt sein und Abgeordnete wählen, die im Parlament ihre Interessen vertreten, nicht die von Kindern und Jugendlichen. Ganz anders wäre die Situation im Bundestag, wenn etwa 16 Millionen Deutschen, die jünger als 18 Jahre sind, über ihre Eltern ein Wahlrecht eingeräumt würde, denn dann gäbe es mehr Ausgewogenheit in den parlamentarischen Beratungen und mehr Hoffnung auf kinderfreundliche Gesetze. [...]

Peter Dörrenbacher: Wenn Kinderwahlrecht, dann konsequent

[...] Wenn mit 16 Millionen Kindern und Jugendlichen rund 20 Prozent der Bevölkerung von den Wahlen vollständig ausgeschlossen sind, dann geht beim besten Willen nicht mehr „aller Wille vom Volke aus". Es ist aber eine argumentative Verrenkung der Senatorin, zu fordern, dass das Wahlrecht der Kinder dann erneut von Erwachsenen – nämlich den Eltern – ausgeübt wird. Wer Kinderwahlrecht verspricht, der muss es auch denen überlassen, die es betrifft. Man kann sich doch nicht für glaubwürdig halten, wenn man einerseits den Kindern ein juristisches Wahlrecht zugesteht und es ihnen andererseits in der Praxis verweigert. [...]

Statement der KinderRÄchTsZÄnker (K.R.Ä.T.Z.Ä.): Wenn Eltern für ihre Kinder wählen, bleiben Kinder fremdbestimmt

Dürften Eltern „treuhänderisch" die Wahlstimme ihrer Kinder abgeben, müssten sie zunächst erfragen, ob bzw. was die Kinder wählen wollen. Für Kinder wäre damit der Grundsatz der Geheimheit der Wahl nicht mehr gegeben. Gerade in noch häufig anzutreffenden autoritären Familienverhältnissen würden viele Kinder und Jugendlichen ihre Ansichten erst gar nicht äußern. Im Übrigen würden deren Eltern dem Wahl-Wunsch ihrer Kinder möglicherweise nicht folgen, wenn dieser den elterlichen Überzeugungen widerspricht. Da auch Eltern in der Wahlkabine allein sind, hätten die Kinder keine Überprüfungsmöglichkeit.

Diese Probleme ließen sich vermeiden, wenn Kinder selbst zur Wahl gehen dürften. Natürlich geht es uns nicht darum, Säuglinge an die Urne zu zerren. Uns ist wichtig, dass niemand aufgrund seines Alters am Wählen gehindert wird. Wir schlagen vor, dass jeder Mensch, wenn er das erste Mal wählen will, einmalig und höchstpersönlich zu seinem örtlichen Wahlamt gehen muss, um sich in das Wählerverzeichnis eintragen zu lassen. Und dann ist es egal, ob er 7, 16 oder 25 Jahre alt ist. Bei jeder darauffolgenden Wahl wäre er automatisch dabei, ohne sich neu eintragen lassen zu müssen.

Aus: Texte 1 bis 3: Leserbriefe zu einem FAZ-Artikel, der den Aufsatz von Frau Peschel-Gutzeit in der NJW (siehe M1) zusammenfasst, zitiert nach: FAZ, 6.1.1997, S. 8; Text 4: Zitiert nach: www.ich-will-waehlen.de

M 3 Konrad Löw: Argumente für das Kinderwahlrecht

■ Verstieße die Ausdehnung des Wahlrechts auf die Kinder gegen Grundsätze der Verfassung? Das ranghöchste Gesetz der Bundesrepublik Deutschland, das Grundgesetz, bestimmt in Artikel 1: „Die Würde des Menschen ist unantastbar." Artikel 3 ergänzt: „Alle Menschen sind vor dem Gesetz gleich." Ebenfalls an herausragender Stelle (§ 1) heißt im Bürgerlichen Gesetzbuch (BGB): „Die Rechtsfähigkeit des Menschen beginnt mit der Vollendung der Geburt." Das heißt: Alle Neugeborenen sind bereits Träger vielfältiger Rechte und Pflichten.

Das BGB bestimmt ferner, daß, solange ein Kind minderjährig ist, seine Rechte von den gesetzlichen Vertretern wahrgenommen werden. Wird es bei der Geburt verletzt, dann tritt es selbst als Kläger auf, vertreten in der Regel durch seine Eltern, diese vertreten durch einen Anwalt. Wird es mit der Geburt infolge Erbschaft Aktionär, können die gesetzlichen Vertreter das Stimmrecht ausüben. […] Auch bei den politischen Wahlen geht es um die Wahrnehmung von Interessen. Trotzdem wird den Kindern bis auf den heutigen Tag das Wahlrecht vorenthalten. Das Argument, sie könnten es nicht ausüben, sticht ebenso wenig wie in den anderen genannten Fällen. Denn gerade für die Wahrnehmung ihrer Rechte haben sie doch ihre gesetzlichen Vertreter. Also muß es andere Gründe geben.

Einer lautet: Wählen sei etwas Höchstpersönliches. Doch warum? Die Antwort folgt aus der Geschichte des Wahlrechts. Wäre das Wahlrecht übertragbar, könnte es abgekauft, abgenötigt, abgeschwindelt werden. Zu derlei Mißbräuchen bis hin zur Versteigerung an den Meistbietenden ist es insbesondere im England des 19. Jahrhunderts gekommen. Wird jedoch die Ausübung des Wahlrechts durch Gesetz den Eltern übertragen, kann ein solcher Mißbrauch nicht Platz greifen.

Das Bedenken, die Eltern könnten die wahren Kindesinteressen verkennen, spricht nicht speziell gegen die Ausdehnung des Wahlrechts auf die Kinder, sondern ganz allgemein gegen das Institut der gesetzlichen Vertretung der Kinder durch ihre Eltern. Doch daran will niemand rütteln. Die […] Feststellung des Bundesverfassungsgerichts müßte allgemein überzeugen: „Die primäre Entscheidungszuständigkeit der Eltern beruht auf der Erwägung, daß die Interessen des Kindes in aller Regel am besten von den Eltern wahrgenommen werden."

Bleibt noch der Einwand, die Eltern hätten dann praktisch mehrere Stimmen. Doch tragen sie nicht auch für mehrere Personen besondere Verantwortung? Bei der Wahl der Elternbeiräte haben Eltern mit mehreren Kindern an einer Schule ein mehrfaches Stimmrecht. […] Ist es angemessen, daß einer Witwe mit fünf minderjährigen Kindern eine einzige Stimme zukommt, ein kinderloses Ehepaar aber zwei Stimmen abgeben darf?

Warum ist dann das allgemeine Wahlrecht nicht schon längst verwirklicht? Das hat historische Gründe. Vor 200 Jahren waren nur die wenigen Kurfürsten wahlberechtigt. Dann folgte mit den ersten Schritten in Richtung Demokratie die Wahlberechtigung der besitzenden Männer. Von der Reichsgründung 1871 an waren alle Männer wahlberechtigt. […] 1919 zogen die Frauen gleich […]. Die letzte Konsequenz ist das Wahlrecht für alle Menschen, die das Staatsvolk bilden (Art. 20 Abs. 2 GG): „Alle Staatsgewalt geht vom Volke aus." Daß damit die Würde auch der Kinder (Art. 1 GG) Betonung fände, dürfte für all jene eine Selbstverständlichkeit sein, die die Demokratie für die humanste Staatsform halten.

Aus: FAZ, 11.7.1997, S. 14. Der Autor war bis 1999 Politikwissenschaftler an der Universität Bayreuth.

AUFGABEN

1. Arbeiten Sie aus M 1 bis M 3 alle Argumente (Behauptungen mit Begründungen) heraus, die für das Kinderwahlrecht angeführt werden.
2. Welches Argument halten Sie für das politisch überzeugendste? Begründen Sie Ihre Option.
3. Beziehen Sie aus der Position eines prinzipiellen Befürworters des Kinderwahlrechts Stellung zu den in den Texten von M2 und in der Karikatur aufgeführten Überlegungen.

M 4 Ingo von Münch: Argumente gegen das Kinderwahlrecht

Seit einigen Jahren geistert der Gedanke eines Kinderwahlrechts zum Deutschen Bundestag durch die Gegend. [...] Ein solches Kinderwahlrecht wäre – wenn überhaupt – zunächst in zwei Varianten denkbar: als ein echtes Wahlrecht Minderjähriger, das jedoch durch die Erziehungsberechtigten als gesetzliche Vertreter des Minderjährigen ausgeübt wird, oder als ein Familienwahlrecht, bei dem die Erziehungsberechtigten zu ihren eigenen Stimmen noch eine der Kinderzahl entsprechende Zahl von Stimmen zusätzlich erhalten.

Was die erste Alternative betrifft, also die Ausübung durch den gesetzlichen Vertreter, so ist darauf hinzuweisen, dass das Stimmrecht bei Parlamentswahlen ein höchstpersönliches Recht ist. Die Regelung, dass ein Wähler, „der des Lesens unkundig oder durch körperliche Gebrechen behindert ist, den Stimmzettel zu kennzeichnen", sich der Hilfe einer anderen Person – der sog. Hilfsperson – bedienen kann (§ 33 Abs. 2 BWahlG und die entsprechenden Bestimmungen in den Landeswahlgesetzen), steht dazu nicht im Widerspruch: Bei der Tätigkeit der Hilfsperson handelt es sich lediglich um eine „technische Hilfeleistung" bei der Kundgabe des Wählerwillens, nicht um eine Stellvertretung. Bei der Ausübung eines Wahlrechts von Minderjährigen durch den gesetzlichen Vertreter geht es dagegen gerade nicht um eine bloße „technische Hilfeleistung", sondern um die inhaltliche Wahlentscheidung selbst. Die inhaltliche Wahlentscheidung lässt aber eine Vertretung nicht zu.

Was das sog. Familienwahlrecht betrifft, so ist dieser Gedanke nicht neu. Es handelt sich dabei um eine Form des sog. Pluralwahlrechts, bei der bestimmte Personengruppen – z.B. Grundeigentümer, Steuerzahler oder eben auch Familienväter – eine oder mehrere Zusatzstimmen erhalten. [...] Unter der Geltung des Grundgesetzes wäre eine solche Stimmenhäufung mit unterschiedlichem Zählwert der Stimmen unzulässig. [...]

Das BVerfG hat schon in einer seiner ersten Entscheidungen den Grundsatz der Gleichheit der Wahl dahin ausgelegt, „dass es angesichts der in der demokratischen Grundordnung verankerten unbedingten Gleichheit aller Staatsbürger bei der Teilnahme an der Staatswillensbildung gar keine Wertungen geben kann, die es zulassen würden, beim Zählwert der Stimmen zu differenzieren" (BVerfGE 1, 208 (247)). Deshalb würde die Einführung des sog. Familienwahlrechts mit dem Grundsatz der Gleichheit der Wahl unvereinbar sein.

Scheidet also schon aus verfassungsrechtlichen Gründen ein von den Erziehungsberechtigten im Wege der Vertretung wahrgenommenes Kinderwahlrecht ebenso aus wie ein Familienwahlrecht, so bleibt als letzte Möglichkeit für denjenigen, der das geltende Wahlrecht zugunsten der Kinder verändern will, die Herabsetzung des Wahlalters unter die Grenze der Volljährigkeit. Damit wäre dann ein echtes Kinderwahlrecht erreicht, allerdings wiederum nicht für alle Kinder; denn jedenfalls Säuglinge wären wohl davon auszunehmen. [...] Das Wahlalter darf allerdings nicht willkürlich festgesetzt werden; dies gilt sowohl für eine zu hohe Altersgrenze als auch für eine zu niedrige Altersgrenze. [...]

Entscheidend ist deshalb der Sinn der Wahlberechtigung: Wer von einer Wahlberechtigung zu einer staatlichen oder gemeindlichen Volksvertretung Gebrauch macht, übernimmt damit politische Verantwortung, und zwar nicht nur für sich selbst, sondern für die Allgemeinheit. [...] Unerlässliche Voraussetzungen für die Gewährung der Wahlberechtigung ist deshalb politische Einsichtsfähigkeit oder – um ein vielleicht etwas altmodisch klingendes Wort zu gebrauchen – eine gewisse Reife.

Abkürzungen: BVerfG: Bundesverfassungsgericht; BVerfGE: (Sammlung der) Bundesverfassungsgerichtsentscheidungen; BWahlG: Bundeswahlgesetz.
Aus: Neue Juristische Wochenschrift (NJW), Heft 48/1995, S. 3165 f. Der Autor ist Verfassungsrechtler und war für die FDP Mitglied des Senats und Senator der Freien und Hansestadt Hamburg.

AUFGABEN

1. Zeichnen Sie die Gedankenführung in M 3 und in M 4 nach, indem Sie jeden Absatz mit einer zusammenfassenden Überschrift versehen.
2. Führen Sie eine Pro- und Kontra-Diskussion zum Thema Kinderwahlrecht durch. Beachten Sie dabei die Hinweise auf S. 208 f.
3. Schreiben Sie einen Kommentar zum Verlauf und zum Ergebnis dieser Diskussion, den Sie z.B. auf der Homepage Ihrer Schule veröffentlichen können.

7.3 Internet – Neue Chancen für die Demokratie?

Die Entwicklung der Kommunikationstechnologie hat den meisten Menschen erhebliche Erleichterungen in der Bewältigung ihres Alltages gebracht. Viele Haushalte sind nicht nur mit einem Computer ausgestattet, sondern verfügen auch über einen Anschluss an das Internet. Damit ist eine blitzschnelle Kommunikation mit anderen Menschen, aber auch mit Institutionen möglich geworden.

Es wird deshalb überlegt, ob die moderne elektronische Technologie nicht auch mit Gewinn in der Politik eingesetzt werden kann. Die Befürworter der „Internet-Demokratie" sehen darin eine immense Stärkung bürgerschaftlicher Teilhabe an der staatlichen Politik und einem verbesserten Service der Verwaltung für die Bürger. Kritiker sehen dagegen im Internet eine Gefährdung der Demokratie.

M 1 Internet und Demokratie

● Nur wenige Vorzüge der Online-Interaktivität sind von solch potenzieller Bedeutung – oder werden so oft übersehen – wie die Verbesserung der Demokratie mithilfe des Internets. Mit interaktiven Netzwerken verbundene Personalcomputer wird Bürgern die Möglichkeit gegeben, mit nahezu einzigartiger Leichtigkeit und Unmittelbarkeit an demokratischen Prozessen teilzuhaben. Die Art des politischen Dialogs wird sich in seinem Wesen verändern, wenn der Zugang zu öffentlichen Informationen und die Verständigung mit Regierungsbüros ebenso wie untereinander für jedermann alltäglich geworden ist. Das Internet ist das erste Medium, das es den Bürgern ermöglicht, das Tagesgeschehen je nach Bedarf zu beobachten und daran teilzuhaben. Das verleiht dem Einzelnen mehr Macht als je zuvor, stärkt aber zugleich die Demokratie und schafft außerdem eine ganze Reihe von Bequemlichkeiten. […]

Die Zugriffsmöglichkeiten der Personalcomputer, die an Netzwerke angeschlossen sind, wird sich erweitern, d. h. der einzelne Benutzer hat Vorteile, wie sie vorher nur große Firmen und Organisationen hatten. […] Eine Menge an Informationen fließt auch von den Bürgern hin zur Verwaltung. Die Zeit, die damit verbracht wird, Formulare auszufüllen, in Warteschlangen zu stehen oder am Telefon geduldig auszuharren, ist beängstigend. Das Internet kann daran vieles ändern, indem es die Möglichkeit bietet, mit der Verwaltung direkt in Kontakt zu treten. Die Ausübung des Wahlrechtes ist ein Beispiel, wo die Nutzung des Internets zu erheblichen Verbesserungen beitragen könnte. Dort, wo ich lebe [USA, der Verf.], wählen die Bürger die Richter. Doch oft weiß ich nicht, wer meine Stimme verdient, da nur wenig Informationen über deren richterliche Tätigkeit zur Verfügung stehen. […] Anstatt persönlich an der Wahlurne zu erscheinen oder per Brief zu wählen, warte ich auf die Alternative der Wahl vorm PC. Während ich in aller Ruhe meine Wahl überdenke, könnte ich in Erfahrung bringen, was die einzelnen Kandidaten über sich selbst zu sagen haben, ich könnte mir einen Überblick über ihre bisherige Karriere verschaffen, könnte aktuellste Nachrichten lesen, hätte Einblick in Informationen zu ihrer Lobby oder in Empfehlungen seitens unparteiischer Gruppen oder könnte sogar andere Internet-Nutzer, Wähler also, befragen. Alles elektronisch. […]

Aus: Berliner Zeitung, 25.7.1996, o. S., Autor: Bill Gates, Gründer und Aufsichtsratsvorsitzender von Microsoft

M 2 Cyberpolitik – mehr Demokratie für alle?

● Ein Mausklick auf die kleine Parthenon-Ikone auf dem Bildschirm: Der Computer wählt sich in das nationale Datennetz ein. Eine angenehme Frauenstimme meldet sich: „Willkommen in Agora, Ihrem offiziellen Online-Dienst für Abstimmungen aller Art. Vergessen Sie bitte nicht, diese Woche an den lokalen Referenden teilzunehmen. Im virtuellen Gemeinderat wird gerade über das neue Rathaus diskutiert."

Zweiter Klick mit der Maus: Auf dem Bildschirm erscheint das multimediale Plenum. Das Projekt ist umstritten, die Rednerliste lang. Wer die Baupläne noch nicht kennt, kann sich durch ein elektronisches Modell des Gebäudes führen lassen. Budgetzahlen, Expertenstudien oder Presseartikel sind jederzeit abrufbar. Am unteren Bildschirmrand blinkt eine kleine Urne mit der Aufschrift: „zur Wahlseite".

7.3 Internet – Neue Chancen für die Demokratie?

Mausklick: „Stecken Sie Ihren Chip-Ausweis bitte in den Kartenleser Ihres Computers und klicken Sie auf ‚Ja‘ oder ‚Nein‘", sagt die Frauenstimme. „Wenn Sie dieses Referendum für besonders wichtig halten, können Sie auch mehr als eine Stimme abgeben. Aber vergessen Sie nicht: Sie haben pro Jahr nur ein Dutzend Sonderstimmen."

[…] Ist dies die lang gesuchte beste Welt? Die schöne, neue, vollendete Demokratie? Für die Propheten des vernetzten Lebens […] ist das keine Frage: Die Republik des 21. Jahrhunderts ist elektronisch oder gar nicht. Repräsentative Strukturen haben ausgedient, mit der Komplexität der heutigen Gesellschaft werden sie nicht mehr fertig. Da hilft nur noch direkte Demokratie. Und die ist, dank der neuen Technologien, endlich möglich. […]

[…] 1993 sorgte Jim Warren praktisch im Alleingang dafür, dass heute in Kalifornien die meisten Regierungsdokumente online erhältlich sind – kostenlos. Per elektronischer Post spornte er unermüdlich Freunde dazu an, Abgeordnete des Parlaments in Sacramento mit E-Mails, Faxen oder Telefonanrufen für das entsprechende Gesetz zu gewinnen.

Jim Warren berichtet: „Jedesmal, wenn es bei einer der zuständigen Kommissionen auf der Tagesordnung stand, habe ich Mails verschickt: Welche Abgeordneten müssen gelobt, welche ermutigt und welche beleidigt werden – je nachdem. Diese Art des Lobbying war vorher finanzstarken Organisationen vorbehalten. Mit Personalcomputer und Modem kann das heute jeder." Dieser Mann ist mit dafür verantwortlich, dass Amerikas politische Online-Szene sich in den vergangenen Jahren explosionsartig entwickelte: […] Unzählige Organisationen setzen Computernetze ein, um intern zu kommunizieren oder ihre Interessen direkt bei den entscheidenden Gremien zu vertreten. […]

[…] mithilfe der Online-Technologie […] lassen sich nicht nur Daten leichter abrufen, sondern auch einspeisen oder austauschen, vor allem auf lokaler Ebene: Mit E-Mail merken Kommunalpolitiker sehr schnell, wenn Wähler unzufrieden sind, können sich Bürgerinitiativen besser organisieren. Ein Musterbeispiel dafür ist das Public Electronic Network (PEN) in Santa Monica. Die kalifornische Stadt hat es Anfang 1989 gegründet, um die Kommunikation zwischen Bürgern und Verwaltung zu verbessern: Jeder interessierte Bewohner bekam einen kostenlosen Anschluss an das Datennetz. Damit konnten sie E-Mails an die Beamten im Rathaus schicken oder sich an elektronischen Diskussionsforen beteiligen.

Schon wenige Monate später starteten Bürger eine Online-Debatte über Obdachlose, das damals wichtigste politische Problem in Santa Monica. Gemeinsam mit Betroffenen, die sich über öffentliche Terminals, z. B. in Bibliotheken, beteiligten, entwickelten sie ein Programm für die *homeless*, das der Gemeinderat schließlich verabschiedete. Seitdem gibt es für die Obdachlosen öffentliche Duschen und Schließfächer. […]

Cyberdemokrat Jim Warren sagt: „Die großen Verlierer der Online-Technologien sind Parteien und Bürokratien. Damit wandert Macht weiter nach unten. […]" […]

Doch die schönste Utopie trägt die Vision des Schreckens in sich. […] Vor einer Kriegserklärung informiert der Präsident sein Volk über den Ernst der Lage. Danach bittet er um Entscheidungshilfe – per Maus oder Fernbedienung: „Klicken Sie auf eins, wenn wir den Krieg erklären sollen. Auf zwei, wenn Sie dagegen sind. Und klicken Sie auf drei für die Ziele, die wir angreifen sollen."

Aus: DIE ZEIT, Nr. 20, 10.5.1996, Autor: Ludwig Siegele

AUFGABEN

1. Arbeiten Sie aus M 1 und M 2 heraus, welche positiven Auswirkungen für die Demokratie dem Internet zugesprochen werden. Führen Sie die Nachteile des „herkömmlichen" Systems und die Vorteile der Internetnutzung in einer übersichtlichen Liste auf.
2. Setzen Sie sich mit der „Vision des Schreckens" am Ende von M 2 auseinander: Ist es ein Vorzug, wenn das Volk über Krieg bzw. Nichtkrieg entscheidet?
3. Erörtern Sie, welche Folgen die Verwirklichung der „Internet-Demokratie" für Politiker, Parteien, Verbände, Vereine hätte. Sehen Sie in diesem Zusammenhang Unterschiede zwischen der kommunalen, der Landes-, der Bundes- und der europäischen Ebene?

M3 Stärkt die elektronische Kommunikation die Demokratie? – ein Meinungspuzzle

Frank Patalong, Politikwissenschaftler
Netsurfer lassen ihren Ärger nicht am Stammtisch ab, sondern in aller Öffentlichkeit. Sie beziehen Stellung, sie machen Politik. [...] Mit dem Internet entstand das erste „Mitmach-Medium". Parteien und Behörden, Institutionen und Interessengruppen machen sich die neuen Möglichkeiten zunutze, indem sie dort – an den tradierten Wegen medialer Informationsverbreitung vorbei – nicht nur Aufmerksamkeit suchen, sondern auch Kontakt. [...] Vielleicht braucht der in Regeln erstarrte politische Diskurs den Freiraum des Internet, dieses oft als „anarchisch" diffamierte Element – ein Argument gegen seine Regulierung und Zensur, auch im Interesse des Staates. Das WWW ist ein gigantischer Kiosk, in dem sich jeder sucht, was er gerade zu brauchen meint. Und wo immer der Surfer hinsieht, begegnet ihm Politik. Selbst in den finstersten Ecken.

Peter Diesler
So, wie die Industriegesellschaft Umweltmüll produziert, bringt die neue Informationsgesellschaft permanent und bergeweise Datenmüll hervor. Mit dem explosionsartigen Anwachsen von Informationsmüll wird es immer schwieriger, die eigentliche, wertvolle Information von der unsinnigen zu trennen.

Eduard Oswald (CSU)
Multimedia und die komplexe Informationsgesellschaft erfordern mehr denn je eine repräsentative parlamentarische Demokratie. Mit dem Mausklick am Computer die Geschicke einer Gemeinde, eines Landes oder des Bundes bestimmen zu wollen, darf nicht Folge der Entwicklung zur Informationsgesellschaft sein. Demokratie per Mausklick setzte den Zugang zum Computer und seine Beherrschung voraus. Zufallsmehrheiten wären häufig das Resultat, die Frage der Übernahme von Verantwortung für Entscheidung stellt sich. Computer sind anders als Parteien und Politiker nicht abwählbar.

Alvin Toffler, Zukunftsforscher
Hitler hätte es schwer in einer Medienwelt, die interaktiv funktioniert. Statt „Heil Hitler" würde es wahrscheinlich heißen: „Verzapp dich". Die neuen Medien werden die Politik grundlegend ändern.

Rezzo Schlauch (Bündnis 90/Die Grünen)
Ich kann mir keine anderen plebiszitären Formen vorstellen. Nur die Meinungsbildung und der Meinungsaustausch werden vom Internet profitieren.

Howard Rheingold, Medienexperte
Die politische Bedeutung von Computerkommunikation besteht in der Möglichkeit, das Monopol der politischen Hierarchie über leistungsfähige Kommunikationsmedien zu durchbrechen und dadurch die von den Bürgern ausgehende Demokratie neu zu beleben.

Aus/nach: Patalong: Das Parlament, 28.8.1998, S. 15; Diesler: Chip, April 1996, S. 57; Oswald: DIE WELT, 29.8.1996, o.S.; Toffler, Schlauch, Rheingold: Chip, April 1996, S. 58, Autorin: Susanne Specht.

M 4 Nachteile für die Demokratie durch das Internet?

■ Das Internet [...] erschafft „digitale Bürger" [...], die aktiv in einer „vibrierenden Teledemokratie", einer „Elektronischen Republik" [...] mitmachen. So schreiben es namhafte Wissenschaftler. Dabei werden folgende Gründe genannt: 1. Das Internet erleichtert politische Beteiligung; 2. es stärkt den politischen Dialog; 3. es schafft Gemeinschaft; 4. es kann nicht von der Regierung kontrolliert werden; 5. es hebt die Wahlbeteiligung; 6. es ermöglicht besseren Kontakt zu Politikern [...].

[...] Im Gegensatz dazu glaube ich: Das Internet hilft der Demokratie nicht, sondern gefährdet sie.

1. Das Internet verteuert Politik und erschwert den Zugang
Die Hoffnung bestand darin, die Online-Öffentlichkeit werde eine elektronische Ausgabe der Schweizer Kantonsversammlungen sein, offen und fortdauernd. Stimmt das tatsächlich? [...] Wenn jeder etwas sagen kann, wem wird dann noch zugehört? Unmöglich jedem. Leider wird sich nicht das wichtigste Thema durchsetzen, sondern in der Regel das am besten produzierte, raffinierteste und am stärksten beworbene. Und das ist teuer. [...]

2. Das Internet erschwert den vernünftigen und kenntnisreichen politischen Dialog
Nur weil die Quantität der Informationen zunimmt, heißt das nicht, dass auch ihre Qualität steigt. Im Gegenteil. Weil das Internet zu einer Informationsflut führt, muss jede Botschaft noch lauter angepriesen werden. Politische Information wird schrill, verzerrt, vereinfacht. [...] Zudem erlaubt das Internet Anonymität. Die Folge sind Gerüchte und politische Attacken aus dem Hinterhalt. [...]

3. Das Internet trennt genauso, wie es verbindet
Demokratie beruht seit jeher auf Gemeinschaft – in klar umgrenzten Gebieten wie Wahlbezirken, Städten und Staaten. Ändert sich die Kommunikation, berührt das die Gemeinschaft: Während das Internet mit neuen und weit entfernten Menschen verbindet, verringert es gleichzeitig die Beziehung zu den Nachbarn. [...] Das Internet wird neue Arten elektronisch verknüpfter Gemeinschaften schaffen. Aber sie unterscheiden sich von den früheren Gemeinschaften, in denen sich Menschen aus allen Schichten trafen – vom Metzger bis zum Kerzenmacher. Stattdessen entstehen neue Öffentlichkeiten, die anhand gemeinsamer Interessen wie Wirtschaft, Politik oder Hobbys entstehen. Diese Gruppen werden dazu tendieren, themenbezogen, beschränkter und manchmal extremer zu sein, weil Gleichgesinnte ihre Ansichten gegenseitig verstärken. [...]

4. Information schwächt den Staat nicht unbedingt
Kann das Internet Diktaturen schwächen? Natürlich. Tyrannei und Meinungskontrolle werden schwieriger. Aber Internet-Romantiker unterschätzen gerne die Fähigkeit von Regierungen, das Internet einzuschränken und es als Überwachungs-Instrument zu nutzen. [...] So genannte *cookies* können den Computer-Gebrauch überwachen. Bei kabellosen Geräten kann der Aufenthaltsort des Benutzers bestimmt werden. [...]

5. Elektronisches Wählen stärkt nicht die Demokratie
Elektronisches Wählen ist nicht einfach die übliche Wahl ohne unbequemes Warten. Wenn die Wahl so funktioniert wie eine Fernbedienung, bleibt wenig vom bürgerlichen Engagement der Wahl. Wenn sie von einer Umfrage nicht mehr zu unterscheiden ist, verschwimmen die Grenzen von Wahl und Umfrage. [...]

6. Direkter Zugang zu Politikern ist ein Schwindel
Ja, jeder kann E-Mails an Politiker abfeuern und bekommt vielleicht sogar eine Antwort. Aber eine beschränkte Ressource wird weiterhin knapp sein: die Aufmerksamkeit dieser Politiker. Notwendigerweise werden nur wenige Mails durchkommen. Die Antworten sind gespeichert, wie bei Anrufbeantwortern. Während die Nachfrage steigt und das Angebot stagniert, wird der Preis für den Zugang zur Macht steigen. Das hilft dem demokratischen Prozess nicht. [...]

Aus: DIE WOCHE, 2.7.1999, S. 48, Autor: Eli M. Noam, Professor für Finanzen und Wirtschaft in New York

M 5 Digitale Politik: Eine Möglichkeit der direkten Demokratie?

Der 17. Landesverband der FDP wird von Washington aus geleitet. Sein Vorsitzender, Alexander Graf Lambsdorff, arbeitet dort bei der Deutschen Botschaft. Daß er nur gut zehn Prozent der etwa 400 Mitglieder jemals persönlich getroffen hat, macht ihm nichts aus, denn Lambsdorffs Landesverband stützt sich vollständig auf das Internet. Die Mitglieder kommunizieren per E-Mail. Auf der Homepage findet eine Art „permanenter Parteitag" statt – mit dem Unterschied, daß man eine langweilige E-Mail schnell wegklicken kann, einen drögen Parteiredner nicht. Wer aus räumlichen, zeitlichen oder gesundheitlichen Gründen „das klassische Angebot der Politik nicht wahrnehmen kann", sagt Lambsdorff, der könne sich so über das Internet dennoch „ganz real, nicht virtuell" politisch beteiligen. [...]

Geringere Ansprüche stellt der „Virtuelle Ortsverein" der SPD (VOV), der 1995 außerhalb der Partei gegründet wurde und gar keine Parteigliederung werden will. Sein Vorsitzender, der Bundestagsabgeordnete Jörg Tauss, nennt ihn ein „Experimentierfeld". [...]

Ob mit VOV, LV 17 oder ganz ohne virtuelle Parteigliederung – alle im Bundestag vertretenen Parteien betreiben aufwendige Internetportale. Zur Standardausstattung gehört ein Diskussionsforum, das sich bei einigen Parteien in bestimmte Themengebiete gliedert. Jeder Bürger, ob Parteimitglied oder nicht, kann hier seine Meinung kundtun. Die Moderatoren beschränken sich darauf, Beiträge „unter der Gürtellinie" von der Website zu verbannen. Kein anderes Medium macht den Kontakt vom Bürger zur Politik so einfach.

Doch die Spur der Diskussionsbeiträge verliert sich in den Tiefen der Partei-Server. Werden die Anregungen und Wünsche der Bürger tatsächlich an die Entscheider weitergeleitet? [...] So sehr alle Parteien die Bedeutung des Internets für die Transparenz der politischen Prozesse betonen – den Weg seiner Anregung kann der Bürger nicht nachvollziehen.

Andere Modelle setzen deshalb direkt dort an, wo die Gesetze gemacht werden. Im Innenministerium wurde erstmals ein Referentenentwurf ins Internet gestellt. Der Entwurf zum Informationsfreiheitsgesetz konnte dort von jedermann kommentiert werden. Im Bundestag wiederum hat der Unterausschuß Neue Medien unter www.elektronische-demokratie.de ein Forum eingerichtet, auf dem alle Interessierten über das Thema „moderner Datenschutz" diskutieren können. [...]

Herbert Kubicek, Professor für Angewandte Informatik in Bremen [...], betrachtet die jüngsten Modellversuche skeptisch: „Demokratische Beteiligung spielt sich nicht in der Diskussion von Gesetzentwürfen ab." Im Bund sei für die Mitwirkung an der Gesetzgebung soviel Sachverstand vonnöten, daß die Online-Diskussionsforen allenfalls die Expertenanhörungen ins Internet verlagern würden. Das Internet könne die Bürgerbeteiligung nur auf der kommunalen Ebene beträchtlich ausweiten, denn dort sei die „Erfahrungsnähe zwischen Bürgern und Sachthemen gegeben."

Aus: FAZ, 2.4.2002, S. 4

AUFGABEN

1. Ermitteln Sie die Aussageabsicht der Karikatur (M 3).
2. Arbeiten Sie aus M 3 bis M 5 die zustimmenden und die kritischen Argumente zur Internetkommunikation heraus.
3. Führen Sie eine Pro- und Kontra-Debatte zum Thema „Ist das Internet ein Gewinn für die Demokratie?"

METHODEN

Praxistest Internet: Hinweise für eine arbeitsteilige Recherche

_Parteien im Internet: Prüfen Sie in einem arbeitsteiligen Verfahren das Angebot der Parteien im Internet. Formulieren Sie zunächst gemeinsam einen Beobachtungsbogen. Bewerten Sie die Rolle des Internets im politischen Meinungskampf, indem Sie Informationen und Meinungen der Parteien zu einem aktuellen innenpolitischen Thema miteinander vergleichen und dazu auch die Berichterstattung in der überregionalen Presse heranziehen. Beachten Sie dabei auch den Internet-Service der überregionalen Tageszeitungen.

_Regierung und Opposition im Internet: Ermitteln Sie in einem arbeitsteiligen Verfahren und auf der Grundlage einer gemeinsam erarbeiteten Checkliste, wie die Bundes- und die Landesregierung(en) die Öffentlichkeitspflicht des Regierungshandelns mithilfe des Internets gewährleisten. Untersuchen Sie dann, wie die Opposition das Internet für ihre Arbeit nutzt. Prüfen Sie, inwiefern die Internetpräsentationen von Regierung und Mehrheitsfraktion(en) aufeinander abgestimmt sind.

_Kommune im Internet: Zahlreiche Städte bieten ihren Bürgerinnen und Bürgern bereits Online-Dienstleistungen an, häufig beschränken sich diese jedoch auf das Stadtmarketing. Prüfen Sie das Internetangebot Ihrer Gemeinde. Vergleichen Sie dieses mit Internetauftritten anderer Städte und großer Unternehmen. Beachten Sie dabei besonders, inwiefern das Angebot echte Partizipationsangebote macht und auf Sie, die Bürger und „Kunden" einer Dienstleistung, zugeschnitten ist.

Präsentieren Sie Ihre Recherche-Ergebnisse mithilfe einer „Internetzeitung". Stellen Sie dar, welches Konzept für welche Zielgruppe der jeweilige Internetauftritt verfolgt. Versuchen Sie einzuschätzen, inwiefern die Zielgruppe erreicht wird. Vergleichen Sie Ihre Recherche-Ergebnisse. Stellen Sie mögliche Verbesserungsvorschläge zusammen.

Facharbeit: Tipps zur Recherche im Internet

_**Tipp 1:** Erwarten Sie vom Internet nicht zu viel. Erst seit wenigen Jahren gehen Institutionen, Wissenschaftler und Autoren dazu über, ihre Ergebnisse ins Netz zu stellen. Informationen, die älter als 5 Jahre sind, sucht man im Internet in der Regel vergeblich.
_**Tipp 2:** Nutzen Sie Suchmaschinen, und zwar am besten mehrere mit den gleichen Begriffen. Wegen der unterschiedlichen Organisation und der unterschiedlichen Suchalgorithmen finden die Suchmaschinen auch unterschiedliches.
_**Tipp 3:** Information ist auch eine Ware. Viele Informationen werden nicht frei zugänglich ins Netz gestellt, sondern sind nur gegen Bezahlung zu erhalten, z. B. spezielle Wirtschaftsinformationen usw.
_**Tipp 4:** Ergänzen Sie aus oben genannten Gründen Ihre Internetrecherche auf jeden Fall um eine Literaturrecherche in einer Bibliothek, wenn die Internetrecherche nicht ausdrücklich im Thema der Facharbeit enthalten ist.
_**Tipp 5:** Verschaffen Sie sich einen Überblick über all das, was zum Thema zu bekommen ist. Verlassen Sie sich nicht darauf, Dokumente zu finden, die Ihnen einfach die Arbeit abnehmen. „Glückstreffer" sind die Ausnahme.

_**Tipp 6:** Bookmarken Sie alle irgendwie infrage kommenden Websites, möglichst in einem speziellen Verzeichnis, damit Sie Fundstellen leicht und schnell wieder finden können. [...]
_**Tipp 7:** Auch Websites müssen als Quellen angegeben werden. Notieren Sie sich deshalb die erforderlichen Angaben (Autor, Titel, URL) oder stellen Sie anderweitig (elektronisch) sicher, dass Sie auf die erforderlichen Quellenangaben jederzeit Zugriff haben.
_**Tipp 8:** Speichern Sie für Sie besonders wichtige Dokumente aus dem Netz ab oder drucken Sie sie aus. Webadressen verschwinden oft ebenso schnell, wie sie gefunden werden.
_**Tipp 9:** Behalten Sie die Kontrolle. Vergewissern Sie sich immer wieder Ihres Themas, wenn Sie im Internet suchen. Allzu leicht verliert man sich in den vielen Informationen, findet Interessantes und gerät auf neue Wege, oft auf Abwege.
_**Tipp 10:** Bewahren Sie sich kritische Distanz zu den Informationen, die Sie im Internet finden. Überprüfen Sie die Seriosität der Quelle. Schließlich gibt es keinerlei Kontrolle über den Wahrheitsgehalt von Informationen auf Websites.

Aus: Peter Jöckel, Facharbeit, abrufbar unter www.schroedel.de/gymnasium/politik.xtp

7.4 Direkte Demokratie – Ein geeigneter Weg zur Verbesserung der Demokratie?

Die Schweiz ist der europäische Staat, der die längste Tradition hinsichtlich der direkten Demokratie aufweist und die so genannte Volksgesetzgebung am weitesten ausgebaut hat. Gemeint sind hiermit Instrumente bürgerschaftlicher Teilnahme an der Politik, die in Konkurrenz zur repräsentativen Willensbildung und Entscheidungsfindung im Parlament stehen. Dazu gehören vor allem das Volksbegehren und der Volksentscheid, aber auch das etwas schwächere Instrument der Volksinitiative.

Die Befürworter der Einführung solcher Interventionsmöglichkeiten des Volkes in das politische Geschäft sehen in der direkten Demokratie ein Mehr an Demokratie. In Deutschland nennt sich der Verein, der die entsprechende Reformbemühung vorantreibt und auf Länderebene schon beträchtliche Erfolge erzielt hat, folglich auch „Mehr Demokratie". Politikwissenschaftler und Staatsrechtslehrer sind sich aber keineswegs sicher, ob die direkte Demokratie dem Gemeinwesen zum Vorteil gereicht.

M 1 Volksentscheide weltweit

■ USA
In den USA ist die direkte Demokratie ein fester Bestandteil der politischen Kultur […]. Allerdings gibt es das Recht auf Volksentscheid nur in den Einzelstaaten und Gemeinden. Auf nationaler Ebene scheiterten bis heute alle Versuche, direktdemokratische Elemente zu etablieren. Über 19 000 Volksbegehren verzeichnen die US-Bundesstaaten seit Einführung der Bürgerbeteiligung 1898.

Italien
Hier können 500 000 Wahlberechtigte einen Volksentscheid gegen ein vom Parlament beschlossenes Gesetz einleiten. Die Bürger können jedoch keine eigenen Gesetzesvorschläge zur Abstimmung bringen.

Frankreich
Der Präsident allein hat das Initiativrecht für Volksabstimmungen.

Portugal
Über internationale Verträge haben die Bürgerinnen und Bürger das letzte Wort. 1998 sind in zwei Referenden die Liberalisierung des Schwangerschaftsabbruchs und die Dezentralisierung des Landes abgelehnt worden.

Dänemark
Das Volk stimmt über wichtige Verfassungsänderungen ab. Volksentscheide über einfache Gesetze können nicht aus der Mitte der Bürgerschaft, sondern von 1/3 der Parlamentsmitglieder eingeleitet werden; hier wird die direkte Demokratie als Recht der parteipolitischen Opposition verstanden.

Irland
In Irland stimmen die Bürger über alle Verfassungsänderungen ab.

Zusammengestellt nach: http://www.mehr-demokratie.de/dd_international.html. Aktuelle Informationen zu den Volksentscheiden weltweit finden Sie auch in: zeitschrift für direkte demokratie (zfdd).

M 2 Das Spektrum direktdemokratischer Instrumente

■ Volksinitiative
Die Volksinitiative umschreibt das Recht einer bestimmten Zahl von Stimmberechtigten (oder Einwohnern), bestimmte Themen der politischen Willensbildung dem Parlament zur Befassung vorzulegen. Sie kann auch auf Gesetzentwürfe beschränkt sein. Regelmäßig steht den Initiatoren ein Anhörungsrecht im Parlament zu. Die Volksinitiative kann als erste Stufe integrativer Bestandteil eines Volksgesetzgebungsverfahrens sein.

Volksbegehren
Ein Volksbegehren bezeichnet das Recht der Gesetzesinitiative des Volkes, das durch die Unterstützung einer bestimmten Anzahl von Stimmbürgern zu einem Volksentscheid führt. Es richtet sich in der Regel auf den Erlass, die Änderung oder Aufhebung eines Gesetzes und ist zumeist auf einen ausgearbeiteten Gesetzentwurf beschränkt. Er kann jedoch auch um den Antrag auf vorzeitige Parlamentsauflösung oder andere Gegenstände der politischen Willensbildung erweitert werden.

7.4 Direkte Demokratie – Ein geeigneter Weg zur Verbesserung der Demokratie?

Volksentscheid
Unter einem Volksentscheid ist die verbindliche Entscheidung des Volkes zu einer bestimmten Frage (Gesetz, Verfassung, Parlamentsauflösung) zu verstehen.

Volksbefragung
Im Unterschied zu einem Volksentscheid führt eine Volksbefragung zu keiner rechtlich verbindlichen Entscheidung. Ihr Ergebnis kann allenfalls eine politische Verbindlichkeit entwickeln. In der Regel entscheiden das Parlament oder die Regierung über die Durchführung einer Volksbefragung und die ihr zugrunde liegende Fragestellung; es ist jedoch auch eine volksinitiierende Volksbefragung denkbar (Volksenquete).

Referendum
Der Begriff des Referendums wird oft in Abgrenzung zu Volksentscheiden, die durch das Volk initiiert werden, benutzt. Es handelt sich um Abstimmungen über eine „fremde" Vorlage (z.B. ein vom Parlament beschlossenes Gesetz), die auf Antrag der Regierung, des Parlaments oder eines bestimmten Quorums der stimmberechtigten Bevölkerung durchgeführt werden (fakultatives Referendum). Bezieht sich die Abstimmung auf eine Verfassungsänderung, handelt es sich um ein Verfassungsreferendum. Einige Verfassungen sehen obligatorische Verfassungsreferenden vor, d.h. jede Verfassungsänderung muss einer Volksabstimmung unterzogen werden. Das Ergebnis des Referendums ist rechtlich bindend. Das Volk kann jedoch nicht gestalterisch mitwirken, sondern lediglich auf einen bereits gefassten Parlamentsbeschluss reagieren, indem es ihn annimmt oder ablehnt.

Plebiszit
Das Plebiszit ist sachlich eng verwandt mit dem Referendum, insofern das Volk über eine Vorlage abstimmt, die nicht von ihm stammt. Im Unterschied zum Referendum wird das Plebiszit ad hoc und optional „von oben", in der Regel von der Spitze der Exekutive, angeordnet. Es wird gerne benutzt als Instrument zur Bestätigung der politischen Führung. In Diktaturen dienen Plebiszite zur scheindemokratischen Akklamation autoritärer Führerentscheidungen.

Aus: Andreas Klages/Petra Paulus, Direkte Demokratie in Deutschland, Marburg 1996, S. 19 f.

AUFGABEN

1. Verschaffen Sie sich anhand von M 1 und M 2 einen Überblick über die unterschiedlichen Formen und Inhalte der Volksgesetzgebung.
2. Klären Sie mithilfe von M 2 die Bedeutung der verschiedenen Verfahrensschritte.
3. Die Volksgesetzgebung auf Bundesebene ist bisher abschließend in Art. 20 Abs. 2 und Art. 29 GG niedergelegt. Geben Sie Art. 29 GG mit eigenen Worten wieder. Fertigen Sie zu den in Art. 29 GG beschriebenen Verfahren eine übersichtliche grafische Darstellung an.
4. Welche politische Bedeutung messen Sie Art. 29 GG bei?
5. Versuchen Sie, die direktdemokratischen Instrumente (M 2) nach dem Grad der Einflussmöglichkeit für die Abstimmenden (das Volk) zu klassifizieren.

M 3 Gesetzentwurf des Vereins „Mehr Demokratie" für bundesweite Volksentscheide

■ *Zusammenfassung der wichtigsten Regelungen*

1. Themen
Alle Sachfragen sind als Gegenstand einer Volksabstimmung erlaubt, ein Themenausschluss findet nicht statt. Neben Gesetzesvorlagen können auch alle Gegenstände der politischen Willensbildung aufgegriffen werden. Diese müssen nicht in Gesetzesform gegossen werden, sondern dürfen offen formuliert sein und beispielsweise auch Handlungsempfehlungen an die Regierung oder Verwaltungsentscheidungen betreffen. [...] Grundgesetzänderungen und die Abgabe von Souveränitätsrechten an internationale Organisationen – z.B. die Europäische Union – müssen dem Volk automatisch zur Entscheidung vorgelegt werden (obligatorische Volksabstimmung).

2. Volksinitiative
Die erste Verfahrensstufe bildet eine Volksinitiative mit Unterstützung durch mindestens 100 000 Unterschriften. Sie bringt einen frei formulierten Antrag oder einen Gesetzentwurf im Bundestag ein. Das Parlament

bekommt so die Gelegenheit, ein Bürgeranliegen frühzeitig aufzugreifen. Den Initiatoren der Volksinitiative erwächst aus dem Recht auf Anhörung im Parlament öffentliche Aufmerksamkeit und die Chance, dass ihr Anliegen umgesetzt wird.

3. Volksbegehren

Das Volksbegehren bedeutet einen wichtigen Schritt der öffentlichen Meinungsbildung; viele Menschen lernen das Anliegen der Initiatoren kennen und beschäftigen sich mit den Argumenten dafür und dagegen. Wichtig ist aber auch, dass eine Unterschrift im Volksbegehren noch keine Stellungnahme für oder gegen dieses Anliegen bedeutet. Sie besagt nur, dass die Unterstützer das Thema für wichtig genug halten, um es der Allgemeinheit zur Entscheidung vorzulegen. Sechs Monate nach Einreichung der Volksinitiative kann ein Volksbegehren eingeleitet werden. Die Höhe des Quorums soll nach einer vorläufigen Empfehlung der Mitgliederversammlung von Mehr Demokratie e. V. bei einer Million Unterschriften liegen. [...] Die Eintragungsfrist soll sechs Monate betragen.

Als Sonderfall sind auch Volksbegehren gegen bereits getroffene Parlamentsbeschlüsse vorgesehen. Weil in einem solchen Fall schnelles Handeln erforderlich ist, entfällt die Volksinitiative, die Frist halbiert sich auf drei Monate und das Quorum halbiert sich auf eine halbe Million Unterschriften [...]. Mit einem solchen Volksbegehren können umstrittene Entscheidungen des Bundestags den Bürgerinnen und Bürgern zum Volksentscheid vorgelegt werden.

4. Unterschriftensammlung

In der Schweiz wird die freie Unterschriftensammlung als „Seele der direkten Demokratie" verstanden. Dahinter steht die Erfahrung, dass das Gespräch für eine erfolgreiche Unterschriftensammlung unverzichtbar ist. Die meisten Regelungen in den deutschen Bundesländern verbieten die freie Unterschriftensammlung. Volksbegehren können nur in einem Raum der Gemeindeverwaltung unterzeichnet werden. Daraus entstehen beispielsweise Berufstätigen, Alten oder Behinderten große Nachteile. [...] Sinnvoller ist es, wenn die Bürgerinitiative selbst die Unterschriften sammeln kann – am Infostand, am Arbeitsplatz, im Sportverein – und diese nachträglich bei der Gemeinde bestätigen lässt. [...]

5. Volksentscheid

Nach einem erfolgreichen Volksbegehren kann der Volksentscheid nur entfallen, wenn das Parlament den Antrag oder Gesetzentwurf unverändert übernimmt und die Initiatoren zustimmen. Passiert dies nicht, findet die Abstimmung frühestens drei, spätestens zwölf Monate nach Abschluss des Volksbegehrens statt. Die Frist wird flexibel gestaltet, damit der Termin möglichst mit anderen Entscheiden oder Wahlen zusammengelegt werden kann. Das Parlament kann einen eigenen Vorschlag mit zur Abstimmung stellen. [...] In der Abstimmung über einfache Gesetze und andere Anträge entscheidet die einfache Mehrheit der abgegebenen Stimmen. Dies gilt [...] auch für Verfassungsänderungen.

Alternativ werden für Verfassungsänderungen aber auch drei Modelle mit höheren Hürden diskutiert:
a) Für die Annahme ist eine Zweidrittelmehrheit der Abstimmenden nötig.
b) Für bestimmte Bereiche des Grundgesetzes (Grundrechte) soll eine Zweidrittelmehrheit gelten. Für die Änderung aller anderen Artikel reicht eine einfache Mehrheit.
c) Verfassungsänderungen müssen zwei Volksentscheide passieren, in denen jeweils die Mehrheit der Abstimmenden entscheidet. Nur bei doppelter Annahme ist die Änderung beschlossen.
d) Keine Abstimmungsklausel.

Die Regelung vieler Bundesländer, einen Volksentscheid daran zu koppeln, dass 25 oder gar 50 Prozent aller Stimmberechtigten (nicht der Abstimmenden!) einer Vorlage zustimmen, ist abzulehnen. Ein solches „Zustimmungsquorum" kann dazu führen, dass zwar die Mehrheit der Abstimmenden mit Ja stimmt, letztlich die Gegner aber doch gewinnen, da das Quorum nicht erreicht wird. Stimmenthaltungen sind nicht mehr möglich, denn jede Nichtbeteiligung wird faktisch zur Nein-Stimme. Diese einseitige Bevorzugung der Gegner verletzt den demokratischen Grundsatz der Gleichheit bei der Abstimmung.

Abstimmungsklauseln sind kontraproduktiv, da sie häufig zu geringen Beteiligungen führen. Die Gegner eines Volksentscheids sind dann im Vorteil, wenn sie der Abstimmung fernbleiben und sich nicht auf die öffentliche Diskussion einlassen. Diskussion und argumentative Auseinandersetzung machen jedoch gerade die Qualität der Volksgesetzgebung aus. [...]

7. Information

In einer Broschüre, die jeder Haushalt vor dem Volksentscheid erhält, stellen Pro- und Kontra-Seite den Abstimmungsgegenstand und ihre jeweiligen Argumente in gleichem Umfang dar. Dieses Abstimmungsbüchlein nach Schweizer Vorbild sichert die ausgewogene Information der Bevölkerung – und damit die Grundlage für die Meinungsbildung und kompetente Entscheidung der Bürgerinnen und Bürger.

Um die drei Schritte – Volksinitiative, Volksbegehren, Volksentscheid – zu vollziehen, sind rund eineinhalb Jahre nötig. [...]

8. Föderalismusprinzip
Im Rahmen der Volksgesetzgebung auf Bundesebene sollten die Belange der Bundesländer nicht übergangen werden. Aus diesem Grund wird der Bundesrat im direktdemokratischen Verfahren analog zur parlamentarischen Gesetzgebung eingebunden. Darüber hinaus wird seine Position durch eine stärkere Beteiligung bei der Behandlung von Volksinitiative und Volksbegehren sowie bei der Erstellung der parlamentarischen Konkurrenzvorlage zum Volksentscheid gestärkt.

Aus: zfdd (Zeitschrift für direkte Demokratie), Nr. 2/1999, Heft 43, o. S.

AUFGABEN

1. Veranschaulichen Sie den „Gesetzentwurf" für bundesweite Volksentscheide (M 3) mithilfe einer grafischen Darstellung.
2. Analysieren Sie den „Gesetzentwurf" nach folgenden Kriterien:
   a) Welche Gegenstände sollen zur Abstimmung zugelassen werden, welche nicht?
   b) Wie hoch sind die verschiedenen Quoren im Verhältnis zur Gesamtheit der Wahlberechtigten in Höhe von etwa 60 Millionen Menschen?
   c) Welche Fristen sind für die verschiedenen Verfahrensschritte vorgesehen?
3. Versetzen Sie sich in die Lage eines Vorstandsmitglieds von „Mehr Demokratie" und begründen Sie die einzelnen Festlegungen im „Gesetzentwurf".
4. Versuchen Sie, die Vorzüge der direkten Demokratie in wenigen Schlagworten zusammenzufassen.
5. Überlegen Sie, mit welchen Strategien „Mehr Demokratie" den „Gesetzentwurf" politisch durchsetzen könnte.
6. Wie beurteilen Sie die Erfolgsaussichten dieser Strategien? Recherchieren Sie in diesem Zusammenhang den aktuellen Stand dieser Initiative (Adresse S. 218).

M 4 Volksbegehren in Thüringen verfassungswidrig

■ Das Volksbegehren, das eine Thüringer Initiative unter Mitwirkung von Teilen der evangelischen Kirche, der PDS, der SPD, den Grünen und den Gewerkschaften unter dem Titel „Mehr Demokratie" angestrengt hat, ist verfassungswidrig. Der Thüringer Verfassungsgerichtshof in Weimar wies das Begehren in seinem Urteil als unzulässig zurück. [...] Der Verfassungsgerichtshof sah durch das Volksbegehren vor allem die „Prävalenz"[1] des parlamentarischen Systems und das Budgetrecht des Landtags berührt. [...] Der Verfassungsgerichtshof wertete es als unvereinbar mit dem Demokratieprinzip, der parlamentarischen Demokratie und der Volkssouveränität, wenn das Quorum für das Zustandekommen eines Volksbegehrens, wie von der Initiative gewünscht, von 14 auf fünf Prozent Zustimmung durch die Stimmberechtigten gesenkt und mit der Verlängerung der Frist für die Unterschriftensammlung von vier auf sechs Monate verknüpft würde. [...]

Die Richter lehnten ferner die angestrebte Abschaffung oder Minderung der Zustimmungsquoren ab. Die Initiative strebte an, die verlangte Zustimmung zu einem einfachen Gesetz durch Volksentscheid durch mindestens ein Drittel der Stimmberechtigten ersatzlos zu streichen und das Zustimmungsquorum bei Verfassungsänderungen von 50 auf 25 Prozent der Stimmberechtigten zu senken. Die Verfassungsrichter stellten fest, es fehle die Abwehr, daß mit relativ wenigen Stimmen Änderungen herbeizuführen seien. Das Budgetrecht des Parlaments, das die Initiative nach Ansicht der Richter ebenfalls antasten wollte, sei ein tragender Bestandteil der Demokratie. Es drohe die Gefahr der Selbstbedienung. Volksbegehren und -entscheide dürften nur Gesetze zum Gegenstand haben, die keine „gewichtigen Einnahmen oder Ausgaben" auslösten.

1 Prävalenz: Höherwertigkeit, Vorrang.

Aus: FAZ, 20.9.2001, S. 5

M 5 Gesetzentwurf der rotgrünen Bundesregierung für Volksentscheide

Text A: Rotgrüne Bundesregierung für Volksentscheide

Die Führungen der beiden Koalitionsfraktionen (SPD und Bündnis90/Die Grünen) haben am Donnerstag einen Gesetzentwurf vorgelegt, nach dem die repräsentative Demokratie durch plebiszitäre Elemente ergänzt werden soll. Damit der Entwurf Gesetz werden kann, muß das Grundgesetz geändert werden. Der SPD-Fraktionsvorsitzende Struck erinnerte an ein Zitat des früheren Bundeskanzlers Brandt („Mehr Demokratie wagen"). [...] Doch sagte Struck, er sei „skeptisch", ob die Koalition die für eine Verfassungsänderung notwendige Zweidrittelmehrheit im Bundestag bekommen werde.

Der Gesetzentwurf der Koalition sieht ein abgestuftes Verfahren von Volksinitiativen, Volksbegehren und Volksentscheiden vor, das in den Gesetzgebungsprozeß von Bundestag und Bundesrat eingepaßt werden soll. Nach dem Gesetzentwurf dürfen ausschließlich Gesetzentwürfe behandelt werden. Volksentscheide, die nur einen Appellcharakter – etwa die Forderung zur Abschaffung der Bundeswehr oder zum Austritt aus der Europäischen Union – haben, sollen ausgeschlossen werden. [...] In dem Entwurf heißt es hingegen, „finanzwirksame Volksinitiativen" seien zulässig. Wie dann solche kostenträchtigen Gesetze finanziert werden sollen, ist in dem Entwurf nicht geregelt. [...]

Als erste Stufe der Formen direkter Demokratie wird in dem Koalitionsentwurf die „Volksinitiative" bezeichnet. Danach soll sich der Bundestag mit einer Gesetzesvorlage befassen müssen, wenn diese von 400 000 Stimmberechtigten eingebracht wurde. Kommt dieser Gesetzentwurf im Bundestag nicht innerhalb von acht Monaten zustande, kann ein Volksbegehren eingeleitet werden. Dieses Volksbegehren ist „zustande gekommen, wenn ihm fünf von hundert der Stimmberechtigten innerhalb von sechs Monaten zugestimmt haben." Sodann findet innerhalb von sechs Monaten ein Volksentscheid statt, „es sei denn, das begehrte Gesetz wurde zuvor angenommen." [...] Ein Gesetzentwurf soll dann durch Volksentscheid angenommen worden sein, „wenn die Mehrheit der Abstimmenden zugestimmt hat und mindestens zwanzig vom hundert der Stimmberechtigten sich an der Abstimmung beteiligt haben". [...] Die SPD bestand darauf, außenpolitische Entscheidungen dürften nicht Gegenstand von Volksentscheiden werden.

Text B: „Volkstäuschung" – Auszug aus einem Zeitungskommentar zum Vorhaben der Bundesregierung

Wer Volksentscheiden das Wort redet, darf das Volk nicht für dumm verkaufen. [...] Jetzt [...] präsentiert die Koalition einen Gesetzentwurf – und hofft, die Bürger nähmen ihr den ernsthaften Willen ab. Dabei ist der Plan so oder so eine Volkstäuschung, denn entweder sind die Bedingungen zu locker, dann stimmen die Unionsparteien der Verfassungsänderung nicht zu; oder sie sind so streng, daß der Erfolg der meisten Volksentscheide eine Fata Morgana bliebe. [...]

Wie sollen sich bei einem Volksbegehren mehr als drei Millionen Bürger auf den Wortlaut eines Gesetzentwurfes einigen, und wie sollen beim Volksentscheid zwölf Millionen Leute, von denen die meisten nie ein Gesetz im Wortlaut gelesen haben, sich an der Abstimmung beteiligen und sechs Millionen Wort für Wort ein Gesetz für richtig halten? So tun, als ob, ist kein Mehr an Demokratie.

Aus: Text A: FAZ, 15.3.2002, S. 6; Text B: FAZ, 15.3.2002, S. 16.

M 6 Institutionen der direkten Demokratie in der Schweiz

Bundesebene
- Alle Verfassungsänderungen unterliegen der Abstimmung des Volkes und der Stände (Kantone); das Quorum für das Inkrafttreten einer Änderung ist die Mehrheit der Stimmenden und der 26 Kantone.
- 50 000 Stimmberechtigte oder acht Kantone können verlangen, dass ein vom Parlament verabschiedetes Gesetz der Volksabstimmung unterstellt wird.
- 100 000 Stimmberechtigte können einen Verfassungsvorschlag unterbreiten, mit dem sich die Bundesversammlung befassen muss. Dieser ist dann angenommen, wenn er in einer Volksabstimmung eine Mehrheit der Stimmenden und der Kantone findet.

Kantonsebene
Auf der Kantonsebene sind die Institutionen der direkten Demokratie noch besser ausgebaut als auf der Bundesebene. So gibt es in allen Kantonen die Gesetzes-

initiative und alle Kantone kennen auch das Finanzreferendum. In 19 Kantonen sind Ausgabenbeschlüsse, die einen bestimmten Betrag übertreffen, dem obligatorischen Referendum unterworfen. Alle übrigen Kantone kennen das fakultative Referendum.

Landsgemeinde
Landsgemeinde heißen in den Kantonen Glarus und Appenzell-Innerrhoden die aus den mittelalterlichen Gaugerichten hervorgegangenen jährlichen Versammlungen aller Aktivbürger zur Beratung und Beschlussfassung in Kantonsangelegenheiten und zur Wahl der Kantonsbehörden.

Gemeindeebene
Ebenso wie auf Bundes- und Kantonsebene gibt es auch auf Gemeindeebene die Möglichkeiten des Referendums und der Initiative.

Zusammengestellt nach: Silvano Möckli, Wenn Volkes Stimme sich erhebt, in: FAZ, 25.3.1997, S. B 7 und Hanspeter Kriese, Direkte Demokratie in der Schweiz, in: Aus Politik und Zeitgeschichte B 23/91, S. 44 f.

M 7 Beteiligung an Abstimmungen und Wahlen auf Bundesebene in der Schweiz

■ Durchschnittlich viermal pro Jahr werden die Eidgenossen zur Wahlurne gebeten. Und oft genug müssen Herr und Frau Schweizer über vier oder gar sechs kantonale und nationale Vorlagen gleichzeitig abstimmen.

Mal geht es um das Verbot von Tierversuchen, mal um die Einführung der Mehrwertsteuer, um ein Nein zur Schweizer Armee oder die Ächtung von Tabak- und Alkoholwerbung. [...]

Aus: Das Parlament, 7.1.1994, S. 12, Autorin: Marion Lorenz; Grafik aus: Silvano Möckli, Direkte Demokratie. Ein internationaler Vergleich, Bern 1994, S. 204.

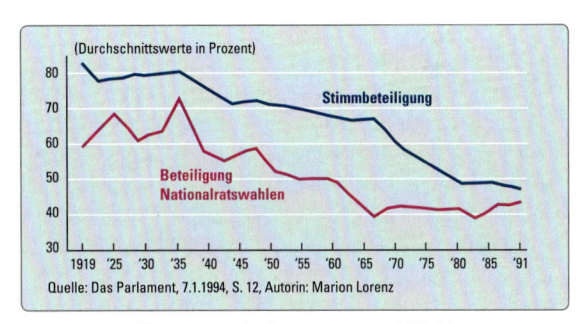

207.1 Beteiligung an Abstimmungen und Wahlen auf Bundesebene 1919–1991 (in Prozent)

AUFGABEN

1. Rekonstruieren Sie zunächst aus M 4 die inhaltlichen Forderungen des für verfassungswidrig erklärten Volksbegehrens. Arbeiten Sie dann die Argumentation des Thüringer Verfassungsgerichtshofes heraus. Wie bewerten Sie vor dem Hintergrund Ihrer Demokratievorstellungen das Urteil?
2. Vergleichen Sie den Gesetzentwurf der rotgrünen Bundesregierung (M 5) mit dem thüringischen Volksbegehren (M 4). Welche Initiative nimmt mehr Rücksicht auf die parlamentarische Demokratie?
3. Der Gesetzentwurf der Bundesregierung (M 5) will bestimmte Materien vom Volksentscheid ausschließen. Welche Gründe mag die Regierung dafür gehabt haben? Halten Sie den Ausschluss der betreffenden Materien für plausibel?
4. Wie bewerten Sie die Argumente im Zeitungskommentar zum Vorhaben der Bundesregierung (M 5)?
5. Diskutieren Sie unter Rückgriff auf M 6 und M 7, ob die Schweizer in der besten aller „demokratischen Welten" leben.

Pro-und-Kontra-Debatte / Parlamentarische Debatte: Volksentscheide ins Grundgesetz?

Während bei einer Diskussion der Austausch von Gedanken im Vordergrund steht und ein Konsens oder wenigstens ein Kompromiss angestrebt wird, wird eine Debatte in der Absicht geführt, eine Entscheidung für oder gegen etwas zu fällen. Daher appellieren Diskussionsteilnehmer an die Meinungen und Auffassungen der anderen mit dem Ziel, sie für die eigene Position zu gewinnen oder zumindest Gemeinsamkeiten herauszufinden. Demgegenüber geht es Debattenrednern darum, ihre jeweilige Position klar herauszuarbeiten, argumentativ zu begründen, vergleichend anderen Auffassungen gegenüberzustellen und durch eine abschließende förmliche Abstimmung nach Möglichkeit bestätigen zu lassen. Während die Diskussion eine eher freie, weitgehend ungebundene Kommunikationsform ist, folgt die Debatte strengen Regeln, deren Einhaltung einem sich nicht an der streitigen Auseinandersetzung beteiligenden Sitzungsleiter obliegt. Die Regeln der Debatte sind üblicherweise in Geschäftsordnungen oder Satzungen niedergelegt. Die Debatte ist das Grundmuster der politischen Auseinandersetzung mit abschließender Entscheidung in der Demokratie. Sie wird praktiziert in Verfassungsinstitutionen – der Ausdruck „parlamentarische Debatte" belegt dies sehr deutlich – und in gesellschaftlichen Organisationen (z. B. in Parteien, Verbänden und Vereinen).

Für den Zuhörer leistet eine Debatte vor allem einen Beitrag zur politischen Urteilsbildung, da er nicht nur mit gegensätzlichen Positionen konfrontiert wird, sondern auch Begründungen hört. Er lernt ebenfalls genau hinzuhören, sich zunächst im eigenen Urteil zurückzuhalten, Argumente gegeneinander abzuwägen und sich abschließend begründet für eine Seite zu entscheiden. Für den Debattenredner ist eine Debatte ein Anlass, sich intensiv mit einer politisch umstrittenen Sache zu beschäftigen und dabei die eigene Position so zu durchdenken, dass sie möglichen Einwänden der Gegenseite standhalten kann. Darüber hinaus ist die Debatte eine gute Übung für die Praxis politischen Redens, zu der auch die Mittel des Humors, der Ironie oder des Spottes gehören. Die Debatte könnte vor einem Publikum geführt werden, das nicht den gleichen Informationsstand wie die an der Debatte Beteiligten hat. Man sollte deshalb Kontakt mit benachbarten Kursen aufnehmen.

Benötigt werden ein Schüler/eine Schülerin als Sitzungsleiter/in (Pro-und-Kontra-Debatte: Vorsitzende/r; parlamentarische Debatte: Präsident/in) sowie zwei nach Möglichkeit gleich große Gruppen, die in der Debatte die Pro- bzw. die Kontra-Seite vertreten. Die beiden Gruppen sollten sich der Anschaulichkeit wegen Namen geben, gegebenenfalls in Anlehnung an die parteipolitischen Lager in Deutschland. Die Debatte kann nur funktionieren, wenn zuvor die Fakten ausgiebig und gründlich bearbeitet worden sind. In der Debatte selbst kann aber nur eine begrenzte Zahl von Rednern zum Einsatz kommen. So sollte man für jede Seite maximal fünf Redner kalkulieren. Die Gruppen müssen sich intern hierauf verständigen und absprechen, welche Argumente welchem Redner zugeordnet werden und in welcher Reihenfolge die Redner auftreten sollen. Die nicht zum Zuge kommenden Schülerinnen und Schüler können in der Pro-und-Kontra-Debatte den Rednern als Assistenten zur Seite stehen und in der parlamentarischen Debatte als Zwischenrufer oder Fragesteller fungieren. Auch dies muss vorbereitet werden. Für die parlamentarische Debatte ist erforderlich, dass jede Gruppe (Fraktion) eine/n Vorsitzende/n bestimmt und in der Vorbereitungszeit einen Antrag schriftlich formuliert und beim Präsidenten abgibt. Dieser Antrag muss so formuliert sein, dass er eine (knappe) Begründung enthält und über ihn mit Ja oder Nein abgestimmt werden kann.

Der Sitzungsleiter muss sich Gedanken über den Ablauf und die Spielregeln machen. Dies gilt vor allem für die parlamentarische Debatte, die lebendiger als die Pro-und-Kontra-Debatte ist. Hier muss er unter Umständen Ordnungsrufe, die Wortentziehung, den Ausschluss von der Sitzung und die Sitzungsunterbrechung einsetzen. Es bietet sich an, die entsprechenden Vorschriften aus der Geschäftsordnung des Bundestages (§ 19–53) genau zu studieren.

Pro-und-Kontra-Debatte
1. Eröffnung: Der Moderator eröffnet die Debatte, begrüßt die Vertreter der beiden Parteien und das Publikum, verweist auf die Spielregeln und nennt das Thema der Debatte. Die maßgebliche Spielregel ist, dass Vertreter von Pro und Kontra abwechselnd zu Wort kommen und jeweils maximal drei Minuten Zeit für das Vorbringen ihres Argumentes haben. Der jeweilige Redner darf nicht von der Gegenseite gestört werden. Beleidigungen sind streng verboten. Unzulässig ist auch das Abschweifen vom Thema.

2. **Erste Abstimmung:** Der Moderator führt bei den Zuhörern eine Abstimmung durch, ob sie für oder gegen die Aufnahme von Volksentscheiden in das Grundgesetz sind. Das Ergebnis wird an die Tafel geschrieben.

3. **Plädoyers:** Abwechselnd tragen die Vertreter beider Seiten ihre Statements vor.

4. **Gegenseitige Befragung:** Jede Seite darf der anderen Seite eine vom Moderator vorgegebene Anzahl von – kritischen – Fragen stellen. Die Fragen werden abwechselnd gestellt. Die befragte Seite erhält jeweils maximal zwei Minuten Zeit zur Beantwortung.

5. **Zweite Abstimmung:** Der Moderator lässt die Zuhörer erneut abstimmen. Das Ergebnis wird neben das erste Ergebnis geschrieben, sodass Änderungen sofort sichtbar sind.

6. **Auswertungsgespräch:** Nach einer kurzen Pause zum Zweck der Rollendistanzierung leitet der Moderator das Gespräch unter allen Teilnehmern, in dem es um die Plausibilität und Überzeugungskraft der vorgetragenen Argumente geht.

Parlamentarische Debatte

1. **Vorbereitung der Parlamentssitzung:** Der Raum sollte so vorbereitet werden, dass eine Sitzordnung wie im Plenum des Bundestages entsteht. Das heißt, dass der Parlamentspräsident dem Plenum gegenübersitzt. Die Parlamentarier sitzen nach den beiden Fraktionen getrennt. Vor oder neben dem Präsidenten muss ein Redepult aufgestellt sein, von dem aus die Redner stehend ihre Sichtweisen darstellen. Die Zuhörer sitzen hinter den Fraktionen.

2. **Eröffnung der Sitzung:** Der Parlamentspräsident eröffnet die Sitzung, stellt die (nur aus einem Punkt bestehende) Tagesordnung fest und verliest die beiden (sich gegenseitig aufhebenden) Anträge zum Gegenstand „Einfügung eines Artikels 20 b (‚Volksentscheide‘) in das Grundgesetz". Er gibt bekannt, dass der Ältestenrat sich darauf geeinigt hat, jedem Redner drei Minuten Redezeit zuzubilligen und abwechselnd beide Fraktionen zu Wort kommen zu lassen. Die Fraktionsvorsitzenden reichen beim Präsidenten eine Liste mit den Namen der vorgesehenen Redner ein.

3. **Debatte:** Jeder Redner trägt seine Argumente vor. Die Redner müssen den appellativen Charakter der Parlamentsrede beachten. Zwischenfragen aus dem Plenum sind gestattet, sofern der Redner sie zulassen will. Er kann aber ohne Begründung Zwischenfragen generell ablehnen. Auf Zwischenrufe oder Unmutsäußerungen aus dem Plenum (und ggf. von den Zuhörern) muss der Parlamentspräsident so reagieren, dass es nicht zu Tumulten kommt. Notfalls muss er von seinem Hausrecht Gebrauch machen. Er ist für das Gelingen der Debatte verantwortlich.

4. **Abstimmung:** Der Präsident fragt die Fraktionsvorsitzenden, ob die Fraktionen ihren jeweiligen Antrag aufrechterhalten. Falls Änderungswünsche angezeigt werden, kann der Präsident die Sitzung für eine bestimmte Zeit unterbrechen, damit die Fraktionen beraten können. Der Präsident lässt schließlich zuerst über den Antrag abstimmen, der die größte Änderung darstellt. Er liest den Antragstext laut und deutlich vor. Es wird offen mit Ja, Nein oder Enthaltung abgestimmt. Abstimmungsberechtigt sind aber nicht nur die beiden Fraktionen (deren Votum feststeht), sondern auch die Zuhörer.

5. **Auswertungsgespräch:** Nach einer kurzen Pause zum Zweck der Rollendistanzierung leitet der Präsident bzw. die Präsidentin das Gespräch unter allen Teilnehmern. Das Gespräch sollte die Rolle der Emotion und der rhetorischen Qualität ebenso thematisieren wie die Plausibilität und Überzeugungskraft der vorgetragenen Argumente.

M 8 Volksentscheid ins Grundgesetz aufnehmen?

Pro: Herta Däubler-Gmelin (SPD), frühere Bundesjustizministerin

Im Mittelpunkt unserer gesamten Rechts- und Staatsordnung steht der
5 selbstbewusste, mündige Bürger, der frei und verantwortlich unsere Gesellschaft mitgestalten soll. Es ist also nur konsequent, wenn wir die Beteiligung der Bürger an politischen Entscheidungen auch auf Bundesebene aus-
10 bauen. Tatsächlich wollen die Bürgerinnen und Bürger auch stärker an Entscheidungen beteiligt werden. Nichts anderes steckt z. B. hinter dem Schlagwort „Politikverdrossenheit" – bis zu einem gewissen Grad ist es doch verständlich, dass Bürgerinnen und Bürger glau-
15 ben, es werde ohnehin über ihren Kopf hinweg entschieden, wenn sie an Entscheidungen nicht direkt beteiligt sind. Meine Erfahrung ist nicht nur, dass wir den Bürgern mehr Mitbestimmung auch auf Bundesebene ruhig zutrauen können. Dass stärkere Bürgerbeteili-
20 gung sich schädlich auf die Stabilität unserer Demokratie auswirken könnte, sehe ich nicht – und der historische Einwand stimmt ja nicht: Das Ermächtigungsgesetz wurde vom Reichstag, nicht per Volksentscheid beschlossen.

25 Und das St.-Florians-Prinzip, also die Abwälzung von Problemen auf andere Bevölkerungsgruppen, lässt sich durch Quoren ausschließen. Durch die Möglichkeit zu Volksbegehren, Volksinitiativen und Volksentscheiden sollten wir neben dem bewährten parlamentarisch-re-
30 präsentativen System die Bürgerinnen und Bürger auch außerhalb von Wahlen zudem ruhig in die Pflicht nehmen. Wer selbst mitbestimmen kann, sieht nicht so leicht weg […], und wer selbst initiativ werden kann, lässt es eben nicht mehr zu, dass Politik in Lethargie
35 verfällt.

Kontra: Josef Isensee, Professor für öffentliches Recht (Bonn)

In der Demokratie des Grundgesetzes erhalten Parlament und die parlamentarisch verantwortliche Regierung das Mandat auf Zeit zur Staatsführung in Verantwortung vor dem Volk und für das Volk. Damit ist die Möglichkeit eröffnet, dass Parlament und Regierung auch unpopuläre Maßnahmen treffen, die sie im Interesse der Allgemeinheit für notwen-
45 dig halten. Doch die Volksvertretung ist immer darauf angewiesen, ihre Entscheidungen der Allgemeinheit zu erklären. Für die Rückkoppelung an das Volk sorgt schon das deutsche System der permanenten Wahlkämpfe. Der Erklärungs- und Rechtfertigungszwang
50 entfällt aber dann, wenn das Volk selbst entscheidet. Demagogen haben leichtes Spiel, populäre Ziele durchzusetzen, ohne sich um die langfristigen Folgen zu kümmern. Ein Spiel mit dem Feuer: dass der Streit über hochpolitische Fragen, etwa solche der Rüstung, die Ge-
55 sellschaft so fanatisiert und verfeindet, dass die Verlierer in der Volksabstimmung den Mehrheitsentscheid nicht akzeptieren.

Das Plebiszit vermindert die Handlungsfähigkeit des Parlaments, ohne die Freiheit des Volkes zu steigern.
60 Der Machtverlust der verfassungsstaatlichen Institutionen führt zur Machtsteigerung der Medien und anderer außerparlamentarischer Kräfte, die öffentliche Meinung machen. Das Volk kann im Plebiszit ohnehin nur auf eine vorformulierte Frage mit Ja oder Nein antwor-
65 ten. Die Gefahren, die das Plebiszit im Gesamtstaat auslöst, schwächen sich ab in den weniger politischen Bereichen der Länder und Gemeinden. Hier bietet das Plebiszit eine Chance zur Aktivierung der Bürger, obwohl Volksgesetzgebung sich auch hier nur bedingt zum
70 Volkssport eignet.

Aus: FOCUS, Nr. 1/1999, S. 33

AUFGABE

Stellen Sie sich vor, der Verein „Mehr Demokratie" hätte Sie angeschrieben. Er erbittet Ihre Unterstützung für sein Anliegen (S. 203 f., M 3). Verfassen Sie unter Berücksichtigung der Argumente von M 8 und M 9 sowie Ihrer Kenntnisse über die repräsentative Demokratie einen Antwortbrief, in dem Sie Ihre Sicht zur Volksgesetzgebung darstellen.

M 9 Direkte Demokratie – Pro und Kontra

Historisch

In politischen Systemen, in denen direktdemokratische Institutionen eine lange Tradition haben, wird gewöhnlich darauf verwiesen, die direkte Demokratie […] sei ein integrierender Bestandteil des Verfassungs- und Gesetzgebungsprozesses geworden und habe insgesamt für das politische System positive Wirkungen.

In politischen Systemen, in denen man nur „schlechte" Erfahrungen mit direktdemokratischen Institutionen gemacht hat, wird vor deren Wiedereinführung und Missbrauch gewarnt. Beispiele sind Deutschland und Frankreich. Direkte Demokratie eigne sich, wenn überhaupt, nur für kleinräumige und bevölkerungsarme Staatswesen.

Normativ

Demokratie ist ein Wert an sich. Es ist erstrebenswert, dass möglichst viele Staatsbürger an der Bildung des Staatswillens teilhaben können. Dies verleiht den Staatshandlungen höhere Legitimation. Direkte Demokratie entspricht am ehesten der Forderung nach Volkssouveränität. […]

Das Menschenbild ist positiv: Der Mensch ist an politischer Partizipation interessiert und möchte sein Humanpotenzial auch in der Politik entfalten; zudem ist er fähig, die anstehenden Entscheide kompetent zu fällen.

Es ist unmöglich, dass sich alle dauernd mit den Staatsangelegenheiten beschäftigen. Demokratie bedarf der Leitung. Direktdemokratische Entscheidungen erlauben keine Messung der Intensität der persönlichen Betroffenheit. […] Die Mehrzahl der Menschen ist an einer vermehrten politischen Mitsprache nicht interessiert und dazu auch gar nicht fähig. Das Sachwissen des durchschnittlichen Stimmbürgers ist gering; er wird so eine leichte Beute der Abstimmungspropaganda. Nur Eliten schöpfen ihre Beteiligungsmöglichkeiten aus. […]

Institutionell

Durch die direkte Demokratie werden die Staatsorgane gestärkt und zur Volksnähe gezwungen. Der Volkswille kommt am besten zum Ausdruck. Die Parteien und Interessengruppen werden nicht übermächtig, weil das Volk ein Sicherheitsventil hat. Kontroverse Gegenstände werden nicht verdrängt, sondern entschieden. Die Partizipation des Volkes schafft ein Gegengewicht zum wachsenden Einfluss der Interessenvertreter und Experten.

Parlament und Parteien werden durch die direkte Demokratie geschwächt, die Interessengruppen hingegen gestärkt, weil ihnen die direktdemokratischen Instrumente als zusätzliches Pressionsmittel dienen. Es ist nicht der „Durchschnittsbürger", der von der direkten Demokratie Gebrauch macht und profitiert. Die benachteiligten Segmente der Bevölkerung bleiben unterrepräsentiert. Politische Verantwortung wird auf das „Volk" abgewälzt.

Prozessual

Direktdemokratische Verfahren und Entscheide sind breit abgestützt und transparent. Sie lösen grundlegende Konflikte dauerhaft, ihre Akzeptanz ist hoch. Der direktdemokratische ist weniger als der legislative Prozess von speziellen Interessen dominiert.

Direkte Demokratie erzieht den Staatsbürger zur Auseinandersetzung mit politischen Problemen und vermindert die Entfremdung gegenüber dem Staat. Die Bürger können auch gegen den Willen von Staatsorganen Sachfragen der Volksabstimmung unterbreiten.

Direktdemokratische Entscheidungsprozesse sind komplex und dauern zu lange. Innovationen werden erschwert. Es ist nur ein Ja oder ein Nein ohne Nuancen möglich und es besteht die Gefahr einer Tyrannei der Mehrheit. […] Es fehlen die parlamentarische Reflexion, Konfrontation, Kompromissfindung und das Fachwissen. Schlechte Gesetze sind die Folge. Je nach herrschenden Umständen sind momentane Stimmungen ausschlaggebend […]. Oft beteiligt sich nur eine Minderheit am Entscheid. […] Der Stimmbürger ist nicht wie der Repräsentant öffentlicher Kontrolle und Kritik ausgesetzt […].

Aus: Silvano Möckli, Direkte Demokratie, Bern/Stuttgart/Wien 1994, S. 84–86

7.5 Bürgergesellschaft, Nichtregierungsorganisationen und „starke Demokratie" – Neue Ideen zur Stärkung der Beteiligung der Bürger an den öffentlichen Angelegenheiten

Wie keine andere Regierungsform ist die Demokratie darauf angewiesen, dass die Bürger sich mit ihr identifizieren. Vom Standpunkt der Demokratie könnte man jedoch einwenden, dass eine Identifizierung noch nicht genügt. Denn die Demokratie lebt vom „Mitmachen". Das Mitmachen wiederum setzt eine lebendige Vielfalt autonomer Assoziationen voraus, die sich das Gedeihen des Gemeinwesens zum Anliegen machen.

Unter dem Stichwort Bürgergesellschaft wird eine Gesellschaft verstanden, deren Mitglieder sich in die Politik vor Ort, aber auch darüber hinaus einmischen, und das durchaus in Konkurrenz und Rivalität zum etablierten System der Parteien und Interessenorganisationen. Ein wichtiger Bestandteil der Bürgergesellschaft sind die so genannten Nichtregierungsorganisationen. Es handelt sich bei ihnen um nicht-profitorientierte und nicht-eigennützige Organisationen, die lokal und national, aber auch international tätig sind. „Starke Demokratie" ist der Titel eines auf Bürgerbeteiligung setzenden Demokratiekonzepts, das große Aufmerksamkeit gefunden hat.

M 1 Perspektiven der Bürgergesellschaft

● Die „Bürgergesellschaft" hat derzeit als Thema der öffentlichen Diskussion Hochkonjunktur. Verschiedene neue Studien belegen ein großes Potential an bürgerschaftlichem Engagement in der Bevölkerung. […] Wie
5 sind das Potential bürgerschaftlichen Engagements, seine Beweggründe und seine Gestaltungs- und Leistungsfähigkeit realistisch einzuschätzen? Und welche Rolle soll die Politik angesichts einer verstärkten Bereitschaft und Tätigkeit zur gesellschaftlichen Selbstorganisation
10 gegenüber den bürgerschaftlich Engagierten spielen?

Das Potential bürgerschaftlichen Engagements
In der Tat ist das Ausmaß an bürgerschaftlichem Engagement beeindruckend; kaum ein gesellschaftlicher Bereich, in dem die Bürgerinnen und Bürger nicht rege
15 mitmachen. Die klassischen Felder der freiwilligen gesellschaftlichen Zusammenschlüsse wie Sport, Kirchenleben sowie soziale und karitative Tätigkeiten nehmen nach wie vor breiten Raum ein. Aber zusätzlich sind in den vergangenen beiden Jahrzehnten viele Initiativen
20 und Gruppen entstanden, bei denen sich die Hinwendung zu einem Thema oder einem Problem mit einem unmittelbaren Wunsch nach demokratischer Mitgestaltung ihrer Gemeinde verbindet. Diese Bestandsaufnahme eines vielfältigen ehrenamtlichen und bürgerschaft-
25 lichen Engagements führt zu drei Einsichten, die für die weitere Diskussion um die Zukunft des Ehrenamts bedeutsam sind.

Zunächst fällt ein Defizit auf: Der Wirtschafts- und Unternehmensbereich hinkt auf dem Feld bürgerschaft-
30 licher Aktivitäten nach. Die Vorstellungen von einer entwickelten Bürgergesellschaft ist aber unvollständig, wenn die Wirtschaftsunternehmen nicht beim bürgerschaftlichen Engagement mitwirken. […]

Ein zweiter Aspekt, der in den aktuellen Studien deutlich wird, ist der enge Zusammenhang zwischen gesi- 35
cherten Arbeitsverhältnissen und der Bereitschaft zum ehrenamtlichen Engagement. Mit Ausnahme der Jugendlichen, die sich noch vor der Erwerbsarbeit befinden, und einer Reihe von interessanten Selbsthilfeprojekten unter Arbeitslosen ruht die ganz überwiegende 40
Mehrheit an freiwilliger Tätigkeit auf einem festen und kalkulierbaren Fundament von durch Erwerbsarbeit gesicherten Lebensumständen. […]

Die Vielfalt bürgerschaftlicher Aktivitäten rückt drittens die Frage nach dem Menschen- und Bürgerbild 45
hinter unseren gesellschafts- und wirtschaftspolitischen Vorhaben in ein neues Licht. Nach der gängigen Meinung ist die Entwicklung hin zu einem möglichst umfassenden, zuvorderst auf Leistung und Selbstverwirklichung getrimmten Individualismus ebenso un- 50
aufhaltsam wie wünschenswert. Dies ist eine sehr beschränkte Sichtweise. […] Die vielfältigen Zugänge zu ehrenamtlichem und bürgerschaftlichem Engagement gerade auch bei Jüngeren sind in meinen Augen ein Beweis dafür, daß die Menschen die Leere hinter dieser 55
Philosophie des grenzenlosen Individualismus spüren und nach einer Alternative suchen. […]

7.5 Bürgergesellschaft, Nichtregierungsorganisationen und „starke Demokratie"

Die Rolle von Staat und Politik

Welche Rolle sollen Staat und Politik im Blick auf den ehrenamtlichen und bürgerschaftlichen Bereich spielen? Hier ist zunächst festzustellen, daß manchen Repräsentanten aus Parteien und Parlamenten das bunte Gewimmel von ehrenamtlichen Gruppen und Initiativen nicht immer geheuer ist. Sie denken lieber in den geordneten Bahnen von Parteistatuten und Gesetzgebungsverfahren. [...]

Die Politik sollte für eine bürgerschaftliche Entwicklung in Deutschland drei Voraussetzungen erbringen. [...] Zunächst gilt es, den Verdacht zu widerlegen, die plötzliche Hinwendung der Politik zum Ehrenamt erfolge nicht aus dem Wunsch nach Förderung demokratischer und selbstverantwortlicher Freiräume, sondern in dem Bestreben, einen möglichst billigen Ersatz für einen sich mehr und mehr zurückziehenden Sozialstaat zu finden. [...]

Als zweite und wichtige Voraussetzung für eine Stärkung bürgerschaftlichen Engagements sollten Staat und Politik Freiräume für Selbstverantwortung und Selbstgestaltung schaffen. [...] Staatliche Appelle an Eigeninitiative der Bürger werden nur fruchten, wenn sie mit einem substantiellen Vorschuß an Autonomie der Bürgergruppen verbunden sind. Diese haben in aller Regel selbst sehr klare Vorstellungen davon, was sie tun wollen, wie sie Gelder einsetzen und sich organisieren wollen. Die Gruppen in diesen Dingen mit Vorschriften und Auflagen zu gängeln läßt die Bereitschaft zum Engagement schnell wieder verschwinden. [...]

Drittens: Der Staat sollte sich als aktivierender Staat, seine Verwaltungen sollten sich als „Ermöglichungsverwaltungen" begreifen. [...] Zwei Ebenen der Aktivierung sind geboten: zum einen die Ebene der Gesetzgebung und Verwaltungsvorschriften, zum anderen die des konkreten Verwaltungshandelns. Im Bereich der Gesetzgebung müssen wir Anreize für bürgerschaftliches Engagement schaffen. [Es muß] für den Ehrenamtsbereich die Formel „Bürgerschaftliches Engagement muß sich lohnen" gelten. Auf dem Gebiet des Steuerrechts, des Aus- und Fortbildungswesens sollten Anreize oder doch zumindest Erleichterungen geschaffen werden, sich in Vereinen, Gruppen und Initiativen zu engagieren. [...] [Für das konkrete Verwaltungshandeln gilt:] Im Blick auf das Verhältnis zu den Vereinen, Gruppen und Initiativen sollten [...] verstärkt das Bemühen und die Fähigkeit treten, diese bei ihren Initiativen und Projekten zu unterstützen, Koordinations- und Fortbildungshilfen anzubieten, Konflikte als Moderatoren überwinden zu helfen und nicht zuletzt auch engagierte Bürgerinnen und Bürger an interessante Projekte „anzukoppeln".

Auszug aus: Der Freude am selbstverantwortlichen Handeln Freiräume schaffen. Perspektiven der Bürgergesellschaft, in: FAZ, 23.8.2000, S. 11 (Text leicht verändert), Autor: Kurt Beck, Ministerpräsident von Rheinland-Pfalz

M 2 Was sind Nichtregierungsorganisationen? Versuch einer Begriffsbestimmung

■ Nichtregierungsorganisationen (engl. Non-Governmental Organizations [NGO]) sind nicht-gewinnorientierte und auf freiwilliger Arbeit basierende Vereine, Stiftungen, Initiativen, Netzwerke und Aktionsbündnisse von Bürgern. Sie sind nicht vom Staat abhängig und unterliegen folglich auch nicht seinen Weisungen. Sie verfolgen selbst gesetzte politische Ziele, die schwerpunktmäßig in den Bereichen Umweltschutz, Menschenrechte, Entwicklungshilfe, Armutsbekämpfung und humanitäre Hilfe angesiedelt sind. Viele Nichtregierungsorganisationen sind grenzüberschreitend, also international tätig.

Nichtregierungsorganisationen genießen oft hohes Ansehen, da sie eine hohe Sachkompetenz besitzen und ihre Mitglieder in der Regel hoch motiviert sind. Weil sie über keine Machtmittel verfügen, ist die Akzeptanz ihrer Arbeit bei der Bevölkerung und in den Medien sehr groß. Sie gewinnen leichter Zugang zu den Menschen als staatliche Einrichtungen. International tätige Nichtregierungsorganisationen haben entscheidende Anstöße zur Bewältigung weltweiter Probleme gegeben.

Nichtregierungsorganisationen sind auf ehrenamtliche Arbeit und Spenden angewiesen. Im Bereich der Entwicklungs-, Not- und Flüchtlingshilfe tätige Organisationen erhalten aber auch staatliche Fördergelder.

Autorentext

M 3 Nichtregierungsorganisation stellen sich vor

www.amnesty.de   www.bundjugend.de   www.earthwatch.org/europe   www.janun.de   www.forumue.de

www.greenpeace.de   www.oxfam.de   www.robinwood.de   www.eirene.de   www.wwf.de

AUFGABEN

1. Beschreiben Sie unter Bezugnahme auf M 1 die Bürgergesellschaft. Gehen Sie dabei auf Tätigkeitsfelder, auf Motive und Voraussetzungen bei den Bürgern sowie auf Erwartungen an Staat und Politik ein.
2. M 1 deutet mehrere Spannungen zwischen der etablierten Politik und der Bürgergesellschaft an. Arbeiten Sie die Spannungen heraus und erörtern Sie, ob die Spannungen prinzipieller Natur oder (mit gutem Willen) behebbar sind.
3. Recherchieren Sie im Internet das Profil einer der in M 3 angegebenen Nichtregierungsorganisationen. Konfrontieren Sie das Ergebnis mit der Begriffsbestimmung in M 2. Ergänzen oder modifizieren Sie gegebenenfalls die Begriffsbestimmung.

M 4 Starke Demokratie – eine Politik der Bürgerbeteiligung

• Starke Demokratie ist durch eine Politik der Bürgerbeteiligung definiert: Sie ist buchstäblich die Selbstregierung der Bürger, keine stellvertretende Regierung, die im Namen der Bürger handelt. Tätige Bürger regieren sich unmittelbar selbst, nicht notwendigerweise auf jeder Ebene und jederzeit, aber ausreichend häufig und insbesondere dann, wenn über grundlegende Maßnahmen entschieden und bedeutende Macht entfaltet wird. Selbstregierung wird durch Institutionen betrieben, die eine dauerhafte Beteiligung der Bürger an der Festlegung der Tagesordnung, der Beratung, Gesetzgebung und Durchführung von Maßnahmen (in der Form „gemeinsamer Arbeit") erleichtern. Die starke Demokratie setzt kein grenzenloses Vertrauen in die Fähigkeit der Individuen, sich selbst zu regieren, hält aber wie Machiavelli[1] daran fest, dass die Menge im Großen und Ganzen ebenso einsichtig, wenn nicht gar einsichtiger als die Fürsten sein wird. Sie pflichtet Theodore Roosevelts Ansicht bei, dass „die Mehrheit des einfachen Volkes tagein tagaus weniger Fehler machen wird, wenn sie sich selbst regiert, als jede kleinere Gruppe von Männern, die versucht das Volk zu regieren." Eine Politik der Bürgerbeteiligung handhabt öffentliche Streitfragen und Interessenskonflikte so, dass sie einem endlosen Prozess, der Beratung, Entscheidung und des Handelns unterworfen werden. […]

Zur Erleichterung der Diskussion sollen hier […] die Hauptmerkmale des Vorschlags im Überblick dargestellt werden:
a) Volksbegehren und Volksabstimmungsverfahren mit gesetzgebender Wirkung;
b) obligatorische Übertragung von Stadtteilversammlungen und im Fernsehen übertragene, mit Zuschaltmöglichkeiten versehene Bürgerversammlungen zum Zwecke der staatsbürgerlichen Erziehung;
c) Stimmzettel mit mehreren Optionen (Multiple-Choice-Format);
d) ein zweistufiges Abstimmungsverfahren, das zwei Lesungen vorsieht.

a) Volksbegehren und Volksabstimmungsverfahren

Ein solches Verfahren gäbe den Amerikanern die Möglichkeit, ein Gesetzgebungsreferendum über Volksbegehren oder Gesetze, die vom Kongress verabschiedet wurden, zu beantragen. Die Antragsteller bekämen die Erlaubnis, in einem Zeitraum von zwölf bis achtzehn Monaten Unterschriften von Wahlberechtigten in mindestens zehn Bundesstaaten zu sammeln. Die Anzahl der Unterschriften müsste zwei bis drei Prozent der in der vorangegangenen Präsidentschaftswahl abgegebenen Stimmen betragen. Solche Initiativen (Volksbegehren) kämen dann zur allgemeinen Abstimmung, im Falle ihrer Annahme müssten sie nach einer Wartezeit von sechs Monaten ein zweites Mal zur Abstimmung vorgelegt werden. Ein dritter Wahlgang könnte notwendig werden, wenn der Kongress sein Veto gegen die zweite Volksabstimmung einlegt (oder bei vom Kongress verabschiedeten Gesetzen, die per Eingabe zur Volksabstimmung kämen). Durch die Wartezeit und die in ihr geführten Debatten bekäme die Öffentlichkeit reichlich Gelegenheit, ihre Positionen zu überprüfen, den Rat führender Politiker zu hören und die Entscheidung in den Nachbarschaftsversammlungen zu diskutieren. Da das Ziel dieses Prozesses eher in einer Ausweitung der Bürgerbeteiligung als in unmittelbaren gesetzgeberischen Neuerungen liegt, wäre die bedächtige (bis schwerfällige) Gangart eines Verfahrens in zwei oder drei Phasen mehr als gerechtfertigt. [...]

b) Erziehung zum Staatsbürger

Da die erzieherische Wirkung ein wichtiges Anliegen des Referendums ist, würde ein Bundesgesetz zu Volksbegehren und Volksentscheid vorschreiben, dass die zur Entscheidung vorliegenden Fragen auf kommunaler und nationaler Ebene in Versammlungen und in den Medien diskutiert werden. Im Gesetz wären Regelungen getroffen, denen zufolge Dokumente, die über die entsprechenden Argumente in einer Sache informieren, finanziert werden; sie würden die Aufwendungen begrenzen, die von den jeweiligen Interessengruppen für Kampagnen eingesetzt werden; sie würden über die staatsbürgerliche Kommunikationsgenossenschaft (CCC) und die lokalen Medien Fernsehdiskussionen organisieren und Übertragungen von Bürgerversammlungen finanziell unterstützen.

Das übergeordnete Ziel dieser Bestimmungen wäre, eine möglichst ausgedehnte öffentliche Debatte in Gang zu setzen und dafür zu sorgen, dass sie offen und fair geführt wird. Mit ihnen könnte man die Gefahr eines plebiszitären Missbrauchs des Referendums vermindern und den Nutzen des im Folgenden dargestellten Multiple-Choice-Formats steigern.

c) Multiple Choice-Format

Ein stark demokratisches Volksabstimmungsverfahren würde anstelle der herkömmlichen Ja/Nein-Option ein Multiple-Choice-Format verwenden. Statt der bloßen Aufforderung, einen Antrag abzulehnen oder ihm zuzustimmen, bekämen die Bürger eine Reihe differenzierter Optionen vorgelegt, mit denen nuancenreiche und überlegte Stellungnahmen zu ermitteln sind. Die Wahlmöglichkeiten würden folgenden Bereich abdecken: (1) im Prinzip ja – unbedingt für den Antrag; (2) im Prinzip ja – aber nicht als höchste Priorität; (3) im Prinzip nein – unbedingt gegen den Antrag; (4) nein in dieser Formulierung – aber nicht prinzipiell gegen den Antrag, ich schlage Umformulierung und Neuvorlage vor; (5) gegenwärtig nein – obwohl deshalb nicht prinzipiell gegen den Antrag, ich schlage vor, die Entscheidung zu vertagen. Der Stimmzettel [...] würde folgendermaßen aussehen:

Antrag auf Einrichtung und Finanzierung von Abtreibungsklinik mit öffentlichen Mitteln:

○ (1) JA: Ich bin unbedingt für die Errichtung von Abtreibungskliniken aus öffentlichen Mitteln.

○ (2) JA: Ich bin prinzipiell für die Finanzierung von Abtreibungskliniken aus öffentlichen Mitteln, aber die Gegenargumente halte ich für so gewichtig, dass ich vorschlage, vorsichtig zu verfahren.

○ (3) NEIN: Ich bin grundsätzlich gegen Abtreibungskliniken und ebenso grundsätzlich gegen deren Finanzierung aus öffentlichen Mitteln.

○ (4) NEIN: Ich bin gegen den Antrag auf Finanzierung von Abtreibungskliniken aus öffentlichen Mitteln, so wie er hier formuliert ist, aber ich bin deshalb nicht grundsätzlich gegen Abtreibungskliniken. Ich schlage vor, die Antragsteller formulieren ihren Antrag neu und legen ihn dann noch einmal zu Abstimmung vor.

○ (5) NEIN: Ich stimme gegen den Antrag, denn obwohl ich nicht persönlich gegen die öffentliche Finanzierung von Abtreibungskliniken bin, glaube ich nicht, dass die Gemeinde sich eine Entscheidung darüber leisten kann, bevor nicht weitere Beratungen und Debatten stattgefunden haben und sich die beiden Seiten besser verstehen. Daher schlage ich vor, die Entscheidung zu vertagen.

Die Ja- und Nein-Stimmen auf einem solchen Stimmzettel würden nun insgesamt gezählt werden, und der Antrag wäre als Gesetzgebung angenommen oder nicht, so wie es üblicherweise geschieht, wenn nach Mehrheiten entschieden wird – wenn auch, da es sich um die erste Lesung handelt – nur vorläufig. Dennoch würde das Bestehen auf begründeten und differenzierten Antworten wichtigen Zwecken dienen. Die Antragsteller eines Referendums etwa könnten so wichtige Informationen darüber erhalten, warum ihr Antrag erfolgreich war bzw. scheiterte, und (wie die Gemeinschaft überhaupt) ermessen, welche Auswirkungen das Ergebnis auf die eigenen Ziele und auf das gesamte politische System haben könnte. Wird etwa ein Gesetz mit einer kleinen Stimmenmehrheit in Kategorie (2) angenommen und von einer großen Stimmenminderheit in Kategorie (3) vehement abgelehnt, so ließe sich auf eine drohende asymmetrische Intensität (so nennen das die Soziologen) schließen, d.h. ein Zustand, in dem eine passive, gleichgültige Mehrheit eine leidenschaftliche, engagierte Minderheit überstimmt und damit die Stabilität der Gemeinschaft gefährdet. Unter diesen Umständen würden die für die Umsetzung der Beschlüsse Verantwortlichen wahrscheinlich mit größter Vorsicht verfahren – und das ist die Strategie, die in der Kategorie JA-(2) nahegelegt wird. Vorsichtige Wähler könnten durch ein solches Ergebnis veranlasst werden, in der zweiten Lesung des Antrags von JA-(2) nach NEIN-(5) zu wechseln (weitere Debatte notwendig).

Andererseits wäre die Ablehnung eines Gesetzes durch einen kleinen Stimmenüberhang von NEIN-(4) über JA-(1) ein deutlicher Hinweis darauf, dass der Antrag neu formuliert und noch einmal zur Abstimmung vorgelegt werden sollte, weil die Ja-Stimmen von Befürwortern mit starker Überzeugung für die Sache kamen und die Nein-Stimmen sich in erster Linie gegen die vorgelegte Formulierung wandten. Ja-Stimmen der ersten Kategorie gegen Nein-Stimmen der dritten Kategorie ergeben politisch das Bild einer intensiven symmetrischen Meinungsverschiedenheit – mit anderen Worten, einer prinzipiellen Polarisierung – und verlangen nach Vorsicht auf beiden Seiten.

Mit diesen wichtigen politischen Informationen läge in der Multiple-Choice-Abstimmung auch die Aufforderung an die Bürger, ihre eigenen Wahlentscheidungen zu überprüfen. Da sie genötigt sind, jede Nein- bzw. Ja-Stimme mit einer Erklärung zu verbinden, müssten sie jene Unterscheidungen vornehmen, die „professionellen Gesetzgebern" durchaus vertraut sind. Wie entschieden ist meine Meinung? Ist das Erreichen meines Ziels die Destabilisierung der Gemeinschaft wert?

Wenn ich etwas nur sehr halbherzig unterstütze, ist es dann fair, eine Minderheit mit starken entgegengesetzten Überzeugungen zu überstimmen? Wäre es nicht vielleicht besser zu warten, bis die Opposition meine Gründe besser versteht oder man ihr das Gesetz in einer Version vorlegen kann, die ihren Überzeugungen nicht so sehr zuwiderläuft (z. B. die indirekte Finanzierung halbprivater Abtreibungskliniken aus öffentlichen Mitteln)? Durch das Einbringen einer differenzierten Betrachtung des Problems in die Wahlvorlage wirkt das Multiple-Choice-Format rein privaten Entscheidungen entgegen und ermutigt die Wähler, öffentliche Gründe für das zu entwickeln, was schließlich auch öffentliche Handlungen sind.

Ja/Nein-Entscheidungen sind typisch für Interaktionen auf dem Markt, die von festen, auf privaten Bedürfnissen gegründeten Interessen ausgehen; das Multiple-Choice-Verfahren erstrebt ein Urteil über das öffentliche Wohl, nicht das Registrieren persönlicher Neigungen. Es ist daher ebenso eine Form der staatsbürgerlichen Erziehung wie die Stimmabgabe und stärkt die Demokratie nicht einfach dadurch, dass es den Bürgern die Möglichkeit gibt, zwischen alternativen Zukunftsmöglichkeiten zu wählen, sondern indem es sie dazu bringt, als gesellschaftliche Wesen zu denken.

d) Zwei Lesungen

Um zum Einen alle erzieherischen Möglichkeiten des Multiple-Choice-Referendums auszuschöpfen und gleichzeitig eine allzu ungestüme Bürgerschaft oder eine allzu mächtige Elite daran zu hindern, vorübergehend die Kontrolle über die öffentliche Meinung zu bekommen, würde das Referendum in zwei durch eine sechsmonatige Beratungs- und Diskussionszeit voneinander getrennten Abstimmungsphasen verlaufen. Der zweite Wahlgang (die „zweite Lesung") würde im Wesentlichen die Ergebnisse des ersten Wahlgangs einer neuerlichen Wertung unterziehen. Eine Öffentlichkeit, die nicht willens ist, ihre Zustimmung nach einer sechsmonatigen Wartezeit zu erneuern, gibt sich selbst ein Warnsignal. In der Tat wird eine wählende Bürgerschaft erst dann zu einer Öffentlichkeit mit einem verlässlichen Willen, wenn sie mit klarer und konsistenter Stimme spricht. Ein Nein in der ersten Runde brächte eine Gesetzesvorlage zu Fall; ein Ja würde sie noch nicht in Kraft setzen, sondern vielmehr einen zweiten Durchgang notwendig machen. Diese Sicherung gegen unzuverlässige Mehrheiten könnte noch weiter ausgebaut werden, wenn man dem Kongress oder dem Präsidenten die Möglichkeit einräumte, sein Veto gegen eine in zweiter Lesung angenommene Maßnahme einzulegen, und damit eine dritte Lesung notwendig machte, um das Veto außer Kraft zu setzen und die Gesetzesvorlage endgültig zu verabschieden. Kontrollen wie diese würden eine zügige Gesetzgebung gewiss behindern und Mehrheiten könnten ihren Willen ohne ausgedehnte Debatten und Beratungen nicht länger durchsetzen. Aber das Ziel der starken Demokratie heißt öffentliches Sprechen und politisches Urteil, nicht plebiszitäre Launenhaftigkeit.

Wahl durch Losverfahren:
Losentscheid, Rotation und Bezahlung
Es gab eine Zeit, da konnte Montesquieu [...] die Bemerkung machen: „Die Ernennung durch das Los ist der Demokratie so naturgemäß wie diejenige durch Auswahl für die Aristokratie." (Vom Geist der Gesetze, 2. Buch) Die Wiedereinführung der „Wahl durch Losverfahren" in einem begrenzten Raum könnte dazu beitragen, die Repräsentation vor sich selbst zu bewahren, indem sie einigen Bürgern für andere zu handeln gestattet (und damit dem Größenproblem begegnet), deren Amt jedoch gleichzeitig vom Los abhängig macht (und damit den demokratischen Charakter des öffentlichen Amtes wahrt). Die Wahl durch Losverfahren würde auch den einseitigen Einfluss des Geldes bei der Besetzung von Staatsämtern zurückdrängen, öffentliche Verantwortung etwas gleichmäßiger über die ganze Bevölkerung verteilen und eine sehr viel größere Zahl von Bürgern als Amtsinhaber an der Planung und Durchführung von Politik beteiligen, als dies in einem repräsentativen System üblicherweise der Fall ist. Da es für die Pflege der politischen Urteilskraft nicht notwendig ist, dass jeder Bürger an sämtlichen Entscheidungen teilhat, ist das Los eine Möglichkeit, sinnvolles Engagement in großen Gesellschaften zu steigern.

Der Bereich, in dem das Losprinzip [...] am besten funktionieren würde, wäre die Besetzung jener kommunalen Ämter, die kein besonderes Wissen oder keine speziellen Sachkenntnisse voraussetzen.

Damit das Losprinzip demokratisch wirksam wird, müsste es mit einem Rotationssystem verbunden werden. Um möglichst vielen Bürgern die mit der Ausübung eines öffentlichen Amtes verbundene Erfahrung zu ermöglichen, wäre der Einzelne auf eine einzige Amtsperiode in einem einzigen Amt beschränkt, danach würde er so lange nicht mehr zur Gruppe der Kandidaten gehören, bis ein bestimmter Prozentsatz seiner Mitbürger ebenfalls ein Amt ausüben konnte.

Der Tagessatz, den diese niederen Beamten erhalten, wäre sowohl ein Anreiz für den Dienst selbst als auch eine Entschädigung für die im Dienst am Allgemeinwohl aufgewendete Zeit. Nicht undenkbar wäre, dass diejenigen, die keinen Dienst tun wollen, die Möglichkeit bekommen, sich von ihren Verpflichtungen gegenüber der Gesellschaft freizukaufen. Vielleicht ist es für eine Demokratie weniger problematisch, dass sich die Reichen ihrer politischen Rechte und Pflichten entledigen können, als dass die Armut zu einem Hindernis für aktive Bürgschaft wird, wie das im gegenwärtigen politischen System nur allzu häufig geschieht.

1 Nicolo Machiavelli (1469–1527), italienischer Schriftsteller und florentinischer Staatsbediensteter, der in seinem Werk „Il principe" (Der Fürst) die Bedingungen erfolgreicher Politik analysierte.

Aus: Benjamin Barber, Starke Demokratie, Hamburg 1994, S. 146 f. und 261–267, 270–273

AUFGABEN

1. Geben Sie mit eigenen Worten und klar strukturiert die Konzeption der „starken Demokratie" wieder. Fertigen Sie zur Vorbereitung eine grafische Darstellung zum politischen Entscheidungsprozess in einer „starken Demokratie" an.
2. Worin besteht der politische Anspruch der „starken Demokratie"?
3. Von welchen soziokulturellen und von welchen technischen Voraussetzungen hängt die Funktionsfähigkeit der „starken Demokratie" ab?
4. Rekonstruieren Sie, wie nach Auffassung des Autors vermutlich eine „schwache Demokratie" beschaffen wäre.
5. Erörtern Sie die Praktikabilität der „starken Demokratie" unter den Gesichtspunkten a) Effizienz des Entscheidungsverfahrens, b) Bereitschaft der Bürger zur Partizipation, c) Anwendbarkeit auf innen-, finanz- bzw. haushalts- und außenpolitische Gegenstände.
6. Diskutieren Sie, ob die Etablierung einer „starken Demokratie" in Deutschland wünschbar wäre.

WEITERFÜHRENDE INFORMATIONEN

Informationen zur Zukunft der Demokratie

Die „Demokratie ist keine Glücksversicherung, sondern das Ergebnis politischer Bildung und demokratischer Gesinnung" (Theodor Heuss, Bundespräsident 1949–1959). Die in diesem Kapitel dokumentierten Ansätze zur Reform der Demokratie kann man auch als mögliche Antworten auf folgende „besorgte Nachfragen" an die Verfassungswirklichkeit der Bundesrepublik verstehen, die im Jahre 1999 der damalige Bundespräsident Rau zusammen mit drei seiner Amtsvorgänger formulierte. Aus diesen „besorgten Nachfragen" können in Verbindung mit den Kapitel- (und Material-) Überschriften dieses Kapitels Referats- und Facharbeitsthemen formuliert werden, die über das Kapitel „Demokratie der Zukunft" hinaus ein Resümee des Kurses zum politischen System einleiten.

Gemeinsame Erklärung von Bundespräsident Johannes Rau und der drei ehemaligen Bundespräsidenten Roman Herzog, Richard von Weizsäcker, Walter Scheel anlässlich der 50. Wiederkehr der Wahl des ersten Bundespräsidenten am 12.9.1949

1. Wie ist es heute um die politische Bildung und die demokratische Gesinnung […] bestellt? Bemühen wir uns ausreichend darum, dass junge Menschen die demokratische Lebensform lernen können, damit Erfahrung und Bewährung möglich werden?

2. Ist unsere Verfassung im Bewusstsein und in der Freude des – nun wieder vereinten – Volkes lebendig, und ist es nach der glücklichen Vereinigung des 40 Jahre geteilten deutschen Volkes ausreichend gelungen, unsere geschriebene und gelebte Verfassung zur Verfassung aller Deutschen werden zu lassen? Wie kann bisher Versäumtes nachgeholt werden?

3. Sind wir uns bewusst, dass unsere repräsentative Demokratie im Zeitalter globaler Veränderungen mehr denn je des Engagements der Bürger und ihrer Mitwirkung und Teilhabe an politischen Aufgaben bedarf?

4. Haben unsere Parteien und gesellschaftlichen Institutionen schon ausreichend erkannt, dass aus diesem Grund jeder am Gemeinwohl orientierte Einsatz in sozialen, humanitären, kulturellen und ökologischen Feldern ermutigt und gefördert werden sollte?

5. Sind sich unsere Parteien – über die nötige politische Konkurrenz hinaus – ihrer Mitverantwortung für die Entfaltung demokratischer Lebensformen und Gesinnungen ausreichend bewusst und geben sie selber genügend glaubwürdige Beispiele für ihre eigene Lernfähigkeit und Erneuerungsbereitschaft?

6. Was können unsere Parlamente – von den Gemeinden bis nach Straßburg und Brüssel – tun, damit sie ihre Aufgabe als Foren demokratischer Öffentlichkeit besser erfüllen und überzeugender praktizieren, weil die vom Volk als „Vertreter des Volkes" gewählten Repräsentanten „nur ihrem Gewissen verpflichtet" und trotz aller Einflussnahme von wirtschaftlichen und anderen Einzelinteressen „an Aufträge und Weisungen nicht gebunden" sind?

7. Funktioniert die Aufgabenverteilung zwischen Legislative und Exekutive, zwischen Bund, Ländern und Gemeinden? Was muss geschehen, um die Leistungs- und Handlungsfähigkeit unserer föderalen Ordnung, unabhängig von den Mehrheitsverhältnissen in Bund und Ländern, zu stärken?

INTERNETADRESSEN

Mehr Demokratie e. V. . . . . www.mehr-demokratie.de
Stiftung Mitarbeit . . . . www.mitarbeit.de
Aktion Gemeinsinn . . . . www.gemeinsinn.de
Stiftung für die Rechte zukünftiger Generationen . . . . www.srzg.de
politik-digital.de . . . . www.politik-digital.de

LITERATURVERZEICHNIS

Andersen, Uwe und Woyke, Wichard: Handwörterbuch des politischen Systems der Bundesrepublik Deutschland, Opladen, 5. Auflage 2003
Barber, Benjamin: Starke Demokratie, Hamburg 1994
Besson, Waldemar und Jasper, Gotthard: Das Leitbild der modernen Demokratie, Bonn 1991
Beyme, Klaus von: Die politische Klasse im Parteienstaat, Frankfurt a. M., 2. Auflage 1995
ders.: Das politische System der Bundesrepublik Deutschland. Eine Einführung, Wiesbaden, 10. Auflage 2004
Birke, Adolf M.: Die Bundesrepublik Deutschland. Verfassung, Parlament und Parteien, München 1997
Bobbio, Norberto: Die Zukunft der Demokratie, Berlin 1988
Boehret, Carl u. a.: Innenpolitik und politische Theorie, Opladen 2001
Bundeszentrale für politische Bildung (Hg.): Grundlagen unserer Demokratie. Schriftenreihe Bd. 270, Bonn 1988
Downs, Anthony: Ökonomische Theorie der Demokratie, Tübingen 1968
Ellwein, Thomas und Hesse, Joachim Jens: Das Regierungssystem der Bundesrepublik Deutschland, Berlin, 9. Auflage 2004
Eschenburg, Theodor: Letzten Endes meine ich doch. Erinnerungen 1933–1999, Berlin 2002
Fraenkel, Ernst: Deutschland und die westlichen Demokratien. Erweiterte Ausgabe, Frankfurt a. M. 1991
Gerlach, Irene: Bundesrepublik Deutschland. Strukturen und Akteure eines politischen Systems, Opladen, 2. Auflage 2002 (mit CD-ROM: Dokumente und Quellen)
Graf Kielmansegg, Peter: Das Experiment der Freiheit. Zur gegenwärtigen Lage des demokratischen Verfassungsstaates, Stuttgart 1988
Greiffenhagen, Martin und Sylvia: Ein schwieriges Vaterland. Zur politischen Kultur im vereinigten Deutschland, München 1993
Greiffenhagen, Martin: Politische Legitimität in Deutschland, Gütersloh 1997
Hesselberger, Dieter: Das Grundgesetz. Kommentar für die politische Bildung, München, 13. Auflage 2003
Informationen zur politischen Bildung Heft 284: Demokratie, Bonn 2004
Jesse, Eckard: Die Demokratie der Bundesrepublik Deutschland, Baden-Baden, 8. Auflage 1997
Klein, Ansgar und Schmalz-Bruns, Rainer: Politische Beteiligung und Bürgerengagement in Deutschland. Möglichkeiten und Grenzen, Baden-Baden 1997
Kriele, Martin: Einführung in die Staatslehre, Stuttgart, 6. Auflage 2003
Loewenberg, Gerhard: Parlamentarismus im politischen System der Bundesrepublik Deutschland, Tübingen, 2. Auflage 1971
Pilz, Frank und Ortwein, Heike: Das politische System Deutschlands. Systemintegrierende Einführung in das Regierungssystem, Wirtschaftssystem und Sozialsystem, München, 2. Auflage 1997
Rothe, Klaus: Politik verstehen, Demokratie bejahen. Politik und politisches System in der Bundesrepublik Deutschland, München 2000
Rudzio, Wolfgang: Das politische System der Bundesrepublik Deutschland, Opladen, 6. Auflage 2003
Rüther, Günther (Hg.): Repräsentative oder plebiszitäre Demokratie – eine Alternative?, Baden-Baden 1996
Seifert, Karl-Heinz und Hömig, Dieter: Grundgesetz für die Bundesrepublik Deutschland. Taschenkommentar, Baden-Baden, 7. Auflage 2003
Sontheimer, Kurt und Bleek, Wilhelm: Grundzüge des politischen Systems Deutschlands, München, aktualisierte Neuauflage 2004
Weidenfeld, Werner (Hg.): Demokratie am Wendepunkt. Die demokratische Frage als Projekt des 21. Jahrhunderts, Berlin 1996
Wassermann, Rudolf: Die Zuschauerdemokratie, Düsseldorf 1986

GLOSSAR

A posteriori (lat.): Vom Späteren her, d.h. beruhend auf der Erfahrung oder unmittelbaren Wahrnehmung.

A priori (lat.): Vom Früheren her, d.h. von vornherein bzw. von der Erfahrung oder Wahrnehmung unabhängig.

Abgeordnete: Nach den Vorschriften der Verfassung von den Bürgerinnen und Bürgern gewählte Mitglieder eines Parlaments. Die Legitimation der Abgeordneten des Deutschen Bundestages leitet sich aus allgemeinen, unmittelbaren, freien, gleichen und geheimen Wahlen ab.

Akklamation (lat. *acclamatio* = das Zurufen): Beifall zur Bekundung von Zustimmung. Einfachste Form der Abstimmung oder Wahl. Die Beifallsäußerung ersetzt den formellen Beschluss bzw. den offiziellen Wahlakt. Die Akklamation eignet sich für die Ermittlung von Mehrheitsverhältnissen nur in kleinen, gut überschaubaren Gremien oder Versammlungen.

Ämterpatronage: Vergabe von beruflichen und politischen Positionen durch Entscheidungsträger an ihnen genehme Personen, z.B. an Parteifreunde (Günstlingswirtschaft).

Amtsprinzip: Befugnis des Inhabers eines Amtes, für andere verbindlich zu entscheiden und dabei nicht auf den eigenen Vorteil bedacht zu sein. Das Amt ist eine übertragene, rechtlich eingegrenzte, auf das Gemeinwohl verpflichtete und der Verantwortung unterliegende Vollmacht.

Ausschuss des Bundestages: Parlamentsgremium zur Wahrnehmung von Parlamentsfunktionen unter Beteiligung von Abgeordneten aller Fraktionen des Bundestages gemäß ihrer Stärke (z.B. Haushaltsausschuss).

Bürgerinitiativen: Spontane, zeitlich in der Regel begrenzte, organisatorisch lockere Zusammenschlüsse von Bürgern, die sich außerhalb der traditionellen Institutionen und Beteiligungsformen der repräsentativen Parteiendemokratie zumeist aus konkretem Anlass als unmittelbar Betroffene zu Wort melden und sich, sei es im Wege der Selbsthilfe, sei es im Wege der öffentlichen Meinungswerbung und der Ausübung politischen Drucks, um Abhilfe im Sinne ihres Anliegens bemühen.

Demoskopie: Meinungsforschung.

Diktatur: Die uneingeschränkte Macht eines Einzelnen oder einer oligarchischen Gruppe, welche die politische Macht innehaben und bestenfalls dem äußeren Schein nach andere Akteure (Institutionen) neben sich gelten lassen.

Enzyklika (gr. *kyklos* = Kreis): „Rundschreiben" des Papstes an die Bischöfe und die Gläubigen, in dem er im Namen der katholischen Kirche Stellung zu bestimmten Fragen nimmt. Eine Enzyklika wird nach ihren lateinischen Anfangswörtern zitiert.

Ermächtigungsgesetz: Durch das „Gesetz zur Behebung der Not von Volk und Staat" (Ermächtigungsgesetz) vom 24.3.1933 wurde der Reichsregierung durch den Reichstag das Recht übertragen, Gesetze auf dem Verordnungsweg zu erlassen. Damit wurde die Gewaltenteilung zwischen den maßgeblichen Organen der Exekutive sowie der Legislative aufgehoben. Das Ermächtigungsgesetz war zunächst auf vier Jahre befristet, wurde aber bis 1945 immer wieder verlängert und war damit die gesetzliche Grundlage der nationalsozialistischen Diktatur.

Exekutive (lat. *executio* = Ausführung, Vollstreckung): Vollziehende oder ausführende Gewalt. Die Exekutive wird üblicherweise mit der Regierung gleichgesetzt, obwohl die Gesetzesausführung im Grunde die Aufgabe der Verwaltung ist. Allerdings bilden die Ministerien die Spitzen der verschiedenen Verwaltungszweige. Die Regierung ist aber nicht nur für die sachlich richtige Ausführung der Gesetze verantwortlich. Sie ist vor allem das politische Führungsorgan. Sie verdient daher eigentlich die Bezeichnung Gubernative.

Extremismus: Der politische Extremismus lehnt den demokratischen Verfassungsstaat ab und will diesen beseitigen. Er sieht sich im Besitz einer politischen „Wahrheit", negiert die Pluralität der Interessen und das damit verbundene Mehrparteiensystem.

Föderalismus (lat. *foedus* = Bündnis, Vertrag): Gliederung eines Staates in mehrere gleichberechtigte, in bestimmten politischen Bereichen selbstständige Gliedstaaten. Diese wirken an der Willensbildung des Gesamtstaates mit. Deutschland ist ein föderaler Staat. Art. 20 GG bestimmt: „Die Bundesrepublik Deutschland ist ein demokratischer und sozialer Bundesstaat." Dies ist eine Bestandsgarantie des Föderalismus, allerdings keine Bestandsgarantie der Anzahl und der Größe der Länder.

Fraktion (lat. *fractio* = der Bruch und *factio* = Partei): Organisatorischer Zusammenschluss einer Gruppe von Abgeordneten zur gemeinsamen Wahrnehmung parlamentarischer Aufgaben. Die Fraktionsmitglieder gehören in der Regel der gleichen Partei an. Fraktionen sind in der Regel der verlängerte Arm politischer Parteien im Parlament.

Freiheitliche demokratische Grundordnung (FDGO): Politische Ordnung der Bundesrepublik Deutschland, die nach der Definition des Bundesverfassungsgerichts im SRP-Urteils von 1952 „unter Ausschluss jeglicher Gewalt- und Willkürherrschaft eine rechtsstaatliche Herrschaftsordnung auf der Grundlage der Selbstbestimmung des Volkes nach dem Willen der jeweiligen Mehrheit und der Freiheit und Gleichheit darstellt." Die FDGO ist gekennzeichnet durch „die Achtung vor den im Grundgesetz konkretisierten Menschenrechten, […], die Volkssouveränität, die Gewaltenteilung, die Verantwortlichkeit der Regierung, die Gesetzmäßigkeit der Verwaltung, die Unabhängigkeit der Gerichte, das Mehrparteiensystem und die Chancengleichheit für alle politischen Parteien mit dem Recht auf verfassungsmäßige Bildung und Ausübung einer Opposition."

Gesellschaftsvertrag: Nach den Vorstellungen verschiedener Staatstheoretiker (u.a. Grotius, Hobbes, Locke und Rousseau) der Aufklärungszeit basiert sowohl das Entste-

GLOSSAR

hen als auch das Bestehen eines Staates auf einer freien Vereinbarung der Einzelnen. Die Vertragslehre geht von einem fiktiven Naturzustand aus, in dem die Einzelnen ohne eine Rechts- und Staatsordnung nebeneinander und mutmaßlich im „Kampf aller gegen alle" lebten. Dieser Zustand wird erst durch einen Gesellschaftsvertrag beendet, in dem sich die Vertragsabschließenden auf die Etablierung einer Herrschaftsordnung zur Gewährleistung von Sicherheit, Frieden und Recht einigen. Die vormals völlige Freiheit geben sie auf zugunsten einer rechtlich geregelten und damit gebundenen Freiheit.

Gewaltenteilung: Von Locke und Montesquieu entwickelter Verfassungsgrundsatz, der durch funktionelle und institutionelle Differenzierung der Staatsgewalt deren Konzentration an einer Stelle verhindert. Die funktionelle Differenzierung bei Locke (legislative, exekutive, föderative und prärogative Gewalt) unterscheidet sich von der bei Montesquieu (legislative, exekutive und judikative Gewalt). Die Gewaltenteilung soll die staatliche Machtausübung begrenzen und damit die Freiheit des Einzelnen gewährleisten. Im modernen Verfassungsstaat zeigt sich die Gewaltenteilung vor allem in den Mechanismen der geteilten sowie der kontrollierten politischen Macht. Geteilte politische Macht meint, dass mehrere in ihrem politischen Handeln unabhängig voneinander agierende Staatsorgane eine Staatsfunktion ausüben. Kontrollierte politische Macht heißt, dass das Handeln eines Staatsorgans durch andere Staatsorgane überprüft und gegebenenfalls zurückgewiesen werden kann.

Globalisierung: Tendenz zur Intensivierung weltweiter Verflechtungen in ökonomischen, politischen, kulturellen und informationstechnischen Bereichen.

Grundgesetz: Vom Parlamentarischen Rat 1948/49 ausgearbeitete Verfassung der Bundesrepublik. Die Bezeichnung Grundgesetz wurde gewählt, um den provisorischen Charakter des westdeutschen Teilstaates zu verdeutlichen. Im Zuge des Beitritts der neuen Länder zum Geltungsbereich des Grundgesetzes (1990) und einer intensiven Verfassungsdiskussion (1991–1994) wurde an der Bezeichnung festgehalten, um damit zu signalisieren, dass man im vereinten Deutschland an einer bewährten politischen Grundordnung festhält.

Grundrechte: Verfassungsmäßige Rechte, die den Bürger vor Übergriffen des Staates schützen (Abwehr-/Freiheitsrechte) und ihm die Teilnahme an der politischen Willensbildung garantieren (Teilhaberechte).

Innerparteiliche Demokratie: Die Anwendung demokratischer Grundsätze innerhalb der Parteien, z. B. die regelmäßig stattfindende Wahl der Führungsgremien und die freie innerparteiliche Meinungs- und Willensbildung.

Interessengruppe: Zusammenschluss von Personen mit gleicher Interessenlage, um auf Parteien, Abgeordnete und Regierung Einfluss zu nehmen, ohne – wie die Parteien – sich jedoch an Wahlen zu beteiligen oder selbst Regierungsgewalt anzustreben. Interessengruppen sind ein wesentliches Merkmal einer pluralistischen Gesellschaftsordnung.

Judikative (lat. *iudicare* = Recht sprechen): Richterliche Gewalt.

Koalition (mittellat. *coalitio* = Zusammenkunft, Vereinigung): Bündnis zweier oder mehrerer Parteien in einem Parlament, um gemeinsam die Regierung zu bilden und zu stützen und ein politisches Programm durchzusetzen. Koalitionen sind dann erforderlich, wenn eine einzelne Partei nicht über die absolute Mehrheit der Parlamentssitze verfügt und sich deshalb mit (kleineren) anderen Parteien verbünden muss.

Koalitionsausschuss: „Krisenzentrale" einer Koalitionsregierung, in der Regel bestehend aus Bundeskanzler, wichtigen Ministern, Mitgliedern von Partei- und Fraktionsvorstand der Regierungsparteien.

Koalitionsfreiheit/Vereinigungsfreiheit: Den Arbeitern wurde im 19. Jahrhundert von den Regierungen zögernd das Recht zugestanden, sich in Gewerkschaften zusammenzuschließen (z. B. 1869 im Norddeutschen Bund). Heute bestimmt Art. 9 Abs. 1 GG: „Alle Deutschen haben das Recht, Vereine und Gesellschaften zu bilden." Art. 9 Abs. 3 GG legt fest: „Das Recht zur Wahrung und Förderung der Arbeits- und Wirtschaftsbedingungen Vereinigungen zu bilden, ist für jedermann und für alle Berufe gewährleistet […]".

Koalitionsvertrag: „Geschäftsgrundlage" eine Koalitionsregierung für eine Legislaturperiode, in der die politischen Ziele, das Personaltableau (Minister, Staatssekretäre) und die Verfahrensweisen, vor allem das Krisenmanagement, festgelegt werden.

Konservatismus (von lat. *conservare* = bewahren): Politische Anschauung, die sich vornehmlich für die Erhaltung und Entwicklung des Bestehenden ausspricht.

Konstruktives Misstrauensvotum: Nach Art. 67 GG kann der Bundeskanzler vom Bundestag nur dadurch gestürzt werden, dass die Mehrheit des Parlaments einen neuen Kanzler wählt.

Legislative (von lat. *lex* = Gesetz): Gesetzgebende Gewalt. Im Zentrum steht dabei das Parlament (Bundestag). In Deutschland sind an der Gesetzgebung aber auch die Bundesregierung, der Bundesrat und der Bundespräsident beteiligt.

Legitimität: Gemäß demokratischem Grundverständnis Anerkanntsein einer politischen Ordnung und ihrer Repräsentanten durch das Volk. Sachliche Voraussetzung für Legitimität ist die Übereinstimmung der politischen Ordnung mit den in der Gesellschaft allgemein anerkannten Wertvorstellungen sowie mit menschenrechtlichen Standards. In einer demokratischen Ordnung beruht die Legitimität der Regierung vor allem auf demokratischen Wahlen.

Liberalismus (von lat. *liberalis* = freiheitlich): Politische Anschauung, in deren Mittelpunkt die ungehinderte Entfaltung des Einzelnen und einzelner Gruppen unter Zurückdrängen der Ansprüche des Staates steht.

GLOSSAR

Mandat: Nach Art. 38 GG ist der Abgeordnete als Mandatsträger Vertreter des ganzen Volkes, nur seinem Gewissen verpflichtet und an Aufträge und Weisungen nicht gebunden (sog. „freies Mandat"). Im Rätesystem sind die Abgeordneten Vertreter ihrer Wähler, an deren Aufträge gebunden und können jederzeit abgewählt werden (sog. „imperatives Mandat").

Marktwirtschaft: Wirtschaftssystem des freien Wettbewerbs, in dem die Wirtschaftsprozesse dezentral geplant und über die Preisbildung auf den Märkten gelenkt werden. Gewerbe- und Vertragsfreiheit sowie die freie Wahl des Berufes und des Arbeitsplatzes sind Grundvoraussetzungen der Marktwirtschaft.

Mediatisieren: „Mittelbar" machen. So wird z. B. der Wille der Wähler durch die Abgeordneten mediatisiert.

Meinungsforschung: Teil der empirischen Sozialforschung, der sich mit der Ermittlung der Meinungen der Angehörigen einer Gesellschaft zu unterschiedlichen Gegenständen befasst.

Neokorporatismus: Einbindung organisierter Interessen in staatliche Politik und Teilhabe dieser Interessen an der Formulierung und Ausführung von Entscheidungen der Regierung.

Öffentliche Meinung: Bezeichnung für von vielen Menschen geteilte Einstellungen und Meinungsäußerungen über politische Sachverhalte. Zu den wichtigsten Trägern der öffentlichen Meinung zählen die Massenmedien. Diese sind in der Lage, die öffentliche Meinung wesentlich zu prägen. Die öffentliche Meinung ist insofern politisch relevant, als sie das Handeln der politischen Akteure zu steuern vermag.

Oligarchie (von griech. *oligoi* = wenige und *archein* = herrschen): Herrschaftsform, in der die Macht nur von einer kleinen Gruppe ausgeübt wird, die in erster Linie an ihren eigenen Vorteil denkt.

Opposition: Minderheit im Parlament. Ständige Alternative zur Regierung, die entsprechend den konstitutionellen Regeln (Wahlen, konstruktives Misstrauensvotum) Mehrheit werden will und kann.

Parlament: Bezeichnung für die frei gewählte Volksvertretung, die die legislative Gewalt maßgeblich innehat und die Regierung kontrolliert.

Parlamentarischer Rat: Nachdem die drei westlichen Besatzungsmächte auf der Londoner Konferenz am 7.6.1948 beschlossen hatten, eine gemeinsame Verfassung für die elf Länder der westlichen Besatzungszonen Deutschlands ausarbeiten zu lassen, trat am 1.9.1948 in Bonn unter dem Vorsitz des späteren Bundeskanzlers Konrad Adenauer der Parlamentarische Rat – 65 Abgeordnete aus elf Landtagen – zusammen. Er legte am 8.5.1949 den Entwurf des Grundgesetzes vor. Nach Genehmigung durch die Militärgouverneure der drei Besatzungsmächte und nach Annahme durch mehr als zwei Drittel der Länderparlamente – nur der Bayerische Landtag verweigerte seine Zustimmung – verkündete der Parlamentarische Rat am 23.5.1949 das Grundgesetz für die Bundesrepublik Deutschland.

Parteien: Politische Zusammenschlüsse von Menschen, die auf der Grundlage gemeinsamer politischer Ziele Einfluss auf die gesamte politische Willensbildung eines Staates auf Dauer anstreben und sich durch Aufstellung von Kandidaten an Wahlen beteiligen.

Partizipation: Beteiligung der Bürger am Willensbildungs- und Entscheidungsprozess im demokratischen System, u. a. durch Wahlen, Mitgliedschaft in Parteien, Verbänden, Bürgerinitiativen und Vereinen sowie Wahrnehmung der in Verfassung und Kommunalordnungen verankerten Artikulations-, Mitwirkungs- und Entscheidungsrechte.

Plebiszit (von lat. *plebs* = das gemeine Volk und *scitum* = Beschluss): Sammelbezeichnung für verschiedene Formen unmittelbarer (direktdemokratischer) Abstimmung der Stimmberechtigten über öffentliche Angelegenheiten. Man unterscheidet zwischen plebiszitären Personal- und plebiszitären Sachentscheidungen.

Plenum: Die Gesamtheit der Mitglieder eines Parlaments. Eine Sitzung, an der alle Abgeordneten teilnehmen, nennt man auch Plenarsitzung.

Pluralismus: Bezeichnung für eine Vielzahl von gleichberechtigten ökonomischen und politischen Interessen, politischen Auffassungen und weltanschaulichen Orientierungen.

Polis: Stadtstaat der griechischen Antike, der auf kleinem Gebiet mit einer relativ geringen Bevölkerung das politische und religiöse Leben der Bürger organisierte. Die Polis war als Oligarchie oder Demokratie verfasst, d.h., dass entweder die Grundbesitzer oder sämtliche Bürger an den politischen Rechten teilnahmen. Die Volksversammlung rekrutierte sich ausschließlich aus den männlichen Vollbürgern. Aus ihnen wurden die Mitglieder des Rats und die Beamten gewählt, die ihre Funktionen ehrenamtlich ausübten.

Politische Kultur: Gesamtheit der in der Bevölkerung eines Landes verbreiteten politisch bedeutsamen Persönlichkeitsmerkmale, Einstellungen zur politischen Ordnung und politische Wertorientierungen.

Postmaterialismus: Lebenseinstellung, die weniger Wert auf das Materielle (physiologische und physische Sicherheit) legt, sondern immaterielle Bedürfnisse (z.B. nach einer intakten natürlichen Umwelt) für dringlicher hält.

Rechtspositivismus: Rechtslehre, die keine dem Gesetzgeber absolut verpflichtenden Prinzipien anerkennt. Wenn sich der Gesetzgeber an die von der Verfassung vorgeschriebenen formalen Vorschriften hält, ist er frei, inhaltlich zu beschließen, was er für richtig hält.

Referendum: Sonderform des Plebiszits. Befugnis des Volkes, eine vom Parlament oder der Regierung getroffene Entscheidung letztverbindlich zu sanktionieren, d.h.

GLOSSAR

zu bestätigen oder zu verwerfen. Referenden sind in der Schweiz weit verbreitet.

Regierungserklärung: Absichtserklärung des neu gewählten Regierungschefs im Parlament. Die Regierungserklärung präsentiert das Programm der Regierung für die beginnende Legislaturperiode. Innerhalb der Legislaturperiode werden Regierungserklärungen bei wichtigen Regierungsvorhaben und nach bedeutenden internationalen Vereinbarungen abgegeben.

Repräsentation: Ausübung von Herrschaftsfunktionen durch demokratisch gewählte Personen, die im Namen des Volkes handeln, aber dabei nicht an dessen Auftrag oder Weisung gebunden sind.

Republik (von lat. *res publica* = Sache der Allgemeinheit): Ursprünglich Bezeichnung für ein Gemeinwesen, in dem Herrschaft um des gemeinsamen Besten willen ausgeübt wird. Republik in diesem Sinne ist das Gegenteil von Despotie. Heute Bezeichnung für eine Staatsform, in der das Staatsoberhaupt durch Wahl für eine bestimmte Zeitdauer bestellt wird. Der Gegenmodell hierzu ist Monarchie, in der das Staatsoberhaupt durch Erbfolge oder durch Wahl auf Lebenszeit eingesetzt wird.

Responsivität (von lat. *respondere* = erwidern, antworten): Rückkopplung des politischen Handelns an die Interessen und Forderungen der Wähler. Übereinstimmung der Repräsentanten in ihren Entscheidungen mit den Präferenzen der von ihnen Repräsentierten.

Souveränität: Wer innerhalb eines Staates die höchste Herrschaftsgewalt innehat, ist Träger der Souveränität. Früher gab es die Fürstensouveränität, heute gilt fast überall die Volkssouveränität. Der Souverän erkennt niemanden über sich an. Nach außen ist ein Staat souverän, wenn er alle seine Angelegenheiten selbst entscheidet.

Soziale Marktwirtschaft: Von Alfred Müller-Armack, Walter Eucken und Ludwig Erhard konzipiertes wirtschaftspolitisches Leitbild, das ab 1948 in der Bundesrepublik Deutschland verwirklicht wurde. Es greift die ordoliberale Forderung nach staatlicher Gewährleistung einer funktionsfähigen Wettbewerbsordnung auf, ergänzt diese jedoch um sozialpolitische Komponenten.

Sozialismus: Im Zusammenhang mit der Industrialisierung entstandene politische Anschauung, die eine gerechte Verteilung des materiellen Besitzes anstrebt. Durch Beseitigung des Privateigentums an den Produktionsmitteln sollte der krasse Gegensatz zwischen Reich und Arm verschwinden und eine Gesellschaftsordnung entstehen, die nicht vom Profitstreben Einzelner, sondern vom Wohl des Ganzen geprägt ist.

Sozialpolitik: Gesamtheit der staatlichen und privaten Maßnahmen zur Sicherung eines Minimums an sozialer Sicherheit. Neben einem menschenwürdigen Leben für alle Mitglieder der Gesellschaft zielt Sozialpolitik unter anderem auf gleiche Startchancen für alle. Das Sozialstaatsgebot ist nach Art. 20 und 28 GG ein grundlegendes Verfassungsprinzip.

Subsidiaritätsprinzip: Gesellschaftspolitisches Grundprinzip mit Wurzeln in der katholischen Soziallehre und im Liberalismus. Die Verantwortung für eine Aufgabe soll der jeweils kleinsten dafür geeigneten Einheit übertragen werden, um die Selbstverantwortung zu stärken.

Verbände: Organisierte Gruppen mit bestimmten sachlichen und/oder ideellen Zielen und Interessen. Sie unterscheiden sich von Parteien dadurch, dass sie kein allgemeines politisches Programm anbieten und keine Beteiligung an Wahlen anstreben. Stattdessen versuchen sie, politische Entscheidungen in Parlament und Regierung in ihrem Sinne zu beeinflussen.

Verfassung: In Rechtsform gekleidete politische Grundordnung eines Staates. Eine Verfassung bestimmt Umfang und Grenzen der Staatsgewalt, definiert Abwehr- und Teilhaberechte der Bürger und regelt die Kompetenzen der verschiedenen Staatsorgane.

Vertrauensfrage: Um sich zu vergewissern, ob er noch das politische Vertrauen der Mehrheit des Parlaments besitzt, kann der Bundeskanzler nach Art. 68 Abs. 1 GG die Vertrauensfrage stellen. Findet ein entsprechender Antrag im Bundestag nicht die Mehrheit, „so kann der Bundespräsident auf Vorschlag des Bundeskanzlers binnen einundzwanzig Tagen den Bundestag auflösen." Es kommt dann zu Neuwahlen. Die Vertrauensfrage ist ein wirksames Instrument des Bundeskanzlers, um entweder die ihn tragende Parlamentsmehrheit zu disziplinieren oder eine Neuwahl des Bundestages zu initiieren.

Volksbegehren: Recht des Volkes zur Gesetzesinitiative. Das Volksbegehren führt zu einem Volksentscheid, wenn es von einer bestimmten Anzahl abstimmungsberechtigter Bürgerinnen und Bürgern durch Unterschrift unterstützt wird.

Volksentscheid: Verbindliche Entscheidung des Volkes zu einer bestimmten Frage.

Volkspartei: Ein Parteityp, der mit einem breit gefächerten Programm möglichst viele Wähler und Mitglieder aus unterschiedlichen sozialen Schichten ansprechen will.

Volkssouveränität: Gegenbegriff zur Fürstensouveränität oder Souveränität eines Alleinherrschers. Volkssouveränität bedeutet, dass alle Staatsgewalt vom Volk ausgehen muss. Sie muss jedoch nicht vom Volk selbst ausgeübt werden.

STICHWORTVERZEICHNIS/BILDQUELLEN

Abrufbarkeit der
  Regierung 108–110
Abstimmungen
  – geheime 189
  – offene 190
Agenda setting 89
Amtsprinzip 79 f., 178 f., 190
Amtszeitbegrenzung 191
Anhörungsverfahren 148 f.
Ausgleich, sozialer 52
Ausschuss der Regionen
  der EU 145, 149
Ausschüsse der EU 145, 149 f.
Auszählverfahren 104

Bundeskanzler 10, 125, 132 ff.
Bundespräsident 79 f., 108,
  121, 135 f.
Bundesrat 108, 118, 120 f.,
  128 f., 130 f.
Bundesregierung 108 ff.,
  132–134
Bundesstaat 58, 142
Bundestag 108 ff., 123–129
Bundestreue 58
Bundesverfassungs-
  gericht 108, 137–139
Bundesvorstand einer
  Partei 70, 78
Bürgergesellschaft 212 f.

Common sense 79

Demokratie
  – direkte 202 ff.
  – freiheitliche 30 ff.
  – Identitäts- 169–172
  – „Internet-" 196–200
  – Konkurrenz- 169, 175
  – plebiszitäre 178, 181–183
  – pluralistische 169, 176 f.
  – repräsentative 178–180,
    189
  – Souveränitäts- 158 f.,
    166–168
  – „starke" 212, 214–217
  – streitbare 34–37
  – totalitäre 32
  – Verfassungs- 158, 160–164
Demokratiebegriff des
  Grundgesetzes 30
Demokratiedefizit
  der EU 151–154
Demokratietheorie 157–184
Demokratieverständnis 8–11
Demokratischer
  Sozialismus 73
Demoskopie 8–14, 17 f.

Einstimmigkeit 146
Entscheidung, EU- 143 f.,
  148, 150
Entscheidungsprozesse in
  der EU 148 ff.
Ermächtigungsgesetz 28
Europäische Institutionen
  145 ff.
Europäische Kommission
  145–149

Europäische Union 142–156
Europäische Verfassung 148,
  153 f.
Europäische Zentralbank 145
Europäischer Gerichtshof
  145 f., 148 f.
Europäischer Rat 145, 149
Europäischer Rechnungshof
  145
Europäisches Parlament 142,
  145, 147 ff., 154
Europäisierung des deutschen
  Regierungssystems 155
Europamüdigkeit/-skepsis
  144, 150, 153 f.
Ewigkeitsklausel des GG 58
Exekutive 163

Finanzausgleich 61
Föderalismus 58 f.
Föderalismusprinzip 205
Fraktionsdisziplin 128 f.
Freiheitlich-demokratische
  Grundordnung (FDGO)
  28–33
Führerstaat 32
Führung, politische 79
Fünf-Prozent-Klausel 104

Gemeinwohl 176, 179
Gerichtshof der EU 145 f.
Gesellschaftsvertrag 161,
  166, 171
Gesetzgebung 108–122,
  148–150
Gesetzgebungsorgane 108
Gesetzmäßigkeit der
  Verwaltung 38, 51
Gewaltenteilung 29, 44 f.,
  46 f., 58
Grundrechte 28 ff., 39 f.,
  42 f.
Grundrechtsbindung der
  staatlichen Gewalt 29
Grundrechtsschranken 41
Grundrechtsschutz 39

Herrschaft der Minderheit
  über die Mehrheit 171

Innerparteiliche Demokratie
  70–72
Interessenverbände 82–88

Journalisten 78, 89–97

Kabinettsprinzip 132 ff.
Kabinettsvorlage 112,
  128, 133
Kanzlerdemokratie 132,
  134
Kanzlerprinzip 132 ff.
Kinderwahlrecht 192–195
Koalitionsvereinbarung 112,
  117, 132 f.
Komitologie 150
Kommissare der EU 146
Kommission, Europäische
  145 ff., 148 f.

konstruktives Misstrauensvotum 110 f.
Kultur, politische 8

Legislative 162 ff.
Legitimationsprobleme
  der EU 151 f.
Lesung 112 f., 118, 120

Maastricht-Vertrag 142, 154
Macht 65, 78, 98
Machtwechsel 100
Mayflower Compact 164
Medien 89–97
Mehrebenensystem 148 f.
Mehrheit
  – absolute 146, 148 f.
  – einfache 146
  – qualifizierte 146 f., 149
Mehrheitsentscheid 28
Mehrheitswahl 103 f.
Meinungs-, Informations-
  und Pressefreiheit 89 f.
Menschenwürde 39 f.
Ministerrat (Rat) der EU
  145 ff., 148 f.
Mitentscheidungsverfahren
  148 f.

Neophilie 94 f.
Nichtregierungs-
  organisationen 212, 213 f.
Nichtwähler 15–20
Normenkontrolle 48 f.

Öffentliche Meinung 98 ff.
Oligarchie 70 f., 177
Opposition 8, 31, 108,
  127 f., 170
Organe der EU 145–147

Pariser Kommune 182 f.
Parteien 8 f., 64–81, 100, 170
  – Allerwelts- 66 f.
  – demokratische Integrations-
    66 f.
  – Dienstleistungs- 67
  – individuelle
    Repräsentations- 66
  – Integrations- 66 f.
  – Volks- 66 f., 73 f.
Parteienfinanzierung 76 f.
Parteiengesetz 68
„Parteienstaat" 64, 69
Parteienverdrossenheit 15
Parteiprogramme 73 ff.
Parteitypen 65 ff.
Parteiverbot 30, 37
Partizipation 24, 178, 181, 183
Plebiszit 132, 160, 203, 210
Plebiszitarisierung
  von Politik 94
Politikverdrossenheit 15,
  18 f., 210

Rat (der EU) 145–149
Rechtsakte der EU 143 f.,
  148, 150
Rechtspositivismus 28, 33

Rechtsstaatsprinzip 38–51
Referendum 203
Repräsentation 179
Ressortprinzip 132 f.
Richtlinie, EU- 143 f., 148, 150
Richtlinienkompetenz 130 ff.

Schweigespirale 95
Sicherheit, soziale 52
Souverän(ität) 109, 125,
  158 ff., 166 ff., 181
Soziallehre, katholische 73
Sozialstaatsprinzip 52–57
Staatenverbund 142
Staatsangehörigkeit 115–122
Staatsstrukturprinzipien 29
Steuerung, politische 108
Subsidiarität 73, 143 f.
Supranationale Föderation 142
Systemvertrauen 9

Überhangmandate 104
Unabhängigkeits-
  erklärung der USA 164

Verbände 82–88
Verbändedemokratie 87
Verfassungsänderung 33, 160,
  202 ff., 205 f.
Verfassungsbeschwerde 49
Verfassungsgerichtsbarkeit
  48–50
Verfassungskern 28 f.
Verfassungsschutz 36 f.
Verfassungsstaat 160
Verfassungsstaatlichkeit 38
Verfassungstreue 119, 122
Verhältniswahl 103
  – personalisierte 103
Vermittlungsausschuss 114,
  149
Verordnung, EU- 143 f.,
  148, 150
Vertrauen des Parlamentes
  108–110
Vierte Gewalt 89, 92
Volksbefragung 203
Volksbegehren 202, 204 f.
Volksentscheid 11, 202 ff.,
  206, 208 f., 210
Volksinitiative 202 f.
Volkspartei 66 f., 73 f.
Volkssouveränität 158 ff., 178
volonté générale 170 f.

Wahlbeteiligung 15–20
Wahlen 8, 67, 98–105, 145,
  154, 192–200, 217
Wahlkampf 105
Wahlpflicht 102
Wahlrechtsgrundsätze
  101–103
Wertewandel 18 f., 21–26
Widerstandsrecht 37, 158
Wirtschaft- und
  Sozialausschuss der EU 145,
  149

Zustimmungsverfahren 148 f.

BILDQUELLEN

Arnold, Karl: 171.1; Baaske Cartoons/ Burkhard Mohr: 102, 198; Baaske Cartoons/ Fritz Wolf: 99; Bundesministerium der Justiz, Berlin: 210.1; Prof. Dr. Josef Isensee, Universität Bonn: 210.2; CCC/Fritz Wolf: 55; CCC/Mester: 150; Deutscher Bundestag, Parlamentsarchiv, Berlin: 189.1; Haus der Geschichte, Bonn: 16, 99; Jöckel, Peter, Bottrop: 187.1, 188.1; Landeszentrale für politische Bildung, Stuttgart: 17; Marie Marcks, Heidelberg: 39; picture alliance akg: 27.2, 157.2; picture alliance/dpa: 63.1, 63.2, 107.2, 141.1, 141.2, 185.2; picture alliance/ HB Verlag: 157.1; picture alliance/ZB: 27.1, 185.1; plainpicture: 7.1; Steiger, Ivan, München: 100, 105, 193; Ullstein Bild, Berlin: 172.1; Verband deutscher Zeitschriftenverleger e.V., Bonn: 19; Weber, J.E.:174; Weiger, Stefanie: 34.1